Meilensteine im Management

Meilensteine im Management

Human Resource Management

Herausgegeben von

Hans Siegwart / Rolf Dubs / Julian Mahari

unter Mitarbeit von

Daniel Leone

1997
in Zusammenarbeit von
Schäffer-Poeschel Verlag Stuttgart,
Verlag Industrielle Organisation Zürich
und
MANZsche Verlags- und Universitätsbuchhandlung Wien

Die Deutsche Bibliothek – CIP-Einheitsaufnahme

Meilensteine im Management – Stuttgart : Schäffer-Poeschel ; Zürich : Verl. Industrielle Organisation ; Wien : Manz.
Teilw. im Verl. Helbing und Lichtenhahn, Basel, Frankfurt am Main, und im Schäffer-Verl. für Wirtschaft und Steuern, Stuttgart. – Teilw. im Schäffer-Poeschel-Verl., Stuttgart, im Verl. Industrielle Organisation, Zürich und im Verl. Ueberreuter Wirtschaft, Wien

Bd. 6. Human-resource Management. – 1997

Human-resource-Management / hrsg. von Hans Siegwart ... Unter Mitarb. von Daniel Leone. – Stuttgart : Schäffer-Poeschel ; Zürich : Verl. Industrielle Organisation ; Wien : Manz, 1997
(Meilensteine im Management ; Bd. 6)
ISBN 3-8202-1151-9 (Schaeffer-Poeschel) Pp.
ISBN 3-85743-988-2 (Verl. Industrielle Organisation) Pp.
ISBN 3-214-05974-2 (Manz) Pp.
NE: Siegwart, Hans [Hrsg.]

ISBN 3-8202-1151-9 (Schäffer-Poeschel Verlag)
ISBN 3-85743-988-2 (Verlag Industrielle Organisation)
ISBN 3-214-05974-2 (MANZsche Verlags- und Universitätsbuchhandlung)

Gedruckt auf chlorfrei gebleichtem, säurefreiem und alterungsbeständigem Papier.

Einbandgestaltung: Atelier Reichert, Kornwestheim
Satz: Dörr + Schiller GmbH, Stuttgart
Druck und Bindung: Franz Spiegel Buch GmbH, Ulm
Printed in Germany

Schäffer-Poeschel Verlag Stuttgart
Ein Tochterunternehmen der Verlagsgruppe Handelsblatt

Inhaltsverzeichnis

* Die Reihenfolge der einzelnen Themenblöcke folgt inhaltlichen Kriterien. Analoges gilt für die Einordnung der Autorenbeiträge innerhalb dieser Blöcke.

Teil II
Human Resource Management im globalen und strategischen Kontext: Grundsätze und Rahmenkonzepte

Teil III
Die Teile, ihre Summe und das Ganze ...

Vom zentralen Stellenwert des Mitarbeiters ...

... über verwaltungsrätliche Personalausschüsse, Change-Management und Personalentwicklung ...

Vorwort

Als 1990 die Buchreihe »Meilensteine im Management« begründet wurde, war es das Ziel der Herausgeber, die Thematik der einzelnen Bände auf aktuelle und kritische Probleme der Unternehmenspraxis auszurichten.

Jetzt liegt Band VI dieser Buchreihe unter dem Titel »Human Resource Management« vor. Und es scheint, als komme dieser Band im richtigen Augenblick, denn die Probleme der Stellung der Menschen in Unternehmen sind nicht mehr nur ein betriebswirtschaftliches Problem geblieben. Heute wird die Führung und der Umgang mit den Human Resources zu einer der zentralsten wirtschafts- und gesellschaftspolitischen Fragestellungen.

Zwar besteht heute ganz allgemein der Konsens darüber, dass das »Humankapital« oder der »menschliche Faktor« zum wichtigsten Wettbewerbsvorteil wird. Leider gibt es aber zwischen solchen Deklarationen und der alltäglichen Praxis in vielen Unternehmen noch grosse Unterschiede.

Dies macht den vorliegenden Band interessant, weil nicht nur Theoretiker, sondern auch Führungskräfte aus Unternehmen ihre Positionen in einer grossen Vielfalt zum Ausdruck bringen.

Die Herausgeber haben den Autorinnen und Autoren für ihre Beiträge herzlich zu danken. Die vielen und unterschiedlichen Auffassungen stellen eine interessante Herausforderung dar.

Den Verlagen ist für die verlegerische Unterstützung zu danken. Ohne ihren Beitrag hätte dieser Band nicht veröffentlicht werden können.

St. Gallen, Zürich und Genève, Dezember 1996

Die Herausgeber:
H. Siegwart
R. Dubs
J. Mahari

Herausgeber und Mitarbeiter

Prof. Dr. oec. Hans Siegwart
1972–1978: Rektor der Hochschule St. Gallen für Wirtschafts-, Rechts- und Sozialwissenschaften; 1981–1987: Präsident der Schweizerischen Hochschulrektoren-Konferenz; 1974–1995: Präsident des Stiftungsrates der St. Galler Stiftung für Internationale Studien (ISC-Symposium); 1970–1985: Vorsitzender der Direktion und 1985–1990 Präsident des Geschäftsleitenden Ausschusses des Institutes für Betriebswirtschaft an der Hochschule St. Gallen; 1980–1990: Präsident der Kommission für die Weiterbildungsstufe an der Hochschule St. Gallen.

Prof. Dr. Dres h.c. Rolf Dubs
1990–1993: Rektor der Universität St. Gallen; gegenwärtig Professor für Wirtschaftspädagogik, Direktor des Instituts für Wirtschaftspädagogik sowie Direktor des Nachdiploms für Unternehmungsführung.
Dr.h.c. der Wirtschaftsuniversität Wien und Dr.h.c. der Wirtschaftsuniversität Budapest.

Dr. oec., lic. rer. publ. Julian Mahari
1989–1994: Geschäftsführender Gesellschafter, anschliessend Delegierter des Verwaltungsrates einer schweizerischen Holdinggesellschaft; 1991–1994/95: Alljährliche Berufungen als Visiting Professor/Extraordinarius; Berater von Führungskräften und Unternehmen.

Mag. oec. Daniel Leone
Seit 1995 wissenschaftlicher Assistent für Wirtschaftspädagogik bei Professor Dubs am Institut für Wirtschaftspädagogik an der Universität St. Gallen.

Autoren

Dr. Josef Ackermann
Mitglied des Vorstands der Deutschen Bank, Frankfurt a.M.
(bis Juli 1996 Präsident der Generaldirektion der Schweizerischen Kreditanstalt Zürich)

Egbert Appel
Mitglied der Konzernleitung, Hilti AG, Schaan

Ruedi Arnold
Fachjournalist für Weiterbildung, Laufbahn und Arbeitsmarkt, Kriens

Dr. Rudolf Attems
Geschäftsführer des Managementinstituts der Industrie, Wien

Thierry Borel
Mitarbeiter im Direktionsstab des Eidgenössischen Personalamtes, Bern

Prof. Dr. Karl Delhees
Direktor des Instituts für Verhaltenswissenschaft an der ETH Zürich, Zürich

Prof. Dr. Dres h.c. Rolf Dubs
Direktor des Instituts für Wirtschaftspädagogik an der Universität St. Gallen, St. Gallen

Heinz Fischer
Bereichsvorstand Deutsche Bank, Frankfurt a.M. (ab 1. November 1996; davor: Personal Direktor Europa, Hewlett-Packard S.A.)

Dr. Peter Hablützel
Direktor Eidgenössisches Personalamt, Bern

Dr. Thomas Herp
Geschäftsführer, The Boston Consulting Group, München

Dr. Walter Jochmann
Geschäftsführer und Partner, Kienbaum Personalberatung GmbH, Gummersbach

Dr. Bjørn Johansson
Chairman & CEO der Dr. Bjørn Johannson Associates AG, Zürich

Prof. Dr. Dr. h.c. Jan Krulis-Randa
Emeritierter Ordinarius für Betriebswirtschaftslehre an der Universität Zürich, Zürich

Kurt Lipp
Divisionär, ehemaliger Kdt Feld Div 7 und der Stabs- und Kommandantenschulen der Schweizer Armee, Luzern

Helmut Maucher
Präsident und Delegierter des Verwaltungsrates, Nestlé AG, Vevey

Hans-Wolfgang Pfeifer
Vorsitzender des Aufsichtsrats, Frankfurter Allgemeine Zeitung GmbH, Frankfurt a. M.

Prof. Dr. Gilbert Probst
Ordentlicher Professor für Organisation und Management an der Universität Genf, Genf

Dkfm. Gerhard Randa
Vorsitzender des Vorstandes der Bank Austria AG, Wien

Steffen Raub
Assistent von Prof. Dr. Gilbert Probst, Genf

Dr.-Ing. Dipl.-Chem., MBA Tom Sommerlatte
Managing Director Europe; Senior Vice President, Arthur D. Little Inc., Wiesbaden

Karl Stix
Landeshauptmann von Burgenland, Eisenstadt

Christiane Underberg
Geschäftsführerin der Underberg KG, Rheinberg

Prof. Dr. Lutz von Rosenstiel
Vorstand des Instituts für Psychologie (Organisations- und Wirtschaftspsychologie) der Ludwig-Maximilians-Universität, München

Dr. Peter Weibel
Geschäftsführender Partner Schweiz, Revisuisse Price Waterhouse, Zürich

Sonia Weil
Mitarbeiterin im Direktionsstab des Eidgenössischen Personalamtes, Bern

Inhalt des Buches: Vorstellung der Autorenbeiträge

Der Rahmen und die Koordinaten der komplexen Thematik werden von ROLF DUBS in seinem einleitenden Beitrag festgelegt.

Zielsetzung ist dabei, »die Entwicklung des betrieblichen Personalwesens bis zum Human Resource Management anhand der Literatur nachzuzeichnen, die Begriffe zu klären und kritische Fragen aufzuwerfen, die den Verfassern der einzelnen Beiträge als Orientierungshilfe dienen« können.

Nach der Auseinandersetzung mit den Entwicklungsphasen des Personalwesens und den Ursachen für dessen Wandel, leitet der Autor zu den Merkmalen des Human Resource Management über, setzt sich mit dessen Definition, Gliederung und wichtigen Konsequenzen für die Unternehmensführung und -organisation auseinander und stellt die theoretischen Konzepte den Gegebenheiten in der Praxis gegenüber.

Als Zusammenfassung und Diskussionsanregung werden vier kritische Anmerkungen aufgeführt; aus ihnen gehen Problematik, offene Fragen und gleichermassen auch die grossen Erfolgspotentiale eines richtig verstandenen und praktizierten Human Resource Management hervor.

*****

Weichenstellendes aus Bankensicht behandelt JOSEF ACKERMANN. Die Kunst des Management wird darin gesehen, »das richtige Mass zwischen Veränderung und Bewahrung zu finden.«

Dabei bildet Leadership die zentrale Aufgabe des Top-Management. Sie bedeutet »die aktive Wahrnehmung der Personalführung und der Managementaufgabe, gestützt auf eine solide Fachkompetenz.«

Vor diesem Hintergrund sind das Human Resource Management und vor allem die Verantwortlichen für das Management Development gefordert. »Ein durchdachtes Management Development als Bestandteil eines gut in die Bank integrierten Human Resource Management ist für die Pflege des wohl wichtigsten Erfolgsfaktors einer Bank, der Mitarbeiter, verantwortlich.«

Kritische Gedanken stellt HANS-WOLFGANG PFEIFER seiner Stellungnahme voran. Aus der zunehmenden Veränderungsgeschwindigkeit ergeben sich grösste Anforderungen. »Die Erwartung, dass sie in Deutschland erfüllt werden, sollte nicht zu gross sein.«

Als eines der Hauptprobleme wird das Dickicht sinnloser und realitätsfremder Unternehmensführungstheorien diagnostiziert; eine Rückbesinnung auf den gesunden Menschenverstand drängt sich als Lösung auf.

Ob die vom letzteren diktierten allgemeinen Rezepte auch im konkreten Fall anwendbar sind, hängt davon ab, »ob Zeitungsverlage mit anderen Unternehmen vergleichbar sind.«

Diese Fragestellung und damit das Besondere von Zeitungsverlagen in Hinblick auf den massgebenden menschlichen Faktor – das Humankapital – steht im Zentrum der Überlegungen. Die Rolle der Unternehmungsleitung sowie die Interessen der Arbeitnehmer werden genauso behandelt, wie das natürliche Spannungsverhältnis Verlag/Redaktion.

Das Schlusswort beinhaltet u.a. die Notwendigkeit eines Abschieds von der »wissenschaftlichen Betriebsführung« und einer Adaption an Führungsmethoden »die sich in ›intelligenten Unternehmen‹ bewährt haben.«

Christiane Underberg gewährt einen Einblick in das Führungskonzept des beschriebenen Familienunternehmens. Tradition und Ziel ist dabei der qualifizierte Fortschritt.

Das vertieft dargestellte dreistufige Führungskonzept besteht aus der Vision, den Grundsätzen zur Führung und Zusammenarbeit und aus den Führungsmitteln. Im Bereich des Human Resource Management werden die zwei beeinflussbaren Ebenen in der Gestalt personalpolitischer und persönlicher Massnahmen vorgestellt.

Als entscheidender Punkt im Zusammenhang mit der Führung von Mitarbeitern wird die Frage, »welche Rolle die Werte spielen«, angesehen. Diesbezüglich wird das Fazit gezogen, dass wir gegenwärtig »weniger einen Wertewandel, sondern einen Wertezerfall« haben, wenn auch gleichzeitig Ansätze in der Werteverschiebung erkennbar sind, »die neue Möglichkeiten aufzeigen.«

Karl Stix eröffnet den Reigen der Stellungnahmen aus der Sicht der öffentlichen Verwaltung. Auch hier wird nicht mit Kritik am gegenwärtigen Zustand gespart. Ausgangspunkt der Überlegungen bildet die Frage, warum »gerade die Verwaltungen in letzter Zeit einem so grossen Reformdruck unterworfen werden« sowie jene nach den Gründen für die offensichtliche Problematik eines bürgerorientierten Verwaltungshandelns.

Vor diesem Hintergrund wurde ein Beratungsunternehmen beauftragt, die Burgenländische Landesverwaltung auf ihre Schwachstellen hin kritisch zu durchleuchten. Im Zuge der Umsetzung der Ergebnisse dieser Studie wurde offensichtlich, dass mit jedem Teilbereich eine den menschlichen Faktor betreffende Problematik einherging.

Die Quintessenz bestand in der Einführung eines Human Resource Management neuester Qualität – in mancher Hinsicht innerhalb der österreichischen Verwaltung ein Novum – und dementsprechend wurden Massnahmen in den Kernbereichen Personalgewinnung, -entwicklung und -erhaltung eingeleitet.

Mit analog kritischen Gedanken – diesmal aus helvetischer Perspektive – leiten Peter Hablützel, Sonia Weil und Thierry Borel ihre Stellungnahme ein. Dem gewaltigen Veränderungsdruck, der auf dem Staat lastet, mit dem Gespenst des Staatsversagens am Horizont, soll mit wirkungsorientierter Verwaltungsführung, dem New Public Management, begegnet werden.

Als Konsequenz hat sich das Personalmanagement in der öffentlichen Verwaltung als kulturbewusstes Veränderungsmanagement zu verstehen.

Eingehend wird die für die Modernisierung der Verwaltung erforderliche Gratwanderung zwischen Politiksteuerung und Marktsteuerung analysiert, anschliessend werden die bürokratischen Verkrustungen – im Sinne einer kulturellen Selbstblockierung – erörtert.

Als Schlussfolgerung wird auf die »äusserst wichtige Scharnierfunktion« des Personalmanagement hingewiesen: »Es muss eine kompatible Entwicklung von Organisation und Menschen gewährleisten. Und seine Rolle wird in einem tiefgreifenden Umstrukturierungsprozess umso zentraler, als die verschiedenen Veränderungsmassnahmen dynamisch aufeinander abgestimmt sein müssen.«

Anhand von sechs Fällen werden die gemachten Überlegungen und gewonnenen Erkenntnisse veranschaulicht.

Eine weitere Sichtweise, diejenige des Militärs, bringt Kurt Lipp in die Diskussion ein.

Die vorgenommene Analyse der Kernprobleme der Personalplanung in der Milizarmee mündet in die Frage nach dem Zusammenhang für das Human Resource Management: »Die Antwort ist sehr einfach. In einer Milizarmee kann und darf die Personalbewirtschaftung nicht losgelöst vom zivilen Bereich gemacht werden. Aber auch umgekehrt hat der zivile Bereich Rücksicht zu nehmen auf die gesamtheitlichen Aufgaben unseres Staates.«

Die Armee 95 brachte mehrere, im Beitrag diskutierte Neuerungen mit sich, so betreffend Auswahl, Förderung und Ausbildung der zukünftigen Kader.

Als angestrebtes Ergebnis soll aus der Sicht der Beteiligten zusammenfassend gesagt werden können:

»Armee:	wir haben gute Kader erhalten,
Wirtschaft:	die militärische Weiterbildung ist notwendig und bringt unseren Kadern und uns auch etwas,
Betroffene:	es hat sich gelohnt, ich möchte es nicht missen.«

*****

Jan Krulis-Randa skizziert in seinem Beitrag »die nötige Differenzierung des Human Resource Management unter dem Einfluss der gegenwärtigen Globalisierung der Wirtschaft.«

Betrachtungsgegenstand bilden hier jene Unternehmungen, die direkt in globalen Märkten auftreten. Diese brauchen »eine besondere Kompetenz auf dem Gebiet des Human Resource Management. Die menschliche Arbeit wird zur Quelle der Innovation und des Erfolges. Es ist das Wissen, das auf den globalen Märkten die Wertschöpfung schafft, und nicht die physische Arbeit.«

Aus der anschliessenden theoretischen Auseinandersetzung mit dem Human Resource Management im globalen Wettbewerb geht hervor, dass »die gesellschaftliche Transformation unter dem Einfluss der Globalisierung eine neue Erklärung der Wettbewerbstheorie« gebracht hat. Diese wird nun eingehend erörtert.

Dabei wird das Human Resource Management »zum Wettbewerbsvorteil in globalen Märkten erst, wenn es fähig ist, die menschlichen Ressourcen so auszuwählen, zu bewerten, zu entwickeln und zu belohnen, dass sie in einem Teamwork eine bessere Wertschöpfung den globalen Kunden anbieten können als die Konkurrenz.«

Vieles, was im obigen Beitrag aus globaler, unternehmensübergreifender Perspektive zur Erörterung gelangt, findet seine »mikroökonomische« Entsprechung in den von PETER WEIBEL dargestellten und analysierten hauseigenen Erfahrungen. Auszugehen ist hier davon, dass der Beratungsbereich den grössten Anteil »der Ressource ›Mensch‹ an der Wertschöpfung« aufweist.

Nach Schilderung der Firmenstrategie wird aufgezeigt, wie ihre Umsetzung – in konkrete Aktivitäten und zwecks deren Ausübung wiederum betreffend die Fähigkeiten und Kenntnisse – vom Human Resource Management geprägt ist.

Geschlossen wird der Überlegungskreis durch das Eingehen auf jene drei Bereiche, welche im Hinblick auf die Erreichung der Unternehmensziele im Human Resource Management im Vordergrund stehen: die Personalrekrutierung, -entwicklung und -erhaltung. »Denn nur über die Mitarbeiter wird das Unternehmen überhaupt handlungsfähig und kann sich positiv verändern. Aus der grösstmöglichen Übereinstimmung der Bedürfnisse des Unternehmens mit den Bedürfnissen der Mitarbeiter entsteht der gemeinsame Erfolg.«

Eine weitere Ergänzung erfahren die bisherigen Ausführungen durch die von EGBERT APPEL eingebrachte Perspektive eines Industriegrossunternehmens. Interessanterweise offenbaren sie zudem eine inhaltliche Brücke insbesondere zum zweiten Autorenbeitrag zur öffentlichen Verwaltung, bei dem es ebenfalls um das Verständnis vom Personalmanagement als kulturbewusstes Veränderungsmanagement ging.

Drei exemplarische Fallbeispiele – wie in der obigen Stellungnahme geht es auch vorliegend um den Zusammenhang zwischen Human Resource Management und der Strategieumsetzung – werden zunächst betreffend Ausgangslage und Umsetzungsprozess geschildert.

Die anschliessende Darstellung der Unternehmenskultur und der Mitarbeiterentwicklung münden in die Beurteilung der Fälle samt generellen Schlussfolgerungen; und wie in der obigen Stellungnahme besteht die systematisch und nachvollziehbar herausgearbeitete Haupterkenntnis darin, dass »die gelebte Unternehmenskultur und die darauf basierende Mitarbeiterentwicklung .. über Effizienz und Effektivität der Strategieumsetzung und damit den Erfolg des Unternehmens« entscheiden.

*****

Über vierzig Jahre persönlicher Erfahrungen prägen nach eigener Aussage den Beitrag von HELMUT MAUCHER. Die diskutierten Bausteine stehen im Dienste eines entsprechend pragmatisch erhärteten Gesamtbildes.

Im einzelnen geht es um die Konzernzielsetzung, über Mitarbeiter zu verfügen, die »ein klein wenig besser sind« als jene der Konkurrenz, um die sehr wohl vorhandene, jedoch weitgehend nicht schriftlich niedergelegte Unternehmenskultur, um die generelle Skepsis gegenüber Systemen, wobei gerade auf dem Gebiete des Personalwesens nicht ohne sie gearbeitet werden kann.

Der Personalchef ist nicht Chef des Personals, sondern der Personalabteilung;

damit sind Personalangelegenheiten auch nicht (ausschliesslich) Sache der »human resources«, wobei letztere als Stabsabteilung verstanden werden.

Wo der Personalabteilung massgebender Stellenwert zukommt, wird anschliessend detailliert erörtert.

Analoges gilt für weitere prägende Führungskomponenten bzw. -prinzipien wie das neue Management-Konzept »Management Commitment – Employee Involvement« samt »value added leadership«, der grundsätzlichen Verantwortung beim direkten Vorgesetzten im Rahmen des stets als massgebend erachteten, anschliessend beschriebenen hausspezifischen »management development«.

Das Gesagte mündet in die zusammenfassend unterstrichene Bedeutung von Glaubwürdigkeit und Realismus bei der Führung; ohne diese bleiben »all die schönen Worte vom Personalmanagement leere Floskeln.«

Dass es noch nicht in vollem Umfang gelungen sei, »die erkannte bzw. gedruckte Wahrheit über den Erfolgsfaktor Mensch in konkrete Handlungen umzusetzen«, beklagt Thomas Herp; in seinem Beitrag analysiert er diesen Sachverhalt, geht den Problemen nach und fragt nach dem Warum.

Zunächst geht es um eine strategische Orientierung, denn: »Spitzenunternehmen beweisen, dass über strategisch orientierte Personalarbeit klare Erfolge erzielt werden können.«

Die zweite Schlussfolgerung geht dahin, »nicht auf die Wirkung von Weiterbildungsmassnahmen zu hoffen, sondern bereits bei der Besetzung der entsprechenden Position möglichst geeignete und runde Persönlichkeiten zu suchen.«

Mitarbeitern zuerst klare Ziele und Aufgaben zu vermitteln, bevor über »ausgefeilte Vergütungssysteme« nachgedacht wird, bildet die dritte Konklusion.

Massgebend ist schliesslich die Stimmigkeit der Personalarbeit. »Darin, und genau in der Sicherstellung dieses Punktes, liegt die Wertschöpfung einer modernen Personalabteilung; … gefragt ist nicht die Exzellenz in Teilgebieten, sondern die Konsistenz über alle Elemente hinweg.«

Das Fazit: »Die besten Mitarbeiter machen erfolgreiche Unternehmen.«

Ruedi Arnold beklagt in seinem Plädoyer die zunehmend fehlende Langfrist-Perspektive der Weiterbildung der Führungskräfte.

Beispiele und Anekdoten führen lebensnah vor Augen, wie und mit welchen Konsequenzen die Personalverantwortlichen in punkto Führungskräfte-Weiterbildung jenseits des akuten Bedarfes – vor allem an vermeintlich unnötig langen Veranstaltungen – sparen; ein Bumerang, wie anschaulich gezeigt wird.

Dass Ausnahmen Regeln bestätigen, ist wohlbekannt: Auch jene Fälle werden erörtert bzw. jene Institutionen genannt, die sich aus guten Gründen dem aufgezeigten Diktat der Kurzlebigkeit nicht beugen.

»›Just in time‹-Learning gleicht in manchem der populären Auslegung der ›Shareholder value‹.« Bei beiden wird jedoch vielfach übersehen, dass sie eine Langfrist-Perspektive besitzen – so ist auch beim Humankapital der Aspekt langfristiger menschlicher Wertsteigerung zu bedenken.

Die Selbstverantwortung für die eigene berufliche Laufbahn – ein Ausweg?

Auf seinem einleitenden Beitrag aufbauend, wirft ROLF DUBS die Frage auf, »ob sich in Zukunft nicht auch Verwaltungsräte stärker mit den Fragen des Human Resource Management auseinandersetzen müssen; eine gute Möglichkeit dazu bietet die Schaffung eines Personalausschusses des Verwaltungsrates (in grossen Unternehmungen) ...«, dessen Rolle nachfolgend untersucht wird.

Vertieft eingegangen wird dabei auf die grundsätzlichen Vorteile der angelsächsisch geprägten Idee der Ausschüsse, auf die fehlende Übereinstimmung zwischen der juristischen Betrachtung und den modernen betriebswirtschaftlichen Anforderungen eines Personalausschusses, anschliessend auf dessen einzelne Aufgaben einerseits und Probleme andererseits.

Empfehlungen aufgrund erster Erfahrungen sowie die massgebenden Argumente für eine Loslösung von der traditionellen Personalarbeit hin zum modernen Human Resource Management schliessen die Ausführungen ab; sie rechtfertigen es, »einen Personalausschuss für die Beschleunigung des Wandels von der Personalarbeit zum Human Resource Management einzusetzen.«

»Personalbereiche stehen angesichts der dramatischen Veränderungen in den Märkten, in den Kostenstrukturen und in den internen Kundenerwartungen natürlich auch selber in einer deutlichen Change-Notwendigkeit« stellt WALTER JOCHMANN fest und nimmt eine weit ausholende Tour d'horizon vor. Von den Anforderungen an ein erfolgreiches Change-Management ausgehend, werden die modernen Servicestrategien und resultierende Qualitätskennzahlen vertieft und ausführlich diskutiert. Die Betrachtung der organisatorischen Einbindung von Personalbereichen sowie die Auseinandersetzung mit den Anforderungen an diese vor dem Hintergrund eines professionellen Projektmanagement unter dem Mobilisierungsaspekt ergänzen das erfahrungsgeprägte Bild.

Ein wichtiges Analyseergebnis besteht in der Erkenntnis, dass nur diejenigen Personalbereiche eine realistische Überlebenschance haben, »die bedarfsorientierte und wertschöpfende Dienstleistungen erbringen und zudem die für das Top-Management notwendigen Steuerungsfunktionen (in sensibler Form) wahrnehmen.«

»Es war einmal ...« – mit einer Geschichte aus dem Alltag einer Grossunternehmung führt RUDOLF ATTEMS die Bedeutung der Unternehmenskultur für das Human Resource Development vor Augen. »Die spezifischen Ausprägungen einer Unternehmenskultur fördern oder verhindern ein Klima, in dem Menschen wachsen und sich entfalten, in dem Menschen zu herausragenden Leistungen angespornt werden können.«

Gleichzeitig stellt Managemententwicklung ein systemimmanentes Risiko dar, das gerade bei der Entwicklung des Menschen besonders spürbar wird. Seine Wurzeln führen zum »Widerspruch zwischen Individuum und Organisation«, das – wie in mehreren Facetten gezeigt wird – die verschiedenen Beziehungsformen zwischen HRD-Funktion und Linienfunktionen prägt und die Brücke zum Konzept der »lernenden Organisation« schlägt.

Von der Auseinandersetzung mit den für den Führungsnachwuchs benötigten Fähigkeiten ausgehend, wird ein Orientierungsmodell für Führungsentwicklung auf die HRD-Arbeit angewandt. HRD-bezogene Schritte für eine Strategiebildung in der Praxis vervollständigen das vermittelte Bild.

Einer Problematik am cutting Edge of Science ist der Beitrag von Gilbert Probst und Steffen Raub gewidmet. Die wohlverdiente »endgültige Aufwertung« des Personalmanagement könnte demgemäss über folgenden Transmissionsriemen erfolgen: »Wissensmanagement wird sich in den kommenden Jahren voraussichtlich zu einer zentralen Funktion des strategischen Management entwickeln. Wissensmanagement weist darüber hinaus zahlreiche Berührungspunkte zum Personalmanagement – als ›Betreuer organisationalen Wissens‹ – auf.«

Von den Aufgaben des Wissensmanagement ausgehend, werden die betreffenden Berührungspunkte lokalisiert, positioniert und dimensioniert; ferner werden die Zusammenhänge zwischen Personal- und Wissensmanagement anhand der Phasen Personalbeschaffung, -entwicklung und -freistellung näher beleuchtet.

Die Analyse mündet in »erhebliche Überschneidungen zwischen den beiden Bereichen. Das Personalmanagement verfügt demnach über eine sehr gute Ausgangsposition zur Wahrnehmung von Wissensmanagementfunktionen.« Damit verfügen zahlreiche Projekte, »die heute im Bereich des Personalmanagement durchgeführt werden, ..., über das Potential, zu unternehmensweiten Unterstützungsfunktionen ausgebaut zu werden.«

Vom kontinuierlichen und gleichzeitig schnellen Wandel als Notwendigkeit geht Tom Sommerlatte aus. Anders als in den letzten Jahren wird es in Zukunft »für die meisten Unternehmen vielmehr um mentale Veränderungen gehen.«

Mit Blick auf das dynamische Umfeld werden dabei traditionelle Führungsmethoden »organisationalem Lernen« weichen müssen, um die dauerhafte Leistungsfähigkeit des Unternehmens sicherzustellen.

Entsprechend wird der Frage, »wie die Fähigkeit des organisationalen Lernens eines Unternehmens gesteigert und dann gezielter genutzt werden kann«, nachgegangen. In diesem Zusammenhang werden die einzelnen Phasen des organisationalen Lernprozesses detailliert behandelt. »Das Management der Lernprozesse im Unternehmen wird damit zur Hauptaufgabe der Unternehmensführung«; und: »Auf der Basis dieser Lernkultur, ..., können Veränderungsvorhaben ... viel wirkungsvoller als bisher bewältigt werden und zu dauerhafterem Erfolg führen.«

Die Schlussfolgerung: »Wandel wird so zu einem kontinuierlichen, gewollten und natürlichen Ergebnis des organisationalen Lernprozesses. Ziel des Wandels wird schliesslich immer seltener Krisenbewältigung und massives Reengineering sein müssen, sondern vielmehr das verbesserte Zusammenwirken der Menschen im Unternehmen und die Erschliessung neuer Geschäfts- und Wachstumspotentiale.«

*****

Visionäres, Futuristisches, Brisantes und, im Hinblick auf die Auswirkungen auf das Human Resource Management, zweifelsohne auch Beunruhigendes enthält die Prognose – ein aus zahlreichen skizzierten Bausteinen bestehendes Mosaikbild – von GERHARD RANDA; so u. a.:

- »Die funktionale Organisation löst sich auf, es geht um das Gestalten von temporären, rasch veränderungsfähigen, oft nahezu virtuellen Organisationen, die sich an Geschäfts- und Wertschöpfungsprozessen orientieren.«
- »Alle Human Ressourcen des Unternehmens werden möglichst in den direkten Wertschöpfungsprozess integriert, es entfallen ganze Hierarchieebenen ...«
- »Es wird in Hinkunft wesentlich wichtiger werden, sich auf die Schlüsselqualifikationen von Mitarbeitern zu beziehen. Diese werden vor allem im Bereich der fachunabhängigen Fähigkeiten, die man im englischsprachigen Raum als ›transferable skills‹ bezeichnet, liegen. ... Damit wird sich auch der Begriff der Führungskraft radikal verändern.«
- »Unternehmer im Unternehmen werden unter Nutzung modernster Informationstechnologien ihre Wertschöpfungsprozesse optimieren und damit zum Unternehmenergebnis selbständig beitragen. ... So wird auch vom Personalmanagement verlangt, personalwirtschaftliche Kennzahlen mit betriebswirtschaftlichen Leistungsgrössen zu verbinden und somit Steuerungsinstrumentarien für die Effizienz des Personaleinsatzes zu gestalten.«
- »Die Führungskraft der Zukunft wird jenes Methodenwissen über Personalmanagement brauchen, das heute noch den Spezialisten der Personalabteilung vorbehalten ist.«
- »Damit wird wohl die Frage der Organisation und Distribution von Arbeit die grosse gesellschaftliche Herausforderung des 21. Jahrhunderts.«
- »Ob es zwischen dem amerikanischen Weg der Arbeitsplatzbeschaffung durch ›low income working people‹ und dem Weg der raschen internationalen Migration aller arbeitsintensiven Produktionsvorgänge in Schwellen- und Entwicklungsländer noch einen dritten – europäischen – Weg gibt, wird wohl essentiell von der Gestaltung des Human Resource Management abhängen.«
- »Die doppelte Buchführung ist mehr als 500 Jahre alt, der erste deutschsprachige Lehrstuhl für Personalwirtschaft kaum 35 Jahre. Trotzdem ist das Human Resource Management heute vor grössere Veränderungsnotwendigkeiten gestellt als andere Elemente der quantitativen Betriebswirtschaft.«

»Welchen Beitrag soll die Personalabteilung leisten, wenn die alten Paradigmen nicht mehr gültig sind? Das ›System Arbeit‹ benötigt neben evolutionärer Weiterentwicklung eine Revolution, einen Quantensprung, um den neuen Anforderungen an Wettbewerbsfähigkeit gerecht zu werden«, hält HEINZ FISCHER fest; am Anfang der Überlegungen steht die Sinn- und Zweckfrage: »Wenn nun die Mitarbeiter das grösste Vermögen sind, muss die Frage nach Sinn und Zweck der Arbeit auch für sie gestellt und entsprechend beantwortet werden: langfristig anhaltende Werte zu schaffen.«

Neue Lösungen für das System Arbeit zu finden, bildet vor allem eine Aufgabe der Personalfunktion in den Unternehmen.

Die anschliessende Erörterung jener Lösungsansätze, an denen hausintern gearbeitet wird, umfasst flexible und ganzheitliche Anerkennungssysteme (Menue-

Konzept), das Lernsystem (Learning Technology), die Veränderung im holistischen Wertesystem (Seele, Geist, Körper), die Euro/Lokale Prozessorganisation (das Human Resources-Unternehmen) sowie die Vision »Future at Work«, deren Verwirklichung mit der massgebenden Erkenntnis, der Weg sei das Ziel, einhergeht.

»Die Aufgabe der Personalführung in Zeiten des Wandels ist es, offene, flexible Lösungen für das System Arbeit zu finden, anzubieten, zu vermarkten, zu verkaufen. Die Parameter dafür sind die Verantwortungsfelder, für die langfristig anhaltende Werte geschaffen werden müssen.«

Einmal mehr, diesmal aus wissenschaftlicher Optik, wird die Tatsache hervorgehoben, dass die »Bedeutung des Human Resource Management durchaus erkannt ist«, dass jedoch gleichzeitig »eine Diskrepanz zwischen Wissen und Handeln besteht«.

Kritisch konstatiert zudem Lutz von Rosenstiel die Konzentration des Human Resource Management auf die psychischen Funktionen, während die psychischen Kräfte vernachlässigt werden; letzteren gilt das vorliegende Interesse.

Von einer dreiteiligen Klassifikation der Kontrollformen innerhalb einer Organisation ausgehend, wird manifest, dass das Human Resource Management mit der Herausforderung zunehmend konfrontiert wird, »neben dem Wissen und den Kompetenzen auch die Motive, Einstellungen und Wertorientierungen so zu entwickeln, dass damit den Zielen der Organisation gedient wird.«

Aus dem Unternehmensalltag stammende Anekdoten veranschaulichen die Konsequenzen von Motivationsproblemen samt fehlender Bindung an das Unternehmen; Befunde aus wissenschaftlichen Untersuchungen legen dieselbe Interpretation nahe.

Umso wichtiger erscheinen die abschliessend behandelten Interventionsmöglichkeiten für das Human Resource Management: »Gute und zukunftsorientierte Personalarbeit im Unternehmen sollte ... auch Voraussetzungen dafür schaffen, dass die Mitarbeiter sich mit dem Unternehmen und seinen Zielen identifizieren und daraus ihre Motivation entwickeln.«

Ein für manchen beängstigendes und wohl auch entmutigendes Zukunftsbild malt Bjørn Johansson: Zunehmende Arbeitslosigkeit als gegenwarts-, und im noch zunehmenden Ausmass zukunftsprägendes Phänomen ante portas.

Der neulich scheinbar in der Berufswelt von Führungskräften omnipräsente Darwinismus wird zum ständigen Risikofaktor und zum treuen Begleiter.

Ausgenommen sind nur die Besten, die gehaltsmässig sogar zulegen können; auch diese sehen sich jedoch mit (noch) höheren und vor allem gewandelten Erwartungen – mit den beschriebenen Trends im Management einhergehend – konfrontiert.

Austauschgründe für Führungskräfte einerseits, deren eigene Motivation zum Firmenwechsel andererseits vervollständigen das düstere Szenario.

Letzterem zum Trotz gehen trostsuchende Leser nicht ganz leer aus: »Der Rausschmiss braucht nicht Endstation zu bedeuten, sondern kann auch Chance für einen Neuanfang sein«; und »wer die rund 40 Jahre, die zwischen beruflichem Ein-

und Ausstieg liegen, besonnen einteilt und nutzt, nichts dem Zufall überlässt, hält sich auch nach ganz oben alle Optionen offen.«

Last but not least: Herausfordernde Alternativen existieren, so »zum Beispiel eine eigene Firma« – »ohne firmenpolitische Sachzwänge, in Freiheit und mit Lustgewinn.«

Ein entsprechend hoher Stellenwert kommt jedenfalls der »neuen« Karriereplanung zu, deren fünf Stufen näher beleuchtet werden.

»Das Unternehmerische im Menschen gehört zur Zukunftsbefähigung« hält KARL DELHEES fest und stellt anschliessend die wichtigsten acht Kernelemente der Zukunftsbefähigung vor.

»Um bei sich selbst Zukunftsbefähigung zu entwickeln, ist es zunächst notwendig, dass man die eigene Haltung zu Wandel und Veränderung revidiert. Man muss verstehen, wie die Zukunftsbefähigung innerhalb des menschlichen Geistes funktioniert, und insbesondere was ihren natürlichen Ausdruck behindert.«

Im Dienste dieses Vorhabens werden in einem ersten Schritt die Schlüsselgrössen des Kompetenzsystems »Zukunftsbefähigung« erörtert. »Aus der Forderung nach Beweglichkeit entsteht zweifellos das Ziel, die Zukunft immer so zu positionieren, dass ihr weitere Vorteile zuwachsen. Wir müssen beweglich sein, denn die Auseinandersetzung mit der Zukunft ist ein Spiel, ein Strategiespiel. Spielmöglichkeiten liegen in der Unerschöpflichkeit unserer Ideen für die Zukunftsbewältigung.«

Es folgt eine Auseinandersetzung mit der Selbsteinschätzung, dem Gefühlssystem, der Intuition, der Motivation und den Wertungen sowie – unter Rückgriff auf Vision und Umweltbezogenheit – mit dem Zukunftshandeln.

Human Resource Management

von

Rolf Dubs

Gliederung

1 Ausgangslage

Ein Blick in die Wirtschaftspraxis bringt immer wieder einen grossen Widerspruch zutage: Einerseits sehen Führungskräfte die Personalführung und den Stellenwert des Personals in einer Organisation als zentrale Einflussfaktoren für die Unternehmensentwicklung. Andererseits sieht man in Verwaltungsräten und Geschäftsleitungen häufig, wie den Fragen des Personalwesens nur in – meistens kritischen – Ausnahmefällen die nötige Beachtung geschenkt wird. Deshalb kann es auch nicht verwundern, wenn die Personalchefs an Verwaltungsrats- und Geschäftsleitungssitzungen kaum Wesentliches beitragen können und im allgemeinen von allen Geschäftsleitungsmitgliedern auch am schlechtesten bezahlt sind.

Dieser Widerspruch liess sich auch in einer amerikanischen Untersuchung bestätigen (Marginson et al. 1988). Sie zeigte, dass 80 % der befragten Führungskräfte von der Notwendigkeit einer umfassenden Personalpolitik (Human Resource Management) überzeugt, nur die wenigsten aber in der Lage waren, eine auf ihr Unternehmen ausgerichtete Politik konkret zu beschreiben.

Für diesen Widerspruch sind viele Faktoren verantwortlich: Einerseits beginnt man zu erkennen, dass das Personal eines Unternehmens nicht mehr nur als Kostenfaktor gesehen werden darf, sondern ein Aktivum darstellt, in welches investiert werden soll. Andererseits wird aber der Wert dieses Aktivums auch angezweifelt, weil es nicht richtig gelingen will, die Rentabilität des für Personalmassnahmen eingesetzten Kapitals zu berechnen. Dazu kommt ein bösartiger Kreislauf, in den viele Personalverantwortliche geraten. Weil sich Verwaltungsräte und Geschäftsleitungen häufig nicht systematisch mit Personalfragen beschäftigen, beginnen die Personalverantwortlichen mit einem Eigenleben, das nicht selten Elemente hat, die zum Selbstzweck werden. Dadurch verliert das Personalwesen seinen integrativen Charakter, den es im Interesse der Gesamtentwicklung des Unternehmens haben sollte, was seinen Wert bei den Massgeblichen der Unternehmensleitung weiter schmälert. Verstehen sich Personalverantwortliche im weitern als »Social Agents«, also als Personen, die ohne grosse Rücksichtnahme auf die Geschichte und die Kultur des Unternehmens personalpolitische Neuerungen durchsetzen wollen, können sie ihre Stellung weiter schwächen, gar wenn sie betriebswirtschaftliche Sachzwänge nicht genügend in Rechnung stellen. Und schliesslich trägt nicht selten die Wissenschaft auch noch zur Skepsis gegenüber personalpolitischen Konzepten bei, weil sie immer wieder neue Ansätze entwirft, die nicht selten in dogmatischer Form vertreten und von Personalverantwortlichen konsequent durchgesetzt werden, selbst wenn bekannt ist, dass einseitige – oft auch dem Zeitgeist folgende – Ansätze bald wieder überholt sind.

Der Auseinandersetzung mit solchen Widersprüchen will dieses Buch dienen. Es soll aufzeigen, wie Führungskräfte über das Personalwesen denken, und wie sie in ihrem Unternehmen das Personalwesen handhaben. Dabei soll nicht die Reihe wissenschaftlicher Publikationen mit einem weiteren Buch ergänzt werden, sondern die einzelnen Beiträge sollen die Realität in verschiedenen Unternehmen aufzeigen und persönliche Standortbestimmungen darstellen.

Dass dem Buch der Titel »Human Resource Management« gegeben wird, mag für viele Manager ein Ärgernis sein: Handelt es sich hier auch wieder um eine Modeerscheinung, und genügen die bisherigen Bezeichnungen wie »Betriebliches Personalwesen« und »Personalmanagement« nicht mehr? Weshalb sollen immer wieder neue Begriffe für bleibende Sachverhalte entworfen werden?

Ziel dieses einleitenden Beitrages ist es, die Entwicklung des betrieblichen Personalwesens bis zum Human Resource Management anhand der Literatur nachzuzeichnen, die Begriffe zu klären und kritische Fragen aufzuwerfen, die den Verfassern der einzelnen Beiträge als Orientierungshilfe dienen.

2 Die Entwicklungsphasen des Personalwesens

WUNDERER (1992) hat die sprunghafte Entwicklung theoretischer Ansätze im Personalwesen idealtypisch in fünf »Etappen« dargestellt, indem er von der jeweils vorherrschenden Philosophie ausgehend die im Personalwesen verfolgte Strategie sowie die daraus abgeleiteten Hauptfunktionen und die Verantwortungsträger beschreibt. Tabelle 1 stellt dies dar.

	Philosophie	Strategie	Hauptfunktionen	Verantwortlichkeit
Erste Etappe Bürokratisierung (bis ca. 1960)	Kaufmännische Bestandspflege der »Personalkonten«	Aufbau vorwiegend administrativer Personalfunktionen	Verwaltung der Personalakten, Durchführung personalpolitischer Entscheidungen – z. T. in Nebenfunktion	Kaufmännische Leitung
Zweite Etappe Institutionalisierung (ab ca. 1960)	Anpassung des Personals an organisatorische Anforderungen (Sozialisationskonzepte)	Professionalisierung der Personalleiter, Zentralisierung des Personalwesens, Spezialisierung der Personalfunktionen	Neben den Kernfunktionen Verwaltung, Einstellung, Einsatz, Entgeltfindung, juristische Konfliktregelung, zusätzlich Ausbau der qualitativen Sozialpolitik	Personalleiter im Gross- und z. T. Mittelbetrieb
Dritte Etappe Humanisierung (ab ca. 1970)	Anpassung der Organisation an die Mitarbeiter (Akkomodationskonzept)	Spezialisierung, Ausbau sowie Mitarbeiterorientierung der Personalfunktion	Humanisierung, Partizipation, Ausbau der qualitativen Funktionen wie Aus- und Weiterbildung (off-the-job), kooperative Mitarbeiterführung, Human Relations, Personalbetreuung, Humanisierung von Arbeitsplätzen, -umgebung, Arbeitszeit, Organisations- und Personalentwicklung	Personalressort in der Geschäftsleitung, Personalstäbe, Arbeitnehmer-Vertretung

	Philosophie	Strategie	Hauptfunktionen	Verantwortlichkeit
Vierte Etappe Ökonomisierung (ab ca. 1980)	Anpassung von Organisation und Personal an veränderte Rahmenbedingungen nach Wirtschaftlichkeitsaspekten	Dezentralisierung, Generalisierung, Entbürokratisierung, Rationalisierung von Personalfunktionen	Flexibilisierung der Arbeit und der Arbeitskräfte, Rationalisierung der Arbeit und der Arbeitsplätze, Bewertung des Arbeitspotentials und des Entwicklungspotentials, Abbau quantitativer und freiwilliger Personalleistungen, Orientierung auf Freisetzungspolitik	Geschäftsleitung, Personalwesen, Linienmanagement
Fünfte Etappe Entre- und Intrapreneuring (ab ca. 1990)	Mitarbeiter als wichtigste, wertvollste und sensitivste Unternehmensressource, Personalmanagement soll sie als Mitunternehmer gewinnen, entwickeln und erhalten. Wertschöpfung als Oberziel	Zentralisierung strategischen und konzeptionellen Personalmanagement bei gleichzeitiger Delegation operativer Personalarbeit an die Linie	Unternehmerisches Mitwissen, Mitdenken, Mithandeln und Mitverantworten in allen wesentlichen Unternehmensentscheiden. Integrierte und gleichberechtigte Mitwirkung bei der Unternehmensphilosophie, -politik und -strategie mit besonderer Berücksichtigung von »Mensch und Arbeit«, Evaluation der ökonomischen und sozialen Folgen von Unternehmensentscheiden (Personal-Controlling)	Geschäftsleitung, insbesondere ein für Personal (Human Ressourcen und Humankapital) verantwortliches Mitglied, das zentrale Personalmanagement als »Wertschöpfungs-Center« sowie die Linie (als dezentrales Personalmanagement)

Tab. 1: Etappen der Entwicklung des Personalwesens (nach WUNDERER*)*

Diese idealtypischen Etappen zeichnen die wissenschaftliche Betrachtungsweise nach, wobei der jeweiligen Philosophie Menschenbilder zugrunde liegen, die aus der entsprechenden Zeit heraus zu verstehen sind. MILES (1975) hat in zutreffender Weise drei solche Menschenbilder (Bild des Mitarbeiters) (siehe Tabelle 2) unterschieden, welche die fünf Etappen geprägt haben. Das traditionelle Modell entspricht der Bürokratisierung und der Institutionalisierung des Personalwesens, das Human Relations Modell der Humanisierung und das Human Resources Modell der Ökonomisierung sowie dem Entre- und Intrapreneuring.

	Traditionelles Modell	Human Relations Modell	Human Resources Modell
Annahmen	1. Die meisten Menschen empfinden Abscheu vor der Arbeit 2. Lohn ist wichtiger als die Arbeit selbst 3. Nur wenige können oder wollen Aufgaben übernehmen, die Kreativität, Selbstbestimmung und Selbstkontrolle erfordern	1. Menschen wollen sich als bedeutend und nützlich empfinden 2. Menschen benötigen Zuneigung und Anerkennung. Dies ist im Rahmen der Arbeitsmotivation wichtiger als Geld	1. Menschen wollen zu sinnvollen Zielen beitragen, bei deren Formulierung sie mitgewirkt haben 2. Die meisten Menschen könnten viel kreativere und verantwortungsvollere Aufgaben übernehmen, als es die gegenwärtige Arbeit verlangt
Empfehlungen	1. Der Manager hat seine Untergebenen eng zu überwachen und zu kontrollieren 2. Er soll Aufgaben in einfache, repetitive, einfach zu lernende Schritte aufteilen 3. Er soll detaillierte Arbeitsanwendungen entwickeln und durchsetzen	1. Der Manager sollte jedem Arbeiter ein Gefühl der Nützlichkeit und Wichtigkeit geben 2. Er soll seine Mitarbeiter gut informieren, auf ihre Einwände hören 3. Er soll den Mitarbeitern Gelegenheit zur Selbstkontrolle bieten	1. Der Manager sollte verborgene Anlagen und Qualitäten der Mitarbeiter nutzen 2. Er soll eine Atmosphäre schaffen, in der die Mitarbeiter sich voll entfalten können 3. Er soll Mitbestimmung praktizieren und dabei die Fähigkeit zur Selbstbestimmung und Selbstkontrolle entwickeln
Erwartungen	1. Menschen ertragen die Arbeit, wenn der Lohn stimmt und der Vorgesetzte fair ist 2. Wenn die Aufgaben einfach genug sind und die Arbeiter eng kontrolliert werden, erreichen sie das Soll	1. Informationen und Mitsprache befriedigen die Bedürfnisse nach Anerkennung und Wertschätzung 2. Die Befriedigung führt zur Zufriedenheit und baut Widerstände gegen die formale Autorität ab	1. Mitbestimmung, Selbstbestimmung und Selbstkontrolle führen zu Produktivitätssteigerungen 2. Als Nebenprodukt kann auch die Zufriedenheit steigen, da die Mitarbeiter all ihre Fähigkeiten nutzen können

Tab. 2: Menschenbilder (Bild des Mitarbeiters) und Führungsmodelle nach Miles

3 Die Ursachen für den Wandel im Personalwesen

Die Entwicklung des Personalwesens auf der Grundlage des Human Resources Modells zum Entre- und Intrapreneuring findet ihren Ursprung in den Vereinigten Staaten (Staehle 1988). Verantwortlich dafür sind die folgenden Faktoren:

(1) Der *Wertewandel* in der Gesellschaft bringt neue Lebensstile und veränderte Erwartungen an die Unternehmen und ihre Vorgesetzten. Mitarbeiterinnen und

Mitarbeiter suchen auch am Arbeitsplatz nach mehr Autonomie und Entfaltungsmöglichkeiten. Diese Wünsche lassen sich mit den herkömmlichen Vorstellungen zur Personalführung aber nicht mehr erfüllen.

(2) *Demographische Veränderungen* (Altersaufbau, Frauenerwerbstätigkeit, Berücksichtigung von Minoritäten, Gastarbeiter) verlangen nach mehr Flexibilität in der Personalauswahl, im Personaleinsatz und in der Personalentwicklung. Deshalb verlagerten sich diese Funktionen immer stärker aus einer verwaltenden in eine gestaltende Richtung, was zugleich eine ganzheitlichere Betrachtung erfordert.

(3) Die *neuen Technologien* führen zu anspruchsvolleren Anforderungsprofilen, die eine andere Arbeitsstrukturierung und neuartige Arbeitsbeziehungen bedingen.

(4) Höhere *Anforderungen* an die *Produktivität* der Unternehmen und an die *Qualität* der Produkte erfordern Mitarbeiterinnen und Mitarbeiter, die zur Selbstentwicklung und zur Selbstevaluation fähig sind.

(5) *Gesetzliche Vorschriften* (z. B. Equal Opportunity in den Vereinigten Staaten oder Mitbestimmung in Deutschland) bedingen andersartige Führungsmodelle.

(6) Die *Verschärfung des Wettbewerbes* und die damit verbundenen höheren physischen und psychischen Anforderungen und Belastungen müssen zu neuen Formen der Ausbildung, des Einsatzes und des Umganges mit den Mitarbeiterinnen und Mitarbeitern führen.

(7) Der Wunsch vieler *Menschen*, sich im *Mittelpunkt des Geschehens* zu sehen (focus on self, d. h. man beurteilt alle Dinge aus der Sicht seiner eigenen Interessen), bringt es mit sich, dass herkömmliche Motivationstheorien und Massnahmen der Human Relations nicht mehr verfangen. Erwartet werden vielmehr Formen einer menschengerechten Führung und moderne Honorierungssysteme mit einer Leistungs- und einer Sozialkomponente.

Seit anfangs der achtziger Jahre haben die Verhaltenswissenschaften diese Veränderungen analysiert und neue Konzepte für das Personalwesen entwickelt, die heute unter dem Titel *Human Resource Management* oder *Integriertes Personalmanagement* (Hilb 1994) erscheinen.

4 Die Merkmale des Human Resource Management

Die Forschung ist der Frage nach wesentlichen Unterschieden zwischen dem traditionellen Personalwesen und dem Human Resource Management intensiv nachgegangen. Tabelle 3 zeigt die wesentlichen Unterscheidungsmerkmale (Scholz 1993).

Personalwesen	*Human Resource Management*
Vertikalmanagement von unterstellten Personen	Horizontalmanagement und Pflege aller Ressourcen
Die Entwicklung des Management wird als separate Funktion behandelt.	Die Entwicklung des Manager-Teams wird besonders betont.
Zentrale Personalfunktion in Stabsabteilungen	Dezentrale Personalfunktion im Linienmanagement
Spezialisten nehmen operative Funktionen wie Personalplanung, -evaluation oder -entschädigung wahr.	Das Linienmanagement ist verantwortlich für Einsatz und Koordination aller Ressourcen einer Unternehmenseinheit zur Erreichung der strategischen Ziele.
Linienmanager führen Personen nach bestimmten Regeln und Abläufen.	Personalspezialisten unterstützen das Linienmanagement bei der Erfüllung der strategischen Funktionen.
Personalplanung wird reaktiv aus der Unternehmensplanung abgeleitet	Personalmanagement ist vollständig in die Unternehmensplanung integriert.
Der Zweck ist der Einsatz der richtigen Personen am richtigen Ort zur richtigen Zeit und die kostengünstige Entlassung ungeeigneter Personen.	Der Zweck ist die Abstimmung der verfügbaren menschlichen Ressourcen, Fähigkeiten und Möglichkeiten auf Aufgaben und Ziele des Unternehmens.
Die Angestellten werden zu Objekten der Unternehmensstrategie.	Die Mitarbeiter sind Subjekte der Unternehmensstrategie und Träger des Personalmanagement.
Die Arbeiter sind Produktions- und Kostenfaktoren.	Die »human resources« bilden die Organisation und einen Teil der Investitionen.
Die Personalpolitik bezweckt einen Austausch zwischen ökonomischen und sozialen Zielen und Interessen.	Personalmanagement bezweckt die Entwicklung einer kohärenten »starken« Kultur und sucht den Ausgleich zwischen den Bedürfnissen der integrierten Organisation und den Bedürfnissen des künftigen Umfeldes.

Tab. 3: Ein Vergleich von Personal- und Human Resource Management (SCHOLZ 1993, modifiziert nach KRULIS-RANDA)

In generalisierender Form lässt sich das Human Resource Management folgendermassen charakterisieren:

(1) Grundlage des Human Resource Management-Konzeptes ist ein *positives und optimistisches Mitarbeiterbild* (GAUGLER/WEBER 1995). Mitarbeiterinnen und Mitarbeiter sind fähig und bereit, ihre Aufgaben im Gesamtinteresse des Unternehmens und ihrer Belegschaft in eigenverantwortlicher Weise zu erfüllen, an Entscheidungsprozessen verantwortungsbewusst mitzuwirken und sich laufend weiterzubilden. Sie sind nicht mehr Geführte und Kontrollierte, sondern Selbstverantwortliche im Rahmen einer aufgabenorientierten Partizipation.

(2) Das *Human Resource Management* steht in einer engen *Wechselbeziehung* mit der *Unternehmensstrategie* und der *Organisation* des Unternehmens. Dabei ist es aber nicht so, dass die Unternehmensstrategie zeitlich und inhaltlich den Vorrang hat und die Organisation und das Human Resource Management ihr folgen, son-

dern sie bildet nur einen von mehreren situativen Faktoren für das Human Resource Management, d. h. die personalpolitischen Aktivitäten werden zugleich als Folge wie auch als Ursache für strategische Entscheidungen betrachtet (BEER et al. 1985).

(3) Human Resource Management ist damit *integriertes Management* (HILB 1994), d. h. es wird systematisch aus der General Management Perspektive und nicht mehr aus der Funktionsperspektive (wie das herkömmliche Personalwesen) gesehen. Deshalb liegt die strategische Verantwortung dafür auch nicht mehr im Funktionsbereich, sondern bei der Unternehmensleitung, und der Grossteil von operativen Aufgaben wird nicht durch Stabsstellen mit Spezialisten, sondern durch die Linienstellen wahrgenommen.

(4) Die Mitarbeiterinnen und Mitarbeiter sind nicht mehr ein Kostenfaktor, sondern die Aufwendungen für sie werden als *Investition* verstanden. Damit werden sie zum wichtigsten Organisationsteilnehmer, dessen Qualifizierung für eine Aufgabe und dessen Entwicklung zum zentralen Aufgabengebiet des Human Resource Management wird. Im Vordergrund der Qualifizierung und Entwicklung stehen die Autonomie und die Partizipation, die so auszugestalten sind, dass die betriebliche Leistungserstellung bei grosser Arbeitszufriedenheit effektiv ist.

(5) Im Wechselspiel mit der Unternehmensstrategie ist die Gestaltung und Entwicklung der *Unternehmenskultur* die oberste Aufgabe des Human Resource Management, denn eine Kultur lässt sich nicht »von oben verordnet« durchsetzen, sondern sie ist im Rahmen der Strategie durch die Betriebsangehörigen gemeinsam zu gestalten. Dazu kann sich das organisationale Lernen zu einem guten Ansatz ausbauen lassen (SATTELBERGER 1991).

5 Definition und Gliederung des Human Resource Management

Aus der Fülle der Definitionen des Human Resource Management seien drei ausgewählt, die auch aus praktischer Sicht sinnvoll sind.

WOHLGEMUTH (1986) – in Abstimmung auf den »Zürcher Ansatz« der Führungslehre (RÜHLI 1984) – definiert wie folgt: »Der Begriff Human Resources Management umfasst alle funktionellen, institutionellen und instrumentellen Aspekte der Unternehmensführung, die mit Fragen des Humanpotentials verbunden sind. Dabei wird mit Humanpotential die Gesamtheit menschlicher Arbeitskraft bezeichnet (Mitarbeiter und Führungskräfte mit ihrem Wissen, Können und Verhalten) aus der das Unternehmen besteht. Implizit wird davon ausgegangen, dass die volle Entfaltung dieses Potentials nicht automatisch erfolgt, sondern von vielen Faktoren abhängig ist, die zudem unterschiedlich stark beeinflussbar sind« (S. 87). Der funktionelle Aspekt umfasst die Gesamtheit der Prozesse, die kurz- bis langfristig das geeignete Humanpotential im Unternehmen sichern sollen. Analog umfasst der institutionelle Aspekt die Gesamtheit der Instanzen und der instrumentelle Aspekt die Gesamtheit der Instrumente, die kurz- bis langfristig das geeignete Humanpotential des Unternehmens sichern sollen. Diese Definition zeigt, dass die richtige Erfassung des Human Resource Management nur durch *Integration* aller das Humanpotential betreffenden Faktoren, sowohl von der sozialen wie auch von der technischen Seite her, also mit einem *ganzheitlichen Ansatz*, möglich ist.

Hilb (1994) setzt Personalmanagement dem Human Resource Management gleich (was im folgenden auch getan wird) und umschreibt es als »Gesamtheit aller Ziele, Strategien und Instrumente, die das Verhalten der Führungskräfte und der Mitarbeiter prägen« (S. 12). Er konkretisiert diese Umschreibung (vergleiche Abbildung 1), indem er im Interesse klarer Abgrenzungen zwischen Personalmanagement (zur indirekten Systemgestaltung), Mitarbeiterführung (zur direkten Systemlenkung) und der Organisationsentwicklung (zur ständigen Systementwicklung) unterscheidet. Damit gelingt es ihm, das aktiv gestalterische Element in ganzheitlicher Form zum Ausdruck zu bringen. Das Wechselspiel zwischen Unternehmensstrategie und Human Resource Management wird in seinem Ausgangs-

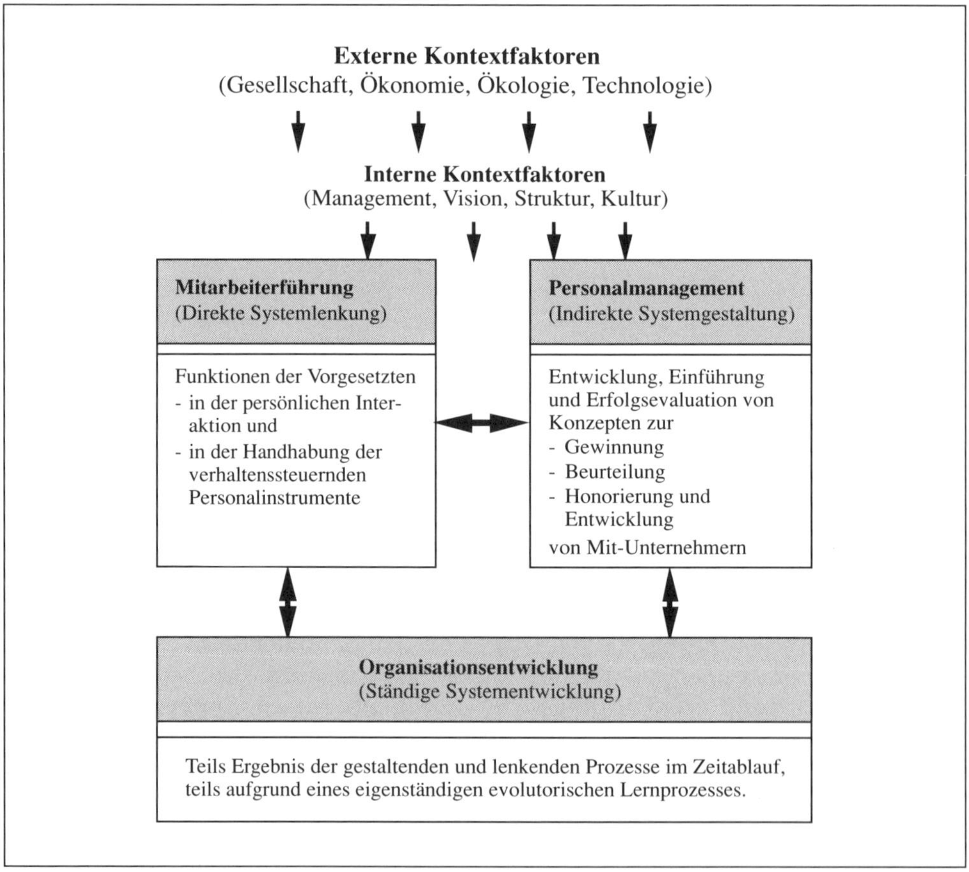

Abb. 1: Eingliederung des Personalmanagement in ein Führungskonzept (nach Hilb)

modell sichtbar, so dass keine Gefahr einer inhaltlichen und zeitlichen Nachordnung des Human Resource Management entstehen kann.

Im *Harvard-Ansatz* (siehe Abbildung 2) (BEER et al. 1985) kommt das Wechselspiel zwischen Strategie und Human Resource Management deutlich zum Ausdruck. Im Mittelpunkt stehen vier Human Resource Management-Politikfelder: Mitarbeiterbeteiligung (Partizipationsphilosophie), Human Resource Bewegungen (Personalauswahl, -einsatz, -entlassung), Belohnungssystem (Anreiz-, Entgelt- und Beteiligungssysteme) sowie Arbeitsorganisation (Arbeitsstrukturierung). Diese Politikfelder werden durch die Interessen der Organisationsteilnehmer (Mitarbeiterinnen und Mitarbeiter, Eigentümer, Management, Staat, Wirtschaftsverbände) sowie durch situative Faktoren wie Unternehmensstrategie, Beschäftigungsstruktur, Technologienentwicklung, Gesetze, gesellschaftliche Werte usw. beeinflusst. Die Human-Resource-Entscheidungen führen zu unmittelbaren Resultaten (Einsatz der Belegschaft, Können und Kooperation der Mitarbeitenden sowie Effektivität der Leistungserstellung) und zu mittelbaren Ergebnissen (individuelle Zufriedenheit, organisatorische Effizienz, gesellschaftlicher Wohlstand). Die Rückkoppelungsschleifen weisen auf Feedback-Prozesse hin, welche die Organisationsteilnehmer und die situativen Faktoren wiederum beeinflussen. So kann beispielsweise die Verschlechterung der Ertragslage die Unternehmensleitung veranlassen, eine Änderung der Human Resource Management Politik einzuleiten (z.B. Ausweitung der Personalförderung oder Änderungen in der Lohnpolitik). Damit besteht die zentrale Aufgabe des Human Resource Management in der integrativen Abstimmung der vier Politikfelder sowohl untereinander als auch mit der Unternehmensstrategie (STAEHLE 1988). Die Harvard-Autoren (BEER et al. 1985) unterscheiden die in Tabelle 4 wiedergegebenen Arten von Arbeitsbeziehungen in den vier Politikfeldern. Dabei betonen sie, dass es nicht *einen* richtigen Weg des Human Resource Management gibt. Wesentlich ist nur, dass die Politikmassnahmen konsi-

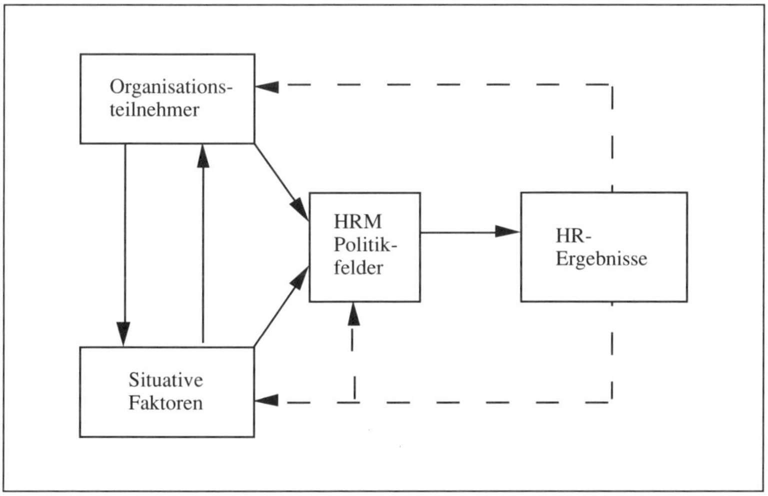

Abb. 2: Human Resource Management (Harvard-Ansatz) (nach Beer)

HRM-Politikfelder	Art der Arbeitsbeziehungen		
	Bürokratie (Personal = Untergebene)	Markt (Personal = Arbeitnehmer)	Clan (Personal = Organisations-mitglieder)
Mitarbeiter-beteiligung	Dienstweg	Verträge	Beratung/Konsens (z. B. Qualitätszirkel)
Personal-bewegungen	Aufstieg innerhalb eines Funktionsbereichs (Ochsentour)	Einstellungen und Entlassungen nach Bedarf	Lebenslange Beschäftigung, vertikale und laterale Bewegungen
Belohnungs-system	Anforderungsgerechte Bezahlung	Leistungsgerechte Bezahlung	Bezahlung nach Seniorität und Fähigkeiten, Erfolgsbeteiligung
Arbeits-organisation	Hohe Arbeitsteilung, Integration durch Hierarchie	Arbeitsaufträge an Einzelne oder Gruppen	Ganzheitliche Aufgaben, Selbstbestimmung in Gruppen

Tab. 4: Ansätze der Arbeitsbeziehungen (nach Beer)

stent sind. So erfordert beispielsweise die Einführung von Qualitätszirkeln Veränderungen in der Personalauswahl, -entwicklung und -honorierung.

Diese drei Umschreibungen des Human Resource Management bauen auf den Erkenntnissen der Verhaltenswissenschaften bezüglich der Veränderungen in der gesamten Umwelt des Unternehmens auf, gehen vom Menschenbild autonomer, selbstverantwortlicher und entwicklungsfähiger Mitarbeiterinnen und Mitarbeitern aus und rücken die strategischen Aspekte des Personalmanagement in den Vordergrund.

Trotz dieser Einigkeit im Grundsätzlichen werden viele Gliederungsversuche des Human Resource Management vorgelegt. Eine mögliche Gliederung, die in Abbildung 3 dargestellt ist, baut auf den Human Resource Management-Politikfeldern auf. In jedem dieser vier Bereiche sind zum einen die Ziele, Strategien und Instrumente und zum anderen die Entwicklung, die Durchführung und das Controlling zu bestimmen (vergleiche ausführlich HILB 1994).

6 Konsequenzen für die Unternehmensführung und -organisation

Für die Führung und Organisation eines Unternehmens bringt ein konsequent durchgeführtes, im beschriebenen Sinn modernes Human Resource Management folgende Auswirkungen (WOHLGEMUTH 1986, RIEKHOF 1985, WUNDERER 1992):

(1) Das Human Resource Management ist eine *Führungsaufgabe der Unternehmensleitung* und kann in strategischen Belangen nicht an die Personalverantwortlichen oder an Stäbe delegiert werden.

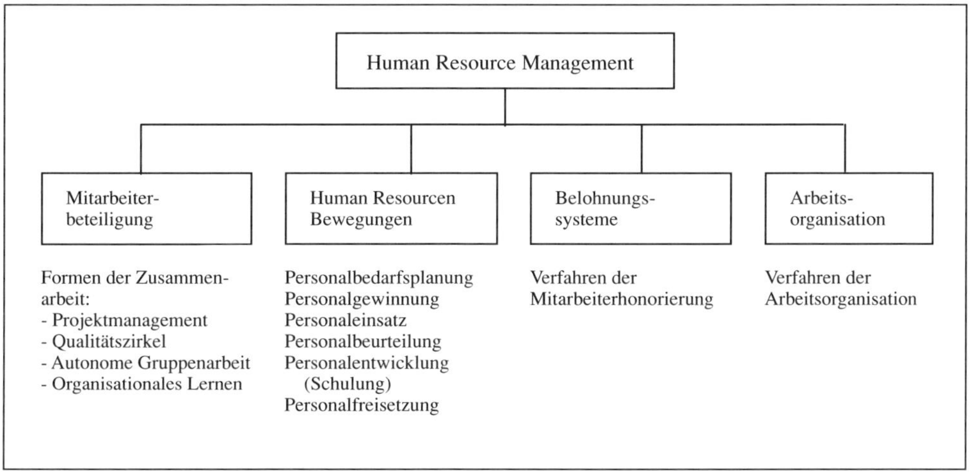

Abb. 3: Mögliche Gliederung des Human Resource Management in Teilbereiche

(2) Um zu einem integrierten Human Resource Management zu gelangen, müssen sich *alle Linienvorgesetzten* damit auseinandersetzen. Ist diese Voraussetzung nicht erfüllt, so wird es weniger gut gelingen, die Unternehmenskultur nachhaltig zu beeinflussen.

(3) Für das Humanpotential sind die Linienvorgesetzten verantwortlich, denn sie kennen ihre Mitarbeiterinnen und Mitarbeiter am besten. Sie werden von Stäben und Spezialisten nur dort unterstützt, wo spezielle Kenntnisse unabdingbar sind.

(4) Die Personalabteilungen, denen in der Vergangenheit relativ unkoordiniert immer neue Aufgaben zugeteilt wurden, und die eine immer stärker verwaltend-administrative Rolle im operativen Bereich erhalten haben, müssen zu kundenorientierten Dienstleistungszentren ausgebaut werden, die auch als Wertschöpfungszentren dienen sollten (WUNDERER 1992). Das Wertschöpfungsdenken muss in der Schaffung von »Werten« im Sinne höherer Qualitäten für alle Mitarbeiterinnen und Mitarbeiter des Unternehmens verstanden werden, damit die betriebliche Effizienz und Zufriedenheit steigen.

(5) Die Personalverantwortlichen müssen Mitglied der Geschäftsleitung werden, damit sie das Wechselspiel von Unternehmensstrategie und Human Resource Management beeinflussen können. Dies setzt voraus, dass sie über eine genügende unternehmerische Sachkompetenz und über Fähigkeiten zur Erfüllung klassischer, strategisch ausgerichteter Personalfunktionen verfügen.

(6) In Grossunternehmen sind alle Stabsfunktionen im Human Resource Bereich unter einer einheitlichen Leitung zusammenzufassen, wobei in Unternehmen mit verschiedenen Standorten zu überlegen ist, wie weit eine Dezentralisierung sinnvoll ist, um möglichst vor Ort zu beraten. Die Beraterfunktion dieser Stäbe wird generell bedeutsamer werden, wobei die Glaubwürdigkeit und damit die Einfluss-

möglichkeiten nur gesichert bleiben, wenn diese Stabsstellen über die unternehmerische Fachkompetenz verfügen und genügend Einsicht in die Unternehmensstrategie haben.

7 Theorie und Praxis des Human Resource Management

In der unternehmerischen Wirklichkeit bestehen inbezug auf die Gestaltung des Human Resource Management grosse Qualitätsunterschiede, die einerseits auf die Einstellung von Verwaltungsräten und Geschäftsleitungen und andererseits auf die konkrete konjunkturelle, strukturelle und unternehmerische Situation zurückzuführen sind.

Aufgrund von Erhebungen in der schweizerischen Wirtschaft hat Krulis-Randa (1988) folgende Meinungen zum strategischen Human Resource Management feststellen können:

(1) Die Notwendigkeit des strategischen Personalmanagement innerhalb der strategischen Unternehmensführung wird bestritten.
(2) Strategische Personalarbeit wird als akademisches Schlagwort und nicht als eine praxisrelevante Funktion betrachtet.
(3) Der Schwerpunkt liegt bei der Strategie des Personalmanagement.
(4) Das Verständnis bezieht sich auf »*Strategie* Human Resource Management«.
(5) Personal an sich wird als *die* Unternehmensstrategie verstanden. Der Mensch ist *die* Organisation.

Angesichts solcher Auffassungen werden die Qualitätsunterschiede sofort verständlich.

Im weiteren lässt sich immer wieder beobachten, wie die aktuelle Situation eines Unternehmens zu einer subjektiven Wertung und Förderung des Human Resource Management führt. Krulis-Randa (1989) zeigt, wie unterschiedliche Situationen zu einer verschiedenartigen Betrachtung führen. Er untersucht die Einstellung von Unternehmensleitungen von zwei Seiten her, dem »Engpassfaktor Arbeit« und dem »Willen der Unternehmensleitung, die menschliche Arbeit ganzheitlich zu betrachten« (siehe Abbildung 4).

Unternehmensleitungen, die sich weniger um eine ganzheitliche Betrachtung der menschlichen Arbeit bemühen und, die bei der Rekrutierung von Arbeitskräften keine Schwierigkeiten haben, begnügen sich mit einem operativen Personalmanagement (Feld D). Solche, die unter Arbeitskräftemangel leiden und die menschliche Arbeit ganzheitlich betrachten, interessieren sich stärker für das strategische Personalmanagement oder sind sogar gezwungen, sich damit zu befassen (Feld A). Eigene Beobachtungen in Verwaltungsräten bestätigen diese Darstellung immer wieder, wobei nicht selten Veränderungen im Umfeld im gleichen Unternehmen zu einer andern Einstellung zum Human Resource Management führen.

Diskutiert man die Problematik mit Führungskräften, so stösst man immer wieder auf den gleichen Fragenkomplex: Viele Führungskräfte bezweifeln den ökono-

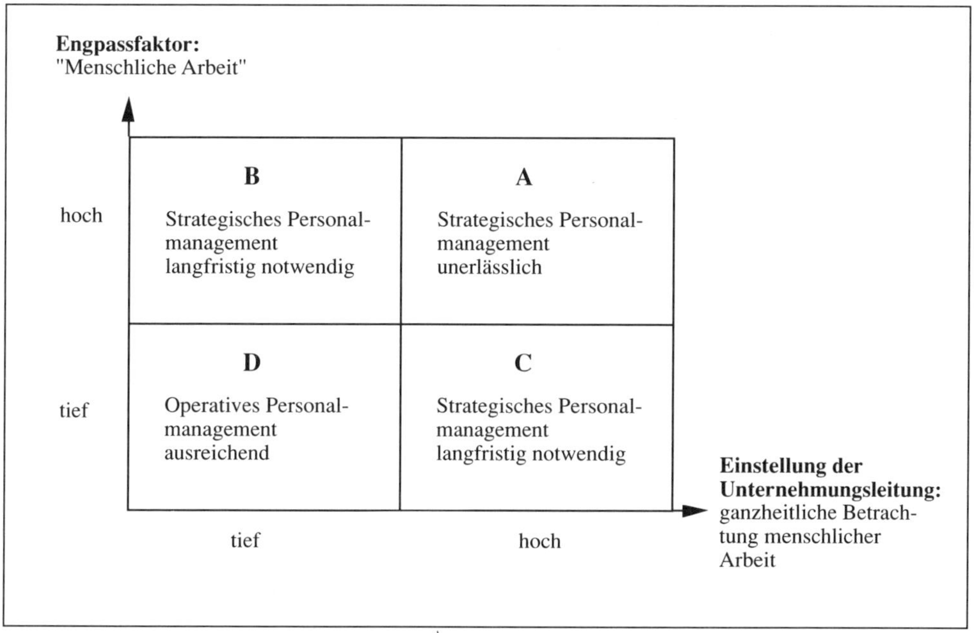

Abb. 4: Stellenwert des strategischen Personalmanagement (nach Krulis-Randa)

mischen Nutzen eines systematisch gestalteten Human Resource Management und erwarten von der Wissenschaft ökonomische Effektivitätsstudien. Leider sind solche Vorhaben äusserst komplex, so dass selten systematische Studien durchgeführt werden. Deshalb berufen sich Wissenschafter gerne auf den amerikanischen Schuster Report (SCHUSTER 1986). Er untersuchte an 1000 grossen Industrieunternehmen sowie an den grössten Nichtindustrieunternehmen in den Vereinigten Staaten die sechs nach PETERS/WATERMAN für die Personalorientierung typischen Human Resource Management-Praktiken (Assessment Center, flexible Entlohnungssysteme, Produktivitäts-Bonuspläne, zielorientierte Leistungsbewertung, flexible Arbeitszeitsysteme, Organisationsentwicklung). Seine Hypothese lautete: Je mehr solche Praktiken in den befragten Unternehmen im Einsatz sind, desto mitarbeiterorientierter ist die Managementphilosophie und desto erfolgreicher ist das Unternehmen (gemessen an der Eigenkapitalrentabilität). Diese Hypothese konnte bestätigt werden, indem die durchschnittliche Eigenkapitalrentabilität der Unternehmen, welche diese Praktiken einsetzten, um 11 % höher war (allerdings bei einem tiefen Signifikanzniveau von 0.5) als bei solchen, die sie nicht verwendeten. Aufgrund dieser Untersuchung und einfacherer Fallstudien glaubt SCHUSTER, die systematische Gestaltung des Human Resource Management trage wirksam zur Produktivitätssteigerung bei.

8 Kritische Schlussbemerkungen

Versucht man die heute gängigen Leitideen des Human Resource Management in einigen Punkten zusammenzufassen, so kann dies etwa folgendermassen geschehen:

- Das Personal ist nicht mehr ein Kostenfaktor, sondern ein Aktivum des Unternehmens. Deshalb ist das Human Resource Management eine Investition, die effektiv ist, weil alle Mitarbeiterinnen und Mitarbeiter leistungswillig, leistungsfähig und entwicklungsfähig sind.
- Die Mitarbeiterinnen und Mitarbeiter entwickeln sich dann am besten weiter, wenn es ihnen der Arbeitsplatz mit seinem Arbeitsinhalt erlaubt und geeignete Partizipationsmöglichkeiten geschaffen werden.
- Je besser die Unternehmenskultur auf Kommunikation, Partizipation und Autonomie ausgerichtet ist, desto grösser wird der persönliche Einsatz aller Mitarbeiterinnen und Mitarbeiter.
- Je besser die persönlichen Ziele der Belegschaft mit den Zielen des Unternehmens harmonieren, desto günstiger entwickelt sich das Unternehmen.

Diese Leitideen sind wertvoll und erstrebenswert. Ich glaube aber, dass es an der Zeit ist, dazu auch kritische Fragen aufzuwerfen.

Zunächst will mir scheinen, dass immer mehr Wissenschafter ohne vertieftes Reflektieren diese Leitideen wiederholen, weil sie ihrem Menschenbild und ihren normativen Vorstellungen entsprechen. Die empirische Forschung scheint deren Richtigkeit zu bestätigen: Unternehmen mit einem derartigen Human Resource Management scheinen tatsächlich erfolgreicher zu sein. Allerdings ist dazu die Frage der *Kausalität* aufzuwerfen (was SCHUSTER in seinem Report tut): Könnte es nicht auch so sein, dass erfolgreiche Unternehmen (z.B. mit einer hohen Eigenkapitalrentabilität) dank ihres Erfolges zu diesen Human Resource Management-Praktiken kommen? Mit Fallstudien (z.B. IBM) versuchten Forscher, diese Kausalität zu belegen. Diese Fallstudien haben aber häufig den Mangel, dass sie in erfolgreichen Phasen der betreffenden Unternehmen durchgeführt werden. Interessant wäre es, die Veränderungen im Human Resource Management zu erfassen, wenn die gleichen Unternehmen aus einer unerwarteten Krise herauszuführen sind. Ein solcher Vergleich brächte wahrscheinlich ein viel differenzierteres Bild.

Zweitens finden sich immer wieder erfolgreiche Unternehmen, die ihr Human Resource Management auf anderen – traditionelleren Leitideen aufbauen und trotzdem erfolgreich sind. So gibt es erfolgreiche Unternehmer, die heute wieder offen eine »sach- statt menschenorientierte Führung« (BLOCHER 1995) fordern, und der Überzeugung sind, dass das Vertrauen in Führungskräfte dann am wirksamsten aufgebaut wird, wenn die Mitarbeiterinnen und Mitarbeiter erkennen, wie die Sachbezogenheit zum Erfolg führt. Und in der Tat sieht man in Verwaltungsräten und Unternehmensleitungen immer wieder Führungskräfte, die trotz traditionellem Verhalten nicht nur erfolgreich, sondern auch geschätzt sind. Wahrscheinlich sind dafür auf eine bestimmte Unternehmenskultur abgestimmte Persönlichkeitsmerkmale verantwortlich, deren Erfassung der Wissenschaft nachhaltig Mühe bereitet.

Drittens begegnet man Unternehmen, die sich sehr um ein modernes Human Resource Management bemühen und doch nicht erfolgreich sind. Die Ursachen dafür sind vielfältig: Entscheidungen werden zu spät oder zu wenig klar getroffen; das Human Resource Management ist optimal geplant, aber im Alltag weder auf eine bestehende Unternehmenskultur ausgerichtet, noch wirklich gelebt; das Human Resource Management ist nicht glaubwürdig, weil zwischen dem Konzept und der Realität Differenzen bestehen, die von der Belegschaft durchschaut werden usw. Deshalb wäre es interessant, solche Unternehmen mit geringen Erfolgen mit Human Resource-Konzepten wissenschaftlich zu durchleuchten, um vor allem Einsichten in glaubwürdige und unglaubwürdige sowie realistische und unrealistische Human Resource-Prinzipien zu gewinnen.

Viertens wäre es interessant, das Human Resource Management in krisengeschüttelten Unternehmen systematisch zu studieren. Dabei wären folgende Fragen zu beantworten: Wie haben sich die modernen Prinzipien zu Beginn der Krisensituation bewährt? Wie wurden sie im Verlauf der Zeit modifiziert? Wie haben sie sich im Turn-Around-Management entwickelt?

Mit diesen kritischen Anmerkungen soll das Human Resource Management nicht etwa in Frage gestellt werden. Im Gegenteil – ein gutes Human Resource Management ist eine Grundvoraussetzung für erfolgreiche Unternehmen. Aufgrund meiner praktischen Tätigkeit in Unternehmen und anhand von Beobachtungen in der Wirtschaftspraxis frage ich mich, ob nicht viele wissenschaftlichen Erkenntnisse, die häufig von Leuten ohne praktische Führungserfahrung entwickelt werden, oft zu optimistisch verallgemeinert werden. Und dies in einer schwierigen Zeit für die Wirtschaft, wo eine Differenzierung anhand situativer Faktoren wie Entwicklungsstand der Wirtschaft, Geschichte und Kultur des Unternehmens, strukturelle und konjunkturelle Lage der Branche und Strategie des Unternehmens dringend nötig ist. Wohl am schädlichsten wäre es, wenn immer mehr Unternehmensleitungen dem Zeitgeist folgend ein Human Resource Management konzipierten, an das sie innerlich selbst gar nicht glauben. Die Vorzüge des Human Resource Management kommen nur zum Tragen, wenn es seine Chance als Teil der Unternehmensentwicklung erhält, nicht in alte Muster der traditionellen Personalführung zurückgedrängt wird, aber auch, wenn es nicht wenig überzeugenden und letztlich nicht getragenen Modernismen folgt.

Literaturhinweise

Beer, M./Lawrence, P. R./Mills, D. et al. (1985): Human Resource Management. Boston/New York.

Blocher, C. (1995): Führung in Wirtschaft, Politik und Armee. In: ASMZ, 161, 7/8, S. 15

Gaugler, E./Weber, A. (1995): Perspektiven des Human Resource Management. In: Personal, 47, 1, S. 4–9

Hilb, M. (1994): Integriertes Personalmanagement. Ziele – Strategien – Instrumente. Neuwied: Luchterhand

Krulis-Randa, J. S. (1988): Personalführung und -entwicklung im veränderten gesellschaftlichen Umfeld. In: Schweizerische Zeitschrift für Volkswirtschaft und Statistik, 3, S. 349–363

KRULIS-RANDA, J. S. (1989): Strategisches Management. In: Management Forum, S. 209–225
MARGINSON, P./EDWARDS, P./MARTIN, R. ET AL. (1988): Beyond the Workplace. Managing Industrial Relations in the Multi-establishment Enterprise. Oxford: Basil Blackwell
MILES, R. E. (1975): Theories of Management. New York
RIEKHOF, H.-C. (1985): Personalentwicklung als Führungsaufgabe. In: Personal, 37, S. 186–190
RÜHLI, E. (1984): Der »Zürcher Ansatz« zu einer Führungslehre. In: Die Unternehmung, 38, S. 347–357
SATTELBERGER, TH. (Hrsg.) (1994): Die lernende Organisation. Konzepte für eine neue Qualität der Unternehmungsentwicklung (2. Auflage), Wiesbaden
SCHOLZ, CH. (1993): Personalmanagement. 3. Auflage, München
SCHUSTER, F. E. (1986): The Schuster Report: The Proven Connection between People and Profit, New York
STAEHLE, W. H. (1988): Human Resource Management (HRM). Eine neue Managementrichtung in den USA? In: ZfB, 58, 5/6, S. 576–587
WOHLGEMUTH, A. C. (1986): Human Resource Management aus unternehmungspolitischer Sicht. In: Management Forum, 6, S. 85–103
WUNDERER, R. (1992): Von der Personaladministration zum Wertschöpfungs-Center. In: DBW 52, 2, S. 201–215

Teil I*
Branchenbezogene Betrachtungen als Ausgangspunkt: Allgemeine sowie unternehmensspezifische Erfahrungsberichte und Handlungsempfehlungen

Von der Privatwirtschaft ...

* Die Reihenfolge der einzelnen Themenblöcke folgt inhaltlichen Kriterien. Analoges gilt für die Einordnung der Autorenbeiträge innerhalb dieser Blöcke.

Anforderungen an das Top-Management einer Bank

von

JOSEF ACKERMANN

Gliederung*

1 Wandel der bankbetrieblichen Umwelt
2 Aufgaben des Top-Management
3 Anforderungen an das Top-Management
4 Top-Management und Unternehmenskultur
5 Zusammenfassung und Ausblick

* Der Artikel basiert auf Erfahrungen des Autors als Präsident der Generaldirektion der Schweizerischen Kreditanstalt, Zürich (1993–1996).

1 Wandel der bankbetrieblichen Umwelt

1.1 Zahlreiche Einflussfaktoren

Dass sich ein Unternehmen unter dem Einfluss seiner Umwelt zwecks Erhaltung der Wettbewerbsfähigkeit verändern muss, ist eine Binsenweisheit. Die *Bewältigung des Wandels* ist zur ständigen Managementaufgabe geworden. Wird sie nicht ernst genommen, können Krisensituationen, verbunden mit harten Konsequenzen für das Unternehmen und seine Mitarbeiter, auftreten.

Die momentan schwache Konjunkturlage macht vielen Unternehmen zu schaffen. Das Schweizer Wirtschaftswachstum betrug seit 1990 im Jahresdurchschnitt magere 0,2 Prozent; ein Wert der weit unter demjenigen anderer europäischer Länder, Amerikas oder Japans liegt. Diese Wachstumsschwäche kann auf verschiedene Gründe zurückgeführt werden:

- Erstens hemmt die schweizerische *Regulierungsdichte* sowie eine *unzeitgemässe Arbeitsmarkt- und Bildungspolitik* den Strukturwandel. Die Schweiz braucht Strukturveränderungen, auch wenn sie zunächst schmerzhaft sind. Ein Anpassungsstau würde gesamtwirtschaftlich hohe Kosten verursachen.
- Zweitens fördert der *starke Schweizer Franken* und das hohe inländische Lohn- und Preisniveau Produktionsverlagerungen ins Ausland. Die Zunahme der Arbeitslosigkeit ist eine der Folgen davon.
- Drittens ist die Wachstumsschwäche auf den *strukturellen Umbruch in verschiedenen Branchen*, beispielsweise in der Bauwirtschaft und im Immobilienmarkt, zurückzuführen.

Die rasche technologische Entwicklung, marktrevolutionierende Innovationen sowie die Knappheit des zur Verfügung stehenden Kapitals sind entscheidende Parameter unternehmerischer Zukunftsgestaltung, auch für die *Banken*. Die *Globalisierung der Finanzmärkte, neue Technologien* und die *Vereinfachung grenzüberschreitender Transaktionen* erlauben neuen Marktteilnehmern, sich zu etablieren. Die traditionellen Banken werden immer mehr Mühe bekunden, sich gegen die neuen Wettbewerber im Markt, welche sich auf ein bestimmtes Kerngeschäft konzentrieren, über gezielte Vertriebssysteme verfügen und oft unter anderen regulatorischen Bedingungen arbeiten, durchzusetzen. An diese grundlegenden Veränderungen im bankbetrieblichen Umfeld wird sich das Bankensystem anpassen müssen.

1.2 Implikationen für eine Schweizer Grossbank

Der Strukturwandel impliziert Veränderungen in der Strategie, der Struktur und der Kultur eines Instituts und wirkt sich auf alle *Geschäftsbereiche* einer Schweizer Grossbank aus:

- Im *Retail Banking* muss eine möglichst effiziente Distribution mit standardisierten Produkten bei tiefen Kosten erreicht werden, um dieses Geschäft rentabel zu machen. Konkret bedeutet dies eine Straffung des Filialnetzes, eine Kürzung und Standardisierung des Produkte- bzw. Dienstleistungssortiments und die vermehrt elektronische Abwicklung der Transaktionen.
- Im *Management von privaten und institutionellen Vermögen* besteht die Herausforderung in der Expansion des Geschäftsvolumens, ohne an Dienstleistungsqualität einzubüssen. Individuelle, persönliche Betreuung der Kunden bei gleichzeitigem Angebot eines globalen Geschäftsnetzes, hohe Performanceorientierung und ein hochentwickelter Research sind hier die entscheidenden Erfolgsfaktoren.
- Das *Corporate und Investment Banking* muss bestrebt sein, innovative Plattformen zu entwickeln, von denen aus grossen Unternehmen weltweit wertgenerierende Produkte und Produktkombinationen angeboten werden können. Gleichzeitig muss für die multinationale Kundschaft das Anlagegeschäft professionell abgewickelt werden können.

Der Wettbewerb bleibt unvermindert hart – sowohl von aussen seitens anderer Finanzplätze als auch im Inland. Vor diesem Hintergrund ist einigen *Erfolgsfaktoren* besondere Aufmerksamkeit zu schenken:

- Banken müssen sich zum Wohle des *Kunden* organisieren. Kundenbedürfnisse sind äusserst vielschichtig und verlangen zu ihrer Befriedigung nach komplexen Lösungen, was Produkte und Distributionskanäle anbelangt. Hohe Professionalität ist dabei unabdingbar. Die Mitarbeiter sollen nicht für die Bank, sondern für die Kunden arbeiten.
- Die *Kosten* müssen tief gehalten werden. Eine rigorose Schlankheitskur im Sinne des »Downsizing« bietet allerdings noch keine Garantie für das Bestehen im Wettbewerb. Setzen Unternehmen zu einseitig auf Kostenreduktionen durch Investitionsstops und Personalabbau, ohne dabei die Ertragsentwicklung in gleichem Masse zu berücksichtigen, werden bei einem konjunkturellen Aufschwung die dringend notwendigen personellen und materiellen Ressourcen fehlen. Kurzfristig wirksame Effizienzverbesserungen sind kein Ersatz für langfristige, durch fortgesetzte Investitionen erzielte Produktivitätssteigerungen.
- Global tätige Unternehmen haben sich an internationalen Profitabilitätsmassstäben zu orientieren. Schweizer Grossbanken müssen deshalb ein besonderes Augenmerk auf die *Eigenkapitalrendite* richten, welche im internationalen Vergleich bisher deutlich unterdurchschnittlich ist. Prosperierende Unternehmen und Aktienmärkte begünstigen eine breite Bevölkerungsschicht. Interessenkonflikte zwischen dem Gewinnstreben und volkswirtschaftlichen Interessen lösen sich daher bei näherer Betrachtung weitgehend auf.
- Die *Mitarbeiter* sind neben der Informationstechnologie und dem Kapital die wichtigste Ressource einer Bank. In einer Zeit des ständigen Wandels ist es notwendig, dass eine Kultur des Wechsels geschaffen wird und dass jene Leute gefördert werden, die in bezug auf den Arbeitsinhalt flexibel sind und bei Arbeitsplatzwechseln Mobilitätsbereitschaft zeigen. Mit der veränderten Struktur der

Arbeitsplätze – in den Produktionsbereichen werden Mitarbeiter abgebaut, während in der Informatik und in der Kundenbetreuung neue Arbeitsplätze entstehen – ist permanente Weiterbildung der Mitarbeiter unabdingbar.

- Bei der Planung aller anstehenden Veränderungen müssen die *Dinge zu Ende gedacht* werden. Die Erarbeitung neuer Strategien beinhaltet auch das Nachdenken über die Konsequenzen der Implementierung, sei es im rechtlichen, im logistischen oder im personellen Bereich, denn grundlegende Neuerungen wirken sich rasch auf alle Geschäftsbereiche und Mitarbeiter aus. Aus der Vernachlässigung dieser Aufgabe resultieren oft Fehler oder zumindest suboptimale Lösungen mit hohen Folgekosten, die vermeidbar gewesen wären.

Unternehmen, die nicht fähig sind, zu lernen und diese neuen Erkenntnisse immer rascher zu verarbeiten und anzuwenden, werden Mühe bekunden, sich im Markt durchzusetzen. Inmitten aller Veränderungen, welche die konsequente Umsetzung neuer Strategien mit sich bringt, ist jedoch auch eine gewisse Kontinuität, ein Aufrechterhalten von Traditionen und Riten vonnöten. Die Kunst des Management besteht darin, das *richtige Mass zwischen Veränderung und Bewahrung* zu finden. Der Ausgleich beider Aspekte wird damit zur prinzipiellen Erfolgsformel für die Handlungen des Management.

2 Aufgaben des Top-Management

2.1 Aufgaben gemäss Organisationsreglement

Wenn hier vom Top-Management einer Bank die Rede ist, sind in erster Linie die *Mitglieder der Generaldirektion einschliesslich ihres Präsidenten* angesprochen. Die Generaldirektion ist ein Gremium, das in der Regel nach dem Kollegialprinzip arbeitet und in welchem jedes Mitglied für seinen eigenen Geschäftsbereich (Sparte, Departement) die primäre Führungsverantwortung trägt. Alle wichtigen Entscheide werden normalerweise durch das Kollegium getroffen.

Das *Kollegialprinzip* hat den Vorteil, dass bei Entscheidungen die Anliegen aller Geschäftsbereiche berücksichtigt werden können. Gruppendynamische Vorgänge können neue Impulse geben; durch die gemeinsam getragene Verantwortung wird der Zusammenhalt im Kollegium gefördert. Ein einheitliches Auftreten nach aussen vermittelt Sicherheit und Entschlossenheit. Allerdings steht diesen Vorteilen auch ein gewichtiger Nachteil gegenüber: die Entscheidungsfindung wird schwieriger und der Kräfteverschleiss für den einzelnen grösser, da jeder bestrebt ist, seinen Anliegen zum Durchbruch zu verhelfen.

Die Aufgaben der *Generaldirektion* sind äusserst vielschichtig. Sie können von der Ausarbeitung der geschäftspolitischen Grundsätze über den Erlass von Richtlinien und Vorschriften für den Geschäftsbetrieb bis hin zum Entscheid über die Tätigkeitsfelder der Gesamtbank und der Sparten, die Überwachung der Tochtergesellschaften und der Sonderrisiken, sowie die Festsetzung von Konferenzen reichen. Die Generaldirektion hat ausserdem die Aufgabe, den Verwaltungsrat als oberstes Organ des Unternehmens über den Geschäftsgang und die Implementierung der Strategien zu informieren. Eine Zusammenarbeit zwischen Mitgliedern der beiden Gremien erfolgt meist auch in verschiedenen, den unternehmenseigenen Bedürfnissen angepassten Kommissionen.

Der *Präsident der Generaldirektion* hat die Aufgabe, die Zusammenarbeit mit dem Verwaltungsrat sicherzustellen, Sitzungen zu leiten, den Geschäftsgang des Gesamtunternehmens zu überwachen und die Bank in wichtigen wirtschafts- und bankpolitischen Gremien zu vertreten. Die *Aufgabe der einzelnen Generaldirektoren* ist es, ihre Departemente zu führen und die ihnen unterstellten Geschäftsfelder, Regionen und Tochtergesellschaften zu leiten.

2.2 Leadership als Aufgabe des Top-Management

Die tägliche Erfahrung, Theorie und Forschung zeigen, dass zielorientiertes Handeln mit mehreren Menschen immer *ordnende Kräfte* braucht. Die Führungskräfte aller Stufen nehmen diese Aufgabe wahr. Sie definieren Ziele und Massstäbe, befähigen und koordinieren Menschen, beschaffen Ressourcen, überwachen den Weg zur Zielerreichung, leiten Korrekturen ein und sind für andere Vorbilder. Fach- und Führungskompetenz des Top-Management und der übrigen Führungskräfte entscheiden über den Geschäftserfolg und die Zufriedenheit der Mitarbeiter. Top-Manager müssen deshalb echte Leader sein, welche allen Aspekten der Führung Rechnung tragen. *Leadership* bedeutet die aktive Wahrnehmung der Personalführung und der Managementaufgabe, gestützt auf eine solide Fachkompetenz.

Mit wachsender Führungsverantwortung werden die Herausforderungen vielschichtiger. Je grösser der Einfluss- und Verantwortungsbereich einer Führungskraft wird – etwa mit der Übernahme einer verantwortungsvolleren Funktion oder nach einem massgebenden Erfahrungszuwachs –, um so mehr verschieben sich die Schwergewichte sowohl inhaltlich als auch in ihrem zeitlichen Anteil in Richtung auf drei Bereiche: *Wandel bewältigen, Strategien entwickeln, Visionen schaffen und zum Wirken bringen* (CS Leadership I). Die »strategische Seite« der Führung gewinnt gegenüber dem operativen Geschäft und der Mitarbeiterführung an Bedeutung. Dabei orientiert sich ein Top-Manager an der Unternehmensumwelt und -inwelt, an der Vergangenheit und vor allem an der Zukunft.

Um Visionen zu schaffen, Strategien zu entwickeln und den Wandel zu bewältigen, braucht ein Top-Manager zunächst einmal einen gesunden Abstand vom täglichen Geschäft und vor allem *Informationen*. Die Selektion, Bewertung, Aufnahme und Nutzung der heute so zahlreich zur Verfügung stehenden Informationen ist nicht immer leicht, vor allem, wenn ein voller Terminkalender wenig Zeit lässt. Ein gutes bankinternes und -externes Beziehungsnetz, kompetente Berater und gut ausgebildete, zuverlässige Mitarbeiter können mithelfen, den Informationsbedarf abzudecken. Auch ein bestimmtes Mass an Intuition ist nötig, um Trends zu erspüren und richtig zu agieren. Das Streben nach dem Wünschbaren muss dabei mit dem Sinn für das Machbare kombiniert werden.

Ein Top-Manager muss *Visionen* haben. Er muss sich vorstellen können, wie sich die bankbetriebliche Umwelt entwickeln wird und wie darauf zu reagieren ist. Dabei spielt Kreativität, die Gabe, über das Konventionelle hinaus zu denken und diese Gedanken auch für andere fassbar zu machen, eine grosse Rolle. Es wäre jedoch ein Fehler anzunehmen, dass eine brillant formulierte Vision allein die Kraft hat, sich im Unternehmen durchzusetzen. Der Inhalt muss ins Unternehmen eingeflösst, und von der Mehrheit der Führungsverantwortlichen als ihr eigener angenommen und vertreten werden. Diesem Umsetzungsprozess visionären Gedankenguts in die betriebliche Praxis ist höchste Beachtung zu schenken. Er ist nur mit Unterstützung der Schlüsselpersonen (Meinungsmacher) durchführbar. Konkrete Entscheidungen und leicht sichtbare, konsistente Signale dieser Personen geben der Vision Glaubwürdigkeit und führen dazu, dass Mitarbeiter sich mit ihr identifizieren. *In diesem Sinne wird die Vision zur Mission.*

Visionen schlagen sich im bankpolitischen Instrumentarium wie dem Leitbild und vor allem den *strategischen Zielen* nieder. Letztere sollen einen Grundkonsens schaffen und sind daher bankintern immer wieder zu kommunizieren. Die strategischen Ziele mögen Aussagen über das Tätigkeitsgebiet, die Marktstellung, die Kernaktivitäten, die Zusammenarbeit mit anderen Gesellschaften, die Betreuung der Kunden und die Human Resources enthalten. Die Führungskräfte aller Stufen sollten sie bei ihrer Arbeit vor sich sehen und die Aktivitäten ihrer Geschäftsbereiche auf sie ausrichten, so dass auch die Ziele der kleinsten Führungseinheiten mit den strategischen Zielen konsistent sind. Nur so können sie mittels Strategien und Massnahmen umgesetzt werden und bleiben nicht als leere Formeln im Raum stehen. Die Gelegenheiten zur Kommunikation der strategischen Ziele sind zahlreich. An Konferenzen, Seminaren, Workshops und bankinternen Informationsveranstaltungen gibt es zahlreiche Möglichkeiten, auf sie hinzuweisen. Oft wird den Mitarbeitern erst durch die Erklärungen der Führungsverantwortlichen transparent gemacht, was die Umsetzung der strategischen Ziele konkret für den eigenen Tätigkeitsbereich bedeutet. Den Papier-Statements wird damit Leben eingehaucht, und durch Rückfragen können Unklarheiten beseitigt werden.

Neben der Bewältigung des Wandels, der Entwicklung von Visionen und strategischen Zielen hat ein Top-Manager natürlich auch noch *andere Aufgaben*. Dazu gehört die Planung der Ressourcen, die Ergebniskontrolle, die Kundenpflege und vor allem auch der Kontakt zu den Mitarbeitern. Ob ein Top-Manager richtig führt, sagen die Kunden bzw. das Geschäftsergebnis sowie die Mitarbeiter. Der Kunde beurteilt die Qualität der Leistungen, welche von Führungskräften und Mitarbeitern auf allen Stufen erbracht werden. Die Leistungen wiederum werden unter anderem durch den Umgang der Vorgesetzten mit ihren Mitarbeitern beeinflusst. Die Zufriedenheit der Mitarbeiter beeinflusst die Kundenzufriedenheit und diese ist Voraussetzung für den Erfolg der gesamten Bank.

3 Anforderungen an das Top-Management

3.1 Eigenschaften des Top-Managers

Zur Bewältigung seiner Aufgaben bedarf ein Top-Manager einiger *Fähigkeiten* und *Eigenschaften,* welche seine Führungstätigkeit positiv unterstützen:

Das Management der Gesamtbank erfordert *Weitsicht und Durchblick.* Künftige, für das Unternehmen relevante Trends müssen frühzeitig erkannt und in die Unternehmenspolitik einbezogen werden. Gegenüber Innovationen muss ein Top-Manager offen, aber auch kritisch eingestellt sein, denn nicht jeder Modetrend hat Beachtung verdient und passt für jedes Unternehmen. Ergebnisorientiertes Arbeiten muss gefördert, Gesamtzusammenhänge erkannt und im unternehmerischen Sinne gesteuert werden.

Veränderungsbereitschaft, das Sensorium zur Aufspürung von »Veränderungsenergie« im Unternehmen, von suboptimalen Zuständen, welche sich meist durch schlechtere Geschäftsergebnisse und/oder kritische Stimmen aus der Mitarbeiterschaft bemerkbar machen, ist für einen Manager zentral. Alles muss hinterfragt, nichts darf dem Zufall überlassen werden. Das Arbeitsklima muss so generiert werden, dass Niederlagen offen besprochen und Probleme aufgegriffen werden. Sind Schwachstellen erkannt, müssen Entwicklungsprozesse eingeleitet werden, die nur in einem innovativen Betriebsklima, in welchem die üblichen Widerstände gegen Veränderungen rasch überwunden werden, auf fruchtbaren Boden fallen können.

Ohne *Kommunikationsbereitschaft und -fähigkeit,* sei es im Unternehmensinneren oder nach aussen, ist Führung nicht möglich. Wie sich ein Unternehmen bzw. seine führenden Vertreter in der Öffentlichkeit präsentieren, wie Veränderungen kommuniziert, Kunden betreut und Medien informiert, wie der Kontakt mit der Politik, der Wissenschaft und den übrigen Stakeholders gepflegt wird, wirkt sich nicht nur auf das Bild des Unternehmens in der Öffentlichkeit, sondern indirekt, über die wirtschaftlichen Konsequenzen der Kommunikationsfähigkeit, auch auf die Mitarbeiter aus. Kommunikation erlaubt uns, Informationen aufzunehmen und zu verarbeiten, Konflikte zu lösen, Kompromisse einzugehen und Beziehungen zu pflegen. Oftmals kann festgestellt werden, dass Führungskräfte dem Gespräch aus dem Weg gehen, sobald die reine Fachebene verlassen wird. Dabei ist es zentral, dass Vorgesetzte Interesse für Ihre Mitarbeiter und deren Anliegen zeigen, ihnen zuhören, auf sie eingehen und gute Leistungen loben. So bleibt Motivation nicht nur ein Schlagwort. Die zahlreichen Vorteile des persönlichen Kontakts können nur in direkten Führungsgesprächen genutzt werden; wer vorwiegend über Stäbe führt, dem werden die Mitarbeiter aufgrund der fehlenden menschlichen Bindung rasch entgleiten.

Ohne ausreichendes *Fachwissen* kann sich ein Top-Manager nicht lange an der Spitze eines Unternehmens halten. Das Problem ist, das Spannungsfeld zwischen Breite und Tiefe des Wissens richtig auszubalancieren. Im Top-Management dominieren heute noch Generalisten mit einer breiten Erfahrung in Stabs- und Linienfunktionen. Dennoch werden auch Spezialkenntnisse, beispielsweise bei der Erschliessung neuer Märkte, bei der Lancierung neuer Produkte oder bei der Einführung alternativer Systeme immer wichtiger. Nur fundiertes Fachwissen, gepaart mit analytischen und konzeptionellen Fähigkeiten, kann zu richtigen Entscheidungen führen.

Von grosser Bedeutung ist das *Verständnis für internationale Zusammenhänge.* Die Schweizer Grenzen sind für das Banking längst zu eng geworden. Neue Märkte werden erschlossen und verlangen in ihrer Bearbeitung nach ausgewiesenen Spezialisten, die über Mobilitätsbereitschaft verfügen, die nötigen Sprachkenntnisse mitbringen und offen sind für andere Kulturen. Internationale Erfahrung ist heute eine der zentralen Voraussetzungen für den Weg ins Top-Management. Wohl keiner, der jemals im Ausland gearbeitet hat, möchte sie missen.

Ohne *Glaubwürdigkeit* ist Führung nicht möglich. Mit Offenheit und Ehrlichkeit, Konsistenz im Denken, Reden und Handeln sowie Integrität erwirbt man sich das Vertrauen und die Achtung seiner Mitarbeiter und Kollegen. Nur wer glaubwürdig ist, vermag seine Anliegen im Unternehmen durchzusetzen und kann für andere Vorbild sein.

Der rasche Wandel und die zunehmende Komplexität der Probleme erfordern vermehrte Projektarbeit, womit *Teamfähigkeit* immer mehr an Bedeutung gewinnt. Teams mit Spitze, das heisst solche, die geführt werden und bei denen Entscheidungskompetenz und Verantwortung klar geregelt sind, ermöglichen effiziente, wirtschaftliche Entscheidungen und bieten für den einzelnen Freiräume sowie die Möglichkeit, Verantwortung zu übernehmen.

Schliesslich sollte ein Top-Manager über einige *persönliche Eigenschaften* verfügen, die ihm bei der Bewältigung seiner Aufgaben hilfreich sein können. Dazu gehört eine Selbstsicherheit, die auf Wissen, Erfahrung und Persönlichkeit gründet, die Offenheit für konstruktive Kritik, die Fähigkeit, sich selbst in Frage zu stellen, ohne defensiv zu werden, sowie Lernfähigkeit und Sensibilität. Ein Top-Manager muss sich täglich in hohem Masse für seinen Beruf engagieren und persönliche Initiative zeigen, immer im Bewusstsein, der Sache und nicht der eigenen Person zu dienen. Eine gewisse Distanz zum »Lebenswerk«, gepaart mit Realitätssinn und gesundem Menschenverstand, helfen, auch gelegentlich auftretende Krisen besser zu meistern. Belastbarkeit, Mut und Gelassenheit gehören ebenso zum Eigenschaftsspektrum eines Top-Managers wie die Fähigkeit, mit Menschen umzugehen. Man braucht Sensibilität, aber man darf nicht soft sein. Man braucht Kraft, Nerven, Mut, manchmal Härte, aber man darf nicht kalt sein. Man muss analytisch abwägen, aber man darf nicht zögern.

Diese Aufzählung von Anforderungen ist selbstverständlich *nicht abschliessend.* Den Idealtyp eines guten Top-Managers kann es nicht geben, zumal die Fülle der verschiedenen zu bewältigenden Aufgaben und der Wandel in der bankwirtschaftlichen Umwelt das Berufsbild permanent relativieren. Es kommt vor allem darauf an, dass ein Top-Manager die richtige Einstellung zu seiner Arbeit hat und einige fundamentale Regeln des *Selbstmanagement* kennt und beherrscht.

3.2 Bewältigung der Anforderungen

Ein Top-Manager kann die an ihn gestellten Anforderungen einerseits bewältigen, indem er sich selbst permanent im Hinblick auf seine Ziele weiterentwickelt. Andererseits kann er sich ein aus bestqualifizierten Mitarbeitern bestehendes personelles Umfeld generieren, das ihm bei der Erreichung seiner Ziele behilflich ist. Dieser zweite Aspekt gewinnt mit steigender Führungsverantwortung und insbesondere im Top-Management an Bedeutung. Das *Human Resources Management* (HRM) und vor allem die Verantwortlichen für das *Management Development* (MD) sind hier gefordert.

Der MD-Prozess basiert auf einer Personalbedarfsplanung, welche von der Unternehmenspolitik sowie den strategischen Geschäftsfeldern abgeleitet ist. Er besteht im wesentlichen aus den drei Elementen *»entdecken«*, *»entwickeln«* und *»erhalten«* (vgl. CS Leadership III). Für den MD-Prozess sind sowohl die *Linie* als auch die entsprechenden *Fachstellen des Personalbereichs* verantwortlich. Während letztere eher Planungs-, Beratungs- und Koordinationsaufgaben wahrnehmen, ist die Linie primär für die den Mitarbeiter betreffenden Entscheidungen und für seine Entwicklung on the job verantwortlich. Ein intensiver Kommunikationsprozess zwischen den beiden Stellen ist unabdingbar.

Im MD-Prozess gilt das *Primat der Selektion*. Personalentwicklungsmassnahmen sind nur dann erfolgreich, wenn sowohl die Basisqualifikation als auch das Entwicklungspotential ausreichend ist. Deshalb ist eine optimale Selektion bei Anstellungen und Beförderungen von zentraler Bedeutung. Die Selektion von internen und externen Bewerbern setzt das Vorhandensein von klar definierten Anforderungsprofilen voraus und wird durch eine systematische Eignungsbeurteilung vorgenommen. Ausserdem soll sich der Beurteilende vom Grundsatz »look more in the eyes and not in the files«, also von seinem persönlichen Eindruck des Bewerbers leiten lassen.

Für die *Beobachtung, Beurteilung* und *Entwicklung* der Mitarbeiter bietet das tägliche Arbeitsumfeld eine Vielzahl von Möglichkeiten, wie beispielsweise gezielte Stellvertretungseinsätze, Übernahme neuer Aufgaben und Verantwortlichkeiten sowie die Mitarbeit in Projekten. Es ist die Aufgabe des Vorgesetzten, Mitarbeiter gezielt im Hinblick auf ihre Entwicklungsmöglichkeiten einzusetzen, sie zu qualifizieren und am Arbeitsplatz auszubilden. Die Personalverantwortlichen stellen ihrerseits Selektions- und Entwicklungsinstrumente (z. B. Assessment-Center, interne Ausbildung) bereit.

Alle diese Instrumente sind Bestandteil einer integrierten *Laufbahn- und Nachfolgeplanung,* die persönliche Entwicklungsvorstellungen der Mitarbeiter mit dem quantitativen und qualitativen Personalbedarf der Unternehmung in Übereinstimmung bringen soll. Eine Bank, die Vakanzen – insbesondere solche in den höheren Führungsebenen – nicht durch eigene Mitarbeiter besetzen kann, sollte ihre MD-Planung überprüfen, um sich selbst nicht ihres wirksamsten Motivationsinstruments zu berauben. Mitarbeiter erhält man nur dann, wenn man ihnen Entwicklungs- und Aufstiegsmöglichkeiten bietet. Insbesondere bei hochqualifizierten Spezialisten und Mitarbeitern mit engem Kundenkontakt ist die Gefahr gross, dass sie die Bank bei fehlenden Perspektiven oder nicht zufriedenstellenden Arbeitsverhältnissen verlassen. Loyalität will gepflegt und verdient sein.

Ein durchdachtes Management Development als Bestandteil eines gut in die Bank integrierten Human Resources Management ist für die Pflege des wohl *wichtigsten Erfolgsfaktors* einer Bank, der Mitarbeiter, verantwortlich. Das Top-Management ist bei der Erfüllung seiner Aufgaben und der Bewältigung der zahlreichen Anforderungen auf die Unterstützung durch die HRM-Verantwortlichen angewiesen. Idealerweise wird der Bereich HRM durch ein Mitglied der Generaldirektion geleitet, wodurch einerseits die Orientierung an den Bedürfnissen des Top-Management sichergestellt und andererseits die Akzeptanz des HRM im Unternehmen gestärkt werden kann.

Ausserhalb der Unternehmung ist ein Top-Manager zur Bewältigung der zahlreichen Anforderungen auf ein erfüllendes *Privatleben* angewiesen. Bezugspersonen, sei es in der Familie oder im Freundeskreis, auf die Verlass ist, die in entscheidenden Situationen Halt geben und einen Ausgleich zum beruflichen Teil des Lebens schaffen, sind wichtig für die psychische und physische Gesundheit.

4 Top-Management und Unternehmenskultur

4.1 Top-Manager prägen die Unternehmenskultur

Die Unternehmenskultur beeinflusst die *Bewältigung des permanenten Wandels* und die *Erreichung der strategischen Ziele* nachhaltig. Eine bürokratische, unflexible und wenig kommunikative Kultur wirkt sich negativ auf den Geschäftsgang aus, während Offenheit, Beweglichkeit und Ergebnisorientierung der Wettbewerbsfähigkeit des Unternehmens dienen. Umgekehrt beeinflussen die Strategien und vor allem auch die Art ihrer Umsetzung die Unternehmenskultur. Gerade wichtige strategische Vorhaben wie beispielsweise Akquisitionen und damit verbundene Reorganisationen können die Unternehmenskultur enorm beeinflussen.

Mit der bewussten Gestaltung der Unternehmenskultur können die angestrebten Ziele auf *indirektem Wege* erreicht werden. Die positive Beeinflussung der gelebten Werte und Normen eines Unternehmens durch die Führungsspitze ist deshalb von grosser Bedeutung. Die Wirkung der *Persönlichkeit der Top-Manager* auf die Unternehmenskultur ist stärker, als man denkt. Bewusst und unbewusst bringen sie ihre Überzeugung zum Ausdruck, indem sie gewisse Verhaltensweisen beachten und belohnen, Rollen formen, auf kritische Vorfälle in bestimmter Weise reagieren und bei der Rekrutierung, Selektion, Beförderung oder Freistellung von Personal gewisse Kriterien anwenden. Diese hochwirksamen Mechanismen zur Verankerung der eigenen Überzeugung im Alltag der Organisation werden unterstützt von Botschaften, die in der Struktur der Organisation, ihren Routine-Abläufen, ihren Anekdoten und Legenden und ihren formellen Leitbildern enthalten sind. Führungskräften ist nicht freigestellt, ob sie kommunizieren wollen oder nicht. Sie haben nur die Wahl, wie stark sie auf das, was sie kommunizieren, Einfluss nehmen wollen.[1]

Die Möglichkeit einer bewussten Einflussnahme ist insbesondere bei gezielt durchgeführten Veranstaltungen gegeben. *Diskussions-Foren* aller Art und Grösse, bei denen die Teilnehmer mündlich oder schriftlich Fragen an Mitglieder des Top-Management herantragen können, vom Top-Management geleitete Konferenzen auf verschiedenen Führungsstufen, die Referententätigkeit in Seminaren und das persönliche Gespräch mit den Mitarbeitern, die »offene Tür«, erlauben beiden Seiten, den Puls zu fühlen und Fragen, Gedanken, Anregungen und Wünsche zu diskutieren. Die gegenseitige Offenheit und Achtung sowie die Toleranz und der Respekt gegenüber Andersdenkenden ist dabei eine Selbstverständlichkeit, deren Missachtung ihrerseits die Unternehmenskultur äusserst negativ beeinflussen dürfte. Das Top-Management muss bewusst Zeichen setzen, mit Symbolen arbeiten und Traditionen pflegen, um der Unternehmenskultur Gestalt zu geben. Glaubwürdigkeit, eine hohe soziale Kompetenz und persönliches Engagement der oberen Führungskräfte sind die Voraussetzungen für das Gelingen.

Zur Unternehmenskultur einer international tätigen Grossbank gehört das Verständnis für die Kulturen anderer Länder und die Einsicht, dass unterschiedliche Geschäftsbereiche für die Erfüllung ihrer Aufgaben auch unterschiedliche (Sub-) Kulturen benötigen. Es gibt auch Essentials, wie Fleiss, pragmatisches Denken und Vertrauen, die gelten überall. Die *Elemente einer anzustrebenden Unternehmenskultur* sind vielfach in schriftlicher Form festgehalten, um sie allen Mitarbeitern zugänglich machen zu können. Wie die strategischen Ziele müssen auch sie – im Bestreben den Gap zwischen Ist- und Soll-Kultur beständig zu verkleinern – immer wieder in verschiedener Form an die Mitarbeiter herangetragen werden. Wichtige Elemente einer Soll-Kultur sind beispielsweise das langfristige Denken und Handeln im Interesse des Gesamtunternehmens, die Ergebnisorientierung, Professionalismus, Teamgeist, Risikobewusstsein und Vertrauen, insbesondere auch im Kontakt mit Kunden.

4.2 Veränderung der Unternehmenskultur

Es ist nicht einfach, die Unternehmenskultur bewusst zu verändern. Ein Kulturwandel ist ein *langer, schwieriger Prozess*, der permanenter Aufmerksamkeit bedarf. Es gibt nichts Schwierigeres in der Durchführung, nichts von zweifelhafterem Erfolg und nichts Gefährlicheres in der Handhabung als bestehende Dinge neu zu ordnen. In einer Unternehmung, die meist nicht frei von Egoismen, Machtstreben und Prestigedenken ist, kann dieser Prozess nur mühsam vorankommen. Es ist deshalb unerlässlich, dass er von der Unternehmensspitze vorgelebt wird.

Die Unternehmenskultur ist das Ergebnis von *Vorgängen und Gesetzen*, die einer Organisation, dem Menschen und dem Management inhärent sind. Manche davon

1 Vgl. Schein, Edgar H.: Wie Führungskräfte Kultur prägen und vermitteln, gdi impuls, 2/86, S. 23.

entspringen unserer sozio-ökonomischen Kultur und manche sind organisationsspezifisch. Ein nachhaltiger Kulturwandel muss von einer tiefgreifenden Änderung der Verhältnisse ausgehen. Es genügt deshalb nicht, dass sich das Top-Management zum Kulturwandel bekennt und immer wieder betont, welche Grundsätze anzustreben sind; sie müssen auch entsprechend vorgelebt werden.

Ein Kulturwandel ist einfacher durchzusetzen, wenn ein gewisser *Leidensdruck* vorhanden ist, der meist durch einen rückläufigen Geschäftserfolg ausgelöst wird. Ausgehend von den strategischen Zielen sind neue Wege zu finden, das Unternehmen wettbewerbsfähiger zu machen. Eine gezielte Kulturveränderung, initiiert durch das Top-Management und konsequent weitergetragen durch die Führungskräfte aller Stufen, beeinflusst die Tätigkeit eines jeden Mitarbeiters. Es wird Mehreinsatz, eine starke Identifikation mit dem Unternehmen, klare Erfolgsausweise und permanente Lernbereitschaft verlangt. Mit wenig dynamischen Mitarbeitern ohne Eigeninitiative und Verantwortungsbewusstsein lässt sich heute nichts mehr bewegen, kann man weder einen Kulturwandel durchführen, noch die Geschäftsergebnisse verbessern und damit auch keine führende Stellung im Markt erreichen.

Die *Initiierung* eines Kulturwandels durch die Geschäftsleitung setzt

- die Bestimmung der strategischen Geschäftsfelder und des Produktportfolios anhand der strategischen Ziele,
- die Implementierung neuer Organisationsstrukturen und Kontrollsysteme,
- die Überprüfung der Investor Relations-Politik,
- die Intensivierung von Kundenbeziehungen und
- die Pflege von leistungsstarken Mitarbeitern mit hohem Potential

voraus. Der Prozess hin zu einer »empowered organisation« braucht Zeit und dauert manchmal Jahre. »The hard stuff is easy, the soft stuff is hard, but the soft stuff is more important than the hard« lautet ein bekanntes Sprichwort, welches vermehrt beherzigt werden müsste.

5 Zusammenfassung und Ausblick

Mit dem raschen Wandel der Umwelt und den sich rasch ändernden Aufgaben sind die Anforderungen an das Top-Management einer Bank gestiegen. Eine starke Führung ist heute, wo viele Dinge wie beispielsweise das Risikomanagement zentral angegangen werden müssen, wichtiger denn je. Kommende Änderungen müssen antizipiert, Visionen für die künftige Marschrichtung entwickelt und strategische Ziele konsequent umgesetzt werden. Eine geeignete Unternehmenskultur, die von allen Führungskräften und Mitarbeitern getragen und gelebt wird, kann helfen, das Unternehmen zu einer *»empowered organization«* zu machen.

Die Verschärfung der Situation auf dem *Arbeitsmarkt*, verursacht durch allgemein härtere Wettbewerbsbedingungen in praktisch allen Branchen hat sich auch auf das Top-Management übertragen. Ein sicherer Arbeitsplatz bis zur Pensionierung ist keinem mehr garantiert. Der erhöhte Druck seitens der Aktionäre auf das Top-Management und die vermehrten Reorganisationen nach Akquisitionen und Unternehmenszusammenschlüssen tragen dazu bei, dass der Sitz in der Geschäftsleitung verdient sein will. Zudem werden Manager in immer jüngeren Jahren in die oberste Führungsstufe berufen, wo in hohem Grade Leistungsfähigkeit, Belastbarkeit, Flexibilität und Engagement von ihnen gefordert wird. Dementsprechend sind sie auch früher »ausgebrannt«.

Top-Manager, welche früh in ihre anspruchsvolle Aufgaben hineinwachsen, werden nach einer gewissen Zeit an der Spitze eines Unternehmens auch den Wunsch verspüren, nach neuen Horizonten Ausschau zu halten und *weitere Herausforderungen*, auch in anderen Branchen und Bereichen, anzunehmen. Die in den USA zu beobachtende Durchlässigkeit zwischen Wirtschaft, Politik und Wissenschaft ist für alle Beteiligten fruchtbar und wäre bestimmt auch in der Schweiz als Bereicherung zu betrachten. Top-Manager sollten sich deshalb rechtzeitig überlegen, wie sie ihr Leben gestalten möchten, wenn sie die momentane Funktion einmal nicht mehr innehaben. Dazu gehört die Pflege anderer Interessen, Hobbys und Freundschaften, um beim Verlassen des Unternehmens nicht mit leeren Händen dazustehen. Allein das permanente Hinterfragen der momentanen Tätigkeit und die Offenheit für Alternativen führt zum Erkennen der vielfältigen Chancen.

Auch unter starkem Markt- und Wettbewerbsdruck und einer Zunahme von kurzfristigen Problemen müssen Top-Manager langfristig denken und handeln, damit sie nicht nur Schlachten, sondern den Krieg gewinnen. Ursachen müssen gewandelt, statt Probleme behandelt werden. Ohne *Optimismus* und eine gewisse Risikofreude kann man nicht unternehmerisch tätig sein, und ohne Kampfgeist kann man im Wettbewerb nicht bestehen. Die Schweiz ist im weltweiten Vergleich bezüglich Wohlstand und Lebensqualität noch immer in einer privilegierten Situation. Sie verfügt über zahlreiche Stärken, die es durch aktives Management zu nutzen gilt. Die Zukunft soll mit Realismus, nicht mit Pessimismus betrachtet werden. Es hilft wenig, über die Rahmenbedingungen zu jammern. Neue Herausforderungen bieten immer auch neue Chancen, die es im Sinne eines Engagements für die Zukunft und mittels der Suche nach neuen, marktgerechten, erfolgreichen Lösungen zu nutzen gilt.

Literaturhinweise

CS Leadership: Ein Leitfaden für Führungskräfte der CS-Gruppe, Teil I, S. 5
CS Leadership: Ein Leitfaden für Führungskräfte der CS-Gruppe, Teil III, S. 3
SCHEIN, EDGAR H.: Wie Führungskräfte Kultur prägen und vermitteln, gdi impuls, 2/86, S. 23

Menschen in Zeitungsverlagen

von

Hans-Wolfgang Pfeifer

Die Wirtschaft ändert sich wie die Gesellschaft, deren Teil sie ist. Gewohnte Erwerbsmöglichkeiten gehen verloren, andere entstehen. Überkommene Strukturen werden zweifelhaft. Die Fähigkeit und die Bereitschaft zum Wandel sind für die Unternehmen und für die Menschen in ihnen ganz wesentliche Voraussetzungen für die Erhaltung ökonomischer und damit auch gesellschaftlicher Positionen. Die zunehmende Veränderungsgeschwindigkeit stellt nie zuvor gekannte Anforderungen. Die Erwartung, dass sie in Deutschland erfüllt werden, sollte nicht zu gross sein.

Die Hoffnung, mit einem beharrlichen »weiter so« liessen sich die nicht geleugneten Schwierigkeiten überwinden, ist weit verbreitet, aber nicht gerechtfertigt. Denn der Wunsch nach noch mehr, selten sinnvoll verbrachter Freizeit, ein jede Initiative lähmendes Steuer- und Verwaltungssystem und eine nach wie vor unzulängliche Ausbildung an Schulen und Universitäten, die sich an längst überholten Vorstellungen orientieren, sind keine guten Vorbedingungen für eine anpassungsfähige und in die Zukunft greifende Entwicklung. Der Abschied von den Ideologien mag für das eine oder andere in der Politik zutreffen. In der Wirtschafts- und Steuerpolitik, in der Gesellschaftspolitik und in der Unternehmenspolitik ist er allenfalls in Ansätzen spürbar. Im wesentlichen beschränken sich Politik und Wirtschaft darauf, Lehren und Praktiken anzuwenden, die in anderen Zeiten und in anderen Ordnungen richtig gewesen sein mögen, heute aber für intelligente Problemlösungen nichts taugen. Und zu viele Unternehmen sind bemüht, ihre Schwierigkeiten mit der Feinjustierung alter Leitungsmechanismen zu überwinden. Oder sie setzen auf immer neue, verheissungsvoll klingende Rezepturen, die eilfertig von geschäftstüchtigen, vielleicht sogar gutgläubigen Unternehmensberatern ausgestellt werden.

Alvin Toffler schreibt in seinem Buch »Machtbeben«[1] zutreffend: »Experten begraben uns unter wahren Bergen engstirnig spezialisierter Monographien. Volkstümliche Kaffeesatzleser warten mit endlosen Listen unzusammenhängender Tendenzen auf, geben uns aber keinerlei Modell zur Hand, an dem sich ablesen liesse, wie sie miteinander zusammenhängen oder welche Gegenkräfte es geben könnte.«

Die unausbleibliche Folge ist ein Gestrüpp aus einander widersprechenden, oft genug offensichtlich unsinnigen, jedenfalls aber wenig nützlichen Unternehmensführungstheorien. In ihm verfangen sich allzu viele, die, ohne die Zeit mit diesen »Hilfen« zu vergeuden, besser in der Lage wären, wirklich unternehmerisch zu handeln, das heisst, vorurteilsfrei und mit wachem, erfahrungsgesättigtem Verstand die Ursachen der Schwächen zu erkennen und sie zu beseitigen. Der gern beschworene, aber selten angewandte gesunde Menschenverstand ist nicht das schlechteste, wenn gehandelt werden muss.

Der gesunde Menschenverstand hat wohl die Aufmerksamkeit auf die Menschen gelenkt, von deren Leistung letztendlich Erfolg oder Misserfolg unternehmerischen Handelns abhängen. Bedauerlich ist, dass es ihm nicht gelungen ist, überaus komplizierte wissenschaftlich verbrämte Theorien zu verhindern, die für

1 Alvin Toffler, Machtbeben, Düsseldorf 1993, S. 13

die Praxis nicht allzu hilfreich sind. Die Fülle der Bücher über »Personalmanagement« belegt diese Behauptung. Aber auch die Diskussionen über das schier unerschöpfliche Thema »Unternehmen und Mitarbeiter« kranken allzu oft an einer beträchtlichen Realitätsferne. Es scheint sehr schwer zu sein, die Bilder im Kopf mit der Wirklichkeit in Übereinstimmung zu bringen.

Weil weder ein Theorienstreit noch »akademische« Abhandlungen weiterhelfen, empfiehlt es sich, nach bewährten »funktionellen, institutionellen und instrumentellen Aspekten der Unternehmensführung, die mit Fragen des Humanpotentials verbunden sind« (Wohlgemut) Ausschau zu halten und dabei zu bedenken, dass die grundstürzende Veränderung in der Wirtschaft darin besteht, dass an die Stelle einer überwiegend »mechanischen« Tätigkeit die »intelligente« Tätigkeit getreten ist. Sie macht ein kongeniales Personalmanagement erforderlich, das nicht durch Anpassungen reproduzierbarer Modelle, wie sie für die manuelle Arbeit des Industriezeitalters entwickelt wurden, geschaffen werden kann. Beispiele für die erfolgreiche Personalführung in »intelligenten« Unternehmen existieren. Im Zeitungswesen beispielsweise.

Nun ist die Beschäftigung mit in Teilen der Wirtschaft erprobten Führungsmethoden für andere nur dann sinnvoll, wenn sie nicht unter unvergleichbaren Bedingungen entstanden sind. Es ist deshalb zu fragen, ob Zeitungsverlage mit anderen Unternehmen vergleichbar sind.

Zeitungsverlage sind vordergründig ganz »normale« produzierende Wirtschaftsunternehmen. Sie müssen alle zur Produktion erforderlichen Güter materieller und immaterieller Art entlohnen und imstande sein, ihre Produkte so zu verkaufen, dass ein Überschuss über die Summe der »Kosten« verbleibt.

Das Besondere sind die von den Zeitungsverlagen hergestellten Produkte, die Zeitungen nämlich. Der Gegenstand, der Zweck jedes Zeitungsverlagsunternehmens ist es, »jüngstes Gegenwartsgeschehen in kürzester regelmässiger Folge der breitesten Öffentlichkeit« zu vermitteln (Dovifat), also die gesammelten und sachkundig ausgewählten und in einen Sinnzusammenhang gebrachten und erläuterten Informationen unter Beachtung betriebswirtschaftlicher Erfordernisse zu verbreiten. Zeitungen sind gleichsam materialisierte und gebündelte Intelligenz. Bestand und Entwicklung eines Zeitungsverlags hängen ausschliesslich von dem Zustandekommen und von der Qualität dieser »materialisierten Intelligenz« ab, wobei unter Qualität nicht immer die denkbar beste Qualität, sondern die Qualität zu verstehen ist, die im Einzelfall verlangt wird. Weil die Herstellung und die Verbreitung des »geistigen Produkts« Zeitung der »Sinn« jedes verlegerischen Unterfangens ist, dienen ihm alle Tätigkeiten des Unternehmens. Das hat unmittelbare Auswirkungen auf die »Personalpolitik« und auf die »Personalführung«. Denn das »geistige Produkt« Zeitung entsteht nur durch eine Vielzahl individueller geistiger Leistungen, die in ihrer Gesamtheit ein einheitliches Bild ergeben. Individuelle geistige Leistungen und die Zusammenfassung einer Vielzahl individueller geistiger Leistungen lassen sich mit einer administrativen Personalführung und mit sogenannten Sozialisationskonzepten nicht erreichen. Und schon gar nicht mit betriebswirtschaftlichen Entscheidungen, bei denen das Personal lediglich ein Kostenfaktor ist.

Das sind keine neuen Erkenntnisse. Lange vor der Entstehung von Managementtheorien und vor der Entwicklung betriebswirtschaftlicher Grundregeln hatte das – damals so nicht genannte – Humankapital für Erfolg oder Misserfolg von Zeitungsverlagen ausschlaggebende Bedeutung.

In seinem vor mehr als 300 Jahren, 1695, erstmals veröffentlichten Werk »Zeitungs Lust und Nutz«, der ersten Darstellung des Pressewesens überhaupt, beschäftigte sich Kaspar Stieler mit den Anforderungen, die an »Zeitungssammler und Ausgeber« gestellt werden müssen. Er forderte von den »Zeitungssammlern«, den Journalisten, Bildung, Fleiss, Redlichkeit, Unparteilichkeit und von den »Ausgebern«, den Verlegern, wirtschaftlichen Sachverstand, einen das »geistige Produkt« Zeitung fördernden Kapitaleinsatz und von beiden einen besonderen Umgang miteinander. Die vertrauensvolle Zusammenarbeit, das unhierarchische Miteinander ist für ihn unabdingbare Voraussetzung für das Gelingen jeder Zeitungsarbeit. So verlangt er, den Zeitungsschreibern »gute Worte (zu) geben und was an sie (zu) wenden«, damit sie »auf das geschwindeste« ihre Informationen zu Papier bringen. Er mahnt, vor jeder Veröffentlichung die Manuskripte gemeinsam zu prüfen, damit Verlage »nichts drucken lassen, wovon (sie) nicht vorher ganz zuverlässige Kundschaft und Gewissheit eingezogen«, und die Journalisten angemessen zu bezahlen, um Abhängigkeiten zu vermeiden. In fast allen Kapiteln seines Werkes spielt die Motivation der »Zeitungssammler« eine wesentliche Rolle.

Man tut Kaspar Stieler kein Unrecht, wenn man ihn nicht für einen frühen Theoretiker des Personalmanagement in Zeitungsverlagen hält. Er hat in der Tat nur aufgezeichnet, was schon damals gang und gäbe war. Gerade dies ist aber das Bedeutsame seines Werks: Es belegt, dass eine – übrigens sehr ertragreiche – Branche der Wirtschaft durch einen sensiblen und respektvollen Einsatz des Humankapitals erfolgreich wurde.

Daran hat sich nichts geändert, obschon der technische Wandel auch im Zeitungsgewerbe einen höheren Kapitaleinsatz als vor 300 Jahren erfordert. Der Mensch steht auch heute im Mittelpunkt jedes Zeitungsverlags. Er ist die wichtigste Ressource. Ihm gilt deshalb die ungeteilte Aufmerksamkeit der Unternehmensleitung. Das beginnt bei der Einstellung und endet noch lange nicht bei der systematischen Fortbildung.

Zeitungen werden von Verlagen herausgegeben. Auch dann, wenn in ihren Titeln Personen als Herausgeber genannt werden. Die Verlage schaffen die wirtschaftlichen und personellen Voraussetzungen für die Veröffentlichung von Zeitungen und erhalten die wirtschaftlichen, drucktechnischen und logistischen Bedingungen, die das regelmässige Erscheinen und das Verbreiten der Zeitungen gewährleisten. Verlage sind die organisatorische Vereinigung der wirtschaftlichen und der human- intellektuellen Grundlagen der Zeitungsexistenz.

Weil Verlagsgesellschaften die Aufgabe haben, Kommunikation zu erleichtern, oder sogar erst möglich zu machen, weil sie die Meinungsbildung fördern, bleiben ihre wirtschaftlichen Entscheidungen als Voraussetzungen funktionierender Kommunikation mitbestimmungsfrei. Ebenso frei von jeder mitbestimmungsrechtlichen Einwirkung der Arbeitnehmer und der Gewerkschaften bleibt die »Tendenz« des Verlagsunternehmens, also die geistig-ideelle Zielsetzung und ihre Verwirklichung. Die Mitwirkungsrechte des Betriebsrats sind auf das Soziale und auf das Arbeitsrechtliche beschränkt.

Das unterscheidet Zeitungsverlage zwar juristisch von anderen Wirtschaftsunternehmen, macht sie deshalb aber nicht mit ihnen »unvergleichbar«. Denn die Ausnahmen vom Mitbestimmungs- und Mitwirkungssystem des deutschen Gesellschaftsrechts verhindern zwar eine Bürokratisierung der Zeitungsverlage und erleichtern Entscheidungen; sie machen es aber wegen der notwendigen Partizipation erforderlich, dem innerbetrieblichen Gedanken- und Erfahrungsaustausch, Mitleistung und Mitverpflichtung besondere Aufmerksamkeit zu schenken. Denn es wäre lebensfremd, aus der Mitbestimmungsfreiheit folgern zu wollen, die Mitarbeiterinnen und Mitarbeiter eines Verlags seien an dem Unternehmen nicht interessiert oder die Verlage könnten ohne Rücksicht auf ihre Zustimmung geführt werden. Die durch die nicht anwendbaren betriebsverfassungsrechtlichen Regeln bestehenden »Leerräume« müssen durch ein besonderes personales Miteinander gleichsam ausgefüllt werden. Die Mitwirkung der Mitarbeiterinnen und Mitarbeiter muss durch partnerschaftliche Strukturen, durch Kooperation und durch Kommunikation hergestellt werden.

Auch für Verlagsgesellschaften ist die Gewinnerzielung ein – selbstverständlicher – Unternehmenszweck. Denn auch sie können auf Dauer nicht gewinnlos bestehen. Folglich entspricht es zumindest guter Übung, die Mitarbeiterinnen und Mitarbeiter an betriebswirtschaftlichen Entscheidungen mitwirken zu lassen, ihren Sachverstand zu nutzen, um Fehler bei Investitions- und Organisationsentscheidungen zu vermeiden.

Allerdings zählt die Gewinnerzielung nicht zu den im Vordergrund stehenden Zwecken einer Verlagsgesellschaft. Ihre Zwecke werden vielmehr von der Erfüllung der selbstgestellten und von der Öffentlichkeit verlangten publizistischen Funktion dominiert. Das unternehmerische Handeln dient dem Publizistischen, der Verbesserung publizistischer Leistung, der Erweiterung publizistischen Einflusses. Es ist dem Ideellen näher als dem Erwerbswirtschaftlichen.

Das hat unmittelbare Auswirkungen auf die »innere Führung« in Zeitungsverlagen, insbesondere auf das Verhältnis der Verlagsleitung zur Redaktion einerseits und zu den kaufmännischen und technischen Abteilungen andererseits und auf das Verhältnis der einzelnen Abteilungen zueinander.

Während es die Aufgabe des Verlagsunternehmers oder seiner gesetzlichen Vertreter ist, die »Rahmenrichtlinien« der Zeitung verbindlich zu bestimmen, können sie die Einhaltung dieser publizistischen »Rahmenrichtlinien« unmittelbar und im Detail nicht gewährleisten; ihnen fehlt insbesondere bei journalistischen Detailentscheidungen die Zugriffskompetenz.

Das folgt aus der sogenannten publizistischen Unabhängigkeit der Redaktion. Sie ist durch die Meinungsäusserungsfreiheit des Grundgesetzes, durch Tarifverträge und zuweilen auch durch innerbetriebliche Statute gesichert. Bei der Frankfurter Allgemeine Zeitung GmbH garantiert deren Verfassung den Redakteurinnen und den Redakteuren einen journalistischen Freiraum, der es ihnen möglich macht, die Zeitung in eigener Verantwortung zu schreiben und zu redigieren. Den Inhalt der Frankfurter Allgemeine Zeitung kann und darf die Geschäftsführung der Verlagsgesellschaft nicht unmittelbar beeinflussen. Der Zeitungsverlag hat also die eher ungewöhnliche Aufgabe zu lösen, ein von ihm nicht unmittelbar und schon gar nicht in allen Einzelheiten bestimmtes Produkt verkaufen zu müssen. Verlegen heisst nun einmal, die Arbeit anderer fördern, sie anregen, aus dem Vorhandenen auswählen, Kapital zur Verfügung stellen oder beschaffen und für Absatz sorgen. Nicht mehr, aber auch nicht weniger. Fast ausnahmslos können die deutschen Verleger nicht bestimmen, was in »ihrer« Zeitung veröffentlicht wird. Sie sind nicht Herr im Haus. Die weitreichende Unabhängigkeit der Redaktionen vom Verlag kann zu Unzuträglichkeiten führen und sogar die Existenz eines Verlages bedrohen – ein Umstand, auf den Gerd Bucerius immer wieder hingewiesen hat.

Weil Anweisungen und Eingriffe die Anpassung des Produkts an ökonomische Erfordernisse nicht erzwingen können, muss anderes dafür sorgen, dass Produktgestaltung und Produktentwicklung die wirtschaftlichen Möglichkeiten beachten, dass die »Tendenz« der Zeitung eingehalten wird und dass ihre journalistische Qualität gesichert wird.

In Zeitungsverlagen sind dieses »andere« eine flexible Organisation ohne hierarchische Hürden, überschaubare und begreifbare Arbeitsabläufe, die Delegation von Verantwortung und ein Höchstmass an interner Information und Kommunikation mit dem Ziel einer den wirtschaftlichen Belangen genügenden Übereinkunft des Verlags mit der Redaktion. Um eine solche Übereinkunft und damit ein zielgerichtetes und pflichtorientiertes Handeln möglich zu machen, werden besondere Anforderungen an die meisten Mitarbeiterinnen und Mitarbeiter gestellt. Sie müssen fähig sein, selbstgesteuert zu handeln, sie müssen einen Entscheidungsspielraum nutzen können, sie müssen Grundkenntnisse der Arbeit des je anderen haben und sie müssen zur gemeinsamen Arbeit bereit sein. Die Redaktionsleitung, beispielsweise, muss deshalb neben publizistischer Kompetenz zumindest ein gewisses Verständnis für wirtschaftliche Bedingungen und Zusammenhänge haben und, um ein anderes Beispiel zu nennen, die Mitarbeiterinnen und Mitarbeiter der Anzeigenabteilung müssen die Arbeit der Redaktion verstehen. Sonst ist eine Versöhnung von journalistischen Vorstellungen und ökonomischen Notwendigkeiten nicht möglich.

Die Verlagsleitung muss also ihre für Inhalt und Gestalt des Produkts Zeitung als verkäuflicher Ware bedeutsamen Erkenntnisse und Erfahrungen der Redaktion vermitteln und – ohne Einfluss auf Berichterstattung und Kommentierung im einzelnen – bestrebt sein, im Dialog gemeinsame »Produktanpassungen« zu erreichen. Und die Redaktion muss im Dialog mit der Verlagsleitung ihre besonderen journalistischen Belange zur Geltung bringen.

Das erfordert ausführliche Gespräche, die nur dann Erfolg versprechen, wenn die Gesprächspartner Respekt vor der Kompetenz des je anderen und Vertrauen in seine Redlichkeit haben, wenn wechselseitige Einsichtsfähigkeit und der gemeinsame Wille bestehen, die Zeitung zu erhalten und ihren Einfluss zu steigern.

Ohne die geduldige Konsensbereitschaft und die Fähigkeit, das natürliche Spannungsverhältnis Verlag/Redaktion zu lösen, den Verzicht auf jegliche »Macher-Philosophie«, die Bereitschaft zum Dienen und zum Vermitteln zwischen gleichwertigen – flachen – Hierarchiestufen und den »Abschied von der eigenen Wichtigkeit« lässt sich ein Zeitungsverlag nicht führen. Der Austausch individuellen Wissens und der ständige Diskurs mit dem Ziel der Produktverbesserung sind also in Zeitungsverlagen das Prinzip der Unternehmensführung. Die Unternehmensleitung muss dafür sorgen, dass ihre Interessen mit denen der Arbeitnehmer übereinstimmen und dass die Interessen eines Arbeitnehmers mit denen des anderen nicht kollidieren, dass sie einander begreifen können.

Der Erfolg einer solchen – gemeinschaftlichen – Arbeit beruht auf der Qualität der Menschen, die in einem Unternehmen versammelt sind.

Die Personalauswahl ist deshalb für Zeitungsverlage besonders wichtig. Sie ist ein Instrument der inneren Führung, von dessen Brauchbarkeit die Existenz der Zeitung abhängt.

Gerade weil die Zeitungsverlage eine Gesamtheit ideeller und kommerzieller Komponenten sind, die nur dann »funktioniert«, wenn eine Übereinstimmung im Grundsätzlichen besteht, wird bei der Personalauswahl nicht nur auf Ausbildung und Können abgestellt. Mindestens ebenso wichtig wie die Erfüllung dieser Kriterien sind die innere Zustimmung der Mitarbeiterinnen und Mitarbeiter zur »Tendenz« der Zeitung, der mit ihrer Herausgabe verfolgten ideellen Absichten, und die gleiche Auffassung über das Zustandekommen der für das gesamte Unternehmen wesentlichen Entscheidungen. Je demokratischer und egalitärer Zeitungsunternehmen innerbetrieblich verfasst sind, desto wichtiger ist die Konsensbereitschaft ihrer Mitarbeiterinnen und Mitarbeiter.

An die Mitarbeiterinnen und Mitarbeiter in Zeitungsverlagen müssen also vielfältige Anforderungen gestellt werden. Sie werden oft erfüllt. Und zwar keineswegs wegen der grundsätzlichen Bereitschaft der an der Arbeit für »Medien« Interessierten, Teil einer organischen Einheit zu werden. Die »Grundbefindlichkeit« mancher, die sich zu Zeitungen und den anderen »Medien« hingezogen fühlen, widerspricht sogar den Vorstellungen von einem kollegialen Miteinander: Sie sind ambitioniert, meinungsstark, konfliktfreudig und auf Wirkung bedacht. Für sie ist es eher mühsam, sich in eine intellektuelle Gemeinschaft einzugliedern und bei aller Lust, das eigene Denken und Wollen mit Nachdruck zu vertreten, das Ziel gemeinsam mit anderen zu verfolgen. Es muss also sorgfältig geprüft werden, ob ein Bewerber die für Zeitungsverlage notwendigen fachlichen und charakterlichen Eigenschaften hat und ob er bereit ist, in dieser Art Gemeinschaft tätig zu werden.

Die Suche nach den geeigneten Menschen wird dadurch erleichtert, dass Zeitungsverlage sehr transparent sind und dass die Folgen der Tätigkeit für jeden Bewerber offenkundig sind: Die »Tendenz« der Zeitung ist allen bekannt, die sich um eine Anstellung in einen Zeitungsverlag bewerben. Sie wissen, dass sie sich mit ihrem Eintritt in einen Zeitungsverlag für dessen Wertesystem entscheiden. Sie wollen in der »Kultur« des Verlags leben und arbeiten; sie wollen nicht nur Teil einer Zweckorganisation sein, sondern einer intellektuellen und gesellschaftspolitischen Aufgabe dienen. Sie wissen, dass ihre Tätigkeit für das Gemeinwesen sinnvoll ist und sie wissen, dass von ihnen eine Partnerschaft mit allen anderen, die an der Herstellung der Zeitung beteiligt sind, verlangt wird.

Ob es für den »Bewerber« und für den Verlag sinnvoll ist, ein Arbeitsverhältnis zu begründen, lässt sich nur in geduldigen Einstellungsgesprächen feststellen, in denen die beiderseitigen Vorstellungen offen dargelegt werden müssen. Die Einstellungsgespräche spielen deshalb in allen Zeitungsverlagen eine besondere Rolle. Sie werden nicht beiläufig oder rein »schematisch« geführt und schon gar nicht von irgendwelchen Sachbearbeitern, sondern meist von den Verlagsleitern oder von den Chefredakteuren selbst oder von Mitarbeitern der Personalabteilung, denen die besonderen Anforderungen des jeweiligen Zeitungsverlags vertraut sind.

Die Frankfurter Allgemeine Zeitung GmbH hat vom ersten Tag ihres Bestehens an ausserordentlichen Wert auf eine sorgfältige Personalauswahl gelegt. Jede Journalistin und jeder Journalist muss sich den Herausgebern, den Geschäftsführern und einigen Ressortleitern vorstellen. In ausführlichen Gesprächen werden Stärken und Schwächen der Bewerber und der Zeitung erörtert. Kein Gespräch vergeht, ohne dass – soweit das möglich ist – die Fähigkeit zur kollegialen Zusammenarbeit geprüft wird. Das umständliche und zeitraubende Verfahren hat sich als sehr erfolgreich erwiesen, weil es Enttäuschungen vermeidet. Betriebswirtschaftlich ist es vernünftig, weil Personalwechsel wegen »Unverträglichkeiten« kostspielig und belastend sind – für das Unternehmen und für den Mitarbeiter.

Die Bewerber für kaufmännische Positionen werden ebenso sorgfältig ausgewählt. Ihre Gesprächspartner sind natürlich nicht die Journalisten.

Die Gespräche, letztendlich das Führungsinstrument in Zeitungsverlagen, müssen und werden während der gesamten Beschäftigungsdauer mit den Mitarbeiterinnen und Mitarbeitern fortgesetzt: Der ständige Gedankenaustausch, die Entstehung von Überzeugungen im Gespräch, sind unabdingbar. So gelingt es, ungünstige Entwicklungen früh zu erkennen und Mitarbeiterinnen und Mitarbeitern und damit gleichzeitig dem Verlag zu helfen, Frustrationen oder innere Kündigungen zu vermeiden.

Die Gespräche sind aber auch notwendig, um die Verlässlichkeit des Dienens zu sichern: Zeitungen werden unter beträchtlichem zeitlichem Druck hergestellt. Weil sich die berichtenswerten Ereignisse nicht nach den Schlusszeiten der Redaktionen richten, müssen Redakteurinnen und Redakteure und das technische Personal sehr oft ausserhalb der Regeln der Zeitungsherstellung improvisieren. Das gelingt nur, wenn kompetente Menschen unter Zurückstellung eigener Wünsche einander zuarbeiten. Die Bereitschaft zum altruistischen Handeln im Interesse der Zeitung und damit im Interesse der auf sie angewiesenen und auf sie vertrauenden Leserinnen und Leser muss immer wieder geweckt werden.

Vom Grad der Dialog- und Konsensbereitschaft aller Mitarbeiterinnen und Mitarbeiter und selbstverständlich auch der Verlagsleitung und der Chefredaktion hängt nicht nur die Marktfähigkeit des Produkts Zeitung ab; er bestimmt auch die Qualität des Produkts, die nicht gleichsam vorgegeben ist. Sie muss täglich gemeinsam definiert und gemeinsam erarbeitet werden.

Auch bei einer beträchtlichen Übereinstimmung im Grundsätzlichen lassen sich unterschiedliche Meinungen in der Redaktion nicht vermeiden. Sie sind sogar erwünscht, weil sie helfen, Ansichten zu klären. Sie dürfen aber nicht dazu führen, Themen entweder überhaupt nicht oder kontrovers in der Zeitung zu behandeln.

Die Meinungsverschiedenheiten müssen vielmehr ohne Beschädigung des einen oder anderen einem intellektuell redlichen Kompromiss zugeführt werden. Machtworte tragen dazu wenig bei. Sie können allenfalls Meinungen unterdrücken, was für verantwortungsbewusste Zeitungen unerträglich wäre. Es kommt also wieder auf die Fähigkeit zur Moderation und zum ausgleichenden Gespräch an.

Weil Leserinnen und Leser eine mehr rational-emotional bestimmte Einstellung zu »ihrer« Zeitung haben und weil sich die Voraussetzungen für die Befriedigung ihrer emotional-intellektuellen Bedürfnisse auch mit subtilen Umfragen und mit Untersuchungen nicht mit der erforderlichen Zuverlässigkeit nachweisen lassen, nimmt in den meisten Zeitungsverlagen die Stelle der Marktuntersuchung das Gespür ein, das aus Beobachtungen, vielen Gesprächen und auch aus Erfahrungen entsteht. Das macht die Herausgabe von Zeitungen zu etwas Artistisch-Spekulativem. Soll es nicht zum Selbstzweck oder zum Tummelplatz für individualistische Absonderlichkeiten werden, müssen sämtliche Mitarbeiterinnen und Mitarbeiter, keineswegs nur die Journalisten, regelmässig in die Beobachtung der Zeitung und in die Prüfung der Bedürfnisse der Leserinnen und Leser einbezogen werden. Das ist für die Zeitung nützlich und vermittelt darüber hinaus den Mitarbeiterinnen und Mitarbeitern den zutreffenden Eindruck, die Standards und Prozesse beeinflussen zu können: Menschen, die in einem Zeitungsverlag tätig sind, wissen und spüren Tag für Tag, dass es auf jeden einzelnen ankommt. »Zieldiskussionen« gibt es deshalb nicht nur in den Redaktionen. Sie müssen auch in den kaufmännischen Abteilungen und zwischen den kaufmännischen Abteilungen und den journalistischen Ressorts geführt werden. Denn nichts ist für einen Zeitungsverlag verderblicher, als wenn Redaktion und Verlag nichts voneinander wissen, wenn sie nebeneinander herarbeiten, wenn sie einander gleichgültig sind. Sie müssen, bei gewissenhafter Beachtung ihrer besonderen Funktionen, mit Verständnis für die zu lösenden vielfältigen Aufgaben zusammenwirken.

Eine ganz wesentliche Rolle in allen Zeitungsverlagen spielt die Motivation der Mitarbeiterinnen und Mitarbeiter.

Geistige Leistungen und Hilfsdienste für geistige Leistungen lassen sich nicht erzwingen. Sie lassen sich auch nicht »mit Geld« erreichen. Sie sind vielmehr das Ergebnis eines »Betriebsklimas«, in dem sich Persönlichkeiten entfalten können. Dieses Betriebsklima wird durch eine weitreichende Partizipation, durch eine kooperative Mitarbeiterführung, durch Anerkennung, durch Rücksicht auf je eigene Arbeitsweisen, durch die Einbindung in das betriebliche Geschehen und durch eine sinnvolle Fort- und Weiterbildung geschaffen. Sie wird durch die im besten Fall institutionalisierten, aber auch sonst schon durch die Arbeitsabläufe üblichen regelmässigen Gespräche erleichtert: Nur ausnahmsweise werden in Zeitungsverlagen Aus- und Fortbildungsprogramme ohne Rücksicht auf die individuellen Bedürfnisse aufgestellt. In der Regel werden in gründlichen Beratungen das Mass an Forderung und die Art der Förderung gemeinsam erarbeitet. Verbindliche Vereinbarungen über die berufliche Entwicklung sind üblich. Die günstige Wirkung dieser Zuwendung sollte nicht unterschätzt werden.

Umfragen haben ergeben, dass in fast allen Zeitungsverlagen, überspitzt formuliert, jeder alles werden kann, genauer, dass allein die individuelle Fähigkeit den

Tätigkeitsrahmen setzt. Wechsel innerhalb der Ressorts der Redaktionen sind deshalb ebenso üblich wie Wechsel innerhalb der Verlagsabteilungen. Aber es gibt auch eine hinreichende Anzahl von Fällen, in denen Mitarbeiterinnen und Mitarbeiter der Verlagsabteilungen in die Redaktion und Redakteurinnen und Redakteure in die Verlagsabteilungen wechseln. Die Barrieren zwischen den Abteilungen und den Ressorts sind niedrig; sie lassen sich unschwer überwinden. Diese Offenheit der Chancen trägt nicht wenig zur Motivation bei.

Motivierend ist auch, dass Karrieren in Zeitungsverlagen wenig mit einem Aufstieg in der – ohnedies kaum verhandenen – Organisationshierarchie und sehr viel mit der Möglichkeit, neue Erfahrungen zu sammeln, neue Herausforderungen zu bestehen, etwas zu bewegen und zu gestalten, zu tun haben. Die Höhe der Entlohung hängt deshalb auch nur ausnahmsweise von der Grösse der Abteilung ab, die einer leitet, häufiger davon, welchen Beitrag er zur »Wertschöpfung« leistet. Sie korrespondiert mit der erkennbaren und mit der anerkannten Kompetenz und der mentalen Beschaffenheit der Personen, mit ihrer Fähigkeit, Ideen zu entwickeln und sie durchzusetzen.

Zeitungen bemühen sich, Persönlichkeiten zu sein. Zu der Zeitungspersönlichkeit zählen Redaktion, Verlag, »Tendenz«, Erscheinungsbild, Tradition und Leserschaft. Mit Ausnahme der Leserschaft werden die Persönlichkeitsmerkmale von den Menschen bestimmt, die in dem jeweiligen Zeitungsverlag arbeiten. Dieses Bestimmen verlangt eine beträchtliche Kontinuität – der Personen und der Leistungen. Die Leistungen müssen höchst-persönlich sein. Sie können also ohne Gefährdung des Persönlichkeitsbildes von Dritten glaubwürdig nicht erbracht werden. Deswegen kommt ein Out-Sourcing bei Zeitungsverlagen allenfalls bei typischen Nebenleistungen in Betracht. Die Mitarbeiterinnen und Mitarbeiter eines Zeitungsverlags leben deshalb nicht in der ständigen Unsicherheit, ob ihre Tätigkeit auch in Zukunft noch verlangt wird. Sie sind sich darüber hinaus ihrer Bedeutung für das Unternehmen Zeitung bewusst. Das motiviert gewiss mehr, als die ständige Drohung, Personal zu entlassen und Betriebsteile auszulagern.

Obschon die Zeitungsverlage als Teile der allgemeinen Wirtschaft keineswegs in wirtschaftlichen Schutzgebieten arbeiten, sondern denselben ökonomischen Gesetzen wie andere Wirtschaftsunternehmen unterliegen, waren sie bislang besonders krisenresistent. Einer der wesentlichen Gründe dürfte das Personalmanagement sein, das Anpassungen an sich ändernde Verhältnisse erleichtert: Wer eigenverantwortlich mitarbeitet, verschliesst sich neuen Arbeitsweisen weniger als der, der sich als Teil einer seelenlosen Organisation fühlen muss. Hinzu kommt allerdings, dass an der Spitze vieler Zeitungsverlage immer noch Eigentümer stehen, die auf eigenes Risiko wirtschaften. Bei ihnen verknüpfen sich Person, Eigentum, Entscheidungsbefugnis und Haftung in einer für die Privatrechtsgesellschaft beispielhaften Weise. Sie leben für die Zeitung; sie kennen sie und alle Mitarbeiterinnen und Mitarbeiter genau; sie wählen sie mit aus; sie haben ein besonders enges Verhältnis zu den Menschen, mit denen zusammen sie die Zeitung machen; sie lassen sich nicht berichten, sie unterrichten sich selbst. Der Eigentümer-Verleger, der das Publizieren zu seiner Lebensaufgabe gemacht hat, weiss sich verantwortlich für das, was er sich vertraut gemacht hat – die Zeitung. Er setzt seine Produktionsmittel unmittelbarer, flexibler und meist auch effizienter für die Erhaltung und Entwicklung seiner Zeitung ein, als es Manager vermögen. Deren Erfolg wird in erster Linie an dem erzielten Gewinn gemessen, seltener an einer die Zukunft sichernden Strategie für das Unternehmen. Zwar kann die Verbindung von Eigentum und Leitung auch zu Konflikten führen, die in Unternehmen mit angestellten Vorständen weniger denkbar sind. Unmittelbarkeit und Nähe garantieren keineswegs Harmonie. Aber die Vorteile der »personenbezogenen« Unternehmensführung und die Verbindung von Eigentum und Führung überwiegen gerade bei Zeitungsverlagen als Herstellern intellektueller Produkte. Der Eigentümer-Verleger vermittelt überdies, wie die Erfahrung lehrt, den Mitarbeiterinnen und Mitarbeitern eine Schutzgewissheit, die Manager seltener zu geben vermögen.

Der grosse Nationalökonom Wilhelm Röpke war der Überzeugung, »dass auch die nüchterne Welt des reinen Geschäftslebens aus sittlichen Reserven schöpft, mit denen sie steht und fällt und die wichtiger sind als alle wirtschaftlichen Gesetze und nationalökonomischen Prinzipien«. Er forderte von jedem Unternehmer »Selbstdisziplin, Gerechtigkeitssinn, Ehrlichkeit, Fairness, Ritterlichkeit, Masshalten, Gemeinsinn, Achtung vor der Menschenwürde des anderen, feste sittliche Normen«[2]. Diese Unternehmertugenden sind für Zeitungsverlage von existentieller Bedeutung. Das Schicksal der Zeitungen wird davon abhängen, ob es gelingt, sie nachfolgenden Generationen und Managern zu vermitteln.

Zeitungsverlage mögen sich von Industrieunternehmen unterscheiden. Aber auch die sind nicht mehr nach der rational-mechanistischen Konstruktion einer Maschine aufgebaut. Sie nähern sich den »Produktionserfordernissen« der Dienstleistungsunternehmen Verlage an. Das sollte ihnen den Abschied von der »wissenschaftlichen Betriebsführung« und die Adaption an Führungsmethoden leichter machen, die sich in »intelligenten Unternehmen« bewährt haben.

Natürlich sind Zeitungsverlage auch keine Idylle. In ihnen gibt es Konflikte, Streitereien, Missverständnisse, falsche Entscheidungen und was es sonst noch an betrieblichen Verwerfungen gibt. Aber zumindest beachtenswert ist das »Personalmanagement« in Zeitungsverlagen schon. Die dort gemachten Erfahrungen und die dort gelebten Methoden geben anderen Wirtschaftsunternehmen zumindest Anregungen, die wichtig sind. Denn Führungsmethoden werden niemals originär entwickelt. Sie werden von vielerlei Erfahrungen und von Disziplinen beeinflusst, die in der Vergangenheit Managern und Eigentümer-Unternehmern weniger geläufig waren, der Philosophie, der Physik, der Mathematik, der Psychologie beispielsweise. Weshalb also nicht von Zeitungsverlagen?

---

2 Wilhelm Röpke, Jenseits von Angebot und Nachfrage, 5. Auflage, Bern 1979, S. 184 f.

Umsetzung ethischer Grundsätze in das Führungskonzept eines Familienunternehmens

von

Christiane Underberg

Gliederung

1 Einleitung

Wir sind ein international tätiges Familienunternehmen, das am 17. Juni 1996 sein 150jähriges Jubiläum feiern konnte.

Vor der Darstellung unserer ethischen Grundsätze und deren Umsetzung soll das Haus Underberg kurz vorgestellt und charakterisiert werden:

Seit der Gründung durch Hubert Underberg im Jahre 1846 ist das Unternehmen im Alleinbesitz der Familie Underberg. Das erklärte Ziel der Eigner ist es, die Überlebensfähigkeit des Unternehmens sicherzustellen.

Unsere Tradition und unser Ziel ist der qualifizierte Fortschritt. Das Unternehmen ist dezentral organisiert und es wird als Ganzheit betrachtet. Daraus folgt auch unser Verständnis für die Beziehung mit unseren Mitarbeitern: wir wollen mit ihnen eine Lebens- und Leistungsgemeinschaft bilden. Unser Menschenbild ist christlich geprägt. Wie für alle Familienunternehmen gilt auch für uns, dass ein Familienunternehmen mehr ist als nur ein Unternehmen. Es eröffnet Möglichkeiten, aus einer Familientradition und aus der Orientierung an damit verbundenen Werten heraus eine »Zukunftsvision« zu entwickeln, die ein Beispiel für andere sein kann. Familien »pflanzen Bäume«, indem sie Dinge und Strukturen schaffen, die ihren Gründer überdauern. Ein Familienunternehmen vertraut auf Personen aus einer häufig unpersönlichen Welt. Das »gewisse Extra«, das in Bilanzen und Statistiken kaum zu finden ist, zeichnet ein Familienunternehmen, welches ein »Leuchtturm« in der Gesellschaft sein will und die Wege in die Zukunft weisen kann und auch soll, aus.

Um die Anforderungen eines globalen Marktes bewältigen zu können, haben wir über 20 Beteiligungspartner oder Kooperationsfirmen in mehreren europäischen Ländern. Mit diesen arbeiten wir partnerschaftlich und teamorientiert zusammen.

Die Unternehmensgruppe Underberg bearbeitet als Schwerpunkt-Segmente Spirituosen (Kräuter, Obstbrände), Sekt und alkoholfreie Getränke.

Insgesamt beschäftigen wir ca. 1.200 Mitarbeiter, davon etwa die Hälfte in Deutschland.

In einem Familienunternehmen ist es Aufgabe des Unternehmensleiters, dass er als führende Kraft Werte, Traditionen und Zukunftsziele formuliert und den Führungsstil prägt. Unser Unternehmen befindet sich zur Zeit in diesem Prozess. Dabei ist es unerlässlich, dass gerade durch die Unternehmensleitung das für unser Haus verbindliche Wertsystem vorbildlich praktiziert wird. Dass dies nicht so einfach ist, erfahren wir täglich wieder von neuem.

Als Ausgangsbetrachtung sei eine kurze Definition vom Begriff der *Ethik* (Enderle, G. et al., 1993) angeführt:

»Der Begriff Ethik … bezeichnet die Lehre vom richtigen bzw. guten Handeln. … Gegenstand der Ethik ist das Verhalten (Leben) und Handeln des Menschen (nicht der Tiere, der Natur). … Themen der Ethik sind Fragen wie die Unterscheidung von gut und böse, die Frage nach Ziel und Sinn des Lebens, nach dem »guten« Leben, dem Glück.«

Gerade Führende haben – wie Forscher – die Aufgabe, Werte bzw. Werturteile in Frage zu stellen! Bei uns kann es z. B. bei Einstellungsgesprächen dahin führen, nach christlichen Werten zu fragen.

Ein zweiter wichtiger Gesichtspunkt in der Diskussion der Führung eines Familienunternehmens steht im Zusammenhang mit dem Begriff des »*Wertes*« (Enderle, G. et al. 1993). Er ist vielschichtig und unterschiedlich zu deuten: von Gebrauchs*wert* in der Wirtschaft, bis *Wert*vorstellung in der Ethik. Es zeigt, dass »Werte« in sich interdisziplinär zu sehen sind. Sie wirken sich nicht nur in der Kultur aus – was so schön offensichtlich ist – sondern auch im politischen Raum (bis zum Missbrauch), im gesellschaftlichen, wirtschaftlichen und vor allem auch im individuellen Bereich. Wertewandel braucht viel Zeit, da die verankerten Werte eine lange Lebensdauer haben.

Seit 15 Jahren bemühe ich mich um Änderungen einiger Werte. Vorgefunden habe ich 1981 bei meinem Eintritt in die Firma eine von stark autoritären Zügen geprägte Personalpolitik.

Underbergianer waren »overprotected« mit Sozialleistungen. Meine Ausbildung als Sozialarbeiterin half mir, diese Tatsache aus verschiedenen Perspektiven zu durchleuchten. Als Fürsorgerin lernt man, dass es das Ziel der Arbeit ist, Menschen von unserer Hilfe unabhängig – moderner ausgedrückt »mündig« – zu machen. In der Praxis galt es, dem Mitarbeiter den Versorgungsgedanken selbst zu übertragen und ihn zu mehr Eigenverantwortung zu führen. Am Beispiel der Betriebsrente hiess das, sie sukzessive zu schmälern und heute ganz abzubauen. Natürlich muss dafür an anderer Stelle Neues entstehen. So weist z. B. eine Ergebnisbeteiligung, als angemessener Lohn, in die richtige Richtung. Man kann also durch geänderte Rahmenbedingungen auch veränderte Einstellungen unterstützen.

2 Das Führungskonzept im Hause Underberg

Die Führungskonzeption unseres Hauses besteht aus den drei Ebenen:

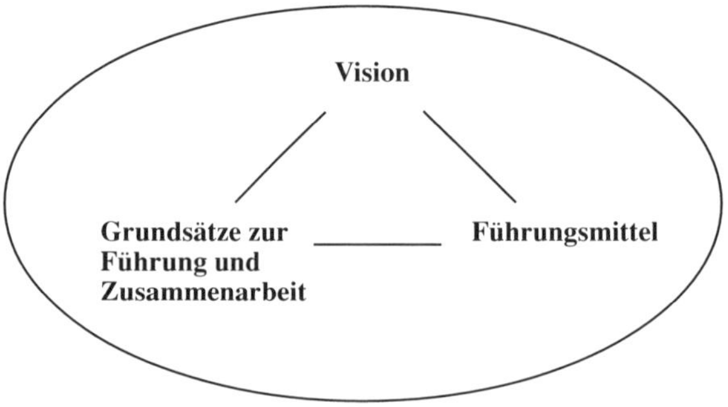

Vor der Vorstellung des Konzepts, wird unsere praktische Vorgehensweise bei der Erstellung des Konzeptes erläutert. Grundsätzlich haben wir uns von dem Gedanken leiten lassen, dass – wenn immer möglich – im Team gearbeitet wird.

Den Inhalt der *Vision* hat zunächst mein Mann festgelegt. Die Vision wurde dem Verwaltungsrat und dem Vorstand vorgestellt und in intensiven Gesprächen präzisiert.

Aus diesen Gesprächen entstanden erstaunlicherweise nur kleinere, zumeist redaktionelle Korrekturen, die ich heute besser verstehe, da ein gewisser Grundkonsens vorhanden war.

Die *Grundsätze für Führung und Zusammenarbeit* wurden mit dem Vorstand der Semper idem . Underberg AG abgestimmt und anschliessend in Seminaren den Geschäftsleitungen der einzelnen Tochtergesellschaften vorgestellt.

Auf dieselbe Weise wurde bei der Erarbeitung der *Führungsmittel* verfahren. Im Plenum und in einzelnen Gruppen wurde das jeweilige Führungsmittel besprochen und als Resultat eine überarbeitete Fassung erstellt. Diese wurde allen Beteiligten mit der Bitte um Rückmeldung zugesandt. Etwaige Änderungswünsche wurden in einer abschliessenden Fassung berücksichtigt; diese Fassung wurde dann in der nächsten Sitzung nochmals kurz besprochen und als verbindlich verabschiedet.

Zur ersten Ebene: Was soll die *Vision* ausdrücken?

Sie verdeutlicht die langfristigen, sinnstiftenden Zielvorstellungen und beschreibt unsere fundamentalen Anliegen und Werte; sie steht als qualitative Orientierung für Gedanken, Gefühle und Verhalten der Unternehmensmitglieder.

Mit der folgenden Geschichte möchte ich Ihnen zeigen, was eine Vision beinhalten kann:

In Xanten – wo wir leben – gibt es eine wunderschöne Kathedrale. Ich gehöre dort als Vorsitzende einem Verein an, der sich für den Wiederaufbau und die Erhaltung der Kirche einsetzt und eine Dombauhütte unterhält.

Eines Tages frage ich einen Steinmetz: »Was tun Sie?« Er antwortet. »Ich haue einen Stein.« Ich fragte im Nebenzimmer seinen Kollegen: »Was tun Sie?« Er antwortete: »Ich haue eine Figur.« Auch einen dritten Mitarbeiter frage ich: »Was tun Sie?« Er antwortete: »Ich baue eine Kathedrale.«

Es wäre schön, wenn eines Tages alle empfinden könnten, dass wir bei den uns anvertrauten Aufgaben auch Grosses bewegen können mit unseren Visionen.

Im folgenden möchte ich Ihnen die Vision unseres Hauses vorstellen:

2.1 Vision: VISION 2001 – von Emil Underberg

2.1.1 Wir sind ein führendes Getränkehandelshaus in Europa. Wir produzieren und handeln international Nahrungs- und Genussmittel für zeitgemässe, gesunde Ernährung.

Unsere Produktion und unser Handeln ist abgestimmt auf den aktuellen Stand der Wissenschaft für die Gesundheit der Verbraucher. In der praktischen Umsetzung sind dies Projekte wie z. B. zahnschonende Säfte, histaminfreie Getränke.

»Weltweit im Dienste des Wohlbefindens«. Diese Aussage sehen wir als Pfeiler für unseren Auftrag , der auch einem grossen ethischen Wert folgt.

2.1.2 Underberg bleibt eine familiengeprägte Unternehmensgruppe. Wir orientieren uns an den ethischen Grundsätzen christlicher Weltanschauung.

Zum ersten Satz besteht die Umsetzung in dem Faktum, dass unsere älteste Tochter Hubertine bereits die Nachfolge angetreten hat.
Im weiteren geht es uns um *Werte* wie

- *Wahrheit* (vom Produkt bis zur Information)
- *Offenheit* (von unten nach oben und von oben nach unten)
- *Solidarität* (wir sitzen alle in einem Boot)
- *Subsidiarität* (überschaubare Einheiten (Profit-Center) vor Grosskonglomeraten)
- *Loyalität* (gegenüber Mitarbeitern und dem Unternehmen als »Member of the Underberg Family«)
- *Hilfe in aussergewöhnlichen persönlichen Situationen*
- *persönliche Initiative* (ermöglicht durch »Führung mit Zielen«)
- *Eigenverantwortung* (im Aufgabenbereich und durch Mitarbeit als Partner und Aktionäre)

In allen Bereichen ist die Synthese von personeller Freiheit und sozialer Gerechtigkeit anzustreben.

2.1.3 Unsere Kunden erhalten Produkte mit der Garantie höchster Bekömmlichkeit.

Unsere Tätigkeit richtet sich an strengen Massstäben aus, Selbstkritik und Glaubwürdigkeit sind für uns von grösster Wichtigkeit.

Unser Bekenntnis heisst »Weltweit im Dienste des Wohlbefindens«, durch das wir uns besonders gefordert fühlen. Auch in einem Familienunternehmen ist Forschung und Entwicklung von zukunftsweisender Bedeutung. So ist unsere älteste Tochter als promovierte Mikro-Biologin für die fünfte Generation verantwortlich, diese wissenschaftliche Basis zu geben. Mit unseren Erkenntnissen auf biologischem, ernährungs-wissenschaftlichem und lebensmittelmethodologischem Gebiet können wir unsere Partner bei ihrer Arbeit beraten und unterstützen.

Dies soll folgendes Beispiel illustrieren : Mein Mann hat zusammen mit Herrn Prof. Dr. Dr. Lembke ein weltweites Patent für die Herstellung von Getränken, die äusserst histaminarm (Histamin ist eine häufige Ursache von allergischen Reaktionen nach reichlichem Alkoholgenuss) sind, erworben.

So ist also Underberg und unser Schlumberger-Sekt aus Wien – so bekömmlich, dass es wirklich »Genuss ohne Reue« ist. Es macht Freude, an solchen Produkten mitzuarbeiten, weil zum einen innovative Produkte entstehen und zum andern dem oben genannten Bekenntnis »Weltweit im Dienste des Wohlbefindens« gebührend Rechnung getragen wird.

Der Erfolg aller dieser Aktivitäten basiert im wesentlichen auf den Leistungen unserer Mitarbeiterinnen und Mitarbeiter, an die wir hohe Anforderungen stellen.

2.1.4 Der Qualität gelten unsere grössten Anstrengungen. Wir praktizieren ein umfassendes, anerkanntes Qualitätssicherungs-System und handeln umweltbewusst.

Nicht Quantität zählt, sondern in erster Linie die Eigenschaften, die dem Konsumenten *dienen* sollen. Gerade beim Thema »Umwelt« besitzen wir grosse Verantwortung gegenüber unserer Welt, bei uns in der Lebensmittelindustrie natürlich besonders für die »Innenwelt«.

So wurden einige unserer Betriebe als eine der ersten ihrer Branche nach der ISO Norm 9002 mit dem Zertifikat für ein anerkanntes Qualitätssicherungs-System ausgezeichnet. Das Qualitätssicherungssystem legt fest, wie im gesamten Produktlebenszyklus – also im gesamten »Qualitätskreis« – geplant und verfahren wird. Eine solche Transparenz der Vorgänge gibt ein Gefühl grösserer Sicherheit.

Selbst in dem von der Familie kontrollierten Geheimnisbereich gilt das: Unser Produkt Underberg wird z. B. schon beim Einkauf von externen Instituten auf über *60* Kriterien überprüft.

2.1.5 Wir arbeiten in überschaubaren unternehmerischen Einheiten, die für ihren Unternehmenserfolg verantwortlich sind. Das Gruppeninteresse hat Vorrang.

Die Organisation in unternehmerische Einheiten gewährleistet ein menschengerechteres Miteinander, da der Einzelne mehr beachtet werden kann.

In der Praxis heisst dies, dass wir mit mehr als 20 Partnern eng zusammenarbeiten, und z. T. verbunden sind durch EDV-Systeme, Master-Verträge und Internet.

Durch die Betonung des Vorrangs des Gruppeninteresses wirken wir dem internen »Kannibalismus« entgegen.

2.1.6 Wir achten Individualität, Tradition und Kultur der einzelnen Unternehmen. Das gemeinsame Band heisst »Member of the Underberg Family«.

Wir haben Respekt vor gewachsenen Werten und erweitern dadurch unsere Vielfalt. Verdeutlichen lässt sich dies äusserlich z. B. an der Schlumberger AG in Wien, die mit eigenen Konzeptionen in den Bereichen Messe-Outfit, Verkaufsförderungen, Gestaltung der Verkaufsprospekte, auch beim Produkt und bei Zwack-Unicum-Aussagen arbeitet. Auf landeskulturelle Eigenheiten ist natürlich auch einzugehen.

2.1.7 Durch Vertrauen, Gerechtigkeit und partnerschaftliches Miteinander bringen wir Unternehmensziele und die Ziele der Mitarbeiter soweit wie möglich in Einklang. Jeder weiss, weshalb sein persönlicher Beitrag über den Unternehmenserfolg mitentscheidet und fühlt sich dafür verantwortlich.

Jeder einzelne muss den Wert der eigenen Arbeit erkennen.

In der Umsetzung zeigt sich das bei uns konkret in den Führungsgrundsätzen, Mitarbeitergesprächen und der Führung durch Ziele. Um diese Aufgabe zu bewältigen, müssen die Ziele beider Seiten bekannt sein. Für die Praxis bedeutet dies vor allem, die Ziele und Bedürfnisse der Mitarbeiter und Führenden festzustellen und erfragen.

Zu diesen Fragen, die sich für alle *Mit*arbeiter ergeben, gehören unter anderem:

Welche Botschaft hat meine Firma? Was will und kann sie mit ihren Produkten an welchen Märkten und mit welchen Mitbewerbern ausrichten? Welche Rolle spiele ich dabei? Was kann ich zusammen mit anderen bewegen, erhalten und verbessern? Wie komme ich persönlich darin vor? Was habe ich materiell davon?

Zielsetzung ist bei uns der *mündige* Mitarbeiter, der den Mund aufmacht, der seine Arbeit als sinnvoll empfindet und der Raum zur Entfaltung vorfindet.

2.1.8 Alles kann man besser machen!

So sind Innovationen und Kreativität als Werte festgeschrieben!

Jede Lösung ist für uns eine Herausforderung zu einer besseren.

Wandelnde Prozesse verstehen wir als Lebensmuster.

Jeder entwickelt und nutzt seine Lernfähigkeit im Umgang mit Kunden, Lieferanten und Mitarbeitern.

Die Entfaltung zur Persönlichkeit, die überzeugt, ist ein Ziel.

Jedem Mitarbeiter kommt in einem Unternehmen eine eigenständige Aufgabe zu und die sollte seine Neugierde und Kreativität wecken. Dieser Aufgabe immer gerecht zu werden, verlangt Flexibilität und ständige Lernbereitschaft. Wir haben uns vorgenommen, dafür die Bedingungen zu schaffen. In der praktischen Umsetzung bedeutet dies Mitarbeit in Projektteams, Prozessteams, sowie Weiterbildung vom Unternehmen aus und in Eigeninitiative.

2.1.9 Unsere Arbeit bringt Freude und Anerkennung.

Ein Massstab für die Sinnentfaltung ist die Freude, welche den Beginn auf dem Weg zum »kreativen Götterfunken« markiert.

Durch ein jährlich einmal stattfindendes Mitarbeiter-Gespräch mit seinem Vorgesetzten weiss jeder Mitarbeiter, wie seine Arbeitsleistung bzw. sein Führungsverhalten bewertet wird. Wenn die besprochenen Ziele erreicht sind, fällt auch die Anerkennung der Leistungen des Mitarbeiters entsprechend aus, z.B. durch eine Ergebnisbeteiligung.

Wir wollen nicht motivieren im Sinne von in Bewegung setzen, sondern *Begeisterung* wecken als Vermittlung einer Geisteshaltung.

2.1.10 Wir wollen immer wieder Pioniere sein.

Unser Handeln ist darauf ausgerichtet, Ungewohntem Raum zu geben und damit die Gestaltungskraft zu fördern für Forschungs- und Entwicklungsaufträge. Damit wollen wir erreichen, dass jeder Mitarbeiter sich seine »Pfadfinderseele« bewahren kann. Wir müssen mit Pioniersinn an die sich uns stellenden Aufgaben herangehen.

2.2 Grundsätze zur Führung und Zusammenarbeit

Der Führungsstil im Unternehmen ist von grosser Bedeutung. Unsere Definition des Führungsstils trifft ein Zitat von Professor Millendorfer (Millendorfer, J., 1990) am besten: »Der moderne Führungsstil ist jener, bei dem der Verantwortliche dem Mitarbeiter bei seiner Entfaltung dient. Man nennt das den kooperativen Führungsstil. Wir sagen dazu präziser: der dienende Führungsstil. Beim kooperativen Führungsstil könnte man meinen, er ist kollektiv, indem man die Verantwortung abgibt und nicht nur einer die Verantwortung hat. Nein, einer hat die Verantwortung, und er dient nach dem alten Motto, wer der erste sein will, sei der Diener aller.«

Verantwortung ist im Sinne von Hans Jonas (Jonas, H. 1987) zu verstehen:

»Verantwortung ist nicht dasselbe wie »Verpflichtung« überhaupt, sondern ein speziellerer Fall davon. Verpflichtung kann ganz innerhalb eines Verhalten selber liegen, Verantwortung weist über es hinaus, hat einen externen Bezug.«.

Auch das wissenschaftliche Können des Forschers muss sich dieser Verantwortung unterordnen, denn es kann zum Guten und zum Schlechten verwendet werden. Jede Macht ist eine Macht für Beides.

Der Natur, dem baren »Was ist«, kann der Mensch keine Normen des Verhaltens entnehmen, ausser Klugheitsregeln, die ja nicht wirklich verpflichten.

Die Selbstzensur – egal ob in Wirtschaft oder Wissenschaft – ist Ziel der Verantwortung.

Unsere *Grundsätze zur Führung und Zusammenarbeit* sollen die dargelegten visionären Gedanken in praktische »Spielregeln« umsetzen. Die Grundsätze sind das Ergebnis der gemeinsam geführten Diskussion und sind in gemeinsamen Besprechungen zusammengefasst worden.

- *Situationsgerechte Führung*

Wir stellen vertrauensvolle, partnerschaftliche und von Verantwortungsbewusstsein geprägte Zusammenarbeit, sowie den Respekt vor der Würde des einzelnen in den Mittelpunkt unseres Handelns. Jeder Vorgesetzte ist sich seiner menschlichen und fachlichen Vorbildwirkung bewusst. Er führt situationsgerecht: meist kooperativ, in kreativen Phasen mit laissez-faire, wenn's brennt autoritär. Der Vorgesetzte verdeutlicht seinen Mitarbeitern sein Verhalten und seine Entscheidungen der jeweiligen Situation entsprechend.

- *Führungsorganisation*

Unsere Führungsorganisation ist von den Aufgaben her flexibel und so weit wie möglich dezentral. Die Führungsstruktur ist klar, aber nicht statisch. Wir passen sie veränderten Situationen an. Wichtiger als die Strukturen ist uns der Geist, der in ihnen herrscht. Wir bauen keine Mauern, höchstens Zäune. Wir wollen Initiativfelder. Die Aufgabenbereiche des einzelnen sind zwischen ihm und seinem Vorgesetzten vereinbart. Wir arbeiten mehr und mehr in Projektteams. Die Führungseinheiten sind entweder Profit-Center mit einer Ergebnisvorgabe oder Cost-Center mit einer Budgetvorgabe. Zentrale Dienste gibt es nur, wenn eine Dezentralisierung unwirtschaftlich wäre und ein Zusammenwirken gefährdet würde.

- *Verantwortung und Delegation*

Jeder erhält von seinem Vorgesetzten einen klar vereinbarten Aufgabenbereich, darin handelt und entscheidet er selbständig. Er ist verantwortlich für alles, was er tut oder unterlässt. Jeder kennt seine Befugnisse. Jeder weiss, welche Ergebnisse wer von ihm wann erwartet. Für das Erreichen der Ergebnisse trägt der Mitarbeiter Ergebnisverantwortung gegenüber seinem Vorgesetzten. Der Vorgesetzte greift nur in Ausnahmefällen ein. Die Führungsverantwortung kann der Vorgesetzte nicht delegieren (z. B. die Verantwortung dafür, dass die ausgewählten Mitarbeiter für die jeweilige Aufgabe persönlich und fachlich gut geeignet sind, oder Aufgaben, Befugnisse und Ergebnisverantwortung zueinander passen und die Mitarbeiter richtig informiert werden).

Jede Führungskraft regelt in Abstimmung mit ihrem Vorgesetzten die Stellvertretung. Der Stellvertreter hat die Chance, aber keinen Anspruch auf die Nachfolge.

- *Entscheidungsfindung und Entscheidungsumsetzung*

Jeder entscheidet selbst im Rahmen der an ihn delegierten Aufgabe: zielorientiert und eindeutig. Er lässt sich vorher beraten, insbesondere von denjenigen, die die Entscheidung umsetzen werden. Jeder Entscheider beachtet das »Funktionendiagramm« und die »Entscheidungsordnung«. Er sorgt in einem angemessenen Zeitrahmen für die Entscheidungsfindung und -umsetzung. Er überwacht die Umsetzung und veranlasst rechtzeitig Korrekturmassnahmen. Derjenige, der die Entscheidung getroffen hat, trägt die Ergebnisverantwortung gegenüber seinem Vorgesetzten. Dieser trägt dafür die Führungsverantwortung. Beide stehen auch für die Konsequenzen ein.

Personalentscheidungen trifft jede Führungskraft immer nach Beratung durch die Personalabteilung und in Abstimmung mit ihrem Vorgesetzten.

- *Führen mit Zielen*

Ziele geben uns Handlungsorientierung. Sie sind dynamisch und richten das Denken über den eigenen Aufgabenbereich hinaus auf das ganze Unternehmen. Unsere Ziele sind herausfordernd, realistisch und in ihrer Erreichung bewertbar. Ziele und Leistungsstandards sind so klar formuliert, dass der einzelne seine Zielerreichung selbst überwachen kann. Wenn er erkennt, dass die Realisierung eines seiner Ziele unmöglich oder gar sinnlos wird, informiert er sofort seinen Vorgesetzten. Vorgesetzte und Mitarbeiter vereinbaren jährlich in einem »Mitarbeitergespräch« Standardziele (diese setzen Ergebnisschwerpunkte im delegierten Aufgabenbereich und bei bereichsübergreifenden Aufgaben), Innovationsziele (sie helfen, sowohl neue Wege auf definierten Gebieten zu finden als auch zu entscheiden, was nicht mehr getan werden soll), Weiterbildungs- und Entwicklungsziele (sie beschreiben, welche positiven Anlagen des Mitarbeiters fachlich und persönlich stärker zur Entfaltung kommen und welche Schwächen überwunden werden sollen).

- *Mitarbeiterentfaltung*

Wir setzen auf Selbstentwicklung und helfen dabei. Jeder hat Aufgaben, die seiner Qualifikation entsprechen und ihn persönlich fordern. Wir bieten Chancen an, Wissen und Können zu erweitern und neue Erfahrungen zu gewinnen. Neue Mitarbeiter werden nach einem individuellen Plan eingearbeitet. Die Aus- und Weiterbildung des einzelnen orientieren wir an seinen künftigen Aufgaben. Jeder weiss, wie seine Arbeitsleistung bzw. sein Führungsverhalten bewertet werden. Wir haben ein Entwicklungsprogramm für Mitarbeiter und Führungskräfte, was wir ständig erweitern. Den Führungsnachwuchs gewinnen wir möglichst aus den eigenen Reihen. Führungspositionen besetzen wir bei gleicher Qualifikation verstärkt mit Frauen.

Die Arbeitsbedingungen unserer Mitarbeiter sollten zu Wohlbefinden führen.

Da das Wohlbefinden in unserem Motto »Weltweit im Dienste des Wohlbefindens«, verankert ist, sind Überlegungen zum Zusammenhang von Arbeit und Wohlbefinden angezeigt.

Beeinflussende Faktoren für die Arbeitsbedingungen und das Wohlbefinden sind die Anforderungen aus der Arbeitstätigkeit, Ausbildungsvoraussetzungen, gesellschaftliche Bewertung von Arbeitsergebnissen sowie familiäre Voraussetzungen.

Wissenschaftliche Arbeiten haben belegt, dass trotz des täuschenden Eindrucks unserer Freizeitgesellschaft, wo man meint, Familie, Geselligkeit wären die alleinigen Hauptgründe für Wohlbefinden, der Entzug von Arbeit erhebliche negative psychische Folgen hat.

Welche Arbeitsmerkmale sind wesentlich für die positive Beeinflussung durch die Arbeit?

Es geht um weiche Daten der Gesellschaft, denn zur Erledigung der Arbeit sind physische und psychische Voraussetzungen ausschlaggebend.

Als weiterer wichtiger Hinweis steht die Tatsache, dass *Handlungsspielräume* oder *Zeitspielräume* die Stressoren erheblich verringern können.

Arbeitszufriedenheit ist als absolute Aussage für Wohlbefinden allerdings kritisch zu sehen, da z. B. der Mitarbeiter, der sein Anspruchsniveau so gesenkt hat, dass er zufrieden ist, seelisch ein resignierter Mensch sein kann. Nein, bei uns soll es Arbeits*freude* geben. Deshalb sind für uns vor allem die Arbeitsinhalte von grosser Bedeutung: *Wichtigkeit der Aufgabe, Rückmeldung über Arbeitsergebnisse, Variabilität der Aufgabe* und *Autonomie.*

Eine uns alle berührende Frage ist, ob die Arbeitsleistung bei einem zufriedenen Mitarbeiter steigt. Es zeigt sich aufgrund von vielen Studien, dass eine positive Wirkung erkenntlich ist. So müssen unsere Bemühungen dahin gehen, herauszufinden, mit welchen Massnahmen wir das Wohlbefinden unserer Mitarbeiter verbessern können?

Im Bereich des Human Resource-Management haben wir zwei beeinflussbare Ebenen:

1. Personalpolitische Massnahmen
2. Persönliche Massnahmen

Zu 1. – Personalpolitische *Massnahmen*:

Job-rotation:
Arbeitsplatzwechsel erhöht die Flexibilität, allerdings nicht die Komplexität und Handlungsspielräume, die eigentlich für die Persönlichkeitsförderung wesentlich sind und damit für das Wohlbefinden.

Job-rotation wird in unserem Hause im wesentlichen Sinne vollzogen, indem bei Firmen-Zukäufen ein Transfer unter den Mitarbeitern in beide Richtungen stattfinden kann. Ansonsten gibt es immer einige Trainees, die sich durch Job-rotation einen genaueren Überblick aneignen sollen.

Ähnlich verhält es sich mit dem *Job-enlargement:*

Arbeitserweiterung ist eine durch zusätzliche Aufgaben erhöhte Veränderung, aber wieder nicht mehr Komplexität und/oder Handlungsspielraum.

Man kann durch diese Massnahmen aber sehr wohl Belastungen reduzieren, die bei negativem Verharren u. U. gesundheitliche Folgen zeigen könnten.

Eine Arbeitserweiterung hat sich im gesamten Unternehmen durch das Lean-Management, welches wir seit Jahren im verantwortlichen Tempo vollzogen haben, ergeben.

Job-enrichement:
Bei einer Arbeitsbereicherung verändert sich die Arbeit dahingehend, dass ein erweiterter Handlungs- und Entscheidungsspielraum – und daher eine komplexe Aufgabe – entsteht. Zusätzlich kann im Team als selbständige Projektgruppe über die Verteilung und Gestaltung der Arbeit selbst entschieden werden. Das hat sicher eine arbeitsbereichernde Wirkung.

Eine wünschenswerte Arbeitsbereicherung ist bei uns auf allen Arbeitsgebieten möglich. Durch die Führung mit Zielen kann jeder Mitarbeiter zusätzliche Verantwortung am Arbeitsplatz gestaltend beeinflussen.

Zu 2. *Persönliche Massnahmen:*
Die Zukunft werden wir alle – aus meiner Überzeugung – nur meistern, wenn wir immer wieder bereit sind, hinzuzulernen. Wir fördern die Mitarbeiter, damit sie mit *Stressoren* besser umzugehen lernen. Mittel zum Zweck sind da vor allem die

Erhöhung der fachlichen und sozialen Kompetenz, wodurch Aufgaben stressfreier bewältigt werden können.

Im Rahmen des Mitarbeitergespräches werden *fachliche Weiterbildungsziele und -massnahmen* vereinbart. Diese Massnahmen sind aus fachlicher Sicht notwendig, um eine qualifiziertere Aufgabenerfüllung zu gewährleisten. Gerade in letzter Zeit sind besonders folgende Weiterbildungsmassnahmen durchgeführt worden:

- Schulung der Führungskräfte (bis hin zum Teamleiter) im Rahmen des Führungskonzepts
- Einführung einer neuen Standard-Software und damit verbunden fachbezogene Schulung der betroffenen Bereiche
- PC-Schulung für den Aussendienst (Ausstattung mit Laptops)
- Einführungsprogamme für neue Mitarbeiter
- permanente Schulung der Mitarbeiter der Aussendienst-Organisationen aufgrund der Marktsituation
- Schulung für Mitarbeiter (auch mit befristeten Verträgen) bei Marktneueinführungen.

Neben der fachlichen Ausrichtung werden im Mitarbeitergespäch auch *persönliche Entwicklungsziele und -massnahmen* definiert. Hierbei unterstützen wir gerne jeden, der sich weiterbilden möchte, etwa durch eine anteilmässige Kostenübernahme. Beispielhaft seien hier das Vorhaben einer Mitarbeiterin der Personalabteilung, die Ausbildereignung zu erlangen, oder das Ziel einer Mitarbeiterin aus dem Bereich Zentraleinkauf, nachträglich die Qualifikation als »Fachwirt für Einkauf« zu erwerben, aufgeführt.

Gehen wir weiter in unseren festgeschriebenen Grundsätzen:

Anerkennung und Kritik
Durch spontane Anerkennung in unmittelbarem Zusammenhang mit guter Arbeit und fairem Verhalten fördern wir die Arbeitsfreude. Konstruktive Kritik, sachlich in einem Gespräch unter vier Augen möglichst in offener Frageform vorgebracht, fördert den Arbeitserfolg. Vorgesetzter und Mitarbeiter suchen gemeinsam nach den Fehlerursachen, lernen daraus und vereinbaren Korrektur- und Vorbeugemassnahmen.

Vergütung
Sie ist für jeden fair: nicht gleich, aber gerecht. Sie ist am individuellen Ergebnis beim Erreichen vereinbarter Ziele orientiert. Jede Führungskraft ist in Abstimmung mit ihrem Vorgesetzten und der Personalabteilung für die Vergütung der ihr zugeordneten Mitarbeiter verantwortlich und hat dafür vereinbarte Spielräume. In unserer Vergütungspolitik setzen wir bewusst Zeichen dafür, dass sich sowohl individuelle als auch Teamleistungen lohnen.

Information und Kommunikation
Wir informieren aktiv und gehen offen und ehrlich miteinander um. Jeder hat Anspruch auf Informationen, die ihm den vollen Einsatz seiner fachlichen und persönlichen Fähigkeiten zur Zielerreichung ermöglichen. Jeder gibt Informationen

aus seinem Aufgabenbereich geprüft und schnell an jeden weiter, der zur Erfüllung seiner Aufgaben auf diese Informationen angewiesen ist (Bringschuld). Zusätzlich müssen Führungskräfte und Mitarbeiter sich aus eigenem Antrieb die erforderlichen Informationen selbst beschaffen (Holschuld).

Berichtssystem
Jede Führungskraft legt fest und begründet, welche Daten sie wann und in welcher Form benötigt, um den Arbeitsfortschritt selbst zu kontrollieren und Abweichungen rechtzeitig erkennen zu können. Die Verantwortlichen der Führungseinheiten entscheiden darüber, welche Zahlen für sie wirklich erforderlich sind und welche qualitativen Informationen sie selbst benötigen. Es ist gruppenweit ein einheitliches Datengerüst vereinbart. Die Verfügbarkeit aktueller Daten wird zentral vereinbart. Hier hat die Aktualität der wirklich wichtigen Daten Vorrang vor der Vielfalt. Bei der Bewertung von Aktualität und Wichtigkeit hat das Gruppeninteresse Vorrang.

Konfliktmanagement
Wir empfinden unterschiedliche Meinungen als normal und fordern jeden zur Meinungsäusserung auf. Entstehen dabei Konflikte, klären wir sie in einem direkten Gespräch unter vier Augen. Gelingt es nicht, auf diese Weise eine konstruktive Lösung zu finden, tragen die Beteiligten ihre gegensätzlichen Standpunkte ihren jeweiligen Vorgesetzten vor. Diese bemühen sich durch Einbringen zusätzlicher Gesichtspunkte um eine echte Einigung durch einen tragenden Kompromiss.

Innovationsmanagement
Von unseren *Mitarbeitern* fordern und fördern wir ständig die Lernfähigkeit im Unternehmen. Fehler werden als notwendiger Bestandteil des Lernprozesses akzeptiert. Wir korrigieren sie gemeinsam und beheben die Ursachen. Jeder setzt sich in seinem Aufgabenbereich Ziele für ständige Verbesserungen und gibt auch Empfehlungen dafür, was wir in Zukunft tun und lassen sollten. Wir geben Gelegenheit und Budgets für Pionierprojekte. Das Management von Innovationsprozessen ist gruppenweit einheitlich vereinbart.

Persönliche Hilfe in Ausnahmesituationen
In aussergewöhnlichen persönlichen Situationen handeln alle Mitarbeiter – und insbesondere alle Führungskräfte – individuell nach bestem Wissen und Gewissen. Wir helfen z. B. durch aktives Zuhören, durch Besuche, durch Vermitteln guter ärztlicher Betreuung. Bei suchtgefährdeten Mitarbeitern sorgen wir für schnelle, professionelle Behandlung. Wir schützen Minderheiten vor Diskriminierung.

2.3 Führungsmittel

Im Verlauf der Erarbeitung unseres Führungskonzeptes sind zur praktischen Umsetzung folgende Führungsmittel diskutiert worden bzw. werden noch diskutiert.

Funktionendiagramm
Die Entscheidungsprozesse in der Unternehmensgruppe Underberg sind verbindlich im Funktionendiagramm festgelegt.

Entscheidungsordnung
Die Entscheidungsordnung klärt den Entscheidungsablauf in der Zusammenarbeit zwischen der Semper idem . Underberg AG und ihren Tochtergesellschaften. Die Entscheidungsordnung basiert auf den Grundsätzen für Führung und Zusammenarbeit:

Verantwortung und Delegation, Entscheidungsfindung und Entscheidungsumsetzung, Führen mit Zielen und Konfliktmangement, sowie dem Führungsmittel Funktionendiagramm.

Zielvereinbarung
Mit jedem Mitarbeiter werden im 2. Quartal eines Jahres im Rahmen des »Mitarbeitergespräches« Standardziele, Innovationsziele, sowie Weiterbildungsziele und Entwicklunsziele vereinbart. Der Vorgesetzte trägt dafür die Verantwortung. Zusätzliche Ziele können auch im Laufe des Jahres schriftlich vereinbart werden. Dies hat u..a. den Vorteil, dass das Denken und Handeln des einzelnen auf das Ganze eines Unternehmens ausgerichtet wird. Jeder einzelne identifiziert sich mit seiner Aufgabe und übernimmt Verantwortung.

Mitarbeitergespräch
Das Mitarbeitergespräch soll helfen, Arbeitsqualität , Zusammenarbeit und Arbeitsklima zu verbessern. Offenheit, gegenseitiges Verständnis und Vertrauen sind wichtige Grundlagen dafür. Es ist in den Führungsgrundsätzen »Führen mit Zielen« und »Mitarbeiterentfaltung« verankert. Vorgesetzte und Mitarbeiter bewerten in einem Vieraugengespräch die Ergebnisse aus den zurückliegenden 12 Monaten und vereinbaren Ziele für die folgenden 12 Monate. Dazu nutzen sie das Führungsmittel »Zielvereinbarung«. Als Gesprächsleitfaden für das Mitarbeitergespräch wird ein Fragenkatalog verwendet.

Besprechungsordnung
Mit der Besprechungsordnung fördern wir den Meinungsaustausch, die gegenseitige Beratung und die Entscheidungsfindung. Unterschiedliche Besprechungsarten sind zeitlich so aufeinander abgestimmt, dass ein schneller Informationsfluss gewährleistet ist. Für die Vorbereitung und den Verlauf einer Besprechung ist der Besprechungsleiter verantwortlich.

Leistungsvergütung und Prämien
Das Leistungsvergütungssystem ist als »3-Säulen-Prinzip« aufgebaut mit den Elementen *Ergebnisbeteiligung*, *»Spontan-Topf«* (als Motivationsprämie, z.B. ein Essen mit dem Ehepartner) und *»Emil-Underberg-Fond«* (Prämie für besondere Leistungen bzw. Zielerreichung). Diese ergeben zusammen den Unternehmensleistungstopf. So kann differenziert Leistung belohnt werden, sowohl materiell als auch immateriell.

Innovationsmanagement
Innovationen sind für die familiengeprägte *Unternehmensgruppe* Underberg überlebensnotwendig. Für uns heisst innovativ sein auch zu entscheiden, was eventuell nicht oder nicht mehr so getan werden soll. Innovationen sind keine Zufallsergebnisse, sondern es werden Chancen erkannt und genutzt. Innovationen werden ausgelöst durch Anstösse, die jeder geben kann. Innovationsprozesse sind das Erkennen von Bedürfnissen und Problemen, deren Bewusstmachen und das Anbieten von Lösungen dazu. Die Organisationselemente des Innovationsprozesses sind: ein Steuerungsteam und verschiedene Projektteams. Alle unternehmerischen Einheiten, Ordnungs- und Fachbereiche können einbezogen werden. Die Projektteams arbeiten geschäftsfeldorientiert: Kräuterbitter, Spirituosen, Sekt und Wein sowie alkoholfreie Getränke. Um Innovationen hervorbringen zu können, braucht es ein kommunikatives Führungs- und Arbeitsklima, welches wir durch geeignete personalpolitische Mittel unterstützen.

Qualitätsmanagement
Die Dienstleistung des Qualitätsmangements besteht darin, den Unternehmen der Underberggruppe ein Qualitätsmanagementsystem aufzubauen und zu betreiben. Es ist in diesem Sinne ein Mittel, um die in der Vision 2001 allgemein formulierten Ziele konkret zu erreichen.

Prozessmanagement
Das Prozessmanagement ist dauerhaft für die Abwicklung operativer Geschäftsvorgänge verantwortlich. Es verändert ständig die Organisationsstruktur des Unternehmens – vertikal wie horizontal. Das Prozessmanagement ist aufgabenorientierte Organisations-Struktur, bei der lediglich spezielle Aufgaben mit spezifischen Qualifikationsanforderungen in Profit-Center-ähnliche Unternehmens-Einheiten oder externe Dienstleister ausgelagert werden. Damit verbunden ist eine direkte und somit auch wahrnehmbare Ergebnisverantwortung.

3 Schlussbemerkungen

Eine entscheidende Frage im Zusammenhang mit der Führung von Mitarbeitern ist, welche Rolle die Werte spielen. Meiner Ansicht nach benötigt der Mensch Möglichkeiten, freiwillige Bindungen einzugehen. Diese Bindungen und die sich daraus ergebenden Handlungen benötigen eine zugrundeliegende Werteskala.

In Bezug auf die in unserer Zeit vorherrschenden Werte sind folgende Entwicklungen erkennbar:

Wegwerfgesellschaft	⇔	Verhältnis zum materiellen Wohlstand
Freizeit-Gesellschaft	⇔	Verhältnis zur Arbeit
Bürgerinitiativen, Protestbewegungen	⇔	Verhältnis zum Staat
Kirchenaustritte, Sekten	⇔	Verhältnis zur Religion
Emanzipation, Kommunen	⇔	Verhältnis zur Familie
Geburtenschwache Jahrgänge	⇔	Verhältnis zu Kindern

Zusammenfassend muss für die Gesamtgesellschaft folgendes Fazit gezogen werden:

Wir haben weniger einen Wertewandel, sondern mehr einen Werte*zerfall*. So ist es unsere Aufgabe, neue Ziele zu definieren, um ein sinnvolles Leben zu gestalten. Wir brauchen mehr *Bewusstseins*bildung anstatt *Wissens*bildung. Ich gehe noch weiter und sage: wir brauchen als wichtigstes mehr *Ge*wissensbildung und da haben wir alle unseren Auftrag!

Literaturhinweise

Enderle, G./Homann, K./Honecker, M./Kerber, W./Steinmann, H. (Hrsg.): Lexikon der Wirtschaftsethik, Freiburg, Basel, Wien 1993

Jonas, H.: Wertfreie Wissenschaft und Freiheit der Forschung. In: UNIVERSITAS 1987, Heft 10, S. 983.1002

Millendorfer, Johann: Ökonomie und Ökologie. In: Das Evangelium und die ökologische Katastrophe, hrsg. von *Joachim Cochlovius*, Moers, 1990, S. 40–63

… zur öffentlichen Verwaltung und Militär

Die Bedeutung des Human-Resource-Management im Rahmen der Reform der burgenländischen Landesverwaltung

von

KARL STIX

Wenn man sich – wie ich – vorgenommen hat, die Verwaltung des Landes Burgenland (es ist das östlichste Bundesland Österreichs und somit EU-Aussengrenze) – umfassend neu zu gestalten, so ist man auf Schritt und Tritt gezwungen, sich mit Schlagwörtern wie »Lean-Management«, »Lean-Organisation«, »Out-Sourcing« sowie natürlich auch dem »Puplic-Resource-Management« auseinanderzusetzen.

Geht es nach den Vorstellungen vieler Organisationsspezialisten, soll, durchaus auch mittels radikaler Abmagerungskuren in den Organisationsstrukturen von Unternehmen und Verwaltungen verstärkt dem bislang dem Menschen vorbehaltenen Schönheitsideal »Lean« gefrönt werden. Diese Diäten wurden und werden nämlich durchaus als Allheilmittel angesehen um in den, zugegebenerweise in vielen Fällen mit zuviel Ballast angereicherten, Organisationsstrukturen der Privatwirtschaft – und vielmehr noch des öffentlichen Dienstes – effizienz- und effektivitätssteigernde Entwicklungen einzuleiten oder, so fern dies schon geschehen ist, diese Tendenzen noch zu verstärken.

Kostensparen ohne Rücksicht auf Verluste, am besten durch einen schnellen Personalabbau, also durch ein radikales »Face-Lifting« bzw. »Fettabsaugen«, soll unseren Betrieb wieder auf die Sprünge helfen bzw. die finanzielle Situation bei den Trägern der Verwaltungen konsolidieren. Also alles ganz einfach, ein paar Schnitte hier, ein paar Schnitte da und die Welt ist wieder in Ordnung. Oder doch nicht?

Zwischenzeitige Erfahrungen haben nämlich gezeigt, dass diese Schlagwörter, die vielerorts auch als Modewörter angesehen werden, einerseits zwar rasch und leicht ausgesprochen, andererseits aber in der Praxis oft nur sehr schwer und nur unter Überwindung vielfältiger und grosser Widerstände umzusetzen sind und wenn man sie endlich durchgesetzt hat, nicht immer das halten, was man selbst davon erwartet hat. Grenzen bei der Umsetzung zeigen sich beispielsweise schon beim Versuch, diese universell formulierten und oftmals aus Sicht von Optimierungsfachleuten allgemein anwendbaren Managementthesen über die jeweiligen, in vielen Fällen mit unterschiedlichen Organisationsstrukturen und Zielsetzungen behafteten Unternehmen, zu stülpen. Noch gravierender sind diese Probleme aus meiner Sicht bei der Umsetzung in den Verwaltungen, da diese Schlagwörter ursprünglich vor allem für Unternehmen der Privatwirtschaft entwickelt wurden und nun ohne entsprechende Modifikation auch bei den Verwaltungen zum Einsatz kommen sollen. Hier denkt man sich offensichtlich, dass das, was für die Privatwirtschaft gut ist, auch für die Verwaltung gut genug zu sein hat.

Bevor ich mich diesem Thema näher widmen möchte, versuche ich zunächst die Frage zu beleuchten, warum eigentlich gerade die Verwaltungen in letzter Zeit einem so grossen Reformdruck unterworfen werden. In diesem Zusammenhang vertreten viele Experten die Ansicht, dass das Bestreben auf Erneuerung aus der Verwaltung selbst komme, andere glauben wiederum, dass ausschliesslich aufgrund bestehender Budgetprobleme dieser Abschlankungsdruck bei den Verwaltungen auftritt. Eine dritte Gruppe vermeint die Ursache beim Menschen zu sehen, der die Verwaltung nicht mehr so akzeptiert, wie man es gewohnt ist.

Ich persönlich vertrete die Ansicht, dass jedenfalls zwei Faktoren zum Umdenken im Verwaltungsbereich geführt haben und dies natürlich noch weiter tun werden. Es sind dies einerseits zweifellos die immer begrenzter werdenden finanziellen Ressourcen und andererseits – noch in viel grösserem Ausmass – der immer mündiger und kundiger agierende Mensch, der ganz einfach von der Verwaltung mehr zu verlangen gedenkt, als von ihr bzw. deren Organen als untergeordneter Bittsteller – noch dazu möglicherweise unerwünscht und störend – angesehen zu werden. Dieser Entwicklung war in den letzten Jahren und Jahrzehnten die Privatwirtschaft in weitaus grösserem Ausmass unterworfen. Gelang es in der ersten Hälfte des 20. Jahrhunderts den damals noch »unkomplizierten und willigen« Kunden noch durch – im Vergleich – preiswerte Massenprodukte relativ leicht und problemlos zufrieden zu stellen, so änderte sich dieses Bild in den letzten dreissig Jahren ganz entscheidend. Der Kunde getraute sich nämlich plötzlich sogenannte »Einheitsprodukte« abzulehnen und Mut zum eigenen Geschmack offen zu äussern, wodurch er die Privatwirtschaft zu weitgehenden Umdenkprozess zwang. Doch selbst die als flexibel, unkompliziert und wendig gepriesene Privatindustrie hatte zweifellos ihre Probleme damit. Man denke in diesem Zusammenhang, dass beispielsweise bis vor kurzem Luxuswaren, wie gewisse Automarken, mehr zugeteilt als verkauft wurden, aber auch teilweise auf das Verhalten von Banken und Versicherungen, die sich ebenfalls erst in jüngster Vergangenheit – nicht zuletzt aufgrund steigender internationaler Konkurrenzen – sich auf den Kunden als gleichrangigen Partner zu besinnen begannen. Es hat sich also der Kunde in einem System bewegt, welches ihn mehr als Fremdkörper denn als Partner gesehen hat, und ihn sogar teilweise als Störfaktor eingeschätzt hat, weil er aus Sicht vieler Unternehmen mit seinen Sonderwünschen den organisierten Arbeitsablauf zu behindern begann. Hat sich also der Kunde zuerst in der Privatindustrie auf eigene Füsse gestellt, so begann er im Laufe der Zeit auch immer mehr, den nach Max Weber sogenannten »Regelgebundenen Betrieb von Amtsgeschäften« zu beeinflussen.

Der Verwaltung steht nun ein Bürger (Kunde) neuen Stils gegenüber, welcher immer kundiger und mündiger auftritt und ganz einfach mehr verlangt als etwa eine bescheidmässige Erledigung seines Ansuchens. Er erwartet sich vielmehr eine service-orientiert agierende Exekutive, die als Dienstleistungsunternehmen auf – und dem Bürger zwar schlank, rasch, sparsam aber durchaus effizient gegenübertritt. Die Hauptursache dieses Bürgerverhaltens wird sicher in erster Linie bei den vielfältigen Kommunikationsmöglichkeiten liegen, die der Kunde verstärkt nützen kann, um ganz gezielt Informationen zu sammeln. Dies verschafft ihm die Möglichkeit, auch Entscheidungen von Behörden kritisch zu hinterfragen, wodurch er sich weder von anonymen Empfangsstellen noch langen Telefonwarteschleifen abbringen lässt.

War es schon für die Privatwirtschaft nicht leicht sich darauf einzustellen, so ist dies für den mit nicht allzuviel Flexibilität behafteten Verwaltungsbereich mit unverhältnismässig noch viel grösseren Schwierigkeiten verbunden. Warum eigentlich?

Einerseits liegt es zweifellos bei den gesetzlichen Rahmenbedingungen, die in Österreich die Eigenschaft haben, so ziemlich alles und jeden zu regeln und reglementieren. Davon werden weder die entsprechenden Verwaltungsverfahren noch die Verwaltungsorganisation selbst verschont. Es hat also die Verwaltung nicht bzw. nur sehr eingeschränkt gelernt, selbständig, d.h. quasi ohne Netz und doppelten Boden, tätig zu sein. Dies zeigt beispielsweise das Problemfeld, welches sich alleine schon aufgrund der vermehrten direkten Kontakte zwischen den Bürgern und der Verwaltung aufgetan hat. Die Mitarbeiter waren es nämlich bislang gewohnt, ihren Arbeitsplatz einzunehmen und Akten zu bearbeiten. Sie sahen bislang also fast ausschliesslich einen anonymen Akt – einen Antragssteller oder sonstigen Bürger haben sie eher selten persönlich zu Gesicht bekommen; es sei denn, dass er es via Telefon oder Fax geschafft hat, zum Sachbearbeiter durchzudringen. Plötzlich steht nun der Kunde vor dem Beamten, der nunmehr anstatt eines »fleischlosen« Aktes plötzlich eine Person vor sich hat, und da er eben trainiert worden war, Akten zu bearbeiten, hat er nun seine Probleme mit dem Menschen, der noch dazu etwas von ihm zu verlangen gedenkt.

Überlagert werden diese Faktoren noch ganz speziell durch das Dienstrecht eines Teiles der Bediensteten – nämlich der in einem öffentlich-rechtlichen Dienstverhältnis befindlichen Verwaltungsorgane – den sogenannten Beamten, die den Vorteil geniessen, praktisch unkündbar zu sein und darüber hinaus nur in ganz bestimmten Fällen versetzt werden können, was zweifellos einer Flexibilität im öffentlichen Dienst ganz massiv entgegenwirkt. Entsprechend dem Anteil dieser Beamten am gesamten Personalstand einer Verwaltung erhöhen sich also die Hemmschwellen für eine effizient und effektiv agierende Verwaltung in beträchtlicher Weise. In diesem Zusammenhang wäre zu bemerken, dass das Land Burgenland in der glücklichen Lage ist, einen im Vergleich zu den übrigen Verwaltungen in Österreich äusserst geringen Beamtenanteil zu haben, wodurch zumindest diese Problematik minimiert werden konnte.

Die angeführten Umstände, verbunden mit einer gewissen nicht zu leugnenden Innovationsträgheit, die vor allem der ältere Verwaltungsbedienstete sein Eigen nennt, lassen nun ein Gemisch entstehen, in dem das Pflänzchen »bürgerorientiertes Verwaltungshandeln« nur sehr schwer bis gar nicht gedeihen kann.

Warum ist das eigentlich so?

Umfangreiche Studien, die anlässlich des Projektes »Verwaltungsreform des Bundes« erstellt wurden und deren Ergebnisse ich im Wesentlichen teile, diagnostizieren ein breites Spektrum von Krankheitserregern.

Von einem unzureichenden Personalmanagement ist hier die Rede, wobei Metastasen bereits in allen entsprechenden Bereichen zu finden sind. Ob dies das Personalmarketing ist, welches sich ausschliesslich auf Eigendynamiken verlässt, die von der Annahme ausgehen, dass die erwähnte praktische Unkündbarkeit eines Beamten alleine Grund genug für einen Ansturm von geeigneten Stellenbewerbern sein muss, oder die komplizierten Aufnahmeverfahren betrifft, die vor lauter Angst vor öffentlichen Kritiken hinsichtlich subjektiver Einstellungen so objektiv gestaltet wurden, dass aufgrund einer unendlichen Verfahrensdauer die geeignetsten Bewerber dem öffentlichen Bereich entzogen werden. Auch verzögerte Stellennachbesetzungen, wo ein budgetwirksamer Effekt jenem einer Erfahrungssicherung vorgezogen wird, sowie eine unzureichende, d.h. in Wahrheit kaum vorhandene, Laufbahnplanung, was dazu führt, dass die besten Fachleute vielfach in Führungspositionen gedrängt werden, da nur damit eine Karrieremöglichkeit verbunden ist, stehen auf der Kritikliste. Ergänzt wird diese noch durch bestehende veraltete Ausbildungssysteme, ein fehlendes Motivationsinstrumentarium, mangelnde Führungsverantwortung der Vorgesetzten – wobei deren Entscheidungsspielräume infolge des hierarchischen Aufbaues der Verwaltungsstruktur in Wahrheit eher gering sind – und durch nicht vorhandene Arbeitsplatzbeschreibungen, die sogar überwiegend bei Schlüsselpositionen fehlen. Verschärft werden diese Problembereiche einerseits noch durch ein leistungshemmendes Gehaltssystem und andererseits durch das Verhalten der Beamten selbst, die aufgrund des bereits erwähnten Hierarchiesystems gewohnt sind, sich abzuschoten, um ihr vermeindliches Reich gegen alle und jeden zu verteidigen. Auch die Bestrebungen der Personalvertretung und Gewerkschaften wirken einer Leistungsorientierung entgegen, weil sie ihre Tätigkeit oft in den Mittelpunkt stellen, nicht allen Bediensteten gleich viele Vorteile bzw. gleich wenige Nachteile aufzuerlegen, wodurch eher novelliert als im Einzelfall belohnt wird.

Dazu kommen noch die einzelnen Dienstrechte der Bediensteten, welche ebenfalls einer Flexibilität entgegen wirken.

All dies sind neben vielen kleinen Hemmschuhen die Haupterreger, die erst zu überwinden sind, um die nicht nur aus Sicht der Bürger erkrankte Verwaltung zu retten.

Ich habe mich keiner Illusion hingegeben und geglaubt, dass gerade die Landesverwaltung Burgenland die berühmte Ausnahme von der Regel und somit eine Insel der Seeligen darstellt. Daher habe ich mit meinen Kollegen in der Bgld. Landesregierung Anfang Jänner 1994 beschlossen, ein in Österreich führendes Personal- und Managementberatungsunternehmen zu beauftragen, die Bgld. Landesverwaltung auf ihre Schwachstellen hin kritisch zu durchleuchten.

Diese Untersuchung mit dem Titel »Aufgabenanalyse und Stellenbewertung« sollte folgendes beinhalten:

- Ausarbeitung von Stellentyp-Beschreibungen
- Durchführung einer Ablaufanalyse und Verrechnungsvorschläge im Rechnungs- und Kreditwesen
- Vorschlag für ein Stellenwertsystem im Rahmen eines leistungsbezogenen Funktionszulagensystems
- Ausarbeitung eines leistungsbezogenen Funktionszulagensystems

Naturgemäss wurde dabei die Bgld. Landesverwaltung auch in Hinblick auf Doppelgleisigkeiten und Ablaufhemmnisse kritisch durchleuchtet und die Ergebnisse samt daraus resultierenden Schlüssen und Verbesserungsvorschlägen, bereits etwa ein Jahr später, im März 1995, dem Auftraggeber präsentiert. Diese Vorschläge enthielten neben den vertraglich zu erbringenden Unterlagen auch solche über eine effizienz- und effektivitätssteigernde Zusammenlegung der gegenwärtig im Land befindlichen Organisationseinheiten.

Aufgrund dieser Studie wurde von der Bgld. Landesregierung eine relativ kleine, aus sechs Personen bestehende, Gruppe eingesetzt, die die Aufgabe hat, die

Ergebnisse umgehend umzusetzten. Dabei wurden folgende Massnahmen eingeleitet:

- Durch das Zusammenführen fachlich sich ergänzender Bereiche soll die Abteilungsanzahl auf etwa die Hälfte reduziert werden, wobei zwar der natürliche Personalabgang berücksichtigt werden soll, dies jedoch nicht zwingende Grundvoraussetzung sein darf. Dabei darf jedoch keinesfalls die Schaffung einer zusätzlichen hierarchischen Ebene über den bisherigen Abteilungsvorständen eingerichtet werden, da dies die Entscheidungswege noch weiter verlängern und die Eigenständigkeiten der Organe noch stärker behindern würde. Um zu verdeutlichen, wie wichtig gerade dieser Bereich ist, möchte ich darauf hinweisen, dass die gegenwärtig in der Landesverwaltung bestehenden Abteilungen eine höchst unterschiedliche Personalanzahl und -struktur (die Mitarbeiteranzahl variiert zwischen 5 und mehreren 100) aufweisen, wodurch überhöhte Overhead-Kosten sowie unnötige Kompetenzaufsplitterungen zu verzeichnen sind.
- Das Tätigkeitsbild der Abteilungsvorstände muss jenem des Spitzenmanagement der Privatindustrie angeglichen werden. Dabei wird es notwendig sein, eine Fachkarriere einzurichten, um zu verhindern, dass der Abteilungsvorstand durch Fachaufgaben von seiner Aufgabe als Manager seiner Abteilung behindert wird. Aufgrund des gegenwärtigen Systems wird oftmals ein vorzüglicher Fachmann – ohne für Managementaufgaben wirklich geeignet zu sein – in die Abteilungsvorstandsrolle gezwungen, da im Regelfall nur damit eine dienst- und besoldungsrechtliche Besserstellung verbunden ist. Letztendlich führt dies in vielen Fällen dazu, dass der Abteilungsvorstand in Personalunion sein bester Sachbearbeiter ist.
- Beschleunigung von Personalaufnahmen und Überdenken der gegenwärtigen Mitarbeiterschulungen. Diese Schulungen sind gegenwärtig überwiegend auf Akademiker und hier konkret auf juristische Bereiche konzentriert. Es wird daher notwendig sein, alle Verwendungsbereiche einer Schulung modernster Art zu unterwerfen.
- Inkraftsetzen eines modernen, auch den Grundsätzen der Privatindustrie entsprechenden Stellenbewertungssystems, welches Grundlage für Nachbesetzungen, Beurteilungen und ein leistungsorientiertes Funktionszulagensystem sein muss.
- Einrichtung eines Anreizsystems, mit dessen Hilfe die Motivation der Bediensteten der Bgld. Landesverwaltung noch gesteigert werden soll.

Wenn man nun diese Vorhaben betrachtet, so ist mit jedem einzelnen dieser Sektoren ein ganz konkreter Bereich verbunden, nämlich das »Human-Resource-Management«.

Ob Organisationszusammenlegungen oder die Entrümpelung von Verfahrensvorschriften, all diese Massnahmen können nur dann den gewünschten Erfolg erzielen, wenn flankierend dazu neue Modelle des Personalmanagement zum Tragen kommen. Gerade ein solches Personalmanagement der neuen Art ist aber in der Realität der schwierigste Teil jeder reformatorischen Massnahme in einem Verwaltungsbereich. Dies zeigen auch Erfahrungen in den übrigen Ländern Österreichs, wo zwar Gesetzesdurchforstungen, Organisationsstraffungen, die Schaffung eines Anreizsystems für die Bediensteten, Vorschläge für ein leistungsbezogenes Funktionszulagensystem relativ leicht auf dem Papier konstruiert und sogar teilweise umgesetzt worden sind, jedoch die wahren Probleme dann deswegen beim Bediensteten – ob Führungskraft oder Untergebener – auftraten bzw. auftreten, da die Verwaltungsorgane ganz einfach jahrzehntelang von den Rahmenbedingungen der Verwaltung geprägt worden sind.

Und gerade diese Prägung hat es in sich!

Hierarchische Systeme, fünf, sechs oder mehr Unterschriften je Erledigung, eine fixe Entlohnung, ganz gleich welche Leistung erbracht wurde, eine praktische Unkündbarkeit, all diese Faktoren eignen sich keinesfalls, die Qualität in einem Betrieb und somit auch in der Verwaltung zu fördern. Es wird schon etwas gefördert, was jedoch mit der eigentlichen Aufgabenbewältigung nichts zu tun hat, sondern oftmals persönliche Eitelkeiten betrifft, wodurch die Verwaltung viel mehr mit inneren Problemen als mit nach aussen gerichteten Aktivitäten beschäftigt ist, und ganz paradoxe Entwicklungen entstehen. Nicht einmal die Führungsebene ist davor gefeiht, was viele nicht unbedingt nachvollziehbare Bestrebungen, beweisen:

- ein grösseres Zimmer zu bekommen, wobei als Idealfall ein Eckzimmer angesehen wird, um mehr Ansehen zu erlangen,
- mehr Personal zu bekommen, ganz gleich welche Aufgaben zu bewältigen sind, da man meint, nur so »Oberchef« zu sein,
- vielleicht sogar einen Dienstwagen zugeteilt zu bekommen, da gerade dies ein Zeichen von »Status« ist,
- sogar einen Computer im Büro stehen zu haben, obwohl man ihn gar nicht brauchen kann, geschweige denn, damit umzugehen fähig ist, da sich doch »Macher« dem Informatiktrend keinesfalls verschliessen dürfen, usw.

Nicht nur die Weiterbildung oder der Dienst an der Bevölkerung stehen oftmals im Mittelpunkt eines Beamtenlebens, sondern materielle und inmaterielle Güter, die nach Ansicht der Bediensteten geeignet sind, ihr Ansehen in der Öffentlichkeit ins Unendliche zu steigern. Dies beweist auch die Vielfalt an phantasievollen Amtstiteln, deren Abschaffung bislang erfolgreich bekämpft wurde. Wer erinnert sich in diesem Zusammenhang nicht auch an die Menschentrauben, die versuchen sich bei einem TV-Interview eines tatsächlich Prominenten hinter diesem im Szene zu setzen.

Ich möchte gar nicht das Verhalten dieser Menschen kritisieren, ich möchte vielmehr darauf hinweisen, dass das Personalmanagement hier offensichtlich viel zu wenig auf die Bediensteten selbst eingegangen ist, was schliesslich zu dieser Interessensverlagerung geführt hat.

Es ist daher unbedingt notwendig, der Personalbewirtschaftung eine neue Qualität und damit den Bediensteten eine klare Perspektive zu bieten.

Ich habe mir daher vorgenommen, einerseits zwar die Landesverwaltung abzuschlanken, wobei ich unter dem Begriff »Lean« nicht nur »dünn« sondern »schlank und flexibel« verstehen möchte und andererseits das Selbstbewusstsein und die Identifizierung der Bediensteten mit ihrer Tätigkeit und ihrer tatsächlichen Bedeutung für das Gemeinwohl zu fördern. Es muss unbedingt dem Grundsatz »das Vermögen eines Unternehmens ist das, was seine Mitarbeiter vermögen« auch im öffentlichen Bereich ganz gezielt zum Durchbruch verholfen werden. Es muss ferner im Rahmen eines Personalmanagement endlich auch eingesehen werden, dass etwa aufgrund des Unterschriftenwirrwarrs, das bei jeder Erledigung von Nöten ist, in Wahrheit den Bediensteten das Misstrauen ausgesprochen und jegliche Qualifikation abgesprochen wird. Dies ist umso paradoxer, da gerade viele Mitarbeiter, denen in ihrem Beruf nichts zugetraut wird, in der Freizeit ganz erfolgreich bei Musikvereinen, Sportvereinigungen, aber auch in der Schattenwirtschaft Verantwortungen und Risiken auf sich nehmen. Wie anders, als auch durch das derzeitige System im öffentlichen Dienst, ist es zu begründen, dass beispielsweise eine Mitarbeiterin im Rahmen ihrer Tätigkeit für eine Anweisung von öS 5,- vier oder fünf Unterschriften von Vorgesetzten benötigt, sie jedoch in der Freizeit unproblematisch öS 100.000,- und mehr für ein neues Auto oder Möbel ausgibt. Ist dieser Mensch in der Freizeit ein anderer als im Beruf?

Sicher nicht, doch würde man dieses System wünschenswerterweise dem im privaten Leben üblichen angleichen, würde die Frage aufgeworfen, ob gewisse Vorgesetzte überhaupt noch von Nöten sind oder ob nicht auch ein Team – bestehend aus bisherigen Untergebenen – in der Lage wäre, die anstehenden Probleme in zumindest gleich guter Weise zu bewältigen. Darüberhinaus wird es notwendig sein, einem Mitarbeiter von vorneherein nicht nur mit Misstrauen zu begegnen sondern einen Vertrauensvorschuss zu gewähren.

Dass sehr viele Führungskräfte es jedoch ablehnen, Unterschriftsberechtigungen an ihre Untergebene weiterzugeben, sondern vielmehr das Bestreben haben, alles und jedes selbst zu erledigen und zu unterschreiben, bestärkt mich in meiner Vermutung, dass manche Führungskräfte sich gerade aufgrund der Unterschriftsberechtigung als solche fühlen und dabei die eigentlichen Führungsaufgaben vergessen. Sie haben es einfach nicht gelernt, zu delegieren oder Verantwortung zu übertragen; es ist für sie teilweise noch immer unvorstellbar, eine Entscheidung, etwa in Form eines Workshops zu erarbeiten, wo noch dazu alle Teilnehmer frei und gleichwertig ihre Meinung äussern können.

Wieder ein klares Versäumnis des Personalmanagement.

Dem soll nun, wie bereits erwähnt, dadurch entgegengetreten werden, dass an der Spitze jeder Abteilung eben ein Manager stehen wird, dessen eigentliche Aufgabe nicht die Fachtätigkeit, sondern das Führen der Abteilung sein muss. Dieser Abteilungsmanager wird gefordert sein, die personellen Kapazitäten seines Zuständigkeitsbereiches effektiv und effizient zu nützen, wobei gerade der jeweilige Status seiner Mitarbeiter nicht die tragende Rolle spielen sollte.

Ein weiterer Beweis für das bisherige Versagen des Personalmanagement ist die Tatsache, dass viele Führungskräfte sich gehaltsmässig zwar gerne mit Managern der Privatindustrie vergleichen wollen, jedoch offensichtlich insofern ganz gravierend vom derzeitigen Verwaltungssystem dahingehend geprägt wurden, dass sie oft gar nicht fähig sind »Nein« zu sagen bzw. ihren Untergebenen unangenehme

Aufträge zu erteilen. Viele vermeindlich führende Köpfe der burgenländischen Landesverwaltung gehen viel lieber den Weg, trotz ihrer praktischen Unkündbarkeit, anstatt auch unpopuläre Massnahmen zu setzen, sich dabei hinter der nächst höheren – das ist in diesem Fall die politische – Ebene zu verstecken, versuchen aber andererseits bei positiven Entscheidungen sehr wohl ihre Kompetenz und Verantwortung in die Waagschale zu werfen. Wie wäre es wohl anders möglich, dass eine Vielzahl von Spitzenbeamten sich zwar bei Ausstellungseröffnungen, Symposien und ähnlichen Veranstaltungen sehr wohl fühlen, andererseits aber nicht den Mut haben, einen Mitarbeiter für eine auch objektiv katastrophale Leistung masszuregeln oder eine entsprechend negative Leistungsbeurteilung zu erteilen. Dies zeigt der Umstand, dass der Anteil der überdurchschnittlichen Bewertungen – dies ist die positivste Beurteilung, die möglich ist – im Rahmen der burgenländischen Landesverwaltung bei etwa 99 Prozent liegt, das Burgenland also in der glücklichen Situation sein müsste, österreichweit die Elitetruppe an öffentlichen Bediensteten sein Eigen zu nennen. Dies ist natürlich keineswegs der Fall, beweist aber ganz deutlich, dass, wie bereits erwähnt, auch bei den Führungskräften das Personalmanagement im Grossen und Ganzen versagt hat.

Man sieht also, dass aufgrund all dieser Probleme die Landesverwaltung raschest ein »Human Resource Management« neuester Qualität bedarf und es war daher auch im Rahmen der burgenländischen Landesverwaltung an der Zeit, entsprechende Schritte einzuleiten, um auch den zweifellos bestehenden Rückgang der Reputation des öffentlichen Dienstes zu verhindern.

Wie hat nun das Land Burgenland auf diese Situation reagiert bzw. wie gedenkt es, sich dieser Herausforderung zu stellen?

Es wurden Massnahmen, welche die drei Kernbereiche jedes Personalmanagement – die Personalgewinnung, die Personalentwicklung und Personalerhaltung – betreffen, in unterschiedlicher Intensität eingeleitet. Natürlich sind dabei Massnahmen zu finden, die sich nicht ausschliesslich auf einen dieser Bereiche, sondern gleichzeitig auf mehrere derer beziehen.

Hinsichtlich der Personalgewinnung wird gegenwärtig der Aufnahmemodus insofern durchleutet, um eine Lösung dafür zu finden, das derzeitige, äusserst zeitaufwendige Anstellungssystem im öffentlichen Dienst durch ein wirklich flexibles und rasch wirksames System zu ersetzen. Die gegenwärtigen Aufnahmeverfahren sind dadurch gekennzeichnet, dass viele Verwaltungsverantwortliche aus Angst vor Vorwürfen hinsichtlich subjektiver Postenbesetzungen, die Objektivität bei der Bestellung so übertrieben haben, dass etwa selbst die Anstellung einer Reinigungskraft sich oft über rund ein halbes Jahr erstreckt. Abgesehen davon, dass die Kosten dieses Verfahrens so ungefähr dem Halbjahresverdienst dieser Reinigungskraft entsprechen dürften, kann man wahrlich nicht von einer lückenlosen Arbeitsplatznachbesetzung sprechen. Nur wenn es aber gelingt, freiwerdende Stellen innerhalb kürzester Zeit und überlappend nachzubesetzen, werden tatsächlich die geeignetsten Bewerber auch dem öffentlichen Sektor zur Verfügung stehen. Zur Unterstützung dieser Bestrebungen wird ferner eine interne Jobbörse eingerichtet, wobei auch hier nicht zu unterschätzende Probleme zu überwinden waren und noch sind. Da nämlich, wie bereits erwähnt, von vielen Führungskräften der

Verwaltung ihre Wertigkeit auch an der Anzahl ihrer Mitarbeiter gemessen wird, sind sie kaum bereit, freiwillig auf Personal, auch wenn es tatsächlich nicht oder nicht mehr benötigt wird, zu verzichten. Natürlich gibt es Ausnahmen davon, diese beziehen sich jedoch in vielen Fällen auf tatsächlich unbrauchbare Mitarbeiter – von Insidern gerne als »weisse Elefanten« bezeichnet – oder betreffen solche Bedienstete, deren Kenntnisse durchaus geeignet sind, die fachliche Qualität des Vorgesetzten selbst ernstlich in Frage zu stellen.

Abgesehen von der notwendigen Lösung dieses speziellen Problems ist daher bei der Personalgewinnung jedenfalls auf die rasche Aufnahme tatsächlich geeigneter Personen besonders Wert zu legen, da bewiesen wurde, dass gravierende Fehler bei der Personalauswahl auch durch noch so intensive Schulungsmassnahmen nur sehr bedingt wieder ausgemerzt werden können. Da solche intensive Schulungsmassnahmen jedoch gegenwärtig kaum angeboten werden, verschärft sich diese Problematik natürlich noch weiter.

Um nun entsprechende Bewerber-Zielgruppen auch ansprechen zu können, haben die Verantwortlichen der Landesverwaltung Burgenland viel Wert darauf gelegt, die Strukturen und Aufgabenbereiche auch für die Bewerber nachvollziehbar zu gestalten. Es wurde daher in einem ersten Schritt aufgrund der bereits erwähnten, vom externen Managementberater erstellten Stellentypbeschreibungen das Tätigkeitsfeld der burgenländischen Landesverwaltung genau definiert, wobei tatsächlich überflüssige und nur der eigenen Selbstdarstellung dienende Tätigkeiten ausgeschieden worden sind, wodurch schlussendlich eine theoretisch wünschenswerte Personalstruktur und -anzahl definiert werden konnte. Abgesehen davon, dass nun erstmals ein bereinigtes Aufgabenfeld der Verwaltung vorgelegen ist, ergab sich allein für den hoheitlichen Verwaltungsbereich, unter Berücksichtigung der für die Aufgabenbewältigung notwendigen Personalanzahl – samt einer Personalpoolreserve für unvorhergesehene Fälle – ein Einsparungspotential von annähernd 200 Mitarbeitern aller Verwendungsgruppen, was gemessen an einer Gesamtzahl von rund 2.200 im Hoheitsbereich tätigen Bediensteten doch eine bedeutende Personaleinsparung Jahr bedeutet. Mit dieser Offenlegung der Struktur soll erreicht werden, dass neben dem budgetären Effekt auch der öffentliche Dienst auf dem Arbeitsmarkt entsprechend repräsentiert ist, um sicherzustellen, dass risikofreudige, leistungsorientierte Stellenbewerber, die nicht so sehr die Sicherheit eines Arbeitsplatzes in ihre Berufsplanung einbeziehen als dies möglicherweise bei nicht so sehr qualifizierten Arbeitssuchenden der Fall ist, auch den Zugang zum öffentlichen Dienst finden.

Als nächster Schritt sollen nun Beschreibungen der Nichtführungskräfte – Arbeitsplätze folgen, wobei diese ebenfalls durch entsprechende Anforderungsprofile untermauert sein werden. Dies soll einerseits gewährleisten, dass die richtigen Bewerber rasch und nachvollziehbar gefunden werden können und werden andererseits auch als Grundlage für das bereits erwähnte leistungsbezogene Funktionszulagensystem dienen. In diesem Zusammenhang wird es notwendig sein, zu begreifen, dass das Tätigkeitsfeld jeder Verwaltung zumindest in vielen Bereichen als ein bewegliches System angesehen werden muss. Um entsprechende Veränderungen zeitgerecht im Rahmen personalorganisatorischer Massnahmen berücksichtigen zu können, werden zukünftig laufend die Leistungen der burgenländischen Landesverwaltung auf ihre Sinnhaftigkeit hin überprüft, also quasi entrümpelt werden, um zu vermeiden, dass sich die Verwaltung selbst »tot verwaltet«. Ich halte dies für ganz ganz wichtig, da nur durch solche kurz- bis mittelfristigen Zieldefinitionen auch ein entsprechendes Reagieren im Bereich der Personalbewirtschaftung möglich ist.

Dieses schnelle Reagieren steht nun auch in einem direkten Zusammenhang mit den beiden weiteren Bereichen des Personalmanagement, der Personalentwicklung und Personalerhaltung. Es nützen nämlich die besten Personalbeschaffungsmassnahmen nichts, wenn man es verabsäumt, zum Wohle des Unternehmens »Burgenländische Landesverwaltung« den neu aufgenommenen Bediensteten ausbildungsmässig durch sein Berufsleben zu begleiten. Ganz besonderes Augenmerk wird dabei auch darauf zu legen sein, dass durch eine entsprechende Motivationsförderung die Einsatzbereitschaft der Mitarbeiter auf ein Niveau geführt wird, welches auch Vergleiche mit der Privatwirtschaft standhält. Wie nun diese Motivation gewährt werden soll, ist nicht so einfach zu beantworten, wird jedoch sicher vom jeweiligen Verwendungsbereich und der Person eines Bediensteten abhängen.

Meiner Ansicht nach macht man es sich dabei zu leicht, Motivation immer nur mit Geld in Verbindung zu bringen. Ich glaube vielmehr, dass durchaus durch entsprechende Verbesserungen der Infrastruktur, grosszügige Weiterbildungsmöglichkeiten, die Durchbrechung des Hirarchieproblems durch Einbindung der Mitarbeiter in die Entscheidungsfindung aber auch durch eine möglichst grosse Identifizierung der Mitarbeiter mit ihrer Tätigkeit ein hoher Motivationsgrad erreicht werden kann.

Im Rahmen der Landesverwaltung Burgenland wurde in diesem Zusammenhang eine Mischung versucht, welche sowohl weitgehende Modernisierungen im Bereich der Infrastruktur beinhaltet hat, als auch ein finanzielles Anreizmodell umfasst, welches derart gestaltet wurde, dass vom jährlich eingesparten finanziellen Volumen aus dem Reisegebühren-, Überstunden- und sonstigen Pauschalienbereich, etwa 30 Prozent an die jeweiligen Mitarbeiter in Form von Prämien zurückfliessen.

Dieses gegenwärtig in Österreich einzigartige System soll noch durch ein modernes, an die führenden Unternehmen der Privatindustrie angepasstes Ausbildungsmodell unterstützt werden. Letztendlich sollen auch die ebenfalls kurz vor der Finalisierung stehenden leistungsbezogenen Funktionszulagen ihren Beitrag zur Motivation der Mitarbeiter leisten.

Apropos Funktionszulagen:

Diese werden so konzeptioniert sein, dass sie trotz Beibehaltung der durch gesetzliche Bestimmungen vorgegebenen, relativ starren Verwendungseinteilungen im Rahmen des öffentlichen Dienstes, doch gewisse leistungsbedingte Vorteile für die Bediensteten bieten werden. Durch das Binden einer gewissen Zulage an eine bestimmte Funktion und der Möglichkeit auch für Bedienstete niedrigerer Verwendungsgruppen eine solche Funktion einzunehmen, soll mit dazu beigetragen werden, dass in einem gewissen Ausmass nicht nur auf die Schulbildung – nach dieser richtet sich die Grundeinstufung – sondern auch auf die tatsächliche Leistungsfähigkeit Rücksicht genommen werden kann. Es wird also in einem gewissen Ausmass ein verändertes Laufbahnsystem geschaffen, in dem auch erstmals die bislang nicht vorgesehene Fachkarriere fest verankert sein wird, das heisst, daher auch ein reiner Fachmann ohne Führungstalente nicht in eine Führungsposition gezwungen werden muss, um eine entsprechend höhere Entlohnung zu erreichen.

Nun zu einem weiteren wichtigen Bereich der Personalentwicklung, einem Bereich, der im Rahmen des Personalmanagement in der öffentlichen Verwaltung bislang sehr stiefmütterlich behandelt wurde. Ich spreche vom Schulungs- und Ausbildungssystem, welches sich bislang, wie schon erwähnt, nur auf ganz spezielle Verwendungsbereiche konzentriert hat. Ich meine dabei vor allem die juristische Ausbildung, die absolviert werden muss, um pragmatisierter – also praktisch unkündbarer – Beamter zu werden. Obwohl man schon geahnt bzw. in Wahrheit schon gewusst hat, dass dieses Ausbildungssystem für eine Verwaltungstätigkeit auf höchstem Niveau wahrlich kein Garant sein kann, hat man erst seit kurzem, konkret seit einerseits die Qualitätsanforderungen von seiten des Bürgers wesentlich gestiegen sind und andererseits auch ein Einsparungsdruck seitens des Budgets zu spüren ist, zu reagieren begonnen. Es wird daher auch im Land Burgenland gegenwärtig an einem Ausbildungssystem gearbeitet, welches sicherstellen soll, dass dem neuen Mitarbeiter unmittelbar nach seinem Arbeitsbeginn durch ein modifiziertes »Job-Rotation-System« die entsprechenden Kenntnisse vermittelt werden können, wobei im Ausbildungskonzept sogar vorgesehen sein wird, dass dabei auch in Kooperationen mit führenden Unternehmen der Privatwirtschaft eingetreten werden kann. Damit soll auch schon jene Person, die sich in der Landesverwaltung erst in der Einschulungsphase befindet, gewisse privatwirtschaftliche Grundsätze am eigenen Leib verspüren. Parallel dazu wird es ganz entscheidend sein, dem Beamten eine berufsbegleitende Fortbildung anzubieten, wobei auch hier vermehrt Fachleute von Spitzenunternehmen aus dem In- und Ausland herangezogen werden sollen. Bislang wurden nämlich grossteils Führungskräfte aus der Landesverwaltung als Vortragende gewonnen, wodurch keinesfalls sichergestellt werden konnte, dass den Kursteilnehmern etwa tatsächlich neue Perspektiven vermittelt worden wären. Diese Schulungen müssen zukünftig auch so angelegt sein, dass sie ganz gezielt auf den Aufgabenbereich, den die jeweilige Zielperson zu bewältigen haben wird, abgestimmt sind.

Gerade eine solche Abstimmung hat es bislang nicht gegeben. Es wurden nämlich viele Bewerber eingestellt, unmittelbar darauf – eher wahllos – auf freie Arbeitsplätze gesetzt und unter dem Motto »Friss oder Stirb« ihrem Schicksal überlassen. Natürlich wurde dabei geprüft, ob diese Person die nötige Schulbildung für die jeweilige Verwendung besitzt; auf die Beachtung der Belastbarkeit, des Talents oder sonstiger Neigungen wurde jedoch grosszügig verzichtet, was sich mit der Zeit als grosser Fehler herausgestellt hat.

Im neuen Personalbewirtschaftungskonzept des Landes Burgenland wird also ganz besonders auch auf die Fähigkeiten und Kenntnisse, die ein Bewerber ausserhalb der Schul- und Studienausbildung erworben hat, Rücksicht genommen werden. Es wurden daher schon erste Schritte in die Richtung unternommen, um einerseits in das Aufnahmeverfahren auch psychologische Gespräche einzubinden und andererseits schon während und nach dem Aufnahmeverfahren bzw. nach der Anstellung dem Bewerber seine Laufbahnperspektive aus fachlicher Sicht zu skizzieren. Selbstverständlich soll dieser Bewerber dabei seine Wünsche und Sorgen äussern können, denn gerade dies ist ein wichtiger Schritt, um später eine grösstmögliche Identifizierung des Mitarbeiters mit seiner Tätigkeit zu erreichen und dem Schlagwort: »Nur ein zufriedener Mitarbeiter ist auch ein belastbarer Mitarbeiter« soweit als möglich zu entsprechen.

Zusammengefasst wird es also in diesem Bereich als Dienstgeber notwendig sein, die Bedarfsplanung vorzunehmen, dabei geplante Tätigkeitsfelder der einzelnen Bediensteten grob abzustecken, aber genug Freiraum zu lassen, um dann zusammen mit dem Bediensteten eine entsprechende diesbezügliche Feinabstimmung durchführen zu können.

Dies gilt natürlich auch für den Bereich der Führungskräfteschulung, wo gegenwärtig gleichfalls ein weitreichendes Defizit besteht, was zu den bereits erwähnten Entwicklungen geführt hat.

Auf Führungskräfteschulungen hat man auch deswegen gerne verzichtet, weil man davon ausgegangen ist, dass eine Führungskraft ja ohnehin perfekt sein muss, da sie ja sonst nie Führungskraft geworden wäre.

Natürlich hat sich auch dies als Rohrkrepierer herausgestellt, was zwischenzeitlich deutlich zu spüren ist.

Es war also notwendig, diesen Bereich im Burgenland quasi aus dem »Dornröschenschlaf« zu erwecken und eine gezielte Führungskräfteplanung zu betreiben, in deren Rahmen die tatsächlichen Fähigkeiten der entsprechenden Zielgruppe einen ganz besonderen Stellenwert geniessen sollen. Die bislang eher ein Fremdwort gewesene »Führungskraftreserve« soll zur Realität werden, wobei durch laufende Schulungen, ob auch bei Privatunternehmen oder ausländischen Organisationen, sichergestellt werden soll, dass für jeden Bereich, ohne entsprechende Anlaufverluste eine geeignete Führungskraft gefunden werden kann. Es soll damit vermieden werden, dass sich die bislang bei der Führungskräftekategorie beobachteten Probleme weiterhin fortsetzen und diese nicht wie bisher in Form schlechter Beispiele virusmässig auf die untergeordneten Bediensteten übertragen werden.

Nicht vergessen werden darf in diesem Zusammenhang auch ein ganz bestimmter Schulungsschwerpunkt, der sowohl Führungskräfte als auch sonstige Mitarbeiter der bgld. Landesverwaltung anzusprechen hat. Ich meine, dass es ganz besonders notwendig ist, dem gesamten Bedienstetenkreis einer Verwaltung zu vermitteln, dass zumindest teilweise in ihre Tätigkeiten gruppendynamische Aspekte, wie Gruppenarbeit, Workshops, etc. einzubinden sind. Hier muss jedoch zugegeben werden, dass aufgrund der derzeitigen Rechtslage das hierarchische Modell weitgehend festgelegt ist, es jedoch trotz allem zweifellos gewisse Randbereiche gibt, wo es rechtlich unproblematisch wäre, davon abzugehen. Um diese Möglichkeiten zu nutzen, werden die für die Schulungen Verantwortlichen entsprechende Massnahmen zu setzen haben.

Dies soll also dazu beitragen, die Leistungsfähigkeit der Mitarbeiter auf einem hohen Niveau zu sichern, was gerade ein zentrales Anliegen im Rahmen des Personalmanagement sein muss.

Zusammengefasst wird es also ganz entscheidend sein, im Schulungsbereich von der ausschliesslich juristischen Fortbildung abzugehen und ein weitgefächertes Studienangebot zur Verfügung zu stellen. Vom richtigen Verhalten in der Öffentlichkeit bis hin zur Einbindung betriebswirtschaftlicher Aspekte sollte dieses Spektrum reichen, um die Bediensteten auf die zukünftigen Aufgaben vorzubereiten.

Gerade solche betriebswirtschaftlichen Schulungen werden immer grössere Bedeutung erlangen, da sich zukünftig auch die Verwaltungen dem Wettbewerb mit der Privatwirtschaft zu stellen haben werden und daher nichthoheitliche Tätigkeiten nur dann durch die Verwaltung erfolgen werden, wenn dies aus betriebswirtschaftlicher Sicht auch zweckmässig ist.

Es wird also zukünftig auch an den Organen der Verwaltung liegen, zu erkennen, ob eine Tätigkeit ausserhalb oder innerhalb der Verwaltung bewältigt werden soll.

Bürgerverhalten und finanzielle Verknappungen zwingen die Verwaltungen von alten Gewohnheiten Abstand zu nehmen und risikoreichere Wege zu beschreiten. Ein zielgerichtetes Personalmanagement soll die Mitarbeiter auf diese Anforderungen zeitgerecht vorbereiten, damit sie diesen wirksam begegnen können.

Es ist eindeutig, dass dem Personalmanagement in der Verwaltung bereits gegenwärtig ein Stellenwert zukommt, den sich viele Verwaltungsträger in ihren kühnsten Überlegungen bislang nicht vorstellen konnten.

Viele Faktoren, ob Rechtsvorschriften, Gewohnheiten, persönliche Eitelkeiten und Innovationsträgheiten, wirken den Bestrebungen, die Verwaltungen zu modernisieren entgegen, doch nur dann, wenn sie überwunden werden können, wird die Landesverwaltung Burgenland den Stellenwert erlangen, den sich der Bürger idealerweise vorstellt.

Die Politik wird ihren Beitrag insofern dazu leisten müssen, dass sie sich bei der Gesetzgebung auch darauf besinnt, mit welchem finanziellen und verwaltungstechnischen Aufwand jede Norm verbunden ist.

Das Land Burgenland hat in Österreich insofern Massstäbe gesetzt, als vor kurzem ein sehr grosszügiges Rechtsbereinigungsgesetz beschlossen wurde, mit dem eine Vielzahl von unnötigen Rechtsvorschriften ausser Kraft gesetzt werden.

Grundvoraussetzung für das Bewältigen all dieser Probleme ist also, dass sowohl Politiker als auch die Organe der Verwaltung ihrer Managementverantwortung für die Verwaltungsreform und daher auch Reform des Personalmanagement offen und nachdrücklich nachkommen.

Davon kann im Burgenland insofern ausgegangen werden, als sich alle Beteiligten dazu bekennen.

Zweifellos wird es dabei immer zu Rückschlägen kommen, hier sollte man sich aber dann folgendes vor Augen halten: »*Krise ist ein produktiver Zustand. Man muss ihm nur den Beigeschmack der Katastrophe nehmen*«. (MAX FRISCH)

Personalfunktion zwischen Bürokratie und Management

Kulturbewusste Modernisierung der öffentlichen Verwaltung

Peter Hablützel, Sonia Weil, Thierry Borel

Gliederung

1 Herausforderungen an den öffentlichen Sektor
2 Politiksteuerung und Marktsteuerung
3 Bürokratische Verkrustungen
4 Scharnierfunktion des Personalmanagement
5 Personalmanagement in der schweizerischen Bundesverwaltung: Ausgewählte Umsetzungsbereiche und Massnahmen
6 Ausblick

Der rasante Umbruch in Wirtschaft und Gesellschaft stellt den Staat vor neue Herausforderungen. Angesichts knapper Ressourcen (kein Geld, wenig Zeit, kaum Konsens) sind seine Funktionen und Strukturen radikal zu überdenken. Damit steht auch das Personalwesen im öffentlichen Bereich vor neuartigen Aufgaben. Der folgende Beitrag analysiert zuerst die schwierigen Rahmenbedingungen, welche Politik und Verwaltung zu einem Umsteuern zwingen. Sodann kommentiert er die Konsequenzen auf das Personalmanagement und dessen Rolle beim Modernisierungsprozess. Schliesslich führt er am Beispiel der schweizerischen Bundesverwaltung aus, mit welchen Massnahmen die Personal- und Organisationsentwicklung den Wandel unterstützen kann.

1 Herausforderungen an den öffentlichen Sektor

Auf dem Staat lastet ein gewaltiger Veränderungsdruck. Er erklärt sich nicht nur aus kurzfristigen Unsicherheiten, sondern auch aus einem tiefer greifenden Umbruch in Wirtschaft und Gesellschaft, der immer mehr, schwierigere und komplexere Staatsaufgaben generiert. Der wachsende Dienstleistungscharakter des Staates drängt die herkömmliche Eingriffsverwaltung in ihrer Bedeutung zurück. Der öffentliche Bereich legitimiert sich immer weniger mit dem Erlass und Vollzug von Gesetzen und Verfügungen. Dieser Rollenwandel trifft zusammen mit einer neuen, kritischen Haltung der Bürgerinnen und Bürger. Der Staat soll ihnen nicht mehr nur als hoheitliche Institution entgegentreten, sondern als effizienter Produzent öffentlicher Güter. Gleichzeitig differenzieren sich Forderungen und Bedürfnisse der »Kundschaft«. Die gesellschaftliche Individualisierung hat die Interessenfronten bis zur Unkenntlichkeit aufgelöst, so dass sich die Politik unter der Profilierungskonkurrenz zu immer weitergehenden Differenzierungen genötigt sieht. Indem der Staat versucht, seine Instrumente und Strukturen diesen vielfältigen Anforderungen anzupassen, verheddert er sich in einem immer dichteren Gewirr von Feinjustierungen, institutionellen Absprachen und Kontrollmechanismen. Da aber die Bezugspunkte in Gesellschaft und Politik eher unscharfe Ziele abgeben, ist ein bedürfnisgerechter Ausstoss der öffentlichen Verwaltung ziemlich ungewiss. Die zunehmende internationale Verflechtung, die Krise der Staatsfinanzen und die Schwierigkeiten der politischen Entscheidfindung schränken die Handlungsfähigkeit der Regierungen ein und fördern die Staatsverdrossenheit. Staatliche Problemlösung wird selbst als politisches und ökonomisches Problem wahrgenommen.

Das Gespenst des Staatsversagens ist nur mit stärkerem ökonomischem Denken und der Durchsetzung final orientierten Management zu bannen. Für eine Produktivitäts- und Wirkungsverbesserung muss die Steuerung von den Mitteln (Input) zu den Leistungen (Output) verlagert werden. Auch der Staat kann Effektivität, Effizienz und Leistungsmotivation nur über klarer definierte Ziele, nicht über detailliertere Regelungen steigern. Diese Einsicht liegt den neuen Steuerungsmodellen zu Grunde. Wirkungsorientierte Verwaltungsführung, *New Public Management* und *Reinventing Government* bezwecken im Kern dasselbe: sie wollen die Tätigkeitsfelder des Staates überprüfen, die Bürokratie abbauen, die Führungsprozesse neu ausrichten und die Ergebnisverantwortung dezentralen Einheiten übertragen.

Die Neugestaltung der staatlichen Aufgaben und Verwaltungsprozesse stösst indessen auf grosse Schwierigkeiten, wenn nicht gleichzeitig die weichen Faktoren der Veränderung mitberücksichtigt werden. Die Regelgebundenheit in der Bürokratie hat schon immer hohe Transaktionskosten verursacht. Um sie zu senken, muss Vertrauen an die Stelle von Normen und Vorschriften treten. Vertrauen kann aber nur über einen längeren Zeitraum und in einem geeigneten Klima wachsen.

Für das Personalmanagement in der öffentlichen Verwaltung ergeben sich daraus klare Schlussfolgerungen: Es hat sich als kulturbewusstes Veränderungsmanagement zu verstehen, das in einem hoch formalisierten Umfeld immer auch mit einem schrittweisen Strukturwandel und Normenabbau einhergehen muss. Doch das Legalitätsprinzip hat in der öffentlichen Verwaltung ein konditionales Rechtsverständnis mit umfassender Justiziabilität und Ansprüchen auf Gleichbehandlung verankert, welches sich nicht so leicht wegschwemmen lässt. Im Hinblick auf die Rechtssicherheit ist dies bis zu einem gewissen Grade auch gut so. Veränderungsstrategie im öffentlichen Bereich ist deshalb nur erfolgreich, wenn sie sich auf die paradoxe Kunst versteht, aus widersprüchlichen Prinzipien konvergente Methoden und Ziele abzuleiten.

2 Politiksteuerung und Marktsteuerung

Die Modernisierung der Verwaltung erfordert eine Gratwanderung zwischen Politiksteuerung und Marktsteuerung. Politik dominiert den öffentlichen Bereich. Sie steuert das Verhalten über Regeln/Gesetze und führt – bei idealer Demokratie – über Gleichbehandlung zu mehr Gerechtigkeit. Markt hingegen dominiert den privaten Bereich. Er steuert das Verhalten über Erfolg/Misserfolg und führt – bei idealem Wettbewerb – über eine Differenzierung der Ressourcenallokation zu mehr Wirtschaftlichkeit. Beide Bereiche sind für ihr Funktionieren und für ihre Legitimation je auch auf das andere Ordnungsprinzip angewiesen. So gerät der Staat in ein Legitimationsdefizit, wenn er die ihm anvertrauten Ressourcen zwar legal, aber nicht wirtschaftlich, d.h. wirksam und effizient einsetzt. Die Uebertragung von Elementen der Marktsteuerung (Produktedefinition, Kostenrechnung, Dezentralisierung von Entscheidkompetenzen, Ergebnisverantwortung usw.) in den öffentlichen Bereich bildet die Voraussetzung, damit ökonomisches Verhalten in der Verwaltung neben dem überbordenden Legalitätsprinzip eine Chance hat.

Betriebswirtschaft im öffentlichen Bereich ist aber immer auch Volkswirtschaft, weil politische Überlegungen zur Staatsfunktion mit Effizienzfragen der Bürokratie systemisch gekoppelt sind. Der Staat kann nicht ungestraft gegen gesellschaftliche Interessen verstossen. Er ist in Umsysteme eingebettet, die sehr rasch und sensibel auf seine Handlungen und Signale reagieren. Deshalb muss es gelingen, eine dynamische Anpassung an die Umwelt zu erreichen, ohne modische

Bocksprünge zu vollführen. Dann ist staatliches Handeln auf einen Entwicklungshorizont verpflichtet, der weder den Vorwurf retardierenden Verhaltens birgt noch die Gefahr, mit nachhinkender Ethik in Konflikt zu geraten.

Doch die ordnungspolitischen Hauptaufgaben des Staates setzen andere Akzente als die Privatwirtschaft. Sie fügen der kurz- und mittelfristigen Betrachtungsweise einen Langzeithorizont und existenzielle Dimensionen hinzu, indem sie den am Markt (noch) nicht vertretenen Interessen Gewicht verleihen. Gerade der Umgang mit diesen existenziellen Dimensionen an der Nahtstelle von Verwaltung und Politik bietet vielfältige motivationsstiftende Sinnorientierungen für das Personal[1]. Als Mitgestaltende der gegenwärtigen strukturellen, kulturellen und wirtschaftlichen Modernisierungsstränge haben die im öffentlichen Bereich Beschäftigten laufend Dynamik und Beständigkeit gegeneinander zu halten. Soziale Werte und gesellschaftspolitische Ziele gedeihen so auch jenseits von Echtzeiteingriffen und kurzfristiger *Cash*-Optimierung.

3 Bürokratische Verkrustungen

Grossorganisationen tendieren zur Bürokratie. Das gilt zwar auch für die Privatwirtschaft, aber die öffentliche Verwaltung ist besonders anfällig für administrative Leerläufe. Das Fehlen einer Rückkoppelung aus dem Markt bildet den Humus für Selbstgenügsamkeit und leistet der Vorschriftenhörigkeit Vorschub. Die Folge ist eine kulturelle Selbstblockierung. Mit hintersinniger Ironie hat Robert Musil diese in seinem »Mann ohne Eigenschaften« vorgeführt: »Stelle Eins schrieb, Stelle Zwei antwortete; wenn Stelle Zwei geantwortet hatte, musste man Stelle Eins davon Mitteilung machen, und am besten war es, man regte eine mündliche Aussprache an; wenn Stelle Eins und Zwei sich geeinigt hatten, wurde festgestellt, dass nichts veranlasst werden könne; so gab es unaufhörlich etwas zu tun.« Der Politik als Dienstherrin der Verwaltung ist es bisher kaum gelungen, die bürokratischen Verkrustungen aufzubrechen. Solange sie ihre Steuerungsversuche ausschliesslich in Form von Regelungen und Detailvorgaben vornimmt und die Inputkontrollen stetig ausbaut, verstärkt sie die bürokratischen Absicherungs- und Abschottungstendenzen der Verwaltung.[2]

Bei Schwierigkeiten hat die staatliche Bürokratie bisher immer den Geldfluss verstärkt, die Gesetzesregelungen verfeinert und die Beamtenstäbe ausgebaut. Die Akteure gebärden sich damit wie jene Ruderer bei Mark Twain, die ihre Anstrengungen verdoppelten, als sie das Ziel aus den Augen verloren. Gefördert werden bürokratische Verhaltensweisen vom juristisch-konditionalen Denken, das sich an feste Orientierungsmarken hält. Bei unbekannten und neuartigen Situationen, die heute den Alltag in der Wirtschaft und zunehmend auch in der Verwaltung prä-

---

1 Wie wichtig solch sinnvolle Identifikationsmöglichkeiten sind, zeigen WUNDERER, R./MITTMANN, J. (1995).

2 Vgl. HABLÜTZEL, P.: New Public Management (1995).

gen, stösst man mit diesem Handlungsmuster ins Leere. Dafür liefert es klare Antworten auf Schuldfragen, so dass die Fehler – meist definiert als Rechtsabweichung – messbar sind, nicht jedoch die Erfolge. Dies führt zu einer Null-Fehler-Toleranz und fördert die vertikale oder horizontale Rückdelegation von Verantwortung. Für die Stärkung von Eigeninitiative und Ergebnisorientierung wäre es unerlässlich, das Recht von seiner bisherigen Stellung als quasi-eigenständige Zielgrösse umzudeuten zum Instrument im Dienste der politisch erwünschten Ergebnisse und Wirkungen. Dazu gehört die bewusste Förderung der finalen Gesetzgebung und der Gesetzesevaluation.

Auch das System der kameralistischen Rechnungsführung ist wenig geeignet, die öffentliche Verwaltung auf ökonomische Ziele auszurichten. Die Kameralistik ist von frühbürgerlich-gewerblichen Methoden geprägt, nach welchen im Kassabuch Einnahmen und Ausgaben einander gegenübergestellt wurden. Den absolutistischen Staat mit seiner fürstlichen Privatschatulle gibt es längst nicht mehr. Nur die alten buchhalterischen Gepflogenheiten haben überlebt. Die Kontrolle des Geldverbrauchs ist ein rein zahlungsorientierter Ansatz, der zwar zur Sparsamkeit anhält, aber die Wirtschaftlichkeit nicht berücksichtigt. Wirtschaftliches Denken bedeutet, produktebezogen Kosten und Leistungen zu ermitteln und sich dabei auch über den Zeitfaktor Rechenschaft zu geben. Es heisst nachvollziehbar machen, dass eine Ausgabe durchaus Einnahmen versprechen kann. Dieser Zusammenhang von Zielen, Ressourcen und Ergebnis kommt in der traditionellen öffentlichen Buchhaltung nicht zur Geltung.

Die Auswirkungen der Bürokratie auf das Selbstverständnis der Beschäftigten sind doppelbödig. Zwar verstehen sie ihre Arbeit redlich als Dienst an der Öffentlichkeit, ziehen sich aber bei offenen Situationen sofort auf sicheren Grund zurück. Gesetze und Verordnungen sind zu eigenständigen Identifikationsobjekten geworden auf Kosten der Zwecke und Wirkungen, die den Urhebern mal vorgeschwebt haben mochten. So entstand in beamtenrechtlichem Kleid das »Amt« als statisch-hoheitlich erstarrte Spielart einer beruflichen Funktion. Und die Hierarchie in der Arbeitsbeziehung wird schon bei der Anstellung begründet, indem der Staat seine Beamtinnen und Beamten nicht mit Arbeitsvertrag, sondern in Form einer hoheitlichen Verfügung anstellt. Damit macht er sie gewissermassen zu seinen Rechtsunterworfenen, muss ihnen aber umgekehrt sämtliche Rechtsmittel einräumen, die sonst den Privaten gegen die Eingriffsverwaltung zustehen. Die anonym-formale Strenge von Verordnungen und justiziablen Verfügungen hat denn auch die traditionelle Personalarbeit in der Verwaltung geprägt und eine rigide, im Grunde innovationsfeindliche Kultur hervorgebracht.

4 Scharnierfunktion des Personalmanagement

Wenn die öffentliche Verwaltung sich als modernes Dienstleistungsunternehmen verstehen will, muss sie von Grund auf umstrukturiert werden. Der Wandel geht aber nicht ohne »Selbstüberprüfung« vor sich: die Verwaltung muss zuerst sich selbst verändern, damit sie ihre Wirkung nach aussen wandeln kann.

In diesem Zusammenhang sind immer zwei Ebenen zu berücksichtigen: die der Organisation und die der Menschen in der Organisation. Veränderungsprozesse in einem Unternehmen können nur dann Erfolg zeitigen, wenn sie sich auf beiden Ebenen abspielen. So kann zum Beispiel in der Verwaltung ein Umlenken von der Input- zur Outputsteuerung nur stattfinden, wenn gleichzeitig beim Personal angemessene Instrumente wie Leistungsvereinbarung und Führen mit Zielen zum Einsatz kommen.

Wie schon angedeutet ist eines der wichtigsten Ziele der heute angestrebten Veränderungen die Komplexitätsreduktion in der bürokratischen Organisation. Dazu bietet sich die Delegation der Verantwortung an; diese kann allerdings vor Ort nur richtig wahrgenommen werden, wenn gleichzeitig für eine gehörige Persönlichkeitsstärkung jedes einzelnen Mitgliedes der Organisation gesorgt ist. Damit kommt dem Personalmanagement eine äusserst wichtige Scharnierfunktion zu: Es muss eine kompatible Entwicklung von Organisation und Menschen gewährleisten. Und seine Rolle wird in einem tiefgreifenden Umstrukturierungsprozess umso zentraler, als die verschiedenen Veränderungsmassnahmen dynamisch aufeinander abgestimmt sein müssen.

Umstrukturieren heisst (zuerst) auch Umdenken. Die erfolgreiche Einleitung und Umsetzung von Veränderungen kann quasi nur aus der Ueberzeugung der Betroffenen stattfinden, welche schliesslich zu Beteiligten werden. Dies gilt grundsätzlich für alle Arten von Unternehmen, speziell aber für Dienstleistungsunternehmen, da das Personal ihr wichtigster Produktionsfaktor ist und entsprechend gepflegt und miteinbezogen werden muss.

In einem stark bürokratischen System ist der kulturelle Wandel an sich schon ein Ziel. Es geht zwar nicht darum, die (Verwaltungs-)Kultur mit einer neuen, wesensfremden zu überdecken. Vielmehr muss es gelingen, das monolithische Gebilde aufzubrechen und die vorhandenen kulturellen Kräfte in eine neue Richtung zu lenken: *New Public Management* stellt eine besondere Chance dar, um den konkreten Verwaltungsmenschen aus hoheitlichen Fixierungen zu befreien und in betriebswirtschaftliches und systemisches Denken einzubinden.

Schliesslich hat der erwünschte kulturelle Wandel in der öffentlichen Verwaltung sehr viel mit sozialer Kompetenz zu tun: In einem zielorientierten Personalmanagement äussert sich dies vor allem in der Art und Weise der Kommunikation, sowohl auf der individuellen wie auf der institutionellen Ebene. Offene Information und Feedback sind probate Mittel gegen die Anonymisierung in der Bürokratie. Sie werden zum eigentlichen Instrument der Führung, der Zusammenarbeit und des Controllings. Hier liegt eine der grössten Herausforderungen im Rahmen des Veränderungsprozesses, denn es braucht in Zukunft eine andere Kommunikationsweise, als sie bisher in der öffentlichen Verwaltung gepflegt worden ist.

Die schizoiden Züge der bürokratischen Kultur sind in diesem Kontext besonders zu beachten: Einerseits geht es um die von aussen sichtbare formelle bzw. institutionelle Kommunikation, welche zum Ruf der kafkaesken Schwerfälligkeit beigetragen hat und auch im Zeitalter der Telekommunikation immer noch sehr stark auf Schriftlichkeit beruht. Andererseits existiert aber auch eine von aussen weniger wahrgenommene, jedoch ebenso ausgeprägte informelle Gegen-Welt, wo die Kommunikation beinahe ausschliesslich mündlich funktioniert und wo das bürokratische System oft von innen her unterlaufen wird. Diese Dichotomie zwischen formeller und informeller Kommunikation stellt die Glaubwürdigkeit der Verwaltung in Frage und signalisiert personalpolitischen Handlungsbedarf. Nicht zuletzt moderne Führungsinstrumente wie Zielvereinbarungen und Beurteilungsgespräche intensivieren die persönlichen Kommunikationsformen und institutionalisieren damit einen echten Dialog, der allein die bürokratische Anonymität mit ihren oft subversiven Handlungsmustern zu überwinden vermag.

5 Personalmanagement in der schweizerischen Bundesverwaltung: Ausgewählte Umsetzungsbereiche und Massnahmen

Die in der schweizerischen Bundesverwaltung seit einigen Jahren laufende Regierungs- und Verwaltungsreform ist verbunden mit einer Neustrukturierung im Sinne des *New Public Management* (NPM). Gewisse Verwaltungsbereiche werden neu an der »langen Leine« geführt und erhalten mehr Handlungsspielraum, um ihre Aufgaben effizienter wahrzunehmen. Herzstück von NPM sind Leistungsaufträge und Globalbudgets, Führungsinstrumente, die gegenwärtig in Pilotversuchen getestet werden.

Gerade im Zeichen des *New Public Management* gilt es, dem sensiblen Spannungsfeld von individuellen und institutionellen Interessen spezielle Beachtung zu schenken. Die Personalarbeit ist damit radikal herausgefordert; sie muss von ihrer Reglementierungsfreude Abstand nehmen und sich zum kulturbewussten Veränderungsmanagement wandeln.[3]

5.1 Leitbild zur Personal- und Organisationsentwicklung

Das bundesrätliche Leitbild zur Personal- und Organisationsentwicklung in der allgemeinen Bundesverwaltung strebt die Lockerung des normativen Korsetts und die gleichzeitige Verstärkung der Führungs- und Entscheidungsprozesse »vor Ort« an. Mittlerweile sechs Jahre alt, hat es auch in der heutigen Umbruchsituation nichts von seiner Aktualität eingebüsst. Seine Zielrichtung lässt sich in drei Grundsätzen zusammenfassen, welche dem gängigen Dreieck »Struktur-Kultur-Strategie« entsprechen:

- *Ansatzpunkt Strukturen/Normen*: Das rechtliche Korsett, welches das heutige System einengt, soll gelockert werden. Dem schnellen Wandel kann nur eine flexiblere Organisation erfolgreich begegnen.

3 Siehe ebenfalls Schwaar, K./Jegge, D.: Warm-up für New Public Management (1995).

- *Ansatzpunkt Mensch*: Zur verstärkten Delegation der Verantwortung gehört die Qualifikation des Personals auf allen Ebenen, und zwar sowohl in beruflicher wie auch in persönlicher Hinsicht.
- *Ansatzpunkt Prozesse*: Qualifiziertes Personal und flexibilisierte Strukturen machen Führung nötig, aber auch wieder möglich. Wir müssen die Führungsprozesse verstärken und sie immer auch als Lernprozesse zu etablieren suchen.

Das Gedankenmodell des Leitbildes ist zum ersten Mal im Verlaufe der Legislaturperiode 1991–1995 unter dem Titel »Modernisierung der Verwaltung« konkretisiert und schrittweise umgesetzt worden. Zur sukzessiven Lockerung des Systems dient eine Methode der »Nadelstiche«: Wir gehen davon aus, dass ein überreglementiertes und überorganisiertes System speziell auf Druckpunkte im Bereich des Rechts und der hierarchischen Koordination sensibel reagiert. Durch den Entzug von Normen und Strukturen sollen Freiräume für situative (Führungs-)Entscheide geöffnet und den Linienvorgesetzten mehr Verantwortung anvertraut werden. Flankierend dazu gilt es, entsprechende Ausbildungs-, Beratungs- und Unterstützungsangebote aufzubauen.

5.2 Vom Beamten- zum Bundespersonalgesetz

Personalpolitischer Angelpunkt der Verwaltungsreform ist die Modernisierung des Dienstrechts. Der personalrechtliche Grunderlass von 1927, das Beamtengesetz, ist mittlerweile zu einer beinahe unüberblickbaren Sammlung von Vorschriften verkommen, welche die erwünschte personalpolitische oder organisatorische Anpassungsfähigkeit beträchtlich erschweren. Ausserdem geht das noch gültige Gesetz von einem hierarchischen Hoheitsdenken aus, das heute, gemessen an den Mobilitätsanforderungen, doch ziemlich obsolet ist.

Ziel der Totalrevision des Beamtengesetzes ist, einen schlanken Rahmenerlass zu schaffen, um den erforderlichen Handlungsspielraum zu erlangen[4]. Vorgesehen ist eine Annäherung an das schweizerische Obligationenrecht (OR), wobei der Status des Bundespersonals aber nach wie vor öffentlichrechtlich bleiben soll. Die Abschaffung der Wahl auf Amtsdauer bezweckt eine teilweise Flexibilisierung der Dienstverhältnisse. Doch der öffentlich-rechtliche Arbeitsvertrag mit ausgebautem Kündigungsschutz bürgt für Beschäftigungssicherheit – allerdings unter der Bedingung von Leistungswille und beruflicher Mobilität des Personals. Das Entlöhnungssystem erhält einen stärkeren Leistungs- und Marktbezug, und die Beschwerdeverfahren werden wesentlich vereinfacht.

Mit dem neuen Personalgesetz geht es nicht zuletzt darum, für die mit *New Public Management* angestrebte »Holding-Struktur« der Bundesverwaltung ein gemeinsames personalpolitisches Dach zu schaffen und somit einer Atomisierung des öffentlichen Arbeitsrechts vorzubeugen.

---

4 Vgl. Richli, P.: Öffentliches Dienstrecht (1996).

5.3 Leistungsabhängige Lohnelemente

Der geplanten Totalrevision des Beamtengesetzes wurde eine Teilrevision vorangestellt, welche am 1.1.96 in Kraft getreten ist. Sie hat zwei Instrumente der individuellen leistungsabhängigen Entlöhnung geschaffen. So besteht neu die Möglichkeit, den Aufstieg einer Mitarbeiterin oder eines Mitarbeiters zu verlangsamen bzw. zu beschleunigen. Darüberhinaus können hervorragende Leistungen von Individuen oder Teams mit einer positiven Leistungskomponente honoriert werden. Eine paritätisch aus Arbeitgeber- und Arbeitnehmer-Vertreter/innen zusammengesetzte Beschwerdeinstanz schlichtet allfällige Streitigkeiten über leistungsabhängige Lohnelemente.

Wie ein trojanisches Pferd in das heutige System gesetzt, sollen diese neuen Instrumente den Dialog zwischen Führungskräften und Mitarbeitenden intensivieren. Individuelle Lohnelemente erfordern Zielvereinbarung und Leistungsbeurteilung; diese bedingen eine finale Denkhaltung bei kommunikativer Offenheit und werden damit zum Hebel für den Kulturwandel. Dabei kommt in der schweizerischen Bundesverwaltung die Problematik der Mehrsprachigkeit hinzu – was die Herausforderung umso grösser, aber vom unternehmenskulturellen Standpunkt aus auch umso spannender macht.

5.4 Individualisierung der Arbeitszeit

Die individualisierte Gestaltung der Arbeitszeit ist in der heutigen Gesellschaft mindestens so effizient wie monetäre Anreize, um die Motivation der Mitarbeitenden zu fördern. Die wirtschaftliche und gesellschaftliche Situation rückt die Arbeitszeitflexibilisierung in ein neues Licht als Instrument, welches den Interessen sowohl der Arbeitnehmenden wie des Arbeitgebers dienen kann. Dies gilt einerseits auf der betriebswirtschaftlichen Ebene, indem eine Verbesserung der Kompatibilität der Arbeit mit ausserberuflichen Interessen zur Motivations- bzw. Produktivitätssteigerung führt[5]. Andererseits hat Arbeitszeitflexibilisierung aber auch volkswirtschaftliche Implikationen: Die öffentliche Verwaltung kann trotz Stellenabbau mehr Personen beschäftigen und so auch einer Zielsetzung der staatlichen Wirtschafts- und Sozialpolitik entsprechen.

Auch in der Bundesverwaltung erfreut sich die Teilzeitarbeit steigender Beliebtheit[6]. Obwohl nach wie vor deutliche geschlechterspezifische Unterschiede auszumachen sind, beanspruchen vermehrt auch Männer eine Reduktion ihres Beschäftigungsgrades. Generell wird es in den nächsten Jahren darum gehen, Teilzeitarbeit von ihrem geschlechtsspezifischen und qualitativ immer noch als minderwertig betrachteten Image zu lösen und ihre Einsatzmöglichkeiten auch in Führungs-

---

5 Vgl. McKinsey & Company (1994).

6 Im Januar 1996 arbeiteten 15.2 % des Personals der allgemeinen Bundesverwaltung (Bundeskanzlei und Departemente) Teilzeit. Dies ist 1.5 mal mehr als vor fünf Jahren. Generell nehmen vor allem Arbeitspensen zwischen 60 und 80 Prozent zu.

positionen zu überprüfen. So werden zurzeit in der Bundesverwaltung Erfahrungen mit Job-sharing bis zur Stufe Vizedirektion gesammelt.

Der Bundesrat hat auf 1.1.1995 die während einer Pilotphase von drei Jahren in zahlreichen Bundesämtern erprobten flexiblen Arbeitszeitmodelle für die ganze Verwaltung definitiv eingeführt. Den Vollzeitbeschäftigten steht damit ein Bandbreitenmodell mit 12 Auswahlmöglichkeiten (Menüs) zur Verfügung, bei welchen die wöchentliche Arbeitszeit, die Lohnhöhe sowie die Anzahl möglicher Urlaubs- bzw. Kompensationstage variieren. Dabei können über einige Jahre angesparte Freitage für Weiterbildungsurlaube oder andere Personalentwicklungsmassnahmen eingesetzt werden. Teilzeitarbeitende erhalten die nötige Flexibilität mit Jahres- und Gruppenarbeitszeitsmodellen.[7]

Damit die Einführung der flexiblen Arbeitszeit nicht neue Restriktionen mit sich bringt, besteht weder für die Bundesämter ein Zwang, alle Modelle anzubieten, noch für die Mitarbeitenden ein individuelles Recht, die Arbeitsmenüs frei zu wählen. Die neue Rechtsgrundlage bietet lediglich einen Rahmen, aufgrund dessen die Dienststellen mit dem Personal geeignete Lösungen in Richtung Zeitsouveränität aushandeln können. Es braucht also ein »Konsensus-Management« (ULICH) im Team und zwischen den Hierarchiestufen, damit die Arbeitszeitflexibilisierung als Führungs- und Anreizsystem genutzt und als Hebel des Kulturwandels verwendet wird.

5.5 Aus- und Weiterbildung

Aus- und Weiterbildung erfüllt eine wichtige Klammerfunktion, indem sie trotz Dezentralisierung und Verantwortungsdelegation eine unternehmensweite Grundhaltung vermitteln und Koordinationsprozesse unterstützen kann. Für die Ausbildung ihres Personals wendet die Bundesverwaltung heute rund doppelt so viel Geld auf als noch vor fünf Jahren. Dank grösserem Kurs- und Seminarangebot konnte den Mitarbeitenden ein Recht auf Förderung eingeräumt werden, allerdings gekoppelt an die Verpflichtung, Wissen, Können und Verhalten den sich ändernden Verhältnissen und Anforderungen anzupassen. Die Entscheidkompetenzen in Ausbildungsfragen wurden gleichzeitig an die Linienvorgesetzten delegiert.

In den letzten Jahren haben wir besonders auch in die Ausbildung des weiblichen Personals investiert. Das Resultat ist ein dichtes Angebot an Kursen über frauenspezifische Themen, welches sich als wirksamer Nadelstich in die hierarchischen und männlich dominierten Strukturen erweist.[8] Weiter ist ab Herbst 1996 ein neues Ausbildungskonzept zur Sekretariatsentwicklung in Kraft. Ziel dieses Angebots ist die praxisbezogene Erweiterung der Qualifikationen des Sekretariatspersonals. Sekretariate sollen verstärkt als Kommunikations-Drehscheiben wirken können und damit den Kulturwandel unterstützen.[9]

---

7 Über die Ergebnisse der Pilotphase, siehe HABLÜTZEL, P./SCHWAAR, K./KUHN, T. (1995).
8 Zum Erfolg der frauenspezifischen Weiterbildung siehe STALDER (1995).
9 Siehe BAILLOD (1996).

Die höchste Priorität galt in den letzten Jahren indes der Ausbildung von Führungskräften. In einem aktuellen, modulartigen und mehrsprachigen Aufbau ist die Führungsschulung vor allem auf soziale, kommunikative und strategische Kompetenzen ausgerichtet. Eine Evaluation durch das Institut für Arbeits- und Organisationspsychologie der Universität Bern hat sehr gute Ergebnisse bezüglich des Transfers des Gelernten in den Arbeitsalltag ergeben[10]. Zur führungstechnischen Kompetenzerweiterung muss allerdings die Vermittlung betriebswirtschaftlicher Kenntnisse und die Schulung in strategischen Fragen noch verbessert werden. Diesem Zweck dient bereits ein massgeschneidertes Beratungs- und Unterstützungsprogramm zur strategischen Amtsführung, das interessierte Dienststellen in der Erarbeitung von Entwicklungsszenarien, der Analyse des eigenen Stärke/Schwäche-Profils und der Gestaltung von Bereichsstrategien unterstützt.

Unsere Erfahrungen zeigen, dass die Kombination von Ausbildung und Beratung zur strategischen Erfolgsposition in der Personal- und Organisationsentwicklung wird. Wir versuchen so, insbesondere das organisationale Lernen zu ermöglichen. Massgeschneiderte Ausbildung am Arbeitsplatz verbunden mit einem Coaching der Führungskräfte garantiert am ehesten den Lerntransfer. Dabei ist ein erweitertes Verständnis von Führung nötig, das die verschiedenen Facetten wie »Führung von unten«, »Führung lateral« und »Führung von Führungskräften« mit umfasst.

In diesem Sinne des Praxislernens liegen bereits positive Erfahrungen vor wie beispielsweise ein Laufbahnentwicklungsprogramm, welches die Vorgesetzten in die konkrete individuelle Förderung ihrer Mitarbeiter/innen einbindet. Weiter zeigen neue Lernmethoden wie das Sprachenlernen zu zweit im »Tandem« erste erfolgsversprechende Ergebnisse in Richtung eines massgeschneiderten interkulturellen Kommunikationstrainings.[11] Wir planen den Einsatz solcher Methoden auch in anderen Ausbildungsbereichen.

5.6 Personalförderung und Personalcontrolling

Neben dem erwähnten breiten Ausbildungsangebot existieren weitere zentral begleitete Förderungsprojekte. Neue partizipative Methoden haben bisher vor allem in der Gleichstellungspolitik ihren Niederschlag gefunden. Aufgrund bundesrätlicher Weisungen von 1991 sind sämtliche Aemter und Betriebe der schweizerischen Bundesverwaltung gehalten, für ihren Bereich spezifische Frauenförderungsprogramme zu erarbeiten und umzusetzen. Die bisherigen Erfahrungen haben eine stetige Verbesserung vor allem der quantitativen, aber teilweise auch der qualitativen Vertretung des weiblichen Personals gezeigt. Deutlich mehr als die Hälfte der Diensstellen haben Förderungsprogramme bereits konkret umgesetzt. Generell hat

---

10 Vgl. Universität Bern, Institut für Psychologie (Arbeits- und Organisationspsychologie), 1994.

11 Die Förderung des interkulturellen Bewusstsein ist umso wichtiger, als gewisse Hinweise vermuten lassen, dass in der schweizerischen Bundesverwaltung die bürokratische Kultur die einzelnen sprachlich-»ethnischen« Kulturen überlagert und zu erdrücken droht.

sich die Ernennung von dezentralen Gleichstellungsbeauftragten zur Begleitung der Förderungsbemühungen bewährt und zur Multiplizierung der für dieses Projekt verfügbaren Kapazitäten geführt.

Die in der Frauenförderung gewählte partizipative und massgeschneiderte Umsetzungsmethode vor Ort ist ein wesentlicher Schritt in Richtung Verantwortungsdelegation, wie im NPM angestrebt. Ein ähnliches Vorgehen wird momentan in der Förderung der Sprachgemeinschaften bzw. der Mehrsprachigkeit am Arbeitsplatz vorbereitet. Versuche im Bereich der Gesundheitsförderung zielen in eine analoge Richtung.

Allerdings bedingt dieser Ansatz zur Dezentralisierung eine Gratwanderung. Neben der Delegation von Verantwortung ist umgekehrt ein gewisses Mass an zentraler Steuerung unerlässlich – nicht zuletzt ein Controlling in strategischen Belangen der Personalpolitik. In diesem Sinne wurde kürzlich eine repräsentative schriftliche Personalbefragung durchgeführt. Das Ziel dieser Befragung ist, Meinungen, Erfahrungen, Anliegen und (Un-)Zufriedenheit der Mitarbeitenden zu sondieren. Die Resultate dienen der Dezentrale als Grundlage für die Verbesserung ihrer operativen Personalarbeit, aber auch der Zentrale als Frühwarnsystem für strategische Kurskorrekturen in der Personalpolitik. Nicht zuletzt soll der Fragebogen im Sinne der individuellen Befähigung den Mitarbeitenden eine Gelegenheit bieten, ihre Situation zu überdenken und allenfalls entsprechende Veränderungen zu veranlassen.

6 Ausblick

Gratwanderung ist in diesem Aufsatz ein viel zitierter – und noch öfter implizierter – Begriff, der die Ambivalenz dialektischer Entwicklungen zum Ausdruck bringt. Die hier skizzierte Methode der Nadelstiche beabsichtigt, mit kleinen und kulturbewussten Schritten Veränderungsprozesse auszulösen, gewaltsame Eingriffe aber zu vermeiden. Es kann nicht darum gehen, ein heute für rigid befundenes System vollständig durch ein anderes zu ersetzen, das sich möglicherweise schon in einigen Jahren als ebenso rigid erweist. Die Absicht ist vielmehr, im Sinne der »Resilienz« (GUNTERN) zielstrebig und hartnäckig, aber zugleich mit der angemessenen Elastizität dafür zu sorgen, dass sich der Abbau von Bürokratie zugunsten eines flexibleren, entwicklungsfähigen Systems auswirkt. Wir müssen dabei Fehler in Kauf nehmen und dürfen uns eine »Lehrzeit« durchaus erlauben. Erst der dynamische Balanceakt wird zum Garanten nachhaltiger Veränderung.

Zu diesem Zweck muss sich auch die Personalfunktion neu orientieren. Hier ist eine Gratwanderung nötig zwischen Regelvollzug und offener Gestaltung, zwischen zentraler und dezentraler Steuerung, zwischen professioneller Personalarbeit und Linienverantwortung. Um diese Herausforderung zu bestehen, fördern wir in der Bundesverwaltung über spezifische Ausbildung die Qualitätssicherung im Personalwesen. Das Wichtigste aber bleibt auch im Zeichen des *New Public Management* die Personal- und Organisationsentwicklung. Sie ist das Instrument sowohl zur Unterstützung des Wandels wie auch zur Messung seines Erfolgs. Als solche bildet sie den Kitt, welcher die Veränderungsbemühungen zu einem kohärenten Ganzen zusammenfügt.

Literaturverzeichnis

BAILLOD, J.: Die Arbeitssituation von Sekretariatsangestellten in der allgemeinen Bundesverwaltung. Eine Untersuchung im Rahmen des Projekts »Sekretariatsentwicklung“ des Eidgenössischen Personalamtes, 1996

HABLÜTZEL, P.: New Public Management als Modernisierungschance. Thesen zur Entbürokratisierungsdiskussion. In: Umbruch in Politik und Verwaltung. Ansichten und Erfahrungen zum New Public Management in der Schweiz. Hrsg. von HABLÜTZEL, P./HALDEMANN, T./SCHEDLER, K./SCHWAAR, K. Bern 1995, S. 499–507

HABLÜTZEL, P./SCHWAAR, K./KUHN, T.: Flexibilisierung und Individualisierung der Arbeitszeit in der schweizerischen Bundesverwaltung. In: Innovatives Personalmanagement. Theorie und Praxis unternehmerischer Personalarbeit. Hrsg. von WUNDERER, R./KUHN, T., NEUWIED u. a. 1995, S. 287–305

MCKINSEY & COMPANY (Hrsg.): Teilen und Gewinnen. Das Potential der flexiblen Arbeitszeitverkürzung. München 1994

RICHLI, P.: Öffentliches Dienstrecht im Zeichen des New Public Management. Staatsrechtliche Fixpunkte für die Flexibilisierung und Dynamisierung des Beamtenverhältnisses. Bern 1996

SCHWAAR, K./JEGGE, D.: Warm-up für New Public Management. Vier Jahre Personal- und Organisationsentwicklung in der schweizerischen Bundesverwaltung. In: Umbruch in Politik und Verwaltung. Ansichten und Erfahrungen zum New Public Management in der Schweiz. Hrsg. von HABLÜTZEL, P./HALDEMANN, T./SCHEDLER, K./SCHWAAR, K. Bern 1995, S. 129–146

STALDER, B.: Frauenspezifische Weiterbildung im Betrieb. Zürich 1995

Universität Bern, Institut für Psychologie (Arbeits- und Organisationspsychologie): Evaluation der Führungsausbildung des Eidg. Personalamtes. Schlussbericht 1994

WUNDERER, R./MITTMANN, J.: Identifikationspolitik. Einbindung des Mitarbeiters in den unternehmerischen Wertschöpfungsprozess. Stuttgart 1995

Human Resource Management im militärischen Alltag

von

KURT LIPP

Gliederung

1 Ausgangslage

1.1

»Die meisten Unternehmen scheitern an der Aufgabe, geeignete Führungskräfte zu gewinnen und zu fördern – was um so schwerer wiegt, je stärker Unternehmen um qualifizierte Mitarbeiter konkurieren«, so lautet die Einführung zum Buch von J. P. Kotter – Erfolgsfaktor Führung, Strategien aus der Harvard Business School.

1.2

Rolf Dubs hat im vorliegenden Buch (S. 13 ff.) aus der Fülle der Definitionen des Human Resource Management drei Begriffe besonders ausgewählt (Wohlgemuth – Hilb – Harvard Ansatz) und hat, darauf basierend, eine mögliche Gliederung in Teilbereiche vorgenommen, – Mitarbeiterbeteiligung – Human Resourcen Bewegungen – Belohnungssysteme – Arbeitsorganisation.

1.3

Wie sind diese beiden Aussagen im militärischen Alltag einer Armee, in diesem Fall einer Milizarmee, wie derjenigen der Schweiz zu werten und zu berücksichtigen?

Der Inhalt der nachfolgenden Betrachtungen soll diese Frage beantworten. Dabei wird nur das Milizkader behandelt und die Betreuung der Berufskader weggelassen. Dies einerseits wegen der so typisch schweizerischen Problemstellung und andererseits der anders gelagerten Aufgaben der Instruktoren.

2 Erfassung der Kader in der militärischen Grundausbildung

2.1

Nachdem, aufgrund der Verfassung, jeder Schweizer wehrpflichtig ist, wird bei der Rekrutierung der Stellungspflichtigen das Gros der jungen Generation erfasst.

Bei dieser ersten Erfassung wird durch den verantwortlichen Aushebungsoffizier darauf geachtet, die möglichen Kaderanwärter entsprechend ihrer Neigung und Eignung den verschiedenen Waffengattungen zuzuordnen.

2.2

In der Rekrutenschule, die jeder als wehrfähig beurteilte Schweizer zu absolvieren hat, erhalten die Berufskader mit den ihnen zugeteilten jungen Milizkadern die Möglichkeit, die potentiellen Anwärter für Kaderpositionen in der praktischen Arbeit während mehreren Monaten zu beobachten und zu beurteilen. Tests und Auftritte in speziellen Weiterausbildungslektionen runden das Bild des Anwärters ab.

Mittels verschiedener Gespräche wird die persönliche Bereitschaft der Vorgesehenen zur Übernahme einer Führungsposition erfasst. Diese Bereitschaft ist nicht immer spontan vorhanden. Oft sieht sich der Anwärter in einem zeitlichen Engpass zwischen der beruflichen Weiterausbildung und derjenigen im Militärdienst. Auch verhindert in einigen Fällen, die wenig oder nicht vorhandene Motivation für eine militärische Weiterausbildung, einen Vorschlag für eine Kaderposition.

Durch intensive Gepsräche gilt es nun abzuklären, worin die eigentlichen Gründe liegen, die zu einer negativen Haltung führen. In den meisten Fällen kann dann eine vernehmliche Lösung für beide Seiten gefunden werden.

2.3

Im Dienstreglement DR 95 steht in Ziffer 85:

»Die Armee benötigt zur Erfüllung ihres Auftrages eine ausreichende Zahl geeigneter Unteroffiziere und Offiziere. Deshalb können Angehörige der Armee zu einem bestimmten Grad oder Funktion verpflichtet werden. Sie müssen die entsprechenden Dienste leisten und die mit Grad oder Funktion verbundenen ausserdienstlichen Aufgaben erfüllen.«

Diese Vorschrift gibt den Vorgesetzten im Bedarfsfall die Möglichkeit, fähige aber unwillige Anwärter zur Übernahme eines höheren Grades anzuhalten. Dies ist nur in Ausnahmefällen zu tun, z. B. wenn der Betroffene bei einem Nichtvorschlag für die Armee einen Verlust darstellt, selber keinen Schaden erleidet oder man den Eindruck erhält, er sei noch zu jung und im Moment zu emotional, um selber richtig zu entscheiden.

Diese Vorschrift war bei der Neugestaltung des Dienstreglementes im Jahre 1994 einmal mehr umstritten. Es wurde argumentiert, dass durch diesen Zwang nicht motivierte Kader herangezogen würden. Kader, die ja schlussendlich durch Vorbild die von ihnen geführten Leute zum Ziel bringen sollten.

Selbstverständlich muss die Frage gestellt werden, ob mit dieser Methode richtige Führungskräfte gewonnen werden. Langjährige Erfahrungen vieler Vorgesetzten zeigen aber, dass die Mehrzahl der so zur Übernahme des Unteroffizier-Grades gezwungenen Wehrpflichtigen sich beim anschliessenden Abverdienen nicht mit diesem begnügen, sondern dann in die Offizierlaufbahn einschwenken. Im übrigen handelt es sich dabei um eine verschwindend kleine Zahl. Ich war einer davon. Ich bin noch heute meinem damaligen Vorgesetzten für seine Weitsicht, seine Menschenkenntnis und seinen Mut dankbar.

2.4

Die für die Führung der militärischen Verbände notwendigen Kader müssen ihr Metier beherrschen sowie im Einsatz von Waffen und Geräten sicher sein. Das gibt Vertrauen, ein Hauptpfeiler jeder Führung.

Aber nicht nur das eigene Wissen ist für einen guten Vorgesetzten von entscheidender Bedeutung. Charakter und Persönlichkeit eines Chefs sind ebenso wichtig wie sein Wissen und Können.

Denn Führen heisst: das Handeln und Verhalten der Unterstellten auf das Erreichen eines Ziels ausrichten. Dazu wird mehr als nur fachliche Kompetenz gefordert. Geistige Beweglichkeit, Realitätssinn, Vorstellungsvermögen, logische Denkweise, Überzeugungskraft, Kommunkationsfähigkeit, Flexibilität, Innovationskraft, Durchhaltevermögen und Entschlusskraft gehören auch zu den Eigenschaften eines militärischen Chefs.

2.5

Die so erfassten Kader der Rekrutenkompanien bilden das personelle Reservoir der Milizarmee. Aus ihnen müssen sämtliche weiter benötigten Vorgesetzten rekrutiert werden. Werden bei dieser ersten Auswahl Fehler gemacht, geeignete Anwärter nicht herangezogen oder noch schlimmer, unfähige zur Weiterausbildung vorgesehen, wird das personelle Fundament, aus welchem die zukünftigen Kader der aktiven Armee geholt werden, löcherig.

Darum werden die dafür verantwortlichen Berufsoffiziere an der militärischen Führungsschule der ETH in Zürich mit Sorgfalt für diese Aufgabe vorbereitet. Sie lernen, sich genügend Zeit zu nehmen, um dieser wichtigen Führungsaufgabe gerecht zu werden.

3 Kernprobleme der Personalplanung in der Milizarmee

3.1

Es gibt grundsätzlich zwei Ebenen der Personalplanung. Das Berufskader plant im Rahmen der Rekrutenkompanien, wie vorgängig beschrieben, das ist die eine Verantwortungsebene. Die andere liegt im Verantwortungsbereich der Truppenkommandanten, wie im DR 95 Ziff 25 festgehalten ist. Diese sind verantwortlich für die eigentliche Armee.

3.2

Ausgangslage ist die Organisationsform der Armee. Die Anzahl der Einheiten und die Einsatzdauer in einem Kommando oder einer Funktion bestimmen das Quantum Anwärter. Die Einsatzdauer liegt im Normalfall zwischen 3 bis 6 Jahren.

3.3

Die Planung der Kommandobesetzungen und der Zusammensetzung der Stäbe liegt in der Verantwortung der Kommandanten oder anders ausgedrückt, der Linienvorgesetzten.

Die Adjutanten, die eigentlichen Personalchefs innerhalb den Stäben, sind für die technischen Abläufe und das Zusammentragen aller Entscheidungsunterlagen verantwortlich. Es kommt nun immer wieder vor, dass, infolge der längeren personellen Präsenz, der Personalchef – Adjutant – zum Träger der Personalplanung wird. Das muss nicht unbedingt negative Auswirkungen haben, sofern der Kommandant klare Vorgaben gemacht hat und die Anwärter persönlich betreut, fördert und auswählt. Ich komme darauf zurück.

3.4

Entsprechend der Verweildauer ist eine mittelfristige Planung von 5 Jahren und eine langfristige von 10 Jahren anzustreben. Danebst sollen für jede hierarchische Stufe eine Anzahl von »Jokers« vorhanden sein, mit denen plötzlich auftauchende Engpässe behoben werden können.

Nachdem ein militärisches System mehr oder weniger starr ist, bereitet diese Personalplanung technisch keine allzugrosse Schwierigkeiten. Auch das Reservoir, aus welchem die notwendigen Anwärter auszulesen sind, ist bekannt. Es besteht auch keine Konkurrenz zu anderen Armeen. Ein Angehöriger der Schweizerarmee darf in keiner anderen Armee Dienst leisten.

Und trotzdem besteht eine enorme Konkurrenz in einer Milizarmee durch die Wirtschaft, Politik, zivile Ausbildung und Familie. Dass dabei der immer mehr vorhandene menschliche Egoismus mitspielt, ist selbstredend.

3.5

Wir können davon ausgehen, dass die von der Armee ausgelesenen Kader auch in ihrem zivilen Beruf Entscheidungsträger sind.

So kommt es nun in vielen Fällen zu einem Zielkonflikt. Je nach Unternehmen, nach verantwortlichem Personalchef oder momentaner wirtschaftlicher Situation werden die militärischen Kader bedrängt, ihre in der Armee notwendige Funktion nicht zu übernehmen. Der im Moment auftretende Engpass im Unternehmen überwiegt alle realen Überlegungen. Was zählt ist die fehlende Führungskraft und der damit verbundene Produktionsausfall. Das Unternehmen wird geschwächt, ist weniger konkurrenzfähig, verliert Aufträge und Arbeitskräfte. Soweit die oft gehörte Argumentation aus der zivilen Sicht.

3.6

Diese Argumentation ist verständlich aus der Sicht des oder der Betroffenen, ist aber einäugig.

Einer der Pluspunkte des Standortes Schweiz ist unsere gesellschaftliche und politische Stabilität. Der Schweizer liebt es, in geordneten Bahnen zu leben und seine Arbeit sauber und zielgerichtet ausführen zu können. Diese Stabilität hat unter anderem zu unserer heutigen, von vielen Ausländern immer noch begehrten Situation geführt. Aber Stabilität kommt nicht von selbst. Sie ist das Produkt vieler gemeinsamer Anstrengungen. Vor allem in einem Land mit vier verschiedenen Sprachgruppen, keinen Bodenschätzen und nur dem Willen, zusammen leben zu wollen, benötigt es »Etwas«, das zusammenschweisst, das kittet.

Bedrohungen aller Art, grosse staatliche Aufgaben, Katastrophenbewältigungen haben solche Effekte, die aber meistens nur von kurzer Dauer sind.

Die Milizarmee hingegen verbindet alle Landesteile, alle Bewohner, alle ethnischen Gruppen über Jahre. Ob arm oder reich, jeder hat seinen Teil dazu beizutragen. Und genau das, dieses Gemeinsame, führt schlussendlich zu einer Stabilität, die es zu erhalten gilt.

Solche Überlegungen hat ein Unternehmer auch zu berücksichtigen, will er seine Personalbewirtschaftung gesamtheitlich angehen.

3.7

Ein Unternehmen kann aber auch einiges von den militärischen Kadern erwarten. Fritz Fahrni, Präsident der Konzernleitung Sulzer AG, selbst Generalstabsoberst, drückt seine Erwartungen im Buch über die Stabs- und Kommandantenschulen »Kaderschmiede – Kaderschule« klar aus.

Die militärischen Kader lernen situativ zu führen. Dies wird im zivilen Bereich benötigt. Führen ist Menschenführen. Das lernt man nicht auf dem Papier. Hier haben die Armeekader, vor allem in jungen Jahren, einen grossen Vorteil gegenüber ihrem nur zivil geschulten Partner. Sie erleben die Auswirkungen des eigenen guten oder weniger guten Führungsverhaltens sofort und machen so ihre Erfahrungen. Und schlussendlich ist Führung Teamarbeit und aktive Kommunikation, ohne die kein Verband über die Dauer effizient geführt werden kann.

Ein Kommandant erlebt, was es heisst, mit seinem Stab zusammen zu arbeiten oder ihn brach liegen zulassen. Diese Erfahrung wiederum ist unbezahlbar und bringt ihm in seiner zivilen Führungsfunktion Vorteile.

3.8

Ein Charakteristikum eines Milizsystems (Armee, Politik, Vereinsleben) ist die ungleichmässig verteilte Belastung der Führungskräfte. Es trifft immer wieder die gleichen Personen, die gefragt sind. Diese sollten in Wirtschaft, Politik, Ausbildung und Armee Führungsfunktionen übernehmen. Danebst darf die persönliche Sphäre nicht vernachlässigt werden, z. B. die Familie. Wir alle wissen, ohne starke, gesunde Familien fehlt uns der Unterbau unseres Staates. In diesem Umfeld lebt der potentielle Anwärter für einen höheren militärischen Grad. Er selbst muss den

Weg finden, der seinen Neigungen entspricht. Bei dieser Beurteilung spielt der Egoismus eine entscheidende Rolle. Es ist einem Anwärter nicht zu verargen, aus seiner Sicht ein Führungsmandat in der Wirtschaft zu übernehmen, anstatt sich im Militär herumzuschlagen, das eine bringt Aufstieg und Wohlstand, das andere nur Verantwortung, Pflichten und etwas Ehre.

Hier ist der verantwortliche Kommandant gefordert. Es liegt nun bei ihm, die Gespräche mit dem Anwärter zu führen. Er muss mit Argumenten überzeugen und Möglichkeiten aufzeigen, Auswege aus den komplexen Situationen zu finden. Es geht ja nicht um die absolute Frage, – entweder/oder –, sondern um – sowohl als auch –, also dem ausgewogenen Nebeneinander verschiedener Aufgaben.

Das ist machbar, viele Einzelfälle beweisen es. Unternehmer kleinerer und grösserer Betriebe unterstützen die Armeeverantwortlichen oder sind selbst in führender Position im Militär. Einzelne, im Ausland tätige Schweizer kehren z. B. regelmässig für ihre Dienstleistungen in die Schweiz zurück, übernehmen Kommandofunktionen und geben jährlich einen Teil ihrer Ferien dazu her.

3.9

Das zentrale Argument für die Übernahme einer Funktion innerhalb der Milizarmee ist die Qualität der Führung. Wenn von militärischem Leerlauf und schwachen Chefs geredet und geschrieben wird, kann gegenargumentiert werden: gebt die fähigsten Leute für die Milizarmee frei!

Dem wird dann wieder entgegengehalten: macht die Armee interessanter, ansprechender, flexibler; lasst die Leute freier, innovativer, kreativer usf werden.

Wir befinden uns also in der Situation von Ei oder Huhn, was war zuerst?

3.10

Was bedeuten nun solche Überlegungen für das Human Resource Management im militärischen Alltag? Die Antwort ist sehr einfach. In einer Milizarmee kann und darf die Personalbewirtschaftung nicht losgelöst vom zivilen Bereich gemacht werden. Aber auch umgekehrt hat der zivile Bereich Rücksicht zu nehmen auf die gesamtheitlichen Aufgaben unseres Staates. Dies sollte auch von ausländischen Firmen, die in der Schweiz angesiedelt sind oder Niederlassungen in der Schweiz haben, eingesehen werden.

Aus diesem Grund muss die Verantwortung für das Personelle beim Kommandanten sein und nicht bei seinem Adjutanten. Der Linienverantwortliche kennt die gesamtheitlichen Zusammenhänge und muss die Gespräche mit den Betroffenen führen.

Nicht immer gelingt es, die verschiedenen Interessen in Einklang zu bringen. Das soll aber niemand daran hindern, die Probleme immer wieder von neuem anzugehen.

4 Auswahl, Förderung und Ausbildung der zukünftigen Kader

4.1

Mit der Armee 95 wurde ein neuer Wiederholungskurs (WK) Rhythmus eingeführt. Das Gros aller Verbände absolviert jedes zweite Jahr einen 3-wöchigen Wiederholungskurs. Dabei ist ein einwöchiger Kadervorkurs (KVK) vorgeschaltet. Im Zwischenjahr erhalten alle Offiziere eine Auffrischung in einem sogenannten Takt-Technischen Kurs (TTK) von einer Woche Dauer.

4.2

Diese Dienstleistungen sind die einzigen Möglichkeiten für die Verantwortlichen aller Stufen, die Anwärter für Kommandofunktionen oder Mitglieder in einem Stab an der Arbeit zu sehen und ihre Führungsfähigkeiten persönlich zu beurteilen.
Dabei zeigt sich sehr rasch der wesentliche Unterschied der Dienstleistungen.
Im TTK und KVK ist es möglich, einen Überblick über den Wissenstand, die militärischen Fähigkeiten und die Intelligenz zu erhalten.

Die Persönlichkeit und die Fähigkeit zu Führen (Menschführung, Durchhaltewillen, Verhalten in Extremsituationen, Führung des Verbandes im Gefecht, Ausbildungsfähigkeiten) tritt erst klar im WK in Erscheinung, bei der Arbeit mit dem Verband. Erst wenn täglicher Kleinkram das Führen erschwert, wenn schwierige Unterstellte (und Vorgesetzte) die zwischenmenschlichen Beziehungen stören, wenn es gilt, sich auch in sogenannt negativen Situationen positiv und motivierend vor seine Einheit zu stellen, erst dann kommen die echten Chefs zum Tragen. Dort trennt sich die Spreu vom Weizen.

4.3

Somit zeigt sich auch die Methode der Meinungsbildung. In TTK und KVK bringen Tests (militärisches Wissen und körperliche Verfassung) und Auftritte vor andern Teilnehmern als Ausbilder, Referent oder Detachementchef Klarheit über die vorhandene technische Kompetenz. Diese Dienstleistungen haben auch den Vorteil, mehr Zeit für Einzelgespräche mit den Betroffenen zu haben. Der Quervergleich zwischen den verschiedenen Kandidaten ist leichter.

Die Berufsoffiziere werden an der militärischen Führungsschule in einem Assessment-Center während mehrerer Tage angehört, beobachtet und beurteilt. Die dabei erhaltenen Informationen ergänzen, bestätigen oder schwächen bereits vorhandene Urteile und wirken als Selektionshürde. Diese Methode wird auch im zivilen Bereich verwendet. Daher kommt immer wieder der Ruf, Methoden eines Assessment-Center in TTK und KVK anzuwenden.

Es ist nun grundsätzlich dem betreffenden Truppenkommandanten überlassen, in seinem Verantwortungsbereich diese Methode zu benutzen. In der Praxis zeigt sich jedoch Zeitmangel und Mangel an kompetenten Assessment-Beobachter. Im WK, wie bereits erwähnt, besteht die beste Möglichkeit, sich einen realen Eindruck über das Leistungsvermögen zu verschaffen. Dazu eignen sich vorzüglich Übungen mit der Truppe. Bei dieser Art der Führung kann der Kandidat nur schwer etwas vormachen. Dies vor allem, wenn diese Übungen von einer gewissen Dauer sind, echte Führungsprobleme enthalten und vom Vorgesetzten persönlich betreut werden. Selbstverständlich werden sich immer wieder Fehler in der Beurteilung einschleichen. Man kann trotz allem nur an und nie in den Anwärter hinein sehen.

Um diese Fehler zu minimieren, sollen verschiedene Methoden angewendet werden. Nicht zu vernachlässigen ist dabei die Intuition, die Wirkung des ersten Eindrucks.

Diese Tätigkeiten benötigen jedoch Zeit – viel Zeit. Einige Kommandanten glauben diese Zeit nicht zu haben, die Vermittlung des militärischen Wissens sei vorrangig. Weder – noch!

Beides ist wichtig. Werden jedoch im Vorschlags- und Beförderungswesen Fehler gemacht, bestehen diese während einer Militärgeneration, und sie sind schwer zu eliminieren. Darum ist es so wichtig, sich Zeit zu nehmen, Zeit zu haben für Beobachtungen und Gespräche und erst dann entscheiden.

4.4

Zum Human Resource Management gehört auch bis zu einem gewissen Grad die Betreuung der Kandidaten. Während Weiterbildungslektionen über Führung und Ausbildung und Gemeinschaftsanlässen wie harten Übungen – kulturellen Anlässen – Besichtigung ziviler Betriebe und Institutionen kann motivierend gewirkt werden. Es kann eine Vertrauensbasis zwischen dem Vorgesetzten und dem Anwärter aufgebaut werden. Eine Basis, die unabdingbar ist für alle Personalentscheide.

Diese Zeit hat jedoch in einem vertretbaren Verhältnis zur übrigen Ausbildungszeit zu stehen. Schlussendlich geht ja der Wehrmann (der Offizier ist auch ein solcher) in den Militärdienst, um die Erfüllung seines Ernstfallauftrages zu erlernen oder zu festigen und nicht, um Bierbrauereien zu besichtigen oder einen hochinteressanten Vortrag über den Weltraum zu hören!

4.5

Die folgende Ausbildung in den Kaderschulen gehört nicht zur Aufgabe des Human Resource Management – oder doch? Wenn ein Kaderangehöriger mit einem unbefriedigenden Eindruck aus Weiterausbildungskursen zurückkommt, wenn er den zeitlichen Aufwand dafür als Verlust anschaut, dann muss sein Vorgesetzer intervenieren. Dafür ist er auch verantwortlich, hat er doch den Anwärter in die betreffenden Schulen gemeldet.

Mit der Armee 95 konnte ein alter Gedanke verwirklicht werden. Die einstigen Centralschulen, die im letzten Jahrhundert in Thun angesiedelt waren, wurden als Stabs- und Kommandantenschulen (SKS) wieder zusammengeführt, diesmal in Luzern, und nach einem modernen Konzept teilweise neu gestaltet. Mit Führungssimulatoren, welche das Gefechtsfeld simulieren, kann die Führungstechnik z. B. drillmässig trainiert werden. Im Buch »Kaderschmiede – Kaderschule« Kdo ZS Bern 1994, orientieren verschiedene Autoren darüber. Es scheint mir wichtig, einen Aspekt herauszuheben. Die Querverbindung militärische Führung – zivile Führung. Obwohl Führen im Grundsatz immer das Gleiche bedeutet, nämlich mit jemandem oder durch jemanden etwas machen zu lassen und Erfolg zu haben, bestehen doch Unterschiede.

Im Militär wird der Katastrophenfall geübt (alle hoffen, dass er nie eintrifft), im Gegensatz zum zivilen Bereich, wo man immer im Ernstfall ist. Rolf Dubs und Fritz Fahrni gehen im Buch »Kaderschmiede – Kaderschule« darauf ein. Das bedeutet, die Unterschiede zu erkennen und auszuwerten. Die Armee hat sich primär für den Verteidigungsfall im weitesten Sinn vorzubereiten. Die dabei verwendeten Führungsabläufe können auch in der Wirtschaft Gültigkeit haben. Aber auch Führungsabläufe der Wirtschaft haben im militärischen Alltag Verwendung. Die vorhandenen Synergien sind im gegenseitigen Interesse zu nutzen. Eine Arbeitsgruppe, zusammengesetzt aus Mitgliedern der Armee, der Wirtschaft und der Universität St. Gallen, erarbeitet im Moment Konzepte. Erste Versuche haben stattgefunden.

Diese Zusammenarbeit nach dem Motto.

»Getrennt marschieren aber vereint schlagen«,

soll ein gemeinsames Ziel haben, nämlich gute Kader zu erhalten.

Aus der Sicht der Beteiligten soll gesagt werden können:

Armee:	wir haben gute Kader erhalten,
Wirtschaft:	die militärische Weiterbildung ist notwendig und bringt unseren Kadern und uns auch etwas,
Betroffene:	es hat sich gelohnt, ich möchte es nicht missen.

5 Schlussbemerkungen

5.1

Die Wirtschaft kann ihre Kader nicht konkurrenzlos rekrutieren. Die von J. P. Kotter aufgestellte These gilt auch für die Armee. Hans-Dieter Vontobel, Generalstabsoberst und Verwaltungsratspräsident der Vontobel Holding AG in Zürich schreibt im Buch »Kaderschmiede – Kaderschule«: »Die Armee muss sich in einem Markt behaupten, eben jenem der Kader, und deshalb annähernd so attraktiv sein wie zivile Kaderschulen.«

Im Zusammenhang damit sind die Verantwortlichen innerhalb der Armee gefordert. Vieles wurde schon erreicht, aber noch mehr muss gemacht werden. Mit der Verwirklichung des Armee-Ausbildungszentrums in Luzern, in seiner geplanten Gesamtheit, wird ein grosser Schritt in die notwendige Richtung gemacht. Dabei darf nicht vergessen werden: neue Konzepte, moderne Infrastrukturen und Siumulatoren geben die Rahmenbedingungen, die verantwortlichen Chefs, die diese benutzen und mit Leben erfüllen sollen, den Inhalt!

5.2

Human Resource Management im militärischen Alltag einer Milizarmee kann nicht losgelöst vom zivilen Umfeld der Betroffenen betrieben werden. Zu gross sind die Querverbindungen. Dadurch kommt automatisch die von Rolf Dubs angesprochene Gliederung in Teilbereiche auch zum Tragen.

Die Mitarbeiter (Anwärter auf einen militärischen Grad) müssen sich an der Planung ihrer Weiterausbildung beteiligen können. Gespräche über mittel- und langfristige Einsätze sind zwingend notwendig.

Die Human Resources Bewegungen finden auch in der Milizarmee statt, und zwar ausgeprägt. Um nicht kompetente Führungskräfte, die in ihrem zivilen Beruf kurzfristige Umdispositionen erfahren, zu verlieren, muss die Armee flexibel sein und den Betroffenen entgegen kommen. Aber auch die zivile Seite muss sich bewusst sein, dass wir alle im gleichen Boot sind. Politische und gesellschaftliche Stabilität ergeben Sicherheit und Standortvorteil. Eine starke Armee, geführt durch kompetente Kader, steuert ihren Teil dazu bei. Darum soll jeder Unternehmer in seinem eigenen Interesse dazu beitragen, dass die besten Kräfte motiviert werden, auch in der Armee Führungsfunktionen zu übernehmen.

Literaturverzeichnis

Kommando der Zentralschulen Bern: »Kaderschmiede – Kaderschule«, Bern 1994
KOTTER, JOHN P.: »Erfolgsfaktor Führung«, Frankfurt/New York 1989
STEIGER RUDOLF: »Menschenorientierte Führung«, Frauenfeld 1994
nicht klassifizierte Führungsvorschriften der Schweizerarmee
Dienstreglement DR 95 gültig ab 1.1.95
Taktische Führung TF 95 gültig ab 1.1.95

Teil II
Human Resource Management im globalen und strategischen Kontext: Grundsätze und Rahmenkonzepte

Human Resource Management als Wettbewerbsvorteil in globalen Märkten

von

Jan S. Krulis-Randa

Gliederung

1 Einführung

Human Resource Management (HRM) oder das Personalmanagement sind jeweils Spiegelbilder der entsprechenden Gesellschaft und des sozialen Wandels. In seinem Einführungsartikel zum Thema des Human Resource Management kam Rolf Dubs zur folgenden kritischen Schlussbemerkung (Dubs 1996): »Aufgrund meiner praktischen Tätigkeit in Unternehmen und anhand von Beobachtungen in der Wirtschaftspraxis frage ich mich, ob nicht viele wissenschaftliche Erkenntnisse, die häufig von Leuten ohne praktische Führungserfahrung entwickelt werden, oft zu optimistisch verallgemeinert werden. Und dies in einer schwierigen Zeit für die Wirtschaft, wo eine *Differenzierung* anhand *situativer* Faktoren wie Entwicklungsstand der Wirtschaft, Geschichte und Kultur des Unternehmens, strukturelle und konjunkturelle Lage der Branche und Strategie des Unternehmens dringend nötig ist«. Tatsächlich gibt es kein einziges, universelles Management des Personals oder der menschlichen Ressourcen. Es gibt auch keine Standardlösung des Personalproblems in der Praxis. Je nach den situativen Faktoren (den Rahmenbedingungen) und den vorherrschenden Menschenbildern (den internen Beziehungen) werden die Menschenführung und die Unternehmensstrategie spezifisch und unterschiedlich sein.

Ziel dieses Beitrages ist es, die nötige Differenzierung des Human Resource Management unter dem Einfluss der gegenwärtigen Globalisierung der Wirtschaft zu skizzieren. Die Globalisierung ist ein sehr aktueller Trend, der die Entwicklung des Human Resource Management in vielen Unternehmungen wesentlich beeinflusst. Gewiss entsteht dadurch wiederum kein einheitliches, sondern je nach Branche und Strategie ein sehr vielfältiges Management des Personals oder der menschlichen Ressourcen.

2 Human Resource Management in der Zeit der Globalisierung

Globalisierung der Wirtschaft wurde durch die fortschreitende Entwicklung der Kommunikations- und Transport-Technologie ermöglicht. Es ist eigentlich kein neues Phänomen. Was der Megatrend »Globalization« beinhaltet, wurde an der Jubiläumstagung des Institutes für betriebswirtschaftliche Forschung der Universität Zürich im Februar 1990 von Philip Kotler, Jost Wirz, Quincy Hunsicker und dem Autor dieses Beitrages dargelegt (vgl. Die Unternehmung 2/1990). Seit dem Ende des Kalten Krieges wurde der Begriff »Globalization« zum Schlagwort, mit dem die gesellschaftliche Umwälzung und die orientierungslose Post-Moderne erklärt wird. Es wird behauptet, dass die Globalisierung der Märkte Schuld daran sei, dass es der Wirtschaft allgemein schlechter geht als während des Kalten Krieges, dass die Arbeitslosigkeit steigt und die Verarmung der Bevölkerung zunimmt. Weiter wird behauptet, dass der globale Wettbewerb scheinbar auch Entlassungen und Lohnabbau auf mittleren und tieferen Stufen bewirkt. Deshalb ist zunächst eine sachliche und schärfere Auseinandersetzung mit den Merkmalen der Globalisierung notwendig, um ihren Einfluss auf das Human Resource Management bestimmen zu können.

2.1 Die Merkmale der Globalisierung

2.1.1 Definition

Globalisierung ist ein Prozess der Vernetzung von unterschiedlichen Kulturen und Regionen der Welt in ein globales System. Es ist nicht eine Verschmelzung zur homogenen Einheit, sondern eine Verbindung von andersartigen Sub-Systemen zum multikulturellen Supersystem.

2.1.2 Ursprung

Der Prozess der Globalisierung, so wie oben definiert, ist nicht neu. Er begann bereits, als sesshafte Stämme nomadisiert wurden. Die Entwicklung der Vernetzung von unterschiedlichen Regionen und Kulturen der Welt intensivierte sich durch das Römische Imperium, durch den Kolonialismus, die Entdeckung von Amerika bis hin zur gegenwärtigen Erfassung des gesamten Planeten. Der Drang des Menschen nach einer weltweiten Erschliessung ist ein Megatrend der Geschichte, der sich nicht aufhalten lässt. Seine Durchführung wurde immer wieder mit Hilfe der innovativen Technologie der Fortbewegung und Kommunikation ermöglicht.

Insbesondere das Abendland erlebte von Zeit zu Zeit eine sprunghafte, starke Transformation der Gesellschaft, so im 13. Jahrhundert (die Entstehung des Welthandels, der Universitäten, der Städte), im 15. Jahrhundert (die Renaissance, der Buchdruck und die Entdeckung von Amerika), im 18. Jahrhundert (die Industrielle Revolution, die Amerikanische Revolution, der Kapitalismus und Kommunismus) und nun die Post-Moderne, die im 21. Jahrhundert eine neue Gesellschaft bringen wird. Die gegenwärtige gesellschaftliche Transformation ist gekennzeichnet durch eine aussergewöhnliche Beschleunigung und Globalisierung in Forschung und Technik, die zu einer bedeutenden Herausforderung für alle wird.

2.1.3 Konsequenzen

Die ausserordentliche, intensive Globalisierung unserer Zeit hat zwar ihr Ziel, ein globales multi-kulturelles Supersystem zu etablieren, noch nicht erreicht, aber sie verursachte eine tiefgehende gesellschaftliche Transformation mit schwerwiegenden Restrukturierungen der regionalen Volkswirtschaften. Sie stellt eine grossartige Chance dar, weil je intensiver die Verbindungen von andersartigen Subsystemen sind, desto mehr Tauschprozesse können verwirklicht werden. Mit der Entstehung der globalen Märkte steigt die Nachfrage nach Produkten, Dienstleistungen, Ideen und Fähigkeiten. Durch das Tauschen entwickelt sich der weltweite Wohlstand.

Die intensive Globalisierung stellt gleichzeitig eine Gefahr dar, da die unerhörte Beschleunigung wenig Zeit für eine reibungslose Anpassung erlaubt. Die steigende Nachfrage nach andersartigen, aber auch billigeren Angeboten führt zum harten Wettbewerb und zur Verlagerung der Produktion wie auch des Know-how in die Entwicklungsländer. Wenn das Management der Unternehmungen durch den Wandel überfordert wird, dann steigt auch die Arbeitslosigkeit und die Verarmung des Mittelstandes.

Michael Porter kam in seiner Forschungsarbeit über die Wettbewerbsfähigkeit in globalen Märkten unter anderem zu drei wesentlichen Schlussfolgerungen (Porter 1990, S. 18–30):

(1) »In a world of increasingly global competition, *nations* have become more, not less, important …
(2) … national prosperity is created, not inherited …
(3) … the most important conditions of national competitiveness are *skilled human resources* and the *scientific base* …«.

Dies führt uns zum Kernpunkt unseres Themas, nämlich zum Einfluss der Globalisierung auf das Wesen des Human Resource Management.

2.2 Der Einfluss der Globalisierung auf das Human Resource Management

Nicht alle Unternehmungen sind gleichmässig von der intensiven Globalisierung betroffen. Wir können drei unterschiedliche Situationen feststellen:

(1) Unternehmungen, die direkt in globalen Märkten auftreten (verkaufen oder einkaufen), handeln mit universellen Standardprodukten, modifizierten Produkten oder lokalen Spezialitäten. In all diesen Fällen wird das Human Resource Management zum wichtigen Aspekt der Kernkompetenz, die zum Erfolg führt. In multi-kulturellen Systemen sind die Fähigkeiten und Fertigkeiten der menschlichen Ressourcen bei der Gestaltung der Wertschöpfungsketten bedeutender als die physischen Produkte.
(2) Unternehmungen, die nicht auf globalen Märkten partizipieren, aber den globalen Wettbewerb auf ihren lokalen Märkten spüren, stellen die zweite Situation dar. Die harte Konkurrenz aus den »emerging nations«, die meistens über einen tiefen Preis der Produkte konkurrieren, zwingt das Management zur Restrukturierung und zum Abbau von menschlicher Arbeit, wenn die Innovationsfähigkeit nicht vorhanden ist. In dieser Situation werden die Mitarbeiter nicht als Ressourcen (d. h. Quellen der Innovation), sondern als Kostenfaktoren betrachtet, die reduziert werden müssen.
(3) Schliesslich gibt es noch eine beträchtliche Gruppe von Unternehmen, die durch die intensive Globalisierung nicht direkt betroffen sind, indirekt jedoch

spüren sie die gesellschaftliche Transformation. In diesen Fällen des »business as usual« wird das Human Resource Management oder das Personalmanagement in den bekannten, verschiedenen Variationen praktiziert, so wie sie im Einführungsbeitrag von Rolf Dubs beschrieben sind (vgl. Dubs 1996).

2.3 Human Resource Management im globalen Wettbewerb

Die folgenden Ausführungen konzentrieren sich auf die vorhin beschriebene erste Gruppe von Unternehmungen (direkter Auftritt in globalen Märkten). Durch die Globalisierung sind neue Märkte entstanden, weil die Vernetzung von unterschiedlichen Kulturen eine Vielfalt von Angeboten und Bedürfnissen in Verbindung gebracht hat, aus der Tauschprozesse entstehen können. Ein Tausch ergibt sich aus der Differenz zwischen Angebot und Nachfrage. Wenn alle dasselbe haben, können sie nicht tauschen. In globalen Märkten besteht die Differenzierung des Angebotes wie der Nachfrage in den andersartigen menschlichen Ressourcen. Die menschlichen Fähigkeiten, Fertigkeiten, Mentalitäten, Verhaltensweisen, Weltanschauungen, Wertvorstellungen schaffen die Differenzierung, die auf den globalen Märkten zu Tauschprozessen führt.

Unternehmungen, die in globalen Märkten operieren, brauchen eine besondere Kompetenz auf dem Gebiet des Human Resource Management. Die menschliche Arbeit wird zur Quelle der Innovation und des Erfolges. Es ist das Wissen, das auf den globalen Märkten die Wertschöpfung schafft, und nicht die physische Arbeit. Wenn die Kernkompetenz der global tätigen Unternehmung beim Human Resource Management liegt, dann erhält diese Funktion einen neuen Inhalt und eine neue Stellung in der Unternehmungsführung, die man folgendermassen charakterisieren kann:

(1) Für die Unternehmung in globalen Märkten ist das Human Resource Management die ausschlaggebende, aber auch die schwierigste Funktion. Der Manager von menschlichen Ressourcen muss fähig sein, das unterschiedlichste Wissen in den andersartigen Kulturen zu erfassen (beherrschen kann er die riesige Vielfalt nicht), um das spezifische Wissen vernetzen zu können und es produktiv einzusetzen.
Folge ist: Das Human Resource Management im globalen Wettbewerb muss die Strategie der gesamten Unternehmung mitgestalten.

(2) Die sinnvolle Anwendung des integrierten Wissens in Produktivitätsprozessen schafft eine Innovation. Aber erst wenn die Ergebnisse dieser Innovation nachgefragt werden, entstehen auch neue Arbeitsplätze.
Folge ist: Aufgabe des Human Resource Management im globalen Wettbewerb ist es, das aufeinander abgestimmte Wissen so produktiv einzusetzen, dass es die Nachfrage des bestimmten Marktsegmentes befriedigt. Ziel ist es Arbeitsplätze zu schaffen, nicht sie abzubauen.

(3) Der gebildete Mensch ist ein Erfolgsfaktor in globalen Märkten, aber die Ausbildung muss den Menschen auf das Funktionieren einer multi-kulturellen,

globalen Welt vorbereiten. Die Ausbildung, Weiterbildung und Umschulung konzentrieren sich auf die Pflege der individuellen Lern- und Denkfähigkeiten. Ein ausgebildeter Wissensarbeiter ist kein Kostenfaktor, sondern eine Investition, denn er ist weiterhin noch lern- und verbesserungsfähig (im Gegensatz zu einer Maschine, die abgeschrieben werden muss).
Folge ist: Aufgabe des Human Resource Management im globalen Wettbewerb ist die kontinuierliche Entwicklung der Beschäftigungsfähigkeit der Mitarbeiter. Die Unternehmen in den westlichen Kulturkreisen können dem Mitarbeiter die Dauerbeschäftigung nicht garantieren, jedoch aber die Beschäftigungsfähigkeit vermitteln und damit übernehmen sie auch die soziale Verantwortung für den Abbau der Arbeitslosigkeit.

Die wesentlichen Besonderheiten des Human Resource Management im globalen Wettbewerb sind somit kurz skizziert worden. Im nächsten Abschnitt möchten wir uns mit der theoretischen Begründung dieser Entwicklung, die durchaus positive Aspekte mit sich bringt, auseinandersetzen.

3 Menschliche Ressourcen als relativer Vorteil (»comparative advantage«) und Human Resource Management als Wettbewerbsvorteil (»competitive advantage«) in globalen Märkten

Die bereits zitierte Forschungsarbeit Michael Porters über den Wettbewerbsvorteil der Nationen hebt die Bedeutung der Unterschiede des nationalen Charakters, der differenzierten Kulturen und der verschiedenen menschlichen Eigenschaften hervor. Porter schreibt im Epilogue seiner Forschungsarbeit: »But, in truth, national differences are at the heart of the competitive success. Nations prosper in industries that draw most heavily on unique elements of their histories and characters. Firms can increasingly source labor, materials, components, and even basic product and process technology in global markets. As competition has become more knowledge-intensive, the influence of the national environment has become even more vital. It shapes the way opportunities are perceived, how specialized skills and resources are developed, and the pressures on firms to mobilize resources in rapid and efficient ways. *It is the creation of knowledge and capacity to act, which are the result of a process that is highly localized, that determines competitive success*« (Porter 1990, S. 735–736).

Offensichtlich hat die gesellschaftliche Transformation unter dem Einfluss der Globalisierung eine neue Erklärung der Wettbewerbstheorie gebracht. Nach Porter sind es heute die nationalen Kulturen und individuellen Eigenschaften, geformt durch die lokalen Rahmenbedingungen, die den Wettbewerbserfolg in globalen Märkten bestimmen. Es sind also nicht mehr die absoluten Vorteile (nach Adam Smith war die Region mit den tiefsten Lohnkosten vorteilhaft) und auch nicht mehr die relativen Vorteile (nach David Ricardo war die Region mit der relativ höchsten Produktivität vorteilhaft) einer Volkswirtschaft entscheidend, so wie dies die klassische ökonomische Theorie (»comparative advantage theory« oder genauer »theory of comparative cost«) noch erklärte. Die ältere Vorstellung über den Wettbewerbsvorteil beruhte auf jenen Faktoren, die ausschliesslich den notwendigen *Input* für die Produktion ausmachten, also die sogenannten Produktionsfaktoren (nach Smith und Ricardo). Nach den Kosten der Produktionsfaktoren wurde auch die Produktivität der Herstellung gemessen. Diese Vorstellung der vergleichbaren Kosten unter der Annahme des uneingeschränkten Wettbewerbs (»theory of perfect competition«) war in ihrer Zeit (im 18. und 19. Jahrhundert) nicht falsch, aber sie entspricht heute nicht mehr der gegenwärtigen Realität.

Die neue »Comparative Advantage Theory of Competition« hebt die Gestaltung des *Outputs* im Wettbewerb hervor, d.h. die Faktoren der Wertschöpfung aus der Sicht der Nachfrage. Die Kunden bestimmen den Wert des Angebotes, nicht die Kosten. Es ist naheliegend, dass sich in dieser Betrachtung auch das Menschenbild stark veränderte, von den Produktionsfaktoren zu den Ressourcen der Wertschöpfung.

3.1 Die Entstehung der neuen »Comparative Advantage Theory of Competition«

Die Theorie hilft uns, das Phänomen des globalen Marktes zu erklären. Eine kurze Skizze der neuen Wettbewerbstheorie trägt zum Verständnis unseres Themas bei. Die neue »Comparative Advantage Theory« bewegt sich von der Ausrichtung auf »theory of comparative cost« zur Betrachtung der »theory of competitive advantage«.

Die beiden Autoren Shelby D. Hunt/Robert M. Morgan (1995) bezeichnen die neue Theorie als »comparative advantage theory of competition« und setzen sie als Gegensatz zur neoklassischen Theorie des uneingeschränkten Wettbewerbs (»perfect competition«) und der vergleichsweisen Kostensituation (»comparative cost«). In einigen Stichworten konnten die Autoren die neue Theorie charakterisieren und hier geben wir eine gekürzte Auswahl wieder:

Dieser Vergleich der theoretischen Denkansätze zeigt deutlich die starke Veränderung des Wettbewerbs zwischen den Volkswirtschaften und darüber hinaus zwischen den in globalen Märkten tätigen Unternehmen. Insbesondere werden die Ressourcen (Arbeit, Boden, Kapital) nicht mehr als Faktoren der Produktion betrachtet, sondern sind zu Faktoren der Wertschöpfung für die Nachfrage geworden. Es sind beispielsweise die finanziellen, physischen, rechtlichen, menschlichen, strukturellen, computerunterstützten, beziehungsartigen oder kulturellen Ressourcen, die zu einem vergleichbaren Vorteil führen können, wenn sie richtig eingesetzt werden. Die Voraussetzung für die Wettbewerbsfähigkeit einer Unternehmung in globalen Märkten besteht im vergleichbaren Vorteil der sinnvollen Kombination von eigenen Ressourcen gegenüber der Konkurrenz (Barney 1991). Diese Tatsache erklärt die Diversität von Unternehmungen im marktwirtschaftli-

Wesentliche Aspekte	*Comparative Cost Theory*	*Competitive Advantage Theory*
1. Nachfrage	Homoge	Heterogen
2. Information	Perfekt Kostenfrei	Imperfekt Kostspielig
3. Ziel	Gewinnmaximum	Überlegene Marktleistung
4. Ressourcen	Kapital, Arbeit, Boden	physische finanzielle rechtliche menschliche computergestützte beziehungsartige strukturelle kulturelle
5. Wettbewerb	vergleichbare Kosten	Wettbewerbsvorteil

Tab. 1: Grundlagen der neoklassischen und der neuen Wettbewerbstheorie (in Anlehnung an Hunt/Morgan 1995, S. 3)

chen System, weil jede Unternehmung unterschiedliche Ressourcen besitzt und diese in besonderer Weise kombinieren kann.

Ein vergleichbarer Vorteil der Ressourcen allein führt noch nicht zum Wettbewerbsvorteil. Es muss ein Bindeglied zwischen »Comparative Advantage der Ressourcen« und »Competitive Advantage in der Marktposition« die ideale Kombination gestalten (vgl. Abbildung 1).

Dieses Bindeglied zwischen dem Markt (der Nachfrage und der Konkurrenz) und den Ressourcen (dem Angebot) stellt das Management der Unternehmung mit seiner Strategie, dem vorhandenem Wissen und der Qualität der menschlichen Ressourcen her. Das Know-how der relevanten Marktsegmente bestimmt, ob eine von der Konkurrenz differenzierte Kombination von Ressourcen einen höherliegenden Wert für den Kunden darstellt oder nicht. Die relative Differenzierung der Ressourcen ist solange wertlos, bis durch die Kundenfokussierung eine Nachfrage gefunden wird, die die Ressourcen-Gestaltung wertvoll macht. Oder umgekehrt: Die Marktchancen relevanter Segmente sind solange wertlos, bis durch das Human Resource Management ein Angebot gefunden wird, welches für die Kunden wertvoller erscheint als das Angebot der Konkurrenz.

Competitive Advantage in einer Marktposition impliziert drei Charakteristika der Marktwirtschaft: Der Markt ist segmentierbar, Informationen sind ungleich verteilt und Entscheidungen sind nicht rational. Die Wettbewerbstheorie suggeriert schliesslich, dass der freie Wettbewerb für die Unternehmung (Micro-Ökonomie) überlegene finanzielle Ergebnisse bringt und für die Gesellschaft (Macro-Ökonomie) überlegene Qualität des Angebotes, Wirtschaftlichkeit und Innovation. Beide Wertschöpfungsziele sind voneinander untrennbar: Der »Shareholder value« ist wertlos ohne »Stakeholder value«.

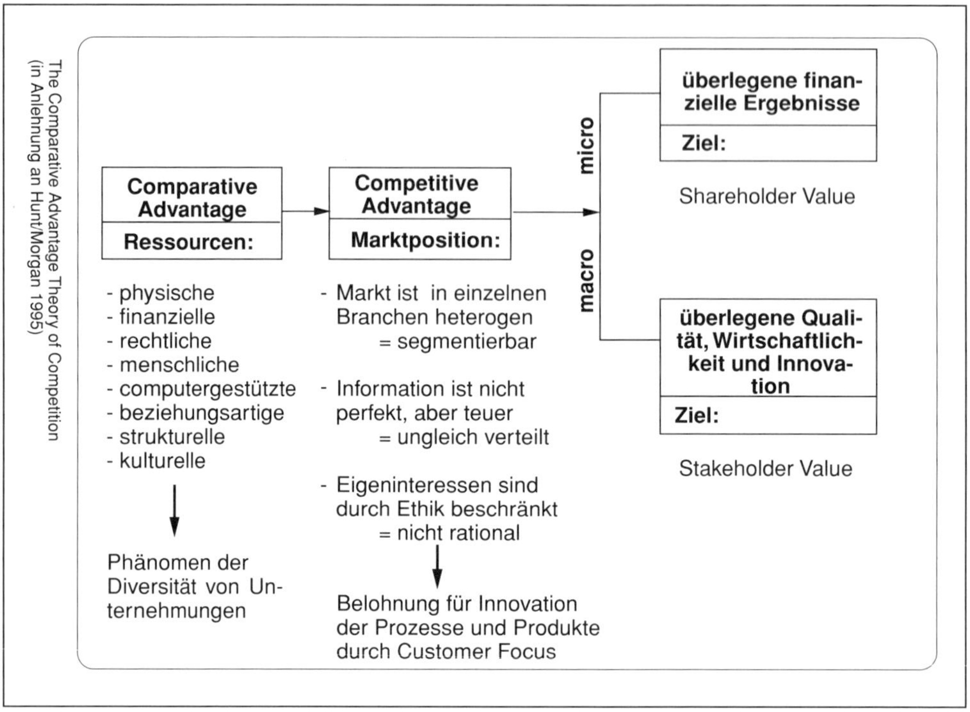

Abb. 1: The Comparative Advantage Theory of Competition (in Anlehnung an HUNT/MORGAN *1995, S. 378)*

3.2 Human Resource Management als Wettbewerbsvorteil

Wie bereits festgestellt, wird der Wettbewerbsvorteil durch die menschlichen Ressourcen kreiert und erhalten. Der Mensch ist ein Produkt seiner Umwelt. Da die Umwelt in globalen Märkten multi-kulturell ist, ist der Wettbewerb in globalen Märkten äusserst vielfältig. Der Mitarbeiter mit seinen spezifischen Begabungen, Erfahrungen, Verhaltensweisen und seinem eigenständigen Wissen wird zum relativen Vorteil der Unternehmen im globalen Wettbewerb. Diese neuere Sichtweise hat bereits Ergenzinger sehr treffend beschrieben: »Der Mensch in der Unternehmung nimmt eine Subjekt- und keine Objektstellung im Sinne eines Produktionsfaktors ein. Er wird nicht Mittel zum Zweck, sondern zum strategischen Erfolgsfaktor einer Unternehmung. Daher auch die Notwendigkeit einer *ganzheitlichen* Sichtweise. Damit kommt dem Mitarbeiter jene Beachtung und Bedeutung zu, die ihm zusteht, wenn er als »resource« gesehen wird. Human Resources können unter solch einer Betrachtung zu einem Wettbewerbsvorteil werden« (Ergenzinger 1993, S. 202). Die unterschiedlichen Eigenschaften der menschlichen Ressourcen sind an sich noch nicht ein Wettbewerbsvorteil, sondern gemäss Ergenzinger können sie es unter bestimmten Umständen werden.

Menschliche Ressourcen bieten den relativen Vorteil, wenn sie so betrachtet werden, aber zum Wettbewerbsvorteil werden sie erst durch das *Management* der Human Resources, welches allerdings auch durch die nationale Kultur seine besondere Eigenschaft erhält. Dies hat bereits Hofstede schon sehr früh durch seine Forschung bestätigt (Hofstede 1975). Porter warnt jedoch vor einer einseitig nationalen Kompetenz im Management: »The problem with this explanation, however, is that different industries require different approaches to management. What is celebrated as good management practice in one industry would be disastrous in another. The small, private, and loosely organized family firms that populate the Italian footwear, textile, and jewelry industries, for example, are hotbeds of innovation and dynamism … However, these same structures and practices would be a disaster in a German chemical or automobile company, a Swiss pharmaceutical producer, or an American commercial aircraft manufacturer« (Porter 1990, S. 4–5).

Das Human Resource Management wird zum Wettbewerbsvorteil in globalen Märkten erst, wenn es fähig ist, die menschlichen Ressourcen so *auszuwählen*, zu *bewerten*, zu *entwickeln* und zu *belohnen*, dass sie in einem Teamwork eine bessere Wertschöpfung den globalen Kunden anbieten können als die Konkurrenz. Das ist der Kern des professionellen Management von Human Resources. Wenn die klassischen vier Aufgaben des Personalmanagement (Auswählen, Bewerten, Entwicklen, Belohnen) vollzogen werden, dann gelingt auch die Transformation von »comparative advantage« in »competitive advantage«.

Die Auswahl geeigneter Mitarbeiter richtet sich nach zwei Kriterien: das *Wissen* und die *Fähigkeiten*. Im globalen Wettbewerb wird der Wissensarbeiter (»Knowledge-Worker«) mit einem breiten, generellen Wissen zu einer Ressource. Der Wissensarbeiter gehört in der gegenwärtigen Transformationsgesellschaft zur führenden sozialen Gruppe. Je nach Branche oder Industriezweig wird ein entsprechend spezifisches Know-how verlangt. Geeignet sind jene Kandidatinnen und Kandidaten, die eine flexible Denkweise und eine starke Lernfähigkeit haben. Der Wissensarbeiter ist unabhängig von einem Vorgesetzten, weil er in seinem Spezialgebiet mehr weiss als der Manager, der das Team nur koordiniert. Der Wissensarbeiter bestimmt auch seine Arbeit, die Zeit und die Kompensation. Damit ist die primäre Aufgabe des Human Resource Management im globalen Wettbewerb die Auswahl und die Bewertung der menschlichen Ressourcen.

Die wesentlichen Aspekte der Bewertung von menschlichen Ressourcen sind:

(1) Die *Lernfähigkeit* (keine Zeugnisse oder Diplome des bereits Gelernten stehen im Vordergrund)
(2) Die *Transformation der Fähigkeiten* in Werte (nicht primär die Fähigkeiten an sich)
(3) Die *Flexibilität* bei der Anpassung an das Unerwartete (nicht die vorgefasste Meinung)
(4) Die *Teamfähigkeit* (nicht die egozentrischen Erfolge)
(5) Die *Bereitschaft* neue Fähigkeiten und Fertigkeiten *zu lernen* und die veränderte *Meinung zu akzeptieren* (nicht das, was man bereits erreicht hat zu verteidigen)
(6) Die Fähigkeit zur *Erneuerung* (nicht »Schuster bleib bei deinen Leisten«).

Die Bewertungsmethoden bei der Auswahl von Mitarbeitern nach diesen Kriterien wurden bereits entwickelt. Insbesondere die japanischen multinationalen Unternehmen wie Mazda Motor Man. USA oder Diamond-Star (Mitsubishi Motor) haben solche Methoden eingesetzt.

4 Schlussfolgerung

In der Gegenwart erleben wir eine gesellschaftliche Transformation, die einerseits für uns eine grossartige Chance bedeutet, andererseits aber auch soziale Gefahren hervorbringen kann. Sie ist durch eine sehr intensive und rasche Globalisierung verursacht. Die Rolle des arbeitenden Menschen, das Menschenbild und das Management der Human Resources sind in einem tiefgreifenden Wandel. Je nachdem wie dieser Wandel abläuft, wird die Transformation zu einer Chance oder aber zu sozialen Gefahren führen. Voraussetzung zur Chance ist das Verständnis der Globalisierung als ein sozialer Prozess. Sie bedeutet nicht eine Integration zur homogenen Einheit, sondern eine Vernetzung von unterschiedlichen Kulturen zu einem multi-kulturellen System. Ein globaler Markt hat deswegen eine reiche Vielfalt von Bedürfnissen und Wünschen sowie unterschiedliche Leistungen, die diese befriedigen können. Die Tauschprozesse auf den multi-kulturellen Märkten brauchen eine neue ökonomische Theorie. Diese ist nicht mehr durch den Wettbewerb der Produktionsfaktoren (»comparative cost advantage«) bestimmt, sondern durch die Wertschöpfungsfaktoren – betrachtet aus der Sicht der Nachfrage. Damit sind die menschlichen Ressourcen im Mittelpunkt des Wettbewerbs. Allein die vergleichbaren menschlichen Qualitäten an sich führen noch nicht zu einem Wettbewerbsvorteil, sondern ihre Vernetzung in ein nachfrageorientiertes Angebot. Mit anderen Worten: Das Management der Human Resources ist heute der Wettbewerbsvorteil in globalen Märkten geworden. So haben auch Schuler und Jackson kürzlich festgestellt: »Key to the success of companies today and into the 21st century is the effective utilization of human resources« (Schuler/Jackson 1996, S. 153).

Literaturverzeichnis

Barney, J.: Resources and Sustained Competitive Advantage, in: Journal of Management 1991, H. 1, S. 99–120

Dubs, R.: Human Resource Management, in diesem Band, S. 13–30

Ergenzinger, R (1993): Arbeitszeitflexibilisierung – Konsequenzen für das Management, Bern

Hofstede, G. H. (1975): The aliented headquarters executive, EIASM, Bruxelles

Hunt, S. D./Morgan, R. M.: The Comparative Advantage Theory of Competition, in: Journal of Marketing 1995, H. 2, S. 1–15

Institut für betriebswirtschaftliche Forschung der Universität Zürich, Symposium zum Thema: »Globalization – Visionen zur Jahrtausendwende«, in: Die Unternehmung 1990, H. 2, S. 73–149

Krulis-Randa, J. S.: Customer Focus and Competitive Advantage, in: Die Unternehmung 1995, H. 6, S. 373–379

PORTER, M. E. (1990): The Competitive Advantage of Nations, London

SCHULER, R. S./JACKSON, S. E.: Human resource management: positioning for the 21st century, in: Markt- und menschenorientierte Unternehmensführung, hrsg. v. Staffelbach, B./Wehrli, H. P., Bern 1996, S. 151–178

Strategieumsetzung im Dienstleistungsbetrieb mittels Human Resource Management (HRM)[1]

von

Peter F. Weibel

Gliederung

1 Zu besonderem Dank verpflichtet bin ich meinem Partnerkollegen, Fritz Meyer, dem Personalverantwortlichen von Revisuisse Price Waterhouse, der mich bei der Abfassung dieses Aufsatzes tatkräftig unterstützt hat.

1 Einleitung

1.1 Die besondere Bedeutung des Menschen im Dienstleistungsbetrieb

In keiner anderen Branche ist der Anteil der Ressource »Mensch« an der Wertschöpfung grösser als im Beratungsbereich. Hier sind es fast ausschliesslich die Kompetenzen und Kenntnisse der beschäftigten Mitarbeiter, die das Produkt ausmachen. Demzufolge kommt der richtigen Auswahl, Entwicklung und Erhaltung der Mitarbeiter besondere Bedeutung zu. Es besteht eine direkte Wechselwirkung zwischen den strategischen Unternehmenszielen und der Resource »Mensch«.

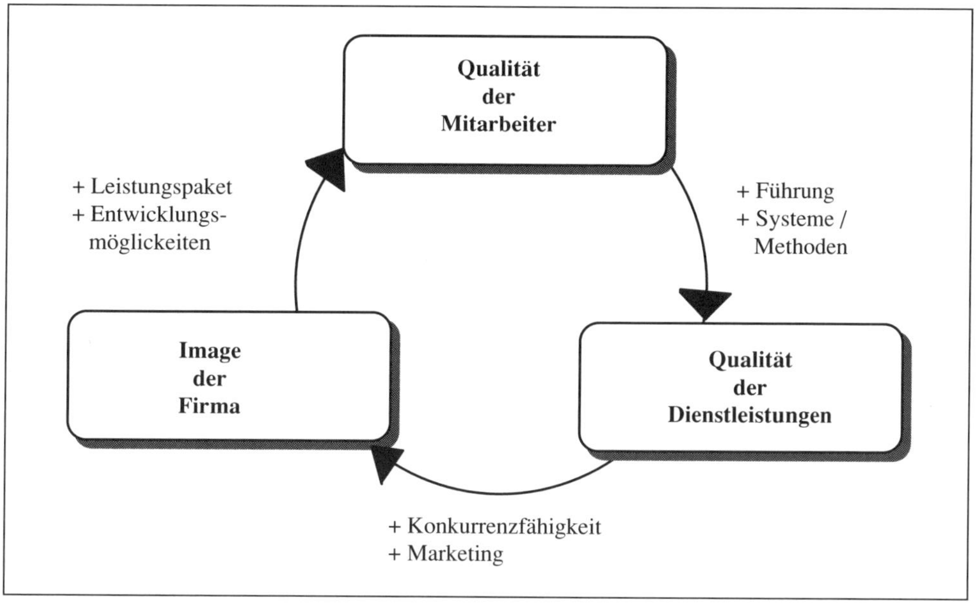

Abb. 1

Diese Wechselwirkung findet in einem Umfeld von sich laufend verändernden Bedürfnissen und Einflüssen statt. Nicht nur die Kunden erwarten eine permanente Modernisierung und Weiterentwicklung der Dienstleistungen. Auch die Mitarbeiter wollen in einer Firma arbeiten, die ihnen Gelegenheit gibt, ihren eigenen Marktwert zu erhalten bzw. zu steigern. Erst wo eine starke Überlappung der Ziele von Mitarbeitern und Unternehmen vorhanden ist, kann eine partnerschaftliche Zusammenarbeit entstehen.

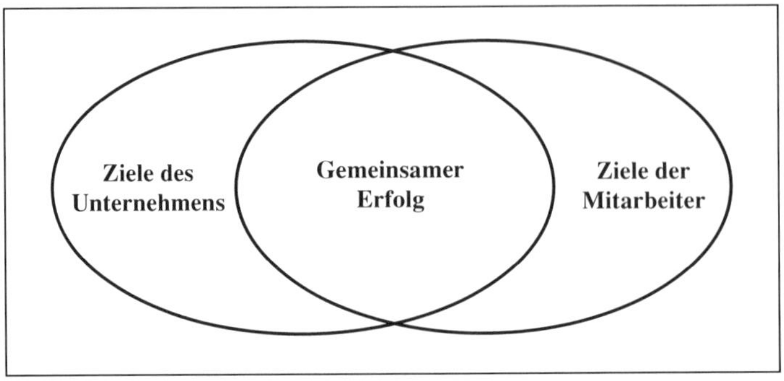

Abb. 2

1.2 Das Spannungsfeld zwischen Ziel- und Ist-Zustand

Durch die Formulierung von Visionen und Strategien wird ein Spannungsfeld geschaffen. Keine Unternehmung kann es sich leisten, nur den Ist-Zustand fortzuschreiben. Visionen und Strategien setzen aber die Bereitschaft zu Veränderungen voraus. Diese Veränderungen müssen so portioniert und dargestellt werden, dass Motivation entsteht. Die Vorteile für das Unternehmen müssen ebenso klar kommuniziert werden, wie die Vorteile für den einzelnen Mitarbeiter. Überrissene Ziele oder unrealistisch betrachtete Strategien haben den gegenteiligen Effekt. Identifikation und Engagement wird auch dadurch erreicht, dass an der Erarbeitung der Strategie möglichst alle beteiligt werden, die einen Beitrag leisten können. Durch das Erleben des Prozesses und der Notwendigkeit zur Einigung und zum Kompromiss entsteht ein hohes Mass an Bereitschaft zum Mittragen. Dies ist besonders dann wichtig, wenn Schwierigkeiten bei der Umsetzung auftreten.

Im Falle von *Price Waterhouse* wurde eine starke Verankerung der Strategie dadurch erreicht, dass an deren Erarbeitung alle Länder und Fachbereiche beteiligt wurden. Dadurch ist auch ein positives Spannungsfeld entstanden. Denn wer möchte nicht dazu beitragen, dass die selbst erarbeiteten Ziele und Strategien erreicht werden.

1.3 Kommunikation nach innen und aussen

Da Unternehmensstrategien im Dienstleistungsbereich ohnehin nur über die direkte Leistung der Mitarbeiter umgesetzt werden können, drängt sich die Offenlegung und Beteiligung aller geradezu auf. Mit dieser Offenlegung gegenüber den eigenen Mitarbeitern ist eine Geheimhaltung gegenüber aussen nicht mehr möglich. Die durch die offene Kommunikation entstehende Identifikation und Motivation ist in ihrer Kraft aber weit grösser als der vermeintliche Schaden durch das Bekanntwerden gegen aussen. Ein offensives Verhalten verhilft zu einem Vorsprung, der durch Konkurrenten nur schwer wettzumachen ist.

Innerhalb *Price Waterhouse* wurden alle Mitarbeiter durch die Übergabe einer Broschüre über die Vision und Strategie orientiert. Anlässlich sogenannter Road-Shows, d.h. lokalen Informationsveranstaltungen, erfolgten zusätzliche Präsentationen und Diskussionen. Erst wo Klarheit über die zu verfolgenden Ziele und Strategien herrscht, darf erwartet werden, dass alle Mitarbeiter ihren Beitrag leisten.

2 Die Price Waterhouse Strategie

2.1 World Ambition und Strategie

Price Waterhouse hat eine »World Ambition« definiert, die jedem Mitarbeiter den Weg in die Zukunft weist.

»Be the leading global consultant to top-tier companies committed to solving their complex business problems.«

»Wir wollen die global besten Berater für führende Firmen sein und alles daran setzen, um Lösungen für deren anspruchsvolle Fragestellungen zu erarbeiten und umzusetzen.«

Die World Ambition beinhaltet drei Kernelemente:

- Die Ambition, führender Berater in den ausgewählten Märkten und Produktbereichen zu sein.
- Die Ambition, von führenden Unternehmen immer wieder als Berater ausgewählt zu werden.
- Die Ambition, für anspruchsvolle Fragestellungen dank interdisziplinärer und multinationaler Teams erfolgreiche Lösungen anbieten zu können.

Um die World Ambition umzusetzen, stützt sich *Price Waterhouse* auf strategische Grundsätze, die sich mit der Zahlenfolge 5–4–3–2–1 charakterisieren lassen:

5 Grundprinzipien
4 Basiseigenschaften
3 Differenzierungseigenschaften
2 Wesentliche Märkte
1 Weltweites Team

2.2 Die fünf Grundprinzipien

Die folgenden fünf Grundprinzipien dienen uns als Richtschnur bei allen unseren strategischen Entscheidungen:

- Erstklassiger Kundenservice: Ein erstklassiger Kundenservice soll für *Price Waterhouse*-Mitarbeiter eine Selbstverständlichkeit sein. Die Dienstleistungskultur

soll durch eine permanente Orientierung am Kunden und durch interdisziplinäres und multinationales Denken geprägt sein.
- Selektivität: Um die sehr hohen, selbstgesetzten Standards erreichen zu können, müssen wir uns beschränken, und zwar in bezug auf Dienstleistungen, die wir anbieten, auf Kunden, die wir betreuen und auf Orte, an denen wir tätig sein wollen.
- Best and Brightest: Wir sind uns bewusst, dass unser Ansehen als Dienstleistungsunternehmen und unser geschäftlicher Erfolg ganz entscheidend von der Qualität unserer Mitarbeiterinnen und Mitarbeiter geprägt werden.
- Führungsrolle in der Branche: Wir wollen im Wirtschaftsleben allgemein, von unseren Kunden und von unseren Wettbewerbern als führendes Unternehmen der Branche angesehen werden.
- Ein weltweites Team: Wir werden erfolgreich sein, wenn wir auf europäischer und globaler Basis zusammenarbeiten und in der Lage sind, die hervorragenden Möglichkeiten eines weltumspannenden Netzwerkes wahrzunehmen.

2.3 Die vier Basiseigenschaften

Basiseigenschaften sind Eigenschaften, die eine Firma besitzen muss, um im Wettbewerb bestehen zu können. Sie sind notwendig, jedoch noch nicht ausreichend, um der Firma einen Wettbewerbsvorteil gegenüber der Konkurrenz zu verschaffen. Die vier Basiseigenschaften sind:

- Professionalität: Bei allen Aufträgen, die wir durchführen, müssen wir ein gleichbleibend hohes Niveau beruflicher Qualitätsarbeit erreichen.
- Qualität und Spitzenleistung: Wir müssen gleichzeitig Leistung und Qualität anstreben.
- Klare Sprache: Wir müssen stets klar und verständlich kommunizieren.
- Optimales Preis-/Leistungs-Verhältnis: Wir müssen immer darauf achten, dass der Nutzen unserer Leistung den geforderten Preis rechtfertigt.

2.4 Die drei Differenzierungseigenschaften

Eine herausragende Firma unterscheidet sich von anderen Firmen, die lediglich im Wettbewerb mithalten können, durch ganz bestimmte Differenzierungseigenschaften. Diese Differenzierungseigenschaften sind entscheidend für die Wettbewerbsfähigkeit. Um im Wettbewerb erfolgreich zu sein, müssen wir diejenigen Differenzierungseigenschaften ausbauen, in denen wir bereits stark sind oder stark werden können. Für *Price Waterhouse* sind die folgenden drei Differenzierungseigenschaften die wichtigsten:

- Kenntnisse und Erfahrungen im Geschäftsbereich des Kunden: Kunden wünschen sich einen Berater mit grosser Erfahrung und Kenntnissen in der betref-

fenden Branche. Diese Branchenerfahrung muss aber auch – unter Wahrung des Berufsgeheimnisses – nutzbringend vermittelt werden können.
- Vorausschauende und praktikable Ratschläge: Kunden wünschen sich einen dynamischen Berater, der initiativ ist und ihnen hilft, strategische Chancen wahrzunehmen und künftige Probleme rechtzeitig zu erkennen.
- Verständnis für die Unternehmenskultur des Kunden: Kunden wünschen sich Berater, welche ihre Unternehmenskultur begreifen und nachvollziehen können.

2.5 Die zwei Märkte

Price Waterhouse will in zwei Märkten tätig sein:

- Im Markt der weltweit führenden Unternehmen: Wir wollen stark sein auf den Märkten der weltweit operierenden Unternehmen, und zwar derjenigen Unternehmen, welche die Märkte weltweit prägen und beeinflussen. Diese Unternehmen sind die Pfeiler unseres internationalen Netzwerkes.
- Im Markt der national führenden Unternehmen: Wir wollen auch stark sein in den einzelnen nationalen Märkten, in denen wir tätig sind. Wir wollen Unternehmen betreuen, die in ihrer Branche oder in ihrem Produktbereich führend sind und das Marktgeschehen mitbestimmen. Dabei ist Grösse weniger wichtig als Innovationskraft und Dynamik. Diese Firmen sind die wirtschaftliche Grundlage unseres Geschäfts.

2.6 Ein echt weltweites Team

Als Mitarbeiter von Price Waterhouse wollen wir in Europa und weltweit eng zusammenarbeiten, gleichgültig in welchem Fachbereich wir tätig sind.

3 Die Bedeutung des Human Resource Management bei der Strategieumsetzung

Nach der Verabschiedung von World Ambition und Strategie (wie in Abschnitt 2 beschrieben) wurde ein Verfahren gesucht, um diese in konkrete Aktivitäten umzusetzen. Denn eines ist klar: Ziele und Strategien können nur über das Verhalten und die Aktivitäten der Mitarbeiter erreicht werden. Der Transformation von Zielen in Aktivitäten kommt eine entscheidende Bedeutung zu. Denn erst wenn jeder Einzelne weiss, was sein Beitrag zur Zielerreichung ist, und dieser Beitrag auch geleistet wird, entsteht Bewegung in die erwünschte Richtung.

Durch strukturierte Interviews von mehreren hundert Mitarbeitern auf allen Stufen und in verschiedenen Ländern wurde ermittelt, welche Aktivitäten und

Verhaltensweisen am meisten zur Zielerreichung beitragen können. In einem weiteren Schritt wurde – ebenfalls im Rahmen dieser Interviews – herausgearbeitet, welche Fähigkeiten und Kenntnisse zur erfolgreichen Wahrnehmung dieser Aktivitäten notwendig sind. Die nachfolgende Übersicht zeigt den Zusammenhang bzw. die logische Ableitung von der World Ambition des Unternehmens bis zu den notwendigen Fähigkeiten und Kenntnissen des einzelnen Mitarbeiters.

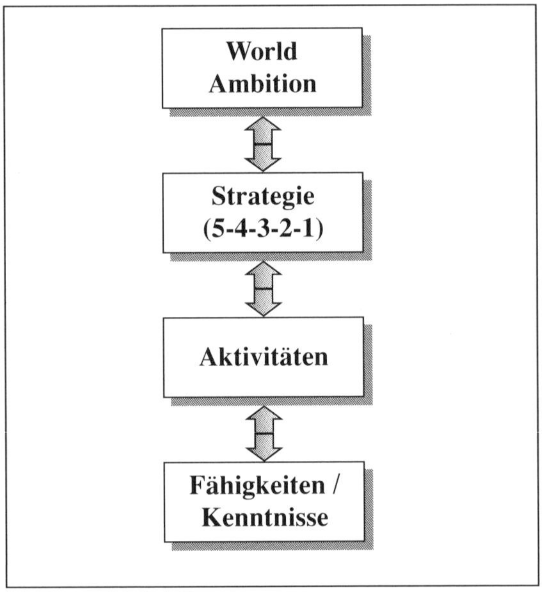

Abb. 3

3.1 Aktivitäten

In den Interviews wurden sieben Aktivitäten als besonders wichtig für die Strategieumsetzung herausgearbeitet. Diese Aktivitäten sind, wie wir im Abschnitt 4 noch sehen werden, gleichzeitig die Qualifikationskriterien für die Mitarbeiter. Durch die Ausrichtung der Salär- und Beförderungspolitik auf diese Aktivitäten wird deren Bedeutung dokumentiert und noch verstärkt. Es sind somit die Kriterien, nach denen die Leistung beurteilt und Anerkennung zuteil wird.

1. Erbringung hochwertiger Dienstleistungen
2. Entwicklung guter Kundenbeziehungen
3. Entwicklung neuer Produkte sowie Erschliessung neuer Märkte und Expertise
4. Zusammenarbeit innerhalb des *Price Waterhouse* Netzwerkes
5. Mitarbeiterführung und -betreuung
6. Kundenselektion und Risikobewältigung
7. Massnahmen zur Ertragssteigerung.

Was der einzelne Mitarbeiter im Rahmen dieser generell gehaltenen Aktivitäten genau zu tun hat, ist von der Funktion und vom Fachbereich abhängig, in dem er tätig ist. Wenn jedoch alle Mitarbeiter diese Aktivitäten in der ihrer Funktion entsprechenden Form durchführen, wird dies mit Sicherheit dazu beitragen, unsere Strategie umzusetzen, einen Wettbewerbsvorsprung zu erzielen und auf lange Sicht erfolgreich zu sein.

3.2 Fähigkeiten und Kenntnisse

Die im folgenden dargestellten Fähigkeiten und Kenntnisse sind notwendig, um die obenerwähnten Aktivitäten und Tätigkeiten ausüben zu können. Wir werden diesen Fähigkeiten und Kenntnissen wieder begegnen, wenn wir im Abschnitt 4 die Kriterien für die Selektion neuer Mitarbeiter darstellen und die Inhalte unserer betrieblichen Aus- und Weiterbildung beschreiben.

1. Kommunikations-, Kontaktfähigkeit
2. Selbstsicherheit, Glaubwürdigkeit, Überzeugungskraft
3. Teamfähigkeit, Hilfsbereitschaft, Vertrauen
4. Kreativität, Innovationsfähigkeit, Neugier
5. Erfolgsdrang, Belastbarkeit, Vielseitigkeit
6. Informatikkenntnisse
7. Wirtschaftliches Denken und Handeln
8. Führungsfähigkeit, Entscheidungskraft, Planungsfähigkeit
9. Fachwissen, Erfahrung, Genauigkeit.

4 Die Instrumente des Human Resource Management bei der Strategieumsetzung

Nicht alle Bereiche des Human Resource Management haben die gleiche Bedeutung in bezug auf die Erreichung der Unternehmensziele. Besonders die administrativen Tätigkeiten sind in dieser Hinsicht weniger von Belang, obwohl auch dort wichtige Aufgaben erfüllt werden müssen. Leider richten sich in vielen Firmen die Mitarbeiter der Personalabteilung vor allem auf diese klassischen Bereiche aus und verpassen damit die Chance, die Bedeutung ihrer Funktion für das Unternehmen zu steigern.

Im Hinblick auf die Erreichung der Unternehmensziele stehen im Human Resource Management drei Bereiche im Vordergrund:

In den Bereichen Personalrekrutierung, -entwicklung und Personalerhaltung wird gezielt darauf hingearbeitet, alle Aktivitäten, Fähigkeiten und Kenntnisse, die im Hinblick auf die Erreichung der Unternehmensziele notwendig sind, zu fördern, zu verstärken und zu belohnen.

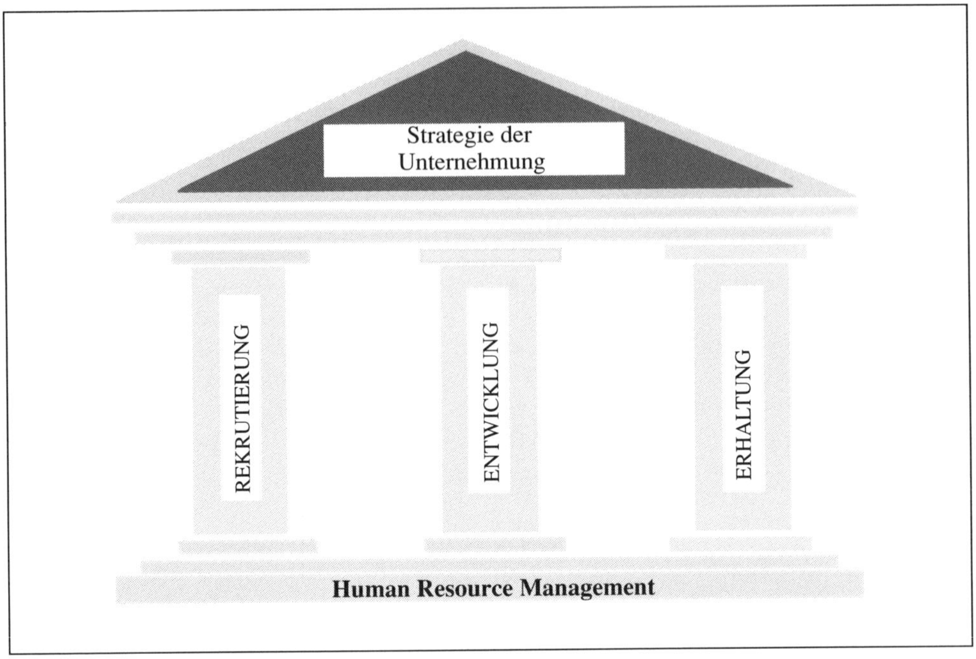

Abb. 4

4.1 Rekrutierung

Wie bereits unter Ziffer 3.2 erwähnt, wird schon bei der Rekrutierung auf das Vorhandensein der zur Aufgabenerfüllung erforderlichen Fähigkeiten und Kenntnisse geachtet.

Für die Identifikation dieser Fähigkeiten und Kenntnisse werden verschiedene Verfahren eingesetzt, wobei das Interview nach wie vor im Vordergrund steht. Beim Interview kommt ein Auswertungsblatt zur Anwendung, das die Interviewer zwingt, ihre Eindrücke in bezug auf die verlangten Fähigkeiten und Kenntnisse festzuhalten. Dieses Interview wird ergänzt durch die Aufnahme eines Persönlichkeitsprofiles, das wiederum die gleichen Kriterien abdeckt.

Mit der gezielten Ausrichtung auf die strategierelevanten Fähigkeiten und Kenntnisse wird sichergestellt, dass möglichst viele Voraussetzungen schon bei der Rekrutierung vorhanden sind. Die verlangten Fähigkeiten müssen ja dazu beitragen, dass die notwendigen Aktivitäten entfaltet werden, die wiederum der Strategieumsetzung dienen. Die zur Identifikation dieser Fähigkeiten und Kenntnisse aufgewendete Zeit ist gut investiert, denn was bereits bei der Anstellung eines neuen Mitarbeiters vorhanden ist, muss nicht durch teure Schulungsmassnahmen neu aufgebaut werden. In bezug auf verhaltensmässige und charakterliche Merkmale ist dies besonders wichtig, da hier Veränderungen besonders schwierig – wenn überhaupt – zu realisieren sind.

Unser Bekenntnis zu einer gründlichen Auswahl der Mitarbeiter führt uns dazu, nach immer neuen Methoden und Systemen Ausschau zu halten. Zur Zeit befassen wir uns mit der Einführung von Assessment Centers. Die darin enthaltenen Elemente werden sich selbstverständlich auch auf die Überprüfung der zur Aufgabenerfüllung notwendigen Fähigkeiten und Kenntnisse konzentrieren.

Bei der Anwendung immer besserer Selektionsverfahren handeln wir nicht nur im Sinne der Unternehmensziele, sondern auch im Interesse der Bewerber, denn auch sie suchen den Erfolg und können diesen am besten dort finden, wo ihre Fähigkeiten und Kenntnisse mit den Anforderungen des Unternehmens übereinstimmen.

4.2 Leistungsmessung, Belohnung und Karriere

Dass Leistungsbewertung, Salär- und Beförderungspolitik einen inneren Zusammenhang haben müssen, ist nicht neu. Gute Leistung ruft nach entsprechender Belohnung und soll unweigerlich auch zu beruflichem Aufstieg führen.

Leider wird in vielen Unternehmen die Leistungsbewertung noch mit standardisierten Kriterien durchgeführt, die keinen direkten Bezug zu den Zielen des Unternehmens haben. Vielfach werden Verhaltensmerkmale abgefragt, die mehr damit zu tun haben, dem Vorgesetzten seine Führungsaufgabe zu erleichtern, als dem Unternehmen zusätzliches Potential zur Zielerreichung zu erschliessen.

Wie unter Ziffer 3.1 erwähnt, wurden die strategierelevanten Aktivitäten aufgrund von Interviews mit Mitarbeitern und Führungskräften erhoben. Diese Aktivitäten sind gleichbedeutend mit den sieben Qualifikationskriterien. Da in den verschiedenen Fachbereichen und auf den unterschiedlichen Stufen die Tätigkeiten und Zuständigkeiten verschieden sind, wurden die Aktivitäten funktions- und stufengerecht verfeinert. Tab. 1 zeigt, im Sinne eines Beispiels, die Aktivität »Entwicklung guter Kundenbeziehungen« auf der Stufe eines Mitarbeiters im Fachbereich »Wirtschaftsprüfung« (ohne Führungsfunktionen). Selbstverständlich verlangt das gleiche Kriterium »Entwicklung guter Kundenbeziehungen« von einem Mandatsleiter oder gar Partner viel mehr.

Aufgrund der Leistungsbewertung erfolgt schlussendlich die Salärfestlegung, wobei die Verhältnisse in unserem Unternehmen viel zu komplex sind, als dass ein mechanischer Zusammenhang zwischen der Leistungsbewertung und der Höhe des Salärs besteht. Hier müssen noch andere Einflussgrössen wie Arbeitsmarkt, lokales Lohnniveau etc. in Betracht gezogen werden.

Die gleichen Qualifikationskriterien stellen auch die Grundlage für den letzten Beförderungsschritt, nämlich die Aufnahme in den Partnership dar. Im Zentrum dieses Aufnahmeverfahrens steht das Panel Interview. Dieses ist strukturiert nach den sieben Aktivitäten, welche der Strategieumsetzung dienen. Vom Kandidaten wird Aufschluss verlangt über seinen Leistungsausweis in diesen sieben zentralen Tätigkeitsbereichen. Vorausgesetzt wird selbstverständlich, dass das Vorhanden-

<table>
<tr><td colspan="3">Generell</td></tr>
<tr><td colspan="3">• Vorausschauende und praktikable Vorschläge unterbreiten und die Unternehmenskultur des Kunden verstehen und respektieren.</td></tr>
<tr><td colspan="3">Marketing und Verkauf</td></tr>
<tr><td>• Möglichkeiten erkennen für das Angebot zusätzlicher Dienstleistungen aus anderen Fachbereichen an bestehende Kunden.</td><td>• Entwickeln der Marktkenntnisse durch Nutzung von Datenbanken und Lektüre von Fachzeitschriften sowie der Wirtschafts- und Tagespresse.</td><td>Wird nur von Assistant Managers und Seniors erwartet:

• Kontakte nutzen, um Verkaufsgelegenheiten zu identifizieren.</td></tr>
<tr><td colspan="3">Entwickeln und Pflegen der Kundenbeziehungen</td></tr>
<tr><td>• Aufbau einer Vertrauensbeziehung durch enge Zusammenarbeit mit dem Kunden.
• Gute laufende Arbeitsbeziehungen zu den Kunden entwickeln und unterhalten.</td><td>• Gewährleisten, dass Qualität und Inhalt unserer Leistungen den Erwartungen des Kunden entsprechen.
• Die Unternehmenskultur des Kunden wertschätzen und respektieren.</td><td>Wird nur von Assistant Managers und Seniors erwartet:

• Regelmässigen persönlichen Kontakt zu entscheidenden Mitarbeitern unserer Kunden pflegen.</td></tr>
</table>

Tab. 1: Beispiel der Aktivität »Entwicklung guter Kundenbeziehungen« auf Stufe Mitarbeiter im Fachbereich Wirtschaftsprüfung (ohne Führungsfunktionen)

sein der zugrundeliegenden neun Fähigkeiten und Kenntnisse ausreichend getestet und erwiesen ist.

4.3 Personalentwicklung und Ausbildung

Unsere Ausbildungspolitik ist konsequent darauf ausgerichtet, die für die Aufgabenerfüllung notwendigen Fähigkeiten und Kenntnisse zu entwickeln (siehe Abschnitt 3.2). Das andere wichtige Element unserer Ausbildungspolitik sind die Wünsche und Erwartungen unserer Mitarbeiter im Hinblick auf ihre berufliche Zukunft. Wie wir im Abschnitt 1.1 festgestellt haben, bildet eine grösstmögliche Übereinstimmung der Ziele des Unternehmens mit den Zielen des Mitarbeiters die beste Basis für den gemeinsamen Erfolg (Abb. 5).

Aufgrund der Ausrichtung der betrieblichen Ausbildung auf den gemeinsamen Erfolg ergibt sich auch eine gemeinsame Verantwortung. Die Firma leistet dabei den folgenden Beitrag:

- Wahrnehmung von Bedürfnissen
- Schaffung von Lerngelegenheiten
- Zur Verfügung stellen von Zeit.

Der Mitarbeiter seinerseits ist

- Teilnehmer
- Teilgeber (Teilen von Erfahrung, Einsatz als Referent, Lieferant von Feedback etc.)

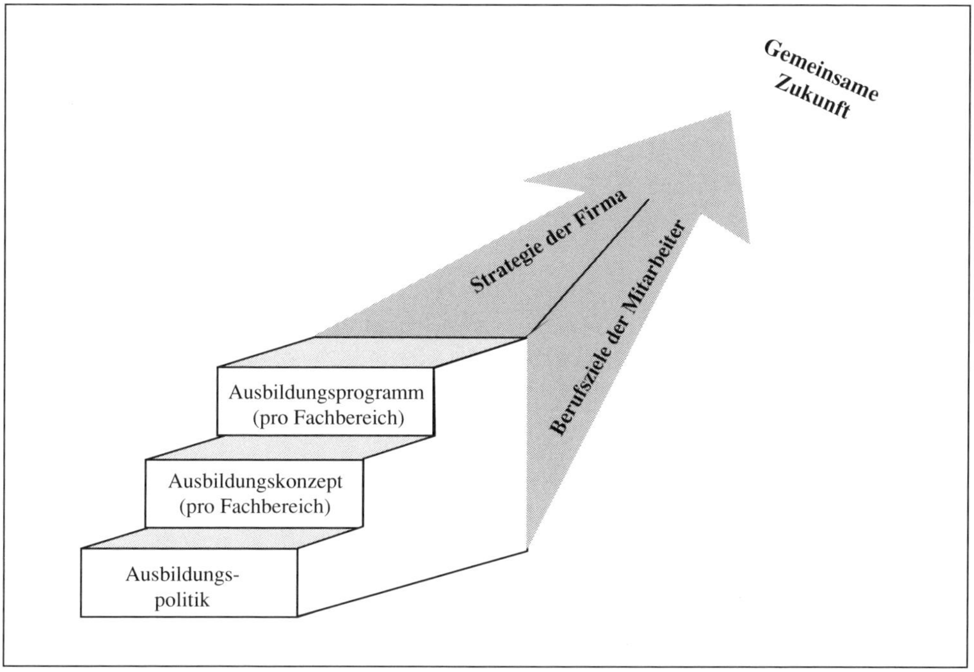

Abb. 5

- Planer und Realisator seiner eigenen Entwicklung (persönliche Weiterbildung, Selbststudium, Persönlichkeitsentwicklung etc.).

Die Ausbildungs- und Entwicklungsmöglichkeiten sind nicht nur für die bereits im Unternehmen tätigen Mitarbeiter von grosser Bedeutung. Besonders bei der Wahl des ersten Arbeitgebers bilden sie ein zentrales Auswahlkriterium für die Absolventen von Hochschulen und anderen höheren Ausbildungsinstituten. Jüngste Umfragen bestätigen diese Bedeutung und bestärken uns im Aufbau der Personalentwicklung und Ausbildung als Wettbewerbsvorteil für die Rekrutierung ambitiöser Nachwuchskräfte.

4.4 Personalerhaltung

Ob ein Unternehmen die zur Erfüllung der Leistung notwendigen Mitarbeiter gewinnen und erhalten kann, hängt nicht zuletzt mit der Attraktivität als Arbeitgeber zusammen. Diese Attraktivität hat sehr viel mit dem in Abschnitt 1.1 erwähnten Interessenausgleich zu tun. Es handelt sich um einen Mix von Regelungen und Aufgaben, die sowohl das Interesse des Unternehmens als auch das Interesse des Mitarbeiters berücksichtigen. Viele von diesen Regelungen haben im einzelnen nicht strategische Bedeutung, führen aber als Gesamtpaket dazu, dass sich die Mitarbeiter im Unternehmen wohl fühlen und verbleiben. Von besonderer Bedeutung sind dabei:

- Befriedigende Arbeitszeitlösungen
- Moderne Arbeithilfsmittel
- Aus- und Weiterbildung (inkl. Auslandaufenthalte)
- Konkurrenzfähige Anstellungsbedingungen
- Interne Lohngerechtigkeit
- Offene Kommunikation.

Erst die Attraktivität als Arbeitgeber sichert schlussendlich die qualitativ und quantitativ ausreichende Verfügbarkeit der Ressource »Mensch«, die zur Erreichung der Unternehmensziele notwendig ist.

5 Zusammenfassung

Das Human Resource Management nimmt in Dienstleistungsunternehmen eine zentrale Rolle bei der Strategieumsetzung ein. Durch die konsequente Ausrichtung der Methoden, Systeme und Instrumente auf die gemeinsam vereinbarten Ziele kann der Personalbereich einen entscheidenden Beitrag leisten. Denn nur über die Mitarbeiter wird das Unternehmen überhaupt handlungsfähig und kann sich positiv verändern. Aus der grösstmöglichen Übereinstimmung der Bedürfnisse des Unternehmens mit den Bedürfnissen der Mitarbeiter entsteht der gemeinsame Erfolg.

Strategie und Change Management im Spannungsfeld zwischen Unternehmenskultur und Personalentwicklung

Ein Erfahrungsbericht

von

EGBERT APPEL

Gliederung

Es gibt nichts Gefährlicheres als dauerhaften Erfolg, heisst es gemeinhin. Diese Volksweisheit soll relativiert werden: Gefährlich ist Erfolg immer dann, wenn er auf statischen Erfahrungen beruht und zur Erstarrung führt. Für Unternehmen heisst dies, dass es dann prekär wird, wenn die Zukunft ausschliesslich mit gestrigen Erfahrungen gestaltet wird. Dauerhaft erfolgreiche Unternehmen schaffen es, sich selbst zu erneuern, indem sie sich von der Vergangenheit lösen (ohne sie ausser acht zu lassen) und vollumfänglich aufs Morgen einstellen. Sie erkennen Herausforderungen als solche an. Den Wandel betrachten sie nicht als Bedrohung, sondern nutzen ihn als Chance. Solch unternehmerisches Handeln wirkt sich generell positiv aus. Dennoch gelingt kaum alles auf Anhieb oder führt zu dauerhaften Lösungen – Fehlschläge sind ebenso auf der Tagesordnung. Auch diese sind kostbar: Die Erfahrung von Fehlschlägen wird in lernenden Unternehmen konstruktiv verarbeitet. Dies soll anhand von drei Beispielen vermittelt und damit der Einfluss der Unternehmenskultur und die Möglichkeiten der Personalentwicklung im Zusammenhang mit der Umsetzung der Unternehmensstrategie dargestellt werden:

Die Ausstattung von AussendienstmitarbeiterInnen mit Laptop-Computern, die Umorganisation eines Werkes unter dem Begriff HIPS (*HILTI-Produktions-System* d.h. »lean production« i.S. von Hilti) und der Aufbau einer Fabrik in Südchina sind Beispiele, die möglicherweise in anderen Unternehmen in ähnlicher Form diskutiert werden, wobei die Erfahrungen nicht ohne weiteres übertragbar sind, weil gerade kulturelle Werte und Eigenarten zur Einzigartigkeit jeder Unternehmung einen wesentlichen Beitrag leisten.

Zum besseren Verständnis der Zusammenhänge ist eine kurze Beschreibung des Unternehmens sinnvoll:

1 Wer ist Hilti?

Die Hilti Gruppe ist ein weltweit tätiges Unternehmen mit mehr als 11.000 Mitarbeiterinnen und Mitarbeitern. Davon ist der überwiegende Teil in den Märkten beschäftigt, der andere Teil in den Produktionswerken, in der Forschung und Entwicklung sowie in der Verwaltung. 1996 erreichte dieses internationale Team einen konsolidierten Konzernumsatz von 2,2 Milliarden Schweizer Franken.

Schaan ist der Sitz des Stammwerkes und der Konzernzentrale, wo das Unternehmen im Dezember 1941 gegründet wurde. Insgesamt unterhält die Hilti Gruppe neun Produktionswerke in Europa, Amerika und Asien sowie einige kleinere Produktionsstätten, die für den nationalen Bedarf in verschiedenen Ländern fertigen.

Hilti ist im gewerblichen und industriellen Bauwesen tätig und konzentriert sich primär auf die Marktsegmente Hoch-/Tiefbau, Haustechnik sowie den betrieblichen Unterhalt.

Zum Produkteprogramm gehören insbesondere Direktmontagesysteme, Bohrsysteme mit dem entsprechenden Dübelsortiment, Meissel- und Diamanttrennsysteme, Schraubsysteme sowie Systemlösungen auf dem Gebiet Bauchemie.

Ein eigener Direktvertrieb übernimmt den Verkauf der Produkte, den Service und die Beratung in über hundert Ländern der Welt.

2 Problemdarstellung anhand dreier typischer Fallbeispiele

Zum besseren Verständnis des Zusammenhangs wurden drei exemplarische Fallbeispiele ausgewählt, die allesamt im Zusammenhang mit der Strategieumsetzung stehen – zwei »erfolgreiche«, ein »weniger erfolgreiches«. Zunächst soll die Ausgangslage charakterisiert werden. Danach folgt eine konzentrierte Beschreibung der Unternehmenskultur und des Analyseteils der Personalentwicklung. Anschliessend werden die drei Fallbeispiele unter der neugewonnenen Perspektive beurteilt.

1. *Beispiel: Verkäufer im Direktvertrieb in einer europäischen Marktorganisation*
Ausgangslage: Das Direktvertriebssystem von Hilti basiert auf einer Verkaufstätigkeit mit permanenten Besuchen und einer stetigen Bearbeitung der relevanten Zielgruppen. Im Rahmen einer strategischen Neuorientierung wurden die Kunden segmentiert, d.h. die Vertreter waren nicht mehr für alle Kunden in einem bestimmten geographischen Gebiet, sondern nur noch für eine bestimmte Zielgruppe in einem Gebiet zuständig. Dadurch wurden die Bearbeitungsgebiete zum Teil grösser und dringend war eine effektivere Zeit- und Einsatzplanung geboten. Zur Unterstützung der Vertreter, die sich schwerpunktmässig um den Ausbau des Kundensegments durch Gewinnung von neuen Kunden bzw. um den Ausbau der Produktplattform durch stärkere Penetration kümmern sollten, wurden sie mit Laptop-Computern ausgestattet. So sollten sie sich selbst durch einen besseren Überblick über Kunden- und Marktdaten besser organisieren und klare Prioritäten bilden können. Um die Vertreter von weniger attraktiven Kundengruppen zu entlasten, wurde gleichzeitig ein sogenannter Customer Service eingerichtet, der von einem zentralen Punkt aus die telefonische Bearbeitung von Kleinkunden übernahm und im übrigen in der Lage war, alle Anfragen, Aufträge sowie Reklamationen selbständig zu bearbeiten.

Umsetzungsprozess:
Nachdem die Funktionsfähigkeit der Hard- und Software und zunächst in einer Pilotgruppe getestet worden war, wurden alle Vertreter mit den Laptops ausgestattet und im Rahmen einer rund einwöchigen Schulung durch Informatikspezialisten auf die Benutzung vorbereitet. Ziel des Tests und der Schulung war der Gebrauch des Computers und das »Handling« von Informationen.

Im zentralen »Customer Service« wurden neue Mitarbeiter intensiv ausgebildet. Ihnen wurde zur eigenen Information die gleiche Datenbasis wie den Vertretern online zur Verfügung gestellt. Die Qualität und die Ausbildung der dort eingestellten Mitarbeiter hatte ein hohes Niveau und die Einstellung der Mitarbeiter war geprägt von dem Gedanken, einen wesentlichen Beitrag zum Verkaufserfolg im Aussendienst zuleisten.

Nach 6 Monaten musste jedoch festgestellt werden, dass weder die Ausstattung der Vertreter mit den Computern noch die Einrichtung der zentralen Customer Service Gruppe eine wesentliche Effektivitätssteigerung der gesamten Organisation zur Folge haben würde. Warum ?

2. *Beispiel: »Lean Production« bei Hilti*
Ausgangslage: Zur Stärkung der Konkurrenzfähigkeit im Fertigungsbereich wurde eine neue Produktionsstrategie entwickelt und umgesetzt. Diese beruhte auf zwei wesentlichen Säulen: Zum einen auf der strategischen Neuausrichtung aller Fertigungsstandorte und zum andern auf dem Hilti-Produktionssystem (HIPS). Die strategische Ausrichtung der Werke beinhaltete vor allem die Zuteilung von Schlüsseltechnologien auf bestimmte Werke und beantwortete im wesentlichen die Frage, *wo* welche Produkte gefertigt werden sollten. Dabei wurden die Fertigungsziele überprüft, und es erfolgte eine Konzentration der Eigenfertigung auf Kernfähigkeiten. Bei HIPS wurde die Frage beantwortet, *wie* am besten produziert werden kann. Hierbei sollten insbesondere erzielt werden: die Senkung der Herstellkosten, verkürzte Reaktionszeiten zum Kunden, eine hohe Identifikation der MitarbeiterInnen mit dem Produkt, eine grössere Flexibilität der Mitarbeiter sowie ein durchgängiges hohes Qualitätsbewusstsein. In diesem Zusammenhang wurde eine neue Werksorganisation in einer Gruppenarbeitsstruktur (Inselfertigung) erarbeitet. Diese neue Struktur erlaubte die Erweiterung der Führungsspanne und den Abbau von 6 auf 4 Hierarchiestufen. In dieser Organisationsform wurden die Werke in Bereiche gegliedert, die nach Produktsortimenten gebildet wurden. Innerhalb dieser Bereiche werden homogene Sortimente vollständig hergestellt. Jeder einzelne Bereich übernahm die umfassende Verantwortung für die wirtschaftliche, termingerechte Versorgung und die Qualität der Leistung.

Umsetzungsprozess:
Im Verlauf der Umsetzung wurde zunächst ein Bereich (Unit) modellhaft umstrukturiert, später ein gesamtes Werk, das in der Folge Modellcharakter für alle Fertigungsstätten hatte. Bei der Schulung der Mitarbeiter wurde nicht nur die Fachkompetenz, sondern vor allem auch die Methodenkompetenz und die Sozialkompetenz geschult, Training on the job vermittelt und eine umfassende Kommunikation über alle Führungsebenen sichergestellt. Dieses Modell ist äusserst erfolgreich verlaufen und die Ziele wurden nicht nur erreicht, sondern zum grossen Teil übertroffen. Warum ?

3. *Beispiel: Errichtung eines Fabrikationswerks in China*
Ausgangslage: Im Rahmen der Wachstumsstrategie der Gruppe spielt die rasche Durchdringung der asiatischen Märkte eine wesentliche Rolle. Aufgrund der rechtlichen Rahmenbedingungen in China ist zum Aufbau einer eigenen Direktvertriebsorganisation ein Fertigungsstandort in China selbst unverzichtbar. Deshalb wurde im Rahmen eines Joint-ventures der Bau eines Werks in Südchina mit rund 300 Arbeitsplätzen im Endausbau festgelegt.

Umsetzungsprozess:
Da der Bau des Werks insgesamt nur 10 Monate dauerte und im September 1995 abgeschlossen war, mussten im gleichen Zeitraum rund 150 Mitarbeiter und Führungskräfte rekrutiert und ausgebildet werden, um einen reibungslosen Start der Fertigungsaktivitäten im September 1995 sicherstellen zu können. Rund 45 chinesische Führungskräfte – aus 2000 BewerberInnen ausgesucht – wurden für sechs Monate in Europa an drei Fertigungsstandorten auf ihre Tätigkeit vorbereitet. An diesen Standorten waren die Fertigungslinien aufgebaut, die später in China installiert werden sollten. Gegen Ende des Trainingsprogramms wurden die Maschinen demontiert, nach China verschifft und dort wieder aufgebaut. Das Werk begann termingerecht im September 1995 seine Arbeit. Es fertigt seither einwandfrei und ist im April 1996 ISO-qualitätszertifiziert worden. Entgegen den Erfahrungen in anderen Unternehmen hat keiner der chinesischen Mitarbeiter bisher gekündigt oder Hilti verlassen. Lediglich eine chinesische Führungskraft, die in Europa rekrutiert und zur Unterstützung nach China entsandt wurde, hat Akzeptanzprobleme in grösserem Umfang und muss in Kürze einer neuen Herausforderung zugeführt werden. Die gesamte Mannschaft arbeitet sehr erfolgreich nach den gleichen Qualitätsstandards, die für alle Hilti Werke weltweit gelten. Warum ?

Um Ursache und Wirkung im Zusammenhang mit der Unternehmenskultur und der Personalentwicklung näher auf den Grund zu gehen, bedarf es zunächst einer kurzen Beschreibung der Hilti Unternehmenskultur sowie eines Schlüsselaspekts der Hilti Personalentwicklung.

3 Unternehmenskultur bei Hilti

Jeder hat die Kultur, die er verdient. Gedruckt auf Hochglanzpapier entspricht sie selten der Realität. Je grösser die Differenz zwischen Wunsch und Wirklichkeit, desto grösser ist die Herausforderung des Management, eine Einheit daraus zu formen. Dies ist alles andere als bequem, es kann aber auch bei bewusster Förderung und Kommunikation gerade im Tagesgeschäft zu einer bereichernden, kreativen Spannung kommen, die das Arbeitsklima konstruktiv beeinflusst.

Per Definition ist die Unternehmenskultur »die Summe der Werte und Standards, die sich aus dem Verhalten der Mitarbeiter ergibt und die letztlich durch die Einstellungen und Werte der Mitarbeiter geprägt wird«.

Welche Werte prägen die Unternehmenskultur bei Hilti? In den letzten zehn Jahren wurden fünf Begriffe herausgearbeitet, die wir als typisch für unser Netzwerk betrachten. Wir trainieren diese nicht nur permanent weltweit mit allen Mitarbeitern (nicht nur mit Vorgesetzten) mit den modernsten Trainingstools, nein, sie sind ein lebender Bestandteil unserer täglichen Kommunikation. Sie entfalten gestaltende Wirkung als wesentliche Prinzipien für die Umsetzung von Strategien und operativen Zielen durch permanente Kommunikation.

3.1 Das Prinzip Toleranz

Dieses Prinzip erläutern wir nicht anhand des Wortes Toleranz, da dies auch anderweitig besetzt ist, sondern wir erklären durch wenige Sätze, was wir darunter verstehen:

Du siehst nie Realität, sondern nur immer Deine Interpretation von Realität. Achte deshalb auf Deine Überzeugungsbrille, denn jeder Mensch hat seine Realität, d.h. jeder hat seine Brille, und sei Dir bewusst, dass es keinen Sinn macht, darüber zu diskutieren, ob einer eine rote Brille oder eine blaue Brille auf hat und ob die Welt tatsächlich rot oder blau ist. Es ist wichtig zu akzeptieren, dass der andere eine andere Brille auf hat und deshalb die Welt anders sieht.

Manch einem mögen diese Aussagen banal erscheinen, aber hier wurde mit einfachen Worten etwas erläutert, was mittlerweile weltweit zu deutlich mehr Achtung vor der Meinung des anderen, zu weniger Schwierigkeiten in kritischen Gesprächen, insbesondere zwischen Vorgesetzten und Mitarbeitern, aber auch im Bereich des überbetrieblichen Denkens geführt hat. Es fördert aber auch das Verständnis für Benchmarking innerhalb und ausserhalb des Unternehmens und nicht zuletzt das Infragestellen der eigenen Position durch andere Denkansätze.

3.2 Das Prinzip Veränderung

Das Prinzip der Veränderung wird wie folgt umschrieben:

Die Welt um uns verändert sich, aber wir Menschen tendieren dazu, am Gewohnten festzuhalten. Das Gewohnte ist uns vertraut. Neue Erfahrungen erfordern Mut zu Veränderungen, Risikobereitschaft und mitunter auch Aufwand. Wenn Du immer am Gewohnten festhältst, während die Welt sich um Dich verändert, wirst Du sozial vereinsamen. Das Festhalten am Blick immer durch die gleiche Brille führt zu Stagnation. Das Ausprobieren von neuen Brillen schafft Wachstum und Erfahrungen. Deswegen: Nutze Deine Möglichkeiten und verlasse wann immer möglich den Kreis der Gewohnheiten.

Das Verständnis dieses Prinzips erleichterte Veränderungsprozesse, die von Marktveränderungen, Technologieveränderungen und Wertveränderungen ausgingen, in massiver Form. Die Bereitschaft sich Neuem zu stellen, Risiken zu tragen und Chancen zu nutzen ist nicht nur durch das Management gefordert, sondern auch durch die Mitarbeiter in vielen Fällen aus eigener Kraft gestaltet worden. Umfangreiche Re-Engineering Prozesse, Veränderung von Systemen (unter anderem Gehaltssystemen) und gravierende organisatorische Veränderungen bis hin zur Schliessung von Betriebsteilen sind durch das faktische *Erleben* dieses Begriffs deutlich erleichtert worden.

3.3 Das Prinzip Selbstverantwortung.

Umschrieben wurde dieses Prinzip wie folgt:

Verantwortung ist nicht teilbar. Verantwortung gibt es nur in 100 % Portionen, Teilportionen gibt es nicht. Somit bist Du immer ganz oder gar nicht verantwortlich. Zwi-

schenlösungen führen immer nur zu Rechtfertigung oder Schuldzuweisung an andere. Sei Dir deshalb darüber klar: Du bist für Dein Tun selbst verantwortlich !

Das Leben dieses Begriffs hat im Bereich der zwischenmenschlichen Beziehungen, bei der Teamarbeit, bei der Verbreitung des Qualitäts-Management und der Verbesserungsgrundsätze sowie bei der internen Kundenorientierung eine massive Verbesserung durch veränderte Einstellungen erbracht. Darüber hinaus hat es die Einführung eines neuen Gehaltssystems unterstützt, bei dem für alle Mitarbeiter ein variabler Gehaltsbestandteil enthalten ist, der zum einen das Erreichen eines Gruppenziels honoriert und zum andern die Entwicklung des Unternehmensgewinns als Messgrösse beinhaltet.

3.4 Das Prinzip Wahlfreiheit

Dieses Prinzip wird wie folgt umschrieben:

Achtung ! Es gibt keine Feen, die Deine Probleme lösen ! Du selbst hast die Wahlfreiheit: Ändere es, vergiss es oder respektiere es ! Wenn Du nicht aktiv wählst und danach handelst, bist Du das Problem.

Dieses Prinzip hat Einstellung und Verhalten im Verhältnis zu Problemen und Schwierigkeiten sehr positiv beeinflusst, indem die Eigeninitiative, aber auch die Akzeptanz von Kompromissen deutlich gefördert wurden.

3.5 Das Prinzip Lernen

Dieses Prinzip wird wie folgt umschrieben:

Es gibt niemand der nur Erfolg hat, weil Misserfolg und Erfolg sich gegenseitig bedingen. Deswegen gibt es auch niemand, der alles richtig macht. Nur aus »Fehlern« resultiert Wachstum und Lernen. Deswegen sind positive und negative Erfahrungen gleichwertig, sie gehören zum Leben und bedingen sich gegenseitig. Positive Erfahrungen stärken Dein Selbstwertgefühl, negative Erfahrungen bilden die Grundlage für Lernprozesse. Nur mit diesem Bewusstsein erhältst Du Deine Lernfähigkeit.

In diesem Bereich gibt es noch die grössten Schwierigkeiten, weil nach wie vor im Management die Neigung besteht, nur »Positives zu verkaufen«. Die Fähigkeit, Fehler zuzugeben, die dadurch auch für andere zur Lehre werden können, hat auch mit der tradierten Wertordnung zu tun, vor allem dann, wenn bisherige Grundannahmen und Erfahrungen in Frage gestellt werden müssen. Lernen wird hier nicht als reiner Aufbau von Wissen verstanden, sondern im Gesamtzusammenhang von Wissen, Fähigkeiten und Motivation als neue Erfahrung betrachtet. In der Ausbildung dieser Fähigkeit liegen mitunter die grössten Chancen, wenn es um die Umsetzung von grösseren Veränderungen im Unternehmen geht.

Die einfache, verständliche Sprache und die plakativen Darstellungen in Verbindung mit neuen Trainingsansätzen (beispielsweise in Grosstrainings mit ungefähr 100 Mitarbeitern) sowie das Einbeziehen dieser Begriffe und Schlüsselworte in die

Unternehmenskommunikation haben durch die Veränderung des Bewusstseins und der Einstellung der Mitarbeiter die innere Erneuerung des Unternehmens für die Erreichung der strategischen und operativen Ziele massgeblich unterstützt. Deshalb legen wir im Training auch in Zukunft besonderes Augenmerk auf die Weiterentwicklung des *Könnens und des Wollens* d. h. die Beeinflussung und Ausbildung von Fähigkeiten und Motivation, weil dort nach unserer Erfahrung das grösste Defizit bei Mitarbeitern und Vorgesetzten liegt. Führen – im Sinne von Coaching *vorbildhaft vorleben* – ist das wesentliche Element des erfolgreichen Transfers. Das Top Management darf sich nicht auf die Rolle des Ueberprüfers oder Steuermanns beschränken. Jedes einzelne Führungsmitglied muss Inspirator, Prime Mover und Motivator sein. Wenn der Chef als Beispiel und Vorreiter gilt und selbst Veränderung mutig lebt, werden die Spielregeln anschliessend von allen eingehalten und nicht als Belastung sondern Unterstützung in den Umsetzungsprozessen dienen. Deshalb wurden diese Prinzipien auch im analytischen Teil des Coachingprozesses im Rahmen der Personalentwicklung berücksichtigt.

4 Fokussierte Mitarbeiterentwicklung

4.1 Das Mitarbeiter-Entwicklungsgespräch

Wir haben erfolgreiche Mitarbeiter! Diese Überzeugung soll weniger Stolz als vielmehr die Verantwortung zu ständiger Entwicklung in Eigenverantwortung zum Ausdruck bringen. Das Know how, mit dem ein Mitarbeiter seine Arbeit anpackt, die Qualifikation, mit der er sein Wissen in Können umsetzt und Fähigkeiten entfaltet, und das Bewusstsein (d. h. mit welcher Motivation) mit dem er seine Rolle ausübt, werden in einem strukturierten Prozess ständig kritisch überprüft.

Hierbei distanzieren wir uns bewusst von einem früheren Modell, das die erreichten Arbeitsresultate oder die »Planerreichung« als wesentliches Element für die Beurteilung von Leistung und Motivation zum Inhalt hatte. Heute analysieren wir im Coachingprozess mit welchen *Aktivitäten* ein bestimmtes Ergebnis erreicht wurde. Dabei bleiben wir aber nicht an der Oberfläche stehen, denn aus den Aktivitäten lassen sich Schlüsse auf die *Qualifikation* des Mitarbeiters ziehen. Bei näherem Hinsehen finden wir relativ rasch heraus, auf welchen Feldern der Mitarbeiter sein Wissen durch Aktivitäten in Erfolg umsetzt und wo dies nicht der Fall ist. Aber auch diese Ebene reicht nicht aus. Der nächste Schritt führt in die Analyse der *Einstellung* und in ein Gespräch über die Werthaltungen des Mitarbeiters im Verhältnis zur Unternehmenskultur. Dort liegt nach unserer Erfahrung die Basis für seinen Erfolg oder Misserfolg. Dort ist die Grundlage für seine Fähigkeit, sich in das Unternehmen und seine Wertordnung zu integrieren und hier werden nach unserer Erfahrung die meisten Fehler gemacht. Viele Vorgesetzte hängen sich an dieser Stelle ein Mäntelchen konstruktiven Sozialverhaltens um, das in Wirklichkeit nichts anderes ist als die Scheu davor, im Rahmen eines sachlichen Gesprächs

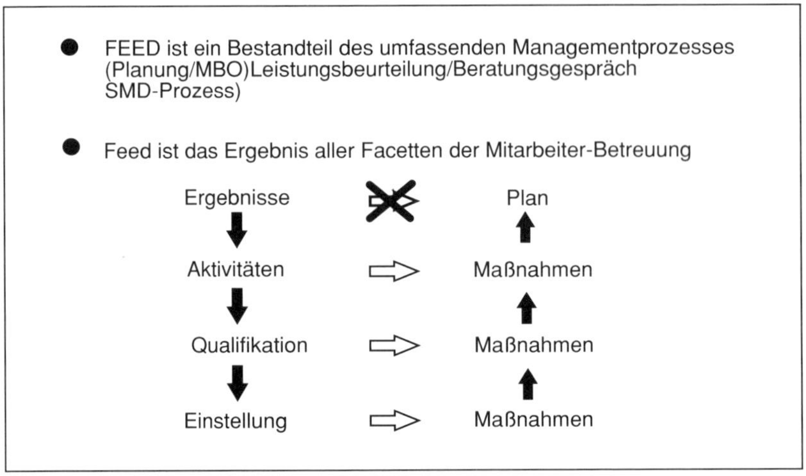

Abb. 1: Elemente des Mitarbeiter – Entwicklungsprozesses

einem Mitarbeiter oder Kollegen oder auch einem Vorgesetzten die »Wahrheit« zu sagen – immer im Bewusstsein, dass die sogenannte »Wahrheit« die eigene Überzeugung darstellt. Meistens werden die Analyseergebnisse geschönt oder kaschiert, weil man den sachlichen, mutigen Dialog scheut. Dieser Dialog muss aber geführt werden, wenn das Coachinggespräch als vertrauensbildende Massnahme dienen und den Weg zu einem konstruktiven Aktivitätenplan ebnen soll. Die Kunst liegt hierbei in der Vermittlung von wenigen, aber richtigen Massnahmen, die beim Mitarbeiter das Vertrauen auslösen, dass der Vorgesetzte einen wesentlichen Beitrag zum Lernen, Wachsen und Entwickeln des Mitarbeiters leisten will. Gleichzeitig muss der Mitarbeiter die Möglichkeit haben, dem Vorgesetzten ein Feedback zu geben. An dieser Stelle zeigt sich dann, ob im Unternehmen wirklich eine offene Kommunikation besteht oder ob ein Vorgesetzter beleidigt auf Kritik seiner MitarbeiterInnen reagiert. Solche Reaktionen sind die kritischen Weichen für die Unternehmenskultur. Definierte Prinzipien sind da als Spielregeln geeignet, das Klima zu entkrampfen. Hier werden Massstäbe für die Veränderungsbereitschaft gesetzt, weil der Mitarbeiter Erfahrungen macht, die darüber entscheiden, mit welcher Einstellung er beim nächsten Mal an einem solchen Gespräch teilnimmt.

Die Ergebnisse eines solchen Coachingprozesses werden in Aktivitätenplänen zur Entwicklung des Mitarbeiters eingesetzt und im Gesamtzusammenhang bewertet. Hierbei unterscheiden wir zwei unterschiedliche Arbeitsfelder:

A) Die gezielte Entwicklung des Mitarbeiters *in der Stelle* = FEED (focused employee efficiency development - Fokussierte Mitarbeiterentwicklung)
B) Die Entwicklung des Mitarbeiters *in seiner Laufbahn* = SMD (strategic manpower development – Strategische Mitarbeiterentwicklung)

4.2 FEED und SMD: Mitarbeiterentwicklungspolitik

Der FEED-Ansatz steht für alle Aktivitäten welche dem Vorgesetzten erlauben, das Potential des einzelnen Mitarbeiters innerhalb der heutigen Aufgabe optimal einzusetzen und zu entwickeln. FEED steht aber auch für das bewusste (und ehrliche) Zugeständnis, dass die Linienvorgesetzten immer zu knapp bemessene zeitliche Ressourcen zur Verfügung haben, um alle Mitarbeiter ihres Teams optimal zu coachen und bei ihrer Aufgabe zu begleiten und zu entwickeln. Der Buchstabe »F« steht bei FEED bekanntlich für fokussieren. Darunter versteht man, dass sich die Führungskraft vor allem – aber nicht ausschliesslich – auf diejenigen Mitarbeiter konzentriert, deren Leistungspotential nicht ausgeschöpft ist, bzw. die in der gegenwärtigen Stelle unterfordert sind. Diese Konzentration ist ein dynamischer, rollender Prozess, welcher eine ständige Überprüfung/Begleitung der Entwicklung der sich im Fokus befindlichen Personen bedarf.

Der SMD Ansatz stellt das Bindeglied zwischen den einzelnen Stellen/Aufgaben dar. Er ermöglicht dem einzelnen Mitarbeiter, sich primär innerhalb (in Einzelfällen auch ausserhalb) von Hilti über die gegenwärtige Stelle hinaus weiterzuent-

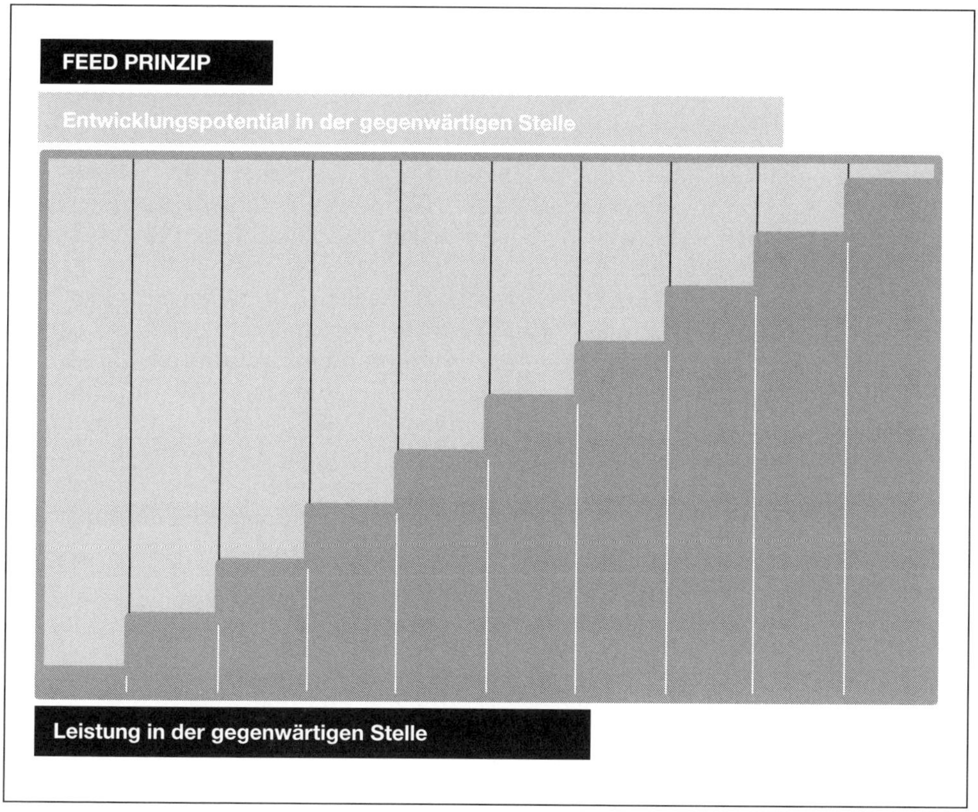

Abb. 2: FEED-Prinzip

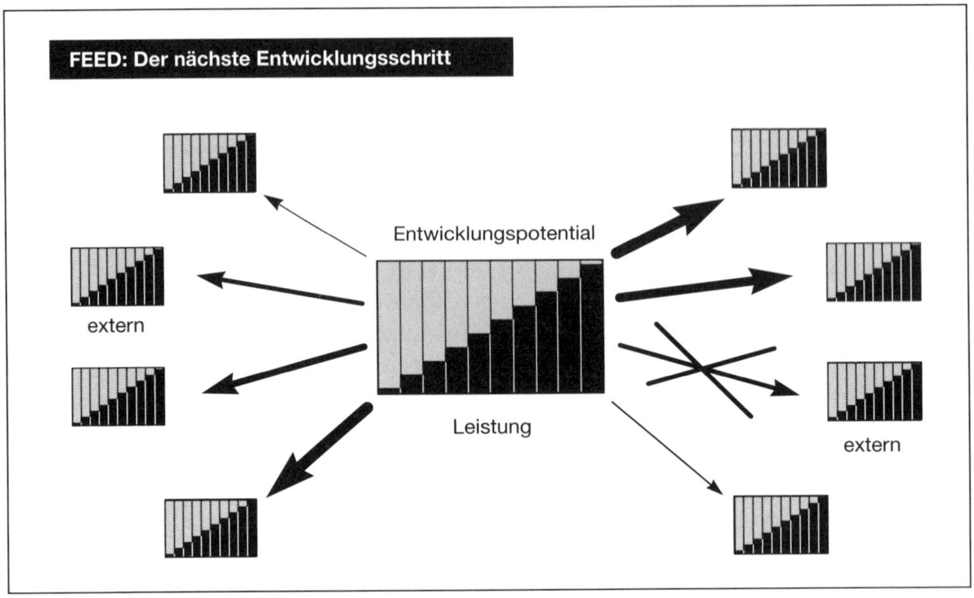

Abb. 3: FEED: Der nächste Entwicklungschritt

wickeln. In einem strukturierten, rollenden Prozess, welcher weltweit zur Anwendung gelangt, wird sichergestellt, dass Hilti auch künftig die Kompetenzen zur Verfügung haben wird, welche den aktuellen und zukünftigen Bedarf strategiekonform abdecken können.

Bei SMD handelt es sich um einen Prozess, bei welchem von den einzelnen Mitarbeitern ein Leistungs-Potential-Portfolio erstellt und innerhalb des Management abgestimmt wird. Das Portfolio ist ergänzt mit den Interessen und Möglichkeiten der einzelnen Kandidaten. Mit den vorliegenden Ergebnissen wird zum einen ein Potentialinventar erstellt. Zum andern werden konkrete Aktionsschritte definiert, die aufzeigen, welche Massnahmen für den betreffenden Mitarbeiter umgesetzt werden müssen. Die zur Umsetzung gelangenden Massnahmen fliessen wiederum nahtlos in den FEED Prozess ein und werden mit den Mitarbeitern kommuniziert. Der gesamte Prozess wird von den HR-Verantwortlichen mit den Linienvorgesetzten durchgeführt und fachlich begleitet.

Die beiden Prozesse FEED und SMD ermöglichen dem Unternehmen Hilti, aus eigenen Reihen Nachwuchskräfte rekrutieren zu können, rechtzeitig Nachwuchslücken oder Schwächen der Talente von morgen aufzudecken und vor allem das aktuelle Entwicklungspotential der Mitarbeiter weiterzuentwickeln.

Sowohl der FEED- als auch der SMD-Prozess wird vom gesamten Management getragen und täglich weltweit umgesetzt. Ausschlaggebend für den Erfolg der beiden Prozesse sind ein intensiver Dialog auf allen Stufen und das Vorliegen und Umsetzen von konkreten Aktionsplänen.

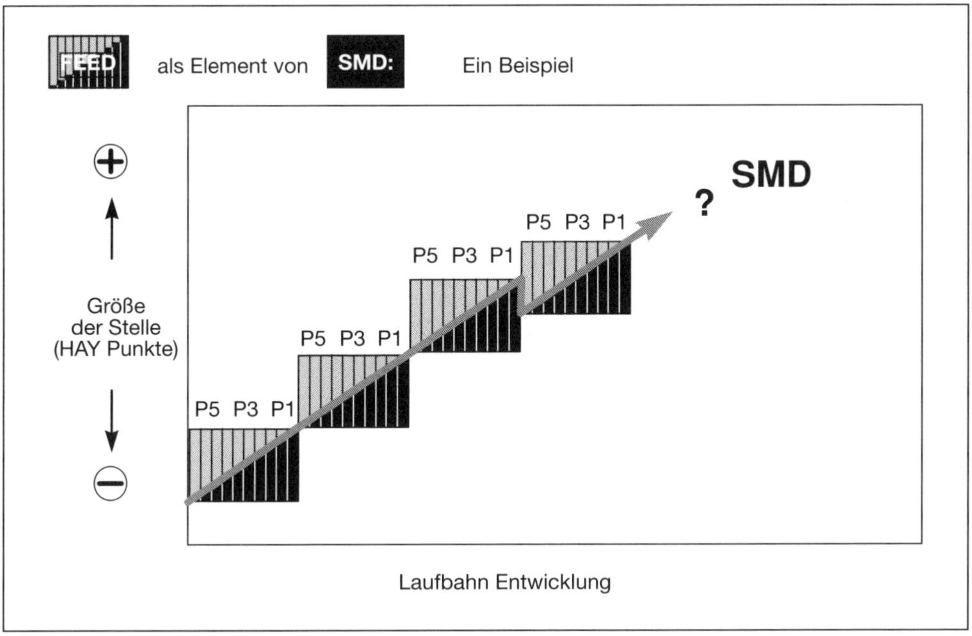

Abb. 4: FEED – SMD Vernetzung

5 Bewertung der Beispiele: Laptops im Vertrieb, Lean Production, China-Fertigung

Bei den vorher genannten Beispielen gibt es strukturelle und individuelle Besonderheiten, auf die jedoch hier nicht näher eingegangen wird. In der praktischen Erfahrung erscheint jedoch in allen Fällen eindeutig nachweisbar, dass

A) der Erfolg einer Strategie nicht nur in ihrer Entwicklung, sondern gerade auch in ihrer effektiven, internen Umsetzung entschieden wird, um die erwartete Wirkung zu entfalten.

B) die rein sachliche Wissensvermittlung nicht ausreicht, um geändertes Rollenverhalten, neue Strukturen und Prozesse oder die Gründung neuer Betriebsteile erfolgreich umzusetzen.

5.1 Laptops für Vertreter und Einrichtung eines Customer Service

Die genauere Analyse dieses Beispiels zeigte, dass die rein sachliche Vermittlung des Wissens, wie ein Computer benutzt wird, bei weitem nicht ausreicht, um beim Mitarbeiter eine autonome Veränderung seiner bisherigen Rolle zu erreichen. Diese Erfahrung kann generell auf die Einführung neuer Technologien übertragen werden. Wenn nur rein fachliches Wissen vermittelt wird, halten die Mitarbeiter an ihrem alten Arbeitsstil und am alten Rollenverständnis fest. Dann wird die bisherige manuelle Kartei durch eine elektronische Kartei ersetzt, ohne dass sich inhaltlich in der Tätigkeit etwas ändert. Da die notwendige Veränderung im Detail nicht planbar und sinnvollerweise auch nicht vorzugeben ist, werden Coaching-Massnahmen mit Spielregeln der Unternehmenskultur unverzichtbar. Im vorgenannten Beispiel ist es versäumt worden, den Mitarbeitern mit geeigneten Mitteln verständlich zu machen, warum hier die Prinzipien »Veränderung«, »Selbstverantwortung« und »Wahlfreiheit« hätten vorgelebt werden müssen. Eine Strategieumsetzung mit gravierenden Veränderungen im Prozessablauf kann nicht durch das einfache Informatiktraining allein wahrgenommen werden, sondern hier muss von oben ein Prozess initialisiert werden, der durch intensive Kommunikation und Coaching einerseits die Gestaltung fördert und andererseits auch Verständnisprobleme offenlegt, fehlendes Commitment erkennt, Vertrauen in den Erfolg der Veränderung schafft und Defizite um den Bereich der Methoden- und Sozialkompetenz aufzeigt.

Auch die Ergänzung eines ganzheitlichen Verkaufsprozesses durch eine komplett neue Abteilung führt zu Schnittstellenproblemen vor allem dann, wenn Vorgesetzte und Mitarbeiter nicht im Vorfeld zu Beteiligten gemacht werden. Die notwendige Herausarbeitung der eigenverantwortlichen Schritte im Veränderungsprozess, das Herausarbeiten der Grenzen, aber auch der Möglichkeiten der Gestaltung sind notwendige Massnahmen für einen erfolgreichen Umsetzungsprozess. Diese Erkenntnisse sind im Sinne einer positiven Verarbeitung der Erfahrung im genannten Beispiel nunmehr genutzt worden. Durch die Schwierigkeiten im ersten Anlauf bestehen bei den Mitarbeitern heute jedoch noch Ressentiments, die eine Verlängerung der Umsetzungsphase bedeuten.

5.2 HIPS (Hilti Produktionssystem)

Im Unterschied zum vorgenannten Beispiel sind bei der Umsetzung des Hilti Produktionssystems die kulturellen Aspekte mit in den Vordergrund des Trainings und Coachings gestellt worden. Im Bereich der Methodenkompetenz wurden speziell jene Fähigkeiten geschult, welche bedingt durch das HIPS-Umfeld eine neue entscheidende Rolle bekamen. So mussten durch die Verlagerung der Entscheidungskompetenz auf die tiefstmögliche Stufe Entscheidungsfindungs- und Problemlösungstechniken, Präsentations- und Moderationstechniken geschult werden. Mit hoher Priorität wurde ebenso die Sozialkompetenz geschult. Um die Gruppendynamik, Konflikt-, Kommunikations- und Kooperationsfähigkeit positiv zu beeinflussen, mussten spezielle Trainingsmodule entwickelt werden. Im Laufe dieses Prozesses haben sich die Mitarbeiter bewusst entschieden: Die Prinzipien Toleranz, Veränderung, Wahlfreiheit und Selbstverantwortung wurden in Rollenspielen mit Inhalten gefüllt, und das Lernprinzip machte es möglich, auch Rückschläge als Teil des Lernerfolges zu erkennen. Dieser Prozess zeigte mit allem Nachdruck, dass kontinuierliches Coaching auf der Basis gelebter Unternehmenskultur unerlässlich für die erfolgreiche Strategieumsetzung war.

5.3 Aufbau eines Werkes in China

Dieses Beispiel ist vor allem wegen seines multikulturellen Aspektes erwähnenswert. Aber auch, weil für uns interessant war, wie Mitarbeiter, die noch nie mit Hilti zu tun hatten, auf unser Umfeld reagieren. Schlüssel für den Erfolg war das Training in Europa. Dieses Training basierte zum einen auf der Vermittlung der Unternehmenskultur, die anhand von praktischen Beispielen in den Arbeitsabläufen der europäischen Werke demonstriert werden konnte und zum andern auf dem unmittelbaren Coaching an einem Arbeitsplatz, den der Mitarbeiter später selbstverantwortlich nach China transferieren sollte. Interessant war, dass die Mitarbeiter chinesischer Nationalität die schon früher in Japan gemachte Erfahrung bestätigten, dass selbst ein gravierend anderer kultureller Hintergrund bei der Vermittlung der Unternehmenskultur kein Hindernis ist und mit den gleichen Methoden wie in den westlichen Kulturkreisen vermittelt werden kann. Lediglich im Bereich der Wahlfreiheit, d. h. des bewussten Entscheidens zwischen zwei Alternativen, waren bei den chinesischen Mitarbeitern eher ausgeprägte hierarchische Denkweisen festzustellen. Aber auch hier hat das Coaching in Europa massgeblich zur Vertrauensbildung beigetragen, so dass nunmehr bei der Umsetzung in China zumindest schon ein deutlicher Fortschritt bei der Weiterentwicklung der Mitarbeiter festzustellen ist. Wir sind der Überzeugung, dass die stark ausgeprägte und gelebte Unternehmenskultur in Verbindung mit dem Auftrag, sich selbst und damit die Gesamtorganisation zu entwickeln, den Mitarbeitern den entscheidenden Schub zur Identifikation gegeben hat. Im übertragenen Sinn zeigt dieses Beispiel, dass Führungskräfte in der Lage sein müssen, ihre Mitarbeiter an ihrem alten Standort »abzuholen« und ihnen durch das Zusammenwirken von vertrauensvollem Verständnis, Sinnvermittlung und klarer Aufgabenstellung den Weg für eine neue Rolle bzw. neue Arbeitsinhalte zu ebnen.

6 Thesen und Ausblick

6.1 Unternehmenskultur und Veränderung

Die gelebte Unternehmenskultur entscheidet darüber, inwieweit Mitarbeiter selbständiger Motor der Veränderung sind. Je mehr die Veränderung zum System wird (z. B. kontinuierlicher Verbesserungsprozess) desto mehr ist es notwendig, den Ausgangspunkt der Veränderung in der Selbstbestimmung und Selbstverantwortung jedes einzelnen Mitarbeiters zu verankern.

6.2 Unternehmenskultur und Mitarbeiterentwicklung

Die Mitarbeiterentwicklung wird künftig noch vermehrt von der Firmenkultur getragen. Diese Art der Mitarbeiterentwicklung sollte zur Kernkompetenz eines Unternehmens weiterentwickelt werden. Die Leistung und das Potential aller Mitarbeiter wird verstärkt danach beurteilt werden, welchen Beitrag sie zur Unternehmensentwicklung durch Rekrutierung, Personalentwicklung und Kulturentwicklung leisten. Ein solcher Leistungsbeitrag muss seinen Niederschlag auch in einem entsprechenden Vergütungssystem finden.

6.3 Unternehmenskultur und Führung

Die Verantwortung für ein solches Umfeld liegt beim Top-Management, die Verantwortung für die Entwicklung der richtigen Prozesse liegt in der Personalabteilung, die Verantwortung für die Gestaltung der Prozesse sowohl bei den Vorgesetzten wie bei den Mitarbeitern selbst.

6.4 Unternehmenskultur und Controlling

Die Wirksamkeit der eingeleiteten Massnahmen muss vermehrt unter dem Aspekt des Controllings verfolgt werden. Klimauntersuchungen und Mitarbeiterumfragen sind nur ein erster Schritt in diese Richtung.

6.5 Unternehmenskultur und Strategieumsetzung

Die gelebte Unternehmenskultur und die darauf basierende Mitarbeiterentwicklung entscheiden über Effizienz und Effektivität der Strategieumsetzung und damit den Erfolg des Unternehmens.

Teil III
Die Teile, ihre Summe und das Ganze

Vom zentralen Stellenwert des Mitarbeiters …

Zum Stellenwert der Mitarbeiter im Unternehmen

von

HELMUT MAUCHER

In einer Epoche, in welcher Restrukturierungen, Reorganisationen und das Ringen um Wettbewerbsfähigkeit die Wirtschaft und Politik, aber auch die Oeffentlichkeit in starkem Masse beschäftigen, wird natürlich auch der Personalpolitik der Unternehmen ein vermehrtes Interesse entgegengebracht. Und in einer Phase hoher und lange andauernder Arbeitslosigkeit hat die Beschäftigungssicherung einen besonders hohen Stellenwert und birgt damit die Gefahr der Ueberbetonung in sich. Die strategischen Entscheide über Wege und Mittel, in einem schwierigen Umfeld die Wettbewerbsfähigkeit des Unternehmens, und damit sein längerfristiges Ueberleben zu sichern, obliegen der Unternehmensführung und man scheint oft zu vergessen, dass ein Scheitern auch für die Mitarbeiter sehr tiefgreifende Konsequenzen haben kann. Wenn also Restrukturierungen nur unter dem Blickwinkel der Arbeitsplatzverluste betrachtet werden, macht man sich die Sache zu einfach. Gleichzeitig muss man sich bewusst sein, dass jede Neuorganisation, jede Umstellung in Methoden oder Tätigkeitsbereichen über Menschen und Mitarbeiter umgesetzt werden muss; die Mitarbeiter dafür zu gewinnen und den naturgegebenen Widerstand gegen den Wandel zu überwinden, bildet einen ganz wichtigen Bestandteil des Gelingens.

Allzuoft ist man versucht, die Verantwortung auf die Personalabteilung abzuschieben und den Grund für ein mögliches Scheitern an dieser wichtigen Schnittstelle zwischen Unternehmen und Mitarbeitern zu suchen. Das greift zu kurz und geht von einer falschen Einschätzung von Funktion und Stellenwert der »human resources departments« – so müssen die Personalabteilungen ja neuerdings heissen – aus. Was diese leisten können und sollen, und welches ihre Funktion im Unternehmen ist, sei aus meiner Sicht in der Folge dargestellt. Dabei muss ich gleich betonen, dass dieser Beitrag auf meinen persönlichen Erfahrungen in den über vierzig Jahren der Tätigkeit für Nestlé beruht. Die Politik und die Kultur des Unternehmens beruhen auf einem spezifischen Tätigkeitsbereich, einer eigenen Geschichte und Erfahrung und sind daher nicht vollumfänglich auf andere Gesellschaften übertragbar.

Zur Wichtigkeit der Mitarbeiter

Zu den zentralen Elementen der Wettbewerbsfähigkeit gehören meiner Auffassung nach ganz sicher Motivation, Kompetenz und Unternehmensbindung der Kader und der Mitarbeiter. Gerade in einer Branche, die nicht alle zwei Jahre mit einem umwälzenden Technologiewandel aufwarten kann, muss es von entscheidender Bedeutung sein, dass unsere Mitarbeiter ein klein wenig besser sind als jene unserer Mitbewerber. Dazu kommt, dass wir Nahrungsmittel herstellen und verkaufen. Das heisst, dass die Verbraucher bei ihrem Kaufentscheid weit mehr emotionale, kulturelle und traditionsgebundene Elemente einfliessen lassen, als dies beispielsweise beim Kauf von Werkzeugmaschinen oder von Computern der Fall ist. Dies bedingt auf unserer Seite eine konstante Aufmerksamkeit gegenüber den Konsumtendenzen und eine profunde Kenntnis von Aspirationen und Lebensstil des Verbrauchers. Und da dies weltweit geschieht, mit einer atemberaubenden Bandbreite von Bedürfnissen, Traditionen und verfügbaren Einkommen, sind wir darauf angewiesen, in jedem einzelnen Markt auf Mitarbeiter zählen zu können, die ihre Arbeit mit Enthusiasmus und Engagement angehen. Dazu kommt, dass das Umfeld sich rasch ändert: die Typus A, B, C-Konsumenten gibt es nicht mehr. Einzelne Segmente unseres Angebotes entsprechen in jeder Beziehung den internationalen Konsumgewohnheiten, andere passen sich regionalen oder nationalen Traditionen an. Um den preisbewussten, anspruchsvollen Konsumenten kämpfen Anbieter jeder Grössenordnung, bis hin zum Handel, der seine Nachfragemacht zusätzlich durch immer zahlreichere Eigenmarken zu verstärken sucht. In diesem Umfeld brauchen wir Mitarbeiter, die selbständig denken, die mitziehen, die ihre Aufgabe mit Elan und Enthusiasmus anpacken. Sie finden bei Nestlé eine Struktur, die ihnen viel Eigeninitiative und Verantwortung und damit Raum zur Selbstentfaltung lässt. Der dezentralisierte Führungsstil, kurze Hierarchien, überschaubare Einheiten sind allesamt Elemente, die Motivation und Identifizierung mit dem Unternehmen erleichtern. Dazu kommt der Erfolg: nichts motiviert stärker als das Bewusstsein, bei der international führenden Gesellschaft der Branche zu arbeiten. Dass damit auch die Gefahr verbunden ist, gegenüber dem Wandel in Konsumgewohnheiten und Umfeld weniger aufmerksam zu sein, sei nicht verschwiegen. Ich betrachte es als eine meiner wichtigsten Aufgaben, hier immer wieder neue Fragen aufzuwerfen und auf neue Entwicklungen hinzuweisen.

Schliesslich ist offensichtlich, dass der internationale Geist im Unternehmen einen weiteren Faktor der Attraktivität darstellt. Das Bewusstsein, dass nicht ein bestimmter Reisepass, sondern Einsatzwillen, Kompetenz und menschliche Qualitäten den Weg bestimmen, und dass Nestlé auf allen Kontinenten vertreten ist, wirkt, wie jüngere Untersuchungen gezeigt haben, gerade auf Hochschulabgänger sehr anziehend. Multikulturell, lautet das Schlagwort heute und ich habe auch hier gewisse Zweifel. Ein Individuum kann ja nicht multikulturell sein, und ich möchte, dass meine Mitarbeiter ihre Herkunft und ihren »background« nicht verleugnen müssen. Ebenso erwarte ich aber von ihnen, dass sie Verständnis für andere Kulturen aufbringen und sich dort einfühlen können. Und schliesslich sollten sie fähig sein, auch die Kultur des Unternehmens aufzunehmen und weiterzugeben.

Kein Problem mit der Rekrutierung, aber …

Es bereitet uns also nicht allzuviel Mühe, Mitarbeiter zu rekrutieren. Gerade in wirtschaftlich schwierigen Zeiten, wo Unternehmenserfolg, Ausweitung des Betätigungsfeldes und verantwortungsvolles Verhalten im Sozialbereich als Ausnahme empfunden werden, gewinnen diese Aspekte auch bei jüngeren Bewerbern an Bedeutung. Gleichzeitig sieht sich der Arbeitgeber mit einem gesellschaftsweiten Wertewandel konfrontiert, den es richtig einzuschätzen gilt. Gestiegenes Wohlstandsniveau und Einflüsse aus Erziehung und Schulwesen, sicher auch die Ausdehnung und Vertiefung der modernen Grundwerte wie Individualismus, Rationalismus, Universalismus, führen zu neuen Haltungen, die auch das Unternehmen tangieren. Ich habe mich immer davor gehütet, allzu idyllische Schilderungen unbesehen zu übernehmen und ich glaube, dass eine Fehlbeurteilung auf dem Gebiet des Personalwesens sich noch negativer auswirkt als anderswo. Es gibt auch für Nestlé keinen Grund anzunehmen, dass unsere Mitarbeiter sich zeitgenössischen gesellschaftlichen Strömungen entziehen können. So gibt es kaum Zweifel, dass hedonistische, narzisstische Haltungen heute offener zur Schau getragen werden. Viele junge Leute streben eine Karriere in einem Grossunternehmen an, wobei sich ihr Augenmerk vielmehr auf die Verwirklichung eines bestimmten Lebensstils und dessen Optimierung, als auf ihre berufliche Aufgabe und ihren Beitrag zum Wohl des Unternehmens richtet. Skepsis gegenüber der Wirtschaftswelt und dem Selbstverständnis des Unternehmens geht einher mit stark gesteigerten Ansprüchen an Arbeitsplatzsicherheit, Möglichkeit zur Persönlichkeitsentfaltung, Kreativität, Freiräume bei Arbeits-und Zeitgestaltung, Information und Mitentscheidung.

Dazu kommt die durchaus verständliche Forderung nach Gleichberechtigung der Frauen, und schliesslich die Tatsache, dass der Stellenwert der Arbeit insgesamt durch mannigfaltige Aktivitäten im Freizeit- und Kulturbereich Konkurrenz erfährt. Ebenso wachsen die Ansprüche gegenüber dem Unternehmen hinsichtlich seiner Verantwortung für soziale Belange, Umwelt, Gesundheit, Sicherheit, verantwortungsvollem Umgang mit Technologien und Entwicklungsländern, während gleichzeitig die Bereitschaft abnimmt, die Argumente des Unternehmens in diesen Bereichen aufzunehmen und sie gegen aussen zu vertreten. Viele dieser Elemente haben durchaus eine positive Kehrseite und ich führe sie an, ohne sie zu werten. Ebenso klar ist es aber, dass wir bei der Rekrutierung und bei der Entwicklung der jungen Mitarbeiter darauf achten müssen, dass sie Bedingungen und ein Klima vorfinden, das ihnen gestattet, sich in der gewünschten Richtung zu orientieren.

Unterstützt werden wir dabei durch eine sehr ausgeprägte und sehr wohl verstandene Unternehmenskultur. Ein gescheiter Beobachter hat sie einmal »die Summe aller Selbstverständlichkeiten« in einem Betrieb genannt und ich gebe ihm recht. Wir haben bisher auch darauf verzichtet, sie schriftlich niederzulegen, einerseits weil sich Selbstverständlichkeiten auch so vermitteln lassen und zweitens weil die globale Präsenz und die gewollte Anpassung an lokale Gegebenheiten die Zahl der wirklich universellen Prinzipien doch stark reduzieren. Die Ausweitung unserer Tätigkeit, die zahlreichen Akquisitionen haben inzwischen aber zu einer Neubeurteilung geführt und wir werden unseren Führungskräften ein kleines, sehr einfach gestaltetes Dokument zukommen lassen, das in einfacher Form diese Grundwerte zusammenfasst. Dazu gehören sicher einmal ein gewisses Arbeitsethos, ein direkter, einfacher Stil des Umganges miteinander, eine gewisse Bescheidenheit im Auftritt gegen aussen, ohne heuchlerische Selbstverleugnung aber mit Stil, die Ueberzeugung schliesslich, dass das vorgelebte Beispiel sehr viel wirksamer ist als Hochglanzbroschüren und Sonntagsreden. Missionarischer Eifer geht uns ab; wir halten uns lieber an eine so helvetische Tugend wie den Pragmatismus.

Bei Nestlé haben Menschen und Produkte, nicht Systeme, die Priorität. Natürlich braucht es Systeme, um ein so weit verstreutes und stark dezentralisiertes Unternehmen zu führen. Aber wir betreiben kein »l'art pour l'art« auf diesem Gebiet und wir bekämpfen vor allem die bürokratischen Wucherungen, die es gewissen Stabsabteilungen erlauben könnten, Entscheidungsprozesse zu verlangsamen oder über Gebühr zu beeinflussen.

Gerade auf dem Gebiete des Personalwesens einer international tätigen Gesellschaft stellt sich eine derartige Fülle von Problemen und Prozeduren, dass ohne

Systeme nicht gearbeitet werden kann. Transfers – wir zählen allein beim internationalen Kader zwischen 6–800 Mitarbeiter – , kurzfristige Versetzungen, eine ausgedehnte Reisetätigkeit, Gehalts-und Lebenskostenfragen, Aus-und Weiterbildung, Restrukturierungen und Reorganisationen in der industrialisierten Welt, daneben explosiv wachsender Personalbedarf in neu erschlossenen Regionen, und all dies in einem Umfeld, das von einer immer umfangreicheren Gesetzgebung oft bis ins kleinste Detail geregelt wird und selbstverständlich von unseren Mitarbeitern sehr unmittelbar empfunden wird: ohne ein Minimum von Systemen liesse sich dies alles nicht bewältigen. Dazu kommt, dass Nestlé, als grösstes Unternehmen der Schweiz, aber auch als archetypische multinationale Gesellschaft natürlich sehr aufmerksam beobachtet und oft auch als Massstab herangezogen wird. Aber es sind oft Führungsdefizite, die am Anfang ausgeklügelter Personalsysteme stehen, die vom Gehalt bis zur Bewertung der einzelnen Mitarbeiter alles in einen administrativen Rahmen pressen ... wohl in der Hoffnung, dem Verantwortlichen einen Entscheid abzunehmen oder ihn der Notwendigkeit eines unangenehmen Gespräches mit einem Mitarbeiter zu entheben!

Der Personalchef ist nicht der Chef des Personals

Gerade weil ich die Bedeutung der Personalabteilung so hoch einschätze, möchte ich vor einem ganz zentralen Missverständnis warnen. Der Personalchef ist nicht Chef des Personals, sondern der Chef der Personalabteilung. Es ist grundsätzlich falsch, wenn sich Abteilungs- oder Divisionsleiter der Illusion hingeben, Personalangelegenheiten seien Sache der »human resources«. Diese bilden eine Stabsabteilung, welche die Leitung in Personalfragen beraten und die nötigen Grundsätze und Vorgehensweisen ausarbeiten muss, damit auch in einem international breit vertretenen Unternehmen die Grundhaltung in der Personalpolitik dieselbe bleibt. In der praktischen Anwendung hingegen werden wir die Entscheide unserer lokalen Führung überlassen, hat sie doch eine weit bessere Uebersicht über die Praxis im Gastlande. Diese Differenzierungen, die auch auf Strukturfragen zurückgehen können, tragen viel zur Bandbreite unserer Kenntnisse auf diesem Gebiete bei. So ist es klar, dass wir in einem Unternehmen in China, in welchem der lokale finanzielle Partner gewisse Personalbereiche betreut, nicht die gleichen Regeln anwenden können wie in einem Unternehmen, das uns ganz gehört. Unser lokaler Partner hingegen weiss sehr genau – lange vor Unterzeichnung des Vertrages – , dass eine Personalpolitik, die in grundlegendem Widerspruch zu unseren allgemeinen Prinzipien stehen würde, eine Einigung mit Nestlé verhindern würde. Insgesamt lässt die differenzierte Anwendung der allgemeinen Richtlinien in den einzelnen Ländern originelle Lösungen entstehen, die nach gemachten Erfahrungen durchaus auch in anderen Ländern Anwendung finden können.

Auch bei der Rekrutierung spielen die »human resources« eine wichtige Rolle, sofern sie in enger Zusammenarbeit mit der operativen Führung sich auf die zukünftigen Bedürfnisse der Gesellschaft ausrichten und rechtzeitig die Weichen stellen.

Wir müssen auch sicherstellen, dass in der Personalabteilung jederzeit das Wissen und die Kenntnis der modernen Techniken vorhanden ist und dass die laufenden Trends mit ihren Fragestellungen und möglichen Antworten und Lösungen abgedeckt sind. Es kommen, in der Gesellschaft ganz allgemein, aber auch in den Unternehmen ständig neue Probleme auf uns zu. So müssen, um die Konkurrenzfähigkeit beizubehalten, immer wieder heilige Kühe geschlachtet werden: Indexierung der Gehälter und starre Altersgrenzen werden bald schon der Vergangenheit angehören. Hingegen brauchen wir mehr Flexibilität und Anpassungsfähigkeit bei der Gestaltung von Arbeitszeit, eine vermehrt auf Leistung bezogene Entlohnung und ganz allgemein mehr Führung und weniger Regeln. Ich bin mir sehr wohl bewusst, dass solche Ueberlegungen gerade in Ländern mit einer Tradition des sozialpartnerschaftlichen Dialoges oft scharfe Reaktionen hervorrufen. Bei der jüngeren Generation und in weiten Bereichen angelsächsischer Tradition ist man heute schon viel eher geneigt, diese Gedanken in die Wirklichkeit umzusetzen. Wie sie in der Praxis anzuwenden sind, welche Folgen sie in Arbeitsorganisation, Entlöhnung, Alterssicherung bewirken werden – all dies sind Fragen, auf welche sich Personalabteilungen vorzubereiten haben.

Auch auf dem Gebiet der Frauenförderung bleibt noch einiges zu tun. Ich habe vor einigen Jahren schon klar gemacht, dass ich mir durchaus bewusst bin, dass unser Unternehmen in dieser Frage nicht eben eine Pionierrolle gespielt hat. Ebenso wenig bin ich aber bereit, Frauen zu befördern, die nicht über das nötige Kaliber oder über die nötige Erfahrung verfügen. Damit tut man ihnen – und den Frauen allgemein – eine Ungerechtigkeit an, ganz abgesehen davon, dass natürlich die Interessen des Unternehmens zuerst kommen. Wir sind uns aber durchaus einig, dass eine Gesellschaft, die Nahrungsmittel weitgehend an Konsumentinnen verkauft, schlecht beraten ist, wenn sie Frauenförderung nicht aktiv betreibt. Ich habe es mir zur Aufgabe gemacht, ganz bewusst Frauen in Führungspositionen zu versetzen und bestehe zum Beispiel auch darauf, dass in jedem Jahrgang neu rekrutierter internationaler Marketing-Praktikanten eine Anzahl von Frauen figurieren. Frauen bringen natürlich auch besondere Probleme (Familie, Kinder, andere Schwerpunkte in der Lebensgestaltung), die aber durchaus auch Vorteile haben können. Es ist ein Gebot der Ehrlichkeit, diese Probleme nicht zu leugnen und seine Energie dafür einzusetzen, vernünftige und für beide Seiten sinnvolle und gangbare Lösungen zu suchen. Und gerade hier kann die Personalabteilung, wenn nötig mit einer Person, welche sich prioritär mit diesen Fragen befasst, wertvolle Dienste leisten. Der Entscheid – und wenn nötig auch der Druck – für wirksame Massnahmen muss aber von der Gesamtleitung ausgehen.

Schliesslich stellen Ausbildung und Weiterbildung wichtige Aufgaben der Personalabteilung dar. In der Nestlé-Gruppe mit 220.000 Mitarbeitern aus aller Herren Länder und aus allen Kulturkreisen, bietet sie die Gelegenheit, neben fachlich notwendigen Kenntnissen auch und vor allem die Nestlé-Kultur zu verbreiten und unsere Mitarbeiter mit Reaktionen und Methoden aus anderen Ländern zu konfrontieren. Gleichzeitig schafft dies Gelegenheit, den horizontalen Informationsaustausch zu beleben und das für uns sehr wichtige, länderübergreifende Netzwerk zu vervollständigen. Es sei gleich festgehalten, dass ich am Sinn von Kursen in asiatischer Töpferei und Selbsterfahrung durch Abenteuertrips meine Zweifel habe. Am internationalen Ausbildungszentrum in Vevey durchlaufen jedes Jahr über 1000 Mitarbeiter aus der ganzen Welt teils mehrwöchige Kurse und Seminarien, in denen wir auch auf Gruppenarbeit grossen Wert legen. Im Zentrum stehen fachliche Kenntnisse und vor allem ein besseres Verständnis von Struktur und Kultur des Unternehmens. Und wenn dann ein Marketing-Mann aus Pakistan sich mit Kolleginnen aus den USA und Schweden zusammenraufen muss, oder ein Japaner mit einem Kadermann aus Nigeria, dann ist das ein Schnellkurs in interkulturellem Verhalten, wie man ihn sich konzentrierter kaum vorstellen kann. Präsentationen und der Unterricht selbst werden in den meisten Fällen von unseren eigenen Kaderleuten geleistet. Und die Mitglieder der obersten Geschäftsleitung – auch ich selbst – sind regelmässig in unserem Ausbildungszentrum zu finden, was uns Gelegenheit gibt, mit vielen Mitarbeitern zu sprechen und ihre Fragen zu beantworten.

Dies geht in der Richtung meines »ceterum censeo«, dass nämlich unseren jungen Kadermitarbeitern ein besonderes Augenmerk geschenkt werden muss. Das sind Leute, die bei aller Sachkunde und bei allem Engagement noch wenig Erfahrung haben, die aber für eine ganze Reihe ihrer Untergebenen »Mr. Nestlé« darstellen. Es geht darum, sie in dieser schwierigen Aufgabe zu unterstützen, ihnen die Ideen und Haltungen zu erläutern, die uns wichtig erscheinen und ihnen auch die Information zu geben, die es ihnen erlaubt, glaubwurdig das Unternehmen zu vertreten.

Employee Involvement – Management Commitment

Die Einführung neuer Strukturen am Sitz der Gesellschaft bot auch die Gelegenheit, eine neues Management-Konzept einzuführen und unseren Führungsstil danach auszurichten. Wir nannten es »Management Commitment – Employee Involvement«. Das »commitment« bezieht zwei Dimensionen ein: zunächst einmal die Verbundenheit mit der Gesellschaft und ihrer Grundhaltung in Führungsfragen, welche unsere Mitarbeiter in die Arbeitsabläufe einbeziehen soll, ihnen die nötigen Informationen regelmässig gibt und sie dazu motiviert, sich auch bei der Gestaltung und laufenden Anpassung ihrer Aufgaben und Arbeitsmethoden zu implizieren, mitzudenken und ihre Sachkunde dort einzubringen, wo sie einen direkten und für das Gesamtwohl der Gesellschaft nützlichen Effekt ausüben kann. Wir sind also vom Befehls-und Kontrollstil vergangener Zeiten weit entfernt. Dazu kommt das Element des »value added leadership«. Wir wollen Führungskräfte auf allen Ebenen dazu bringen, dass sie sich nicht auf die Ausübung ihrer Autorität beschränken, sondern darüber nachdenken, wie und wo sie am meisten Mehrwert in die Gesellschaft einbringen können. Der Wandel in den Arbeitsmethoden, die Tatsache, dass der Computer sehr viel mehr Informationen sehr viel mehr Leuten auf allen Stufen zugänglich macht, zwingt eine Gesellschaft dazu, vom rein hierarchischen Stufendenken abzugehen, und vermehrt über Netzwerke, partnerschaftliche Arbeitsgestaltung und flexible Gruppenlösungen zu funktionieren. Es ist ganz klar, dass in einer Kultur, die über Multimedia, Internet und Intranets die »borderless society« kennengelernt hat, auch am Arbeitsplatz in solchen Strukturen kreativer und motivierter funktioniert. Die Organisation der Arbeit unserer Abteilungen und Dienste muss diese Änderungen reflektieren und den pyramidal hierarchischen Aufbau mit fraktalen Elementen, Projektgruppen und Förderung der horizontalen Kommunikation ergänzen. Dies heisst nicht, dass keine Führungsverantwortung mehr ausgeübt wird. Doch in der Gestaltung der Arbeit, in der abteilungsüberschreitenden Bildung von Netzwerken, Arbeitsgruppen und Partnerschaften liegt ein gewichtiges Potential für Beschleunigung und qualitative Verbesserung der Arbeit. Wo solche Aenderungen nicht zum Tragen kommen, ist es vor allem darauf zurückzuführen, dass ein falsches Verständnis von Autoritätsausübung den Informationsfluss behindert, dass Entscheidungen verzögert und dass nicht delegiert wird. Noch einmal: ich bin weiterhin davon überzeugt, dass klare Verantwortlichkeiten festgelegt werden müssen... und ich habe dafür auch mit klaren Strukturen gesorgt. Aber flache Hierarchien mit breiten Bereichen sorgen dafür, dass nicht jeder Chef sich um jedes Detail kümmern kann. Bei uns gibt es auch keine tabula rasa mit Abschaffung von Titeln und anderen hierarchischen Symbolen. Ich habe solche Vorgänge immer mit Skepsis betrachtet, steckt doch sehr viel Heuchelei dahinter. Und das ist wohl der Punkt, bei welchem am meisten gesündigt wird. Glaubwürdigkeit gegenüber den eigenen Mitarbeitern, vorleben, nicht predigen – das ist im Grunde genommen die wichtigste Voraussetzung, um wirklich zu führen. Wo es nicht funktioniert, liegt es selten an einem Informationsdefizit. Dieses mit Hochglanzbroschüren und Veranstaltungen aller Art abzubauen scheitert ganz einfach daran, dass die Leute in ihrem tiefsten Herzen der Führung nicht vertrauen. Der Prozess ist leicht nachvollziehbar: wenn wir ständig über partizipatives Management, Mitbestimmung und ähnliche Sachen sprechen, dann wecken wir Erwartungen. Diese einzuhalten, ist in der rechtlichen Struktur eines Unternehmens ein Ding der Unmöglichkeit, eine Aktiengesellschaft ist nun einmal keine basisdemokratische Veranstaltung. Dazu kommt, dass viele unserer Mitarbeiter gar kein Interesse an Übernahme von weitergehender Verantwortung haben und sich von solchen Ansprüchen überfordert fühlen. Und wenn dann erst noch das Umfeld schwieriger wird, der Druck wächst und dringende Massnahmen geboten sind, dann fallen diese Versprechungen rasch dahin. Aber der Vertrauensverlust ist dann bereits eingetreten und kann nur über Jahre hinweg wieder aufgeholt werden. Aus diesem Grunde scheint es mir sehr wichtig, dass auch im Umgang mit den Mitarbeitern keine allzu lyrischen Töne angeschlagen werden. Sie haben ein feines Ohr für Missklänge.Wenn die Menschen spüren, dass sich die Vorgesetzten auf allen Stufen wirklich für sie interessieren, für ihre Anregungen und auch ihre Probleme ein offenes Ohr haben, dann ist die Hälfte der Schlacht bereits gewonnen. Vorgesetzte, denen diese menschliche Seite fehlt, die nur fachlich etwas können, haben bei uns einen schweren Stand.

Verantwortung beim direkten Vorgesetzten
Der Entscheid, ob dieser oder jener Kandidat angestellt wird, liegt je nach Verantwortungsgrad beim Chef der jeweiligen Abteilung oder Direktion. Ebenso obliegt es diesem Verantwortlichen, dafür zu sorgen, dass der Mitarbeiter an der richtigen Stelle eingesetzt wird, um seine Erfahrungen zu machen und in einem vieljährigen Prozess mit neuen Aufgaben, Ländern und Geschäftsbereichen konfrontiert wird. Es ist dies ein langwieriger und auch kostspieliger Prozess, der ganz einfach der

Erkenntnis entspringt, dass sich Erfahrung nur in den wenigsten Fällen weitergeben lässt. Da nützen auch die besten Management-Kurse und Hochschulausbildungen nichts. Sie können wohl Kenntnisse und Techniken vermitteln, nicht aber die Erfahrung, die es braucht, um sie richtig einzusetzen. Ich habe in den 15 Jahren meiner Tätigkeit an der Spitze der Nestlé-Gruppe diesem »management development« eine ganz besondere Aufmerksamkeit gewidmet und dieser Punkt gehört zu den Themen, die wir innerhalb der Generaldirektion regelmässig und bis ins Detail diskutieren. Mit gutem Grund, denn hier werden die Weichen für die Zukunft des Unternehmens gestellt. In einem grossen Unternehmen mag es etwas leichter fallen, von Zeit zu Zeit eine Lücke zu überbrücken, oder sich Kenntnisse und Erfahrung von draussen zu holen. Aber das sind Ausnahmelösungen, die sich zumeist aufdrängen, wenn in einer Abteilung ein tiefgreifender Kulturwandel notwendig geworden ist, oder die notwendigen Spezialkenntnisse und die Führungserfahrung ganz einfach nicht verfügbar sind. Die Beförderung eigener Leute hat natürlich eine Reihe von Vorteilen und ich möchte hier nur einige davon aufführen. Diese Mitarbeiter sind bereits vom Nestlé-Virus infiziert und haben, neben einer beinahe instinktiven Kenntnis der Unternehmenskultur, sich im Laufe der Jahre auch ein Netzwerk an Kontakten und Ratgebern aufgebaut. Dies führt dazu, dass sie ungleich schneller operationell einsetzbar sind und direkte Verantwortung wahrnehmen können. Wir unsererseits kennen ihre Stärken und Schwächen und können notfalls auch bei der Funktionsbeschreibung und bei der Zusammensetzung des engeren Mitarbeiterstabes uns entsprechend darauf einstellen. Und schliesslich bedeuten Beförderungen von innerhalb auch einen Motivationsschub für diese Person – aber auch für die Mitarbeiter im allgemeinen. Napoleon wusste schon, wovon er sprach, als er jedem seiner Soldaten den Marschall-Stab im Tornister zuschrieb. Wenn man sich den laufenden Generationenwechsel im Unternehmen ansieht, dann wird bald einmal klar, dass in einer gut geführten Gesellschaft die potentiellen »high-flyers« sehr wohl bekannt sind. Um sie zu identifizieren, und um ihnen wirklich die nötige Spannweite an Erfahrungen und Aufgaben zu verschaffen, verfolgen meine Kollegen in der Generaldirektion die Laufbahn vielversprechender Leute mit grosser Aufmerksamkeit. Sie dort einzusetzen, wo sie ihre Persönlichkeit, ihre Kenntnisse am besten zur Geltung bringen können, und dies selbstverständlich vor allem im Interesse des Unternehmens, ist eine der zentralen Aufgaben der Unternehmensführung. Hier entscheiden sich Erfolg und Entwicklung unserer Geschäfte und hier stellen wir sicher, dass sich auch in fünf oder in zehn Jahren eine Gruppe von talentierten, erfahrenen und loyalen Leuten findet, denen man die Führung von Nestlé anvertrauen kann. Ich verlange von jedem Verantwortlichen bei uns, dass er sich Gedanken darüber macht, wie in drei oder fünf Jahren sein Aufgabenbereich , sein Markt oder seine Abteilung geführt und strukturiert werden sollen. Und ich sage mit einem gewissen Stolz, dass ich auch hier mit dem guten Beispiel vorangegangen bin, indem ich die Nachfolge an der Konzernspitze rechtzeitig geregelt habe und dem nächsten Delegierten des Verwaltungsrates eine verjüngte, aufeinander eingespielte und kompetente Generaldirektion hinterlasse.

Wir sind zu pragmatisch, um mit starren Karriereplänen mit zeitlich genau vorgeschriebenen und gestaffelten Versetzungen und Beförderungen zu arbeiten. Hingegen stellt die flache Hierarchie sicher, dass nicht ein Mitarbeiter jahrelang an einem »hardship-post« ausharren muss, so nach dem Motto »Aus den Augen, aus dem Sinn«, und bei jedem Besuch in einem Markt werden Personalfragen auch intensiv und im Detail besprochen. Wir lassen durchaus auch Flexibilität walten, wenn ein Länderverantwortlicher seine Karriere lieber an Ort beschliessen möchte, statt noch einmal eine neue Aufgabe anzutreten oder vor dem Ruhestand einige Jahre in Vevey zu verbringen.

Natürlich hilft uns das Wissen, dass nicht die Stabsleute am Zentrum, sondern die Verantwortlichen draussen in den Märkten das Sagen haben und dass eine operationelle Aufgabe in der Linie in der Regel mehr Autonomie und Verantwortung bedeutet als ein Posten in Vevey. Das widerspiegelt die dezentralisierte Struktur des Unternehmens, von der wir nur in seltenen Ausnahmefällen abweichen. Anderseits zwingt die Dezentralisierung auch zu vermehrter Konsequenz bei der Selektion unserer Mitarbeiter. Es ist eine Tatsache, dass »management training« nur in sehr beschränktem Ausmass Führungsqualitäten vermitteln kann. Dies ist Sache der Persönlichkeit, des Charakters und später kaum noch korrigierbar.

Beobachter staunen manchmal über die die Kargheit der regelmässigen Berichterstattung, die wir am Zentrum aus den Märkten erhalten. Dazu ist zu sagen, dass einerseits die wirklich wichtigen Zahlen – und damit die Frühwarnsignale – in diesen Berichten natürlich figurieren, dass aber gleichzeitig ohne gegenseitiges Vertrauen unser Führungsstil nicht denkbar wäre. Dieses gründet auf oft langjähriger Vertrautheit zwischen Personen, ebenso wie auf allgemein akzeptierten Erwartungen auf beiden Seiten. Wenn dieses Vertrauen aus dem einen oder anderern Grund nicht mehr als gegeben betrachtet werden kann, kommt es zu Umbesetzungen oder zu anderen, noch energischeren Massnahmen. Im allgemeinen hat sich das System aber so gut bewährt, dass auch die letzte grössere Reorganisation die operationelle Dezentralisierung noch einmal verstärkt hat. Es ging darum, die Struktur des Zentrums dem ums Doppelte gewachsenen Umsatz, der erweiterten Produktepalette und den zunehmenden Erfordernissen der Globalisierung anzupassen. Weiter mussten wir der wachsenden Bedeutung strategischer Überlegungen, der zunehmenden Vernetzung durch Datenverarbeitung, den grösseren Wirtschaftsräumen und der grenzüberschreitenden Werbung und Kommunikation Rechnung tragen. Wir haben Lösungen gefunden, die unserem Grundsatz: »Im Zweifelsfall liegt die Entscheidung beim Markt!« nicht widersprechen. Diese können aus verstärkter Koordination, in aus Marktchefs bestehenden Arbeitsgruppen oder im Aufbau gewisser »core competences« in einem gewissen Land bestehen.

Glaubwürdigkeit und Realismus

Zusammenfassend sei festgehalten, dass ohne Glaubwürdigkeit der Führung all die schönen Worte vom Personalmanagement leere Floskeln bleiben. Wenn wir wirklich davon überzeugt sind, dass die Mitarbeiter, ihre Motivation und Kreativität, für die Zukunft des Unternehmens entscheidende Bedeutung haben, dann muss dies auch in unserer Haltung jeden Tag zum Ausdruck kommen. Es ist auch sinnlos, jeder Modeströmung nachzulaufen und seine Prioritäten alle zwei Jahre an dem neuesten Management-Bestseller auszurichten. Nur ein vernünftiges Austarieren von Autorität und Autonomie, Verantwortung und kreativem Freiraum, liberalem Akzeptieren von Besonderheiten und Unternehmenskultur, vor allem aber ein echtes Interesse am Mitarbeiter als Individuum, der zum Unternehmenserfolg beitragen kann, bieten Gewähr für eine Personalpolitik, die auch in rauheren Zeiten Bestand hat.

Erfolgsfaktor Mensch

von

Thomas Herp

»Wir bauen auf unsere Mitarbeiter als eine tragende Säule unseres Erfolges.« In den gedruckten Führungsgrundsätzen oder Geschäftsberichten fast jeden Unternehmens findet man eine Formulierung dieser Art. Insofern sollte man eigentlich davon ausgehen, dass die Bedeutung des Erfolgsfaktors Mensch und damit einer fundierten Personalarbeit allgemein anerkannt ist. Entsprechend müsste man auch von einer konsequenten Umsetzung im täglichen Handeln sprechen können. Doch die Realität wirft hierzu aus den unterschiedlichsten Blickwinkeln Fragen auf.

Bereits aus interner Sicht wird bei einigen Unternehmen herbe Kritik an der Qualität der Personalarbeit laut. Zu starke administrative Orientierung, zu wenig strategisch vorausschauendes Denken, zu intransparent im Kosten-Nutzen-Verhältnis lauten die Hauptüberschriften aus Sicht der Linienmanager. Zu wenig Unterstützung, zu wenig Einbindung in die Diskussion und Entwicklung der Geschäftsziele sowie zu wenig Spielraum im Personalentwicklungsbudget monieren umgekehrt die Personalfachleute. Aus externer Sicht weisen vor allem die Aussagen der von praktisch jedem Unternehmen umworbenen »High potentials« auf deutliche Defizite hin: Nur einer kleinen Gruppe von Unternehmen werden gute Noten im Blick auf die Qualität ihrer Personalarbeit vergeben, die grosse Mehrheit hingegen stösst eher auf Skepsis und Zurückhaltung.

Offensichtlich ist es also doch noch nicht in vollem Umfang gelungen, die erkannte beziehungsweise gedruckte Wahrheit über den Erfolgsfaktor Mensch in konkrete Handlungen umzusetzen – und dies, obwohl über reine Plausibilitätsüberlegungen hinaus harte wirtschaftliche Fakten eine mehr als deutliche Sprache sprechen: Unternehmen, die sich eine führende Stellung in der Attraktivität als Arbeitgeber erarbeitet haben, belegen auch die Spitzenplätze bei Wachstum, Profitabilität und Innovationskraft.

Man mag sich darüber streiten, was in diesem Fall Ursache und was Wirkung ist. Doch unabhängig von dieser Henne-Ei-Diskussion gilt der Zusammenhang: Wer die besten Mitarbeiter hat, erzielt den grössten Erfolg am Markt, kann dann wieder die besten Mitarbeiter anziehen und in sie investieren und steigert dadurch weiter den Erfolg – die Schere zwischen Durchschnitt und Hochleistung geht ständig weiter auf. Doch wie kommt man in die Gruppe der Gewinner? Wie stellt man sicher, dass man zu jedem Zeitpunkt und an der richtigen Stelle die besten Mitarbeiter hat? Wie lebt man das Erfolgsrezept »People make the difference: Wenn wir die besten für uns gewinnen, können wir auch mit vergleichbaren Technologien und sogar einem nachteiligen Standort zur Weltspitze gehören«?

Strategisches Handeln vor Aktionismus

Nur eine enge, gelebte Verbindung mit der strategischen Geschäftsentwicklung kann dafür sorgen, dass Personalarbeit mehr ist als eine mehr oder minder gut gemachte Reparaturleistung. Zumindest die besten Mitarbeiter wollen nicht wie Ersatzteile behandelt werden. Trotzdem wird dieser Punkt in zu vielen Fällen geradezu stiefmütterlich behandelt. Personalmanager werden nicht zu wichtigen Strategiemeetings eingeladen oder sind darin eher passive Zuhörer. Wichtige Personalentscheidungen, die bei Licht betrachtet ein hohes Investitionsrisiko in sich bergen, werden nur bedingt entlang strategischer Dimensionen getroffen, und bewusste Plattformarbeit zur Zukunftssicherung, zum Beispiel leistungsfähige Personalsysteme, steht hinter der administrativen Abwicklung der Tagesroutine zurück. Zu viele Personalabteilungen sind fieberhaft damit beschäftigt, möglichst rasch Lösungen für akute Einzelfragen zu finden, statt die wichtigsten Elemente der Personalarbeit vorzudenken und in sich konsistent zu halten, um solche Schnellschüsse zu vermeiden.

Für die Zukunft wird diese Art der Personalarbeit nicht mehr ausreichen. Jeder weiss, dass unsere Unternehmen sich auch in den nächsten Jahren immer wieder bedeutenden Veränderungen unterziehen müssen, um am Markt erfolgreich zu bleiben. Und schon heute stossen drei von vier solcher Vorhaben selbst bei klug angelegten Konzepten auf gewaltige Hindernisse – die weitaus grösste Bedeutung hat dabei mit schöner Regelmässigkeit der Faktor Mensch. Gesprochen wird von einer mangelnden Einsicht in die Notwendigkeit der Veränderung, von einer »Lähm«-Schicht speziell beim mittleren Management und davon, dass die tragende Führungspersönlichkeit als Gallionsfigur für das geplante Programm nicht gewonnen werden konnte. Und schnell entschlossen geht man scheinbar konsequent auf die Suche nach noch besseren Wegen und Methoden, Veränderung als zwingend notwendig darzustellen, Widerstände aufzubrechen und das Top-Management an die Spitze der Bewegung zu stellen.

Wäre es dagegen nicht mit vielleicht sogar besseren Erfolgsaussichten möglich, die Blickrichtung zu ändern? Kann man die mangelnde Einsicht in die Notwendigkeit der Veränderung nicht auch dahingehend interpretieren, dass den Mitarbeitern schlicht zuviel auf einmal ohne angemessene Vorbereitungszeit zugemutet wird? Kann es nicht sein, dass die Gallionsfigur im Top-Management im wesentlichen deshalb gebraucht wird, weil Vorausdenken durch Charisma ersetzt werden muss? Ist die mit Abstand am häufigsten genannte »Lähm«-Schicht am Ende nicht über lange Jahre durch Beförderungsentscheidungen aufgebaut worden, die offensichtlich eben nicht die richtigen Führungskräfte in die richtigen Positionen gebracht haben? Wer Personalarbeit in den Rahmen der Geschäftsstrategien stellt und vorausschauend betreibt, kann in vielen Fällen den fraglos anstehenden Veränderungen die Schärfe nehmen und entlang der Zeitachse arbeiten. Wenig erstaunlich sind es denn auch nur selten die Spitzenunternehmen, bei denen man von Crash-Programmen mit tiefen Einschnitten hört.

Für die Finanzplanung ist es eine lang geübte Praxis: Strategische Geschäftsüberlegungen werden in Kapitalbedarf übersetzt, die zu den unterschiedlichen Zeitpunkten erforderlichen Investitionen vorausschauend berücksichtigt. Was für den Produktivfaktor Kapital gilt, sollte eigentlich auch für den Faktor Arbeit – das heisst Mensch – die Regel sein. Doch in der Managementpraxis sind es immer noch eher Ausnahmefälle, in denen von einer fundierten strategischen Belegschafts- und Managementplanung gesprochen werden kann.

Spitzenunternehmen beweisen, dass über strategisch orientierte Personalarbeit klare Erfolge erzielt werden können. Sie beantworten die kritischen Fragen, die für die Zukunft entscheidend sind: Welche Berufsgruppen mit welchen Anforderungsprofilen werden in welchem Umfang zu welchem Zeitpunkt erforderlich sein, um die Geschäftsziele zu realisieren? Welche Massnahmen sind daher mit

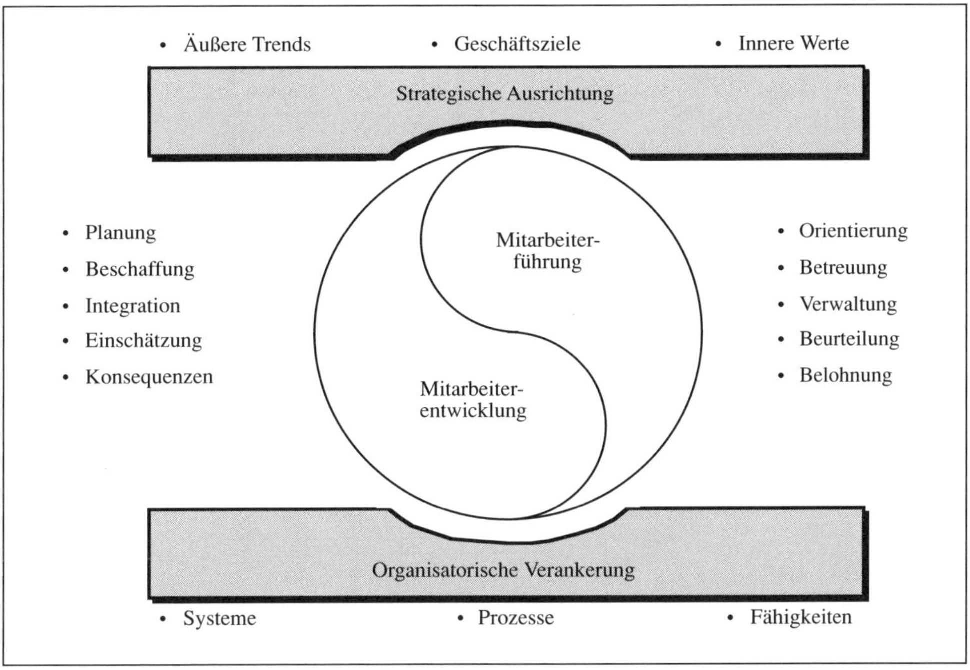

Abb. 1: Gezielte Personalarbeit – die Hebel

welchem zeitlichen Vorlauf zu ergreifen, um dieses Soll-Profil aus dem Ist-Zustand heraus anzusteuern? Welche Führungspositionen mit welchen Verantwortlichkeiten sind an welcher Stelle absehbar? Wie lassen sich bestehende Defizite oder auch Überhänge mit welchen Mitteln ausgleichen? Welche Rahmenbedingungen des Personalmarktes sind dabei zu berücksichtigen? Welche Qualifikationen sind aussen verfügbar, welche Motivationsstrukturen herrschen vor, auf welche Zielgruppen muss sich das Unternehmen bei seinen Personalkonzepten konzentrieren?

Diese und ähnliche Themen sind es, die im Dialog mit der operativen Linie von den Personalfachleuten durchdrungen und in eine schlüssige Strategie übersetzt werden müssen. Über diesen Austausch kann sichergestellt werden, dass die heute allzu häufig anzutreffende Spirale »kurzfristiges Denken – unvorhergesehene Probleme – Spitzenbelastung durch kurzfristigen Lösungsbedarf – keine Zeit zum strategischen Dialog – kurzfristiges Denken« möglichst rasch der Vergangenheit angehört. Wer hier konsequent einhakt, wird in Zukunft kaum noch Gefahr laufen, mit plötzlichen, ungeplanten Grossaktionen reagieren zu müssen – und muss dann auch nicht mehr über die mangelnde Veränderungsbereitschaft seiner Mitarbeiter diskutieren.

Gezielte Auswahl vor Weiterbildung
Die meisten Unternehmen legen grossen Wert auf Massnahmen zur beruflichen Weiterbildung und investieren in diesen Bereich beträchtliche Summen. Über

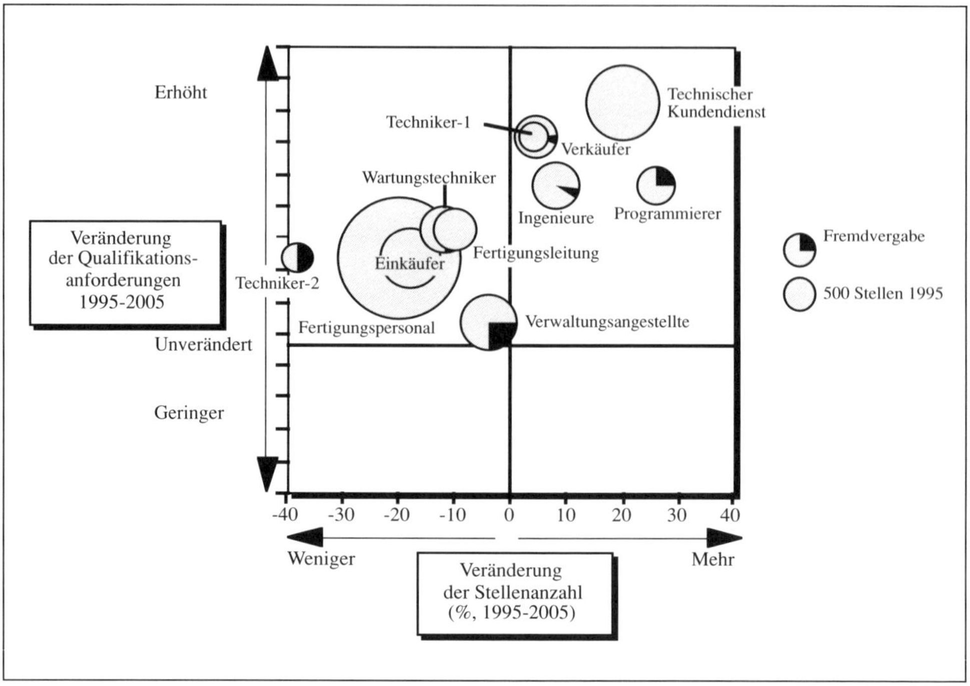

Abb. 2: Strategische Belegschaftsentwicklung statt Feuerwehr-Aktionen, Beispiel: Petrochemie

DM 40 Mrd. waren es 1995 allein in der Bundesrepublik Deutschland – und dabei ist die klassische Lehrlingsausbildung sowie Ausgaben der öffentlichen Hand noch nicht berücksichtigt. Sicherlich ist betriebliche Weiterbildung für jedes zukunftsorientierte Unternehmen ein Muss, ein entscheidendes Element zur laufenden Entwicklung der inneren Fähigkeiten. Wichtig dabei ist jedoch die Klarheit über Sinn, Zweck und realistische Wirkung der ergriffenen Massnahmen. Daran aber lässt die erschreckende Relation zwischen Ausgabenvolumen und Ansätzen einer fundierten Kosten-Nutzen-Überlegung im Bereich der betrieblichen Weiterbildung deutliche Zweifel aufkommen.

Lediglich die Hälfte aller Unternehmen, die Massnahmen zur Weiterbildung durchführen, tut dies geplant und budgetiert. Wiederum nur die Hälfte davon sucht sich ex-post ein Bild von der Wirkung zu machen – meist über Befragungen bei Teilnehmern oder ähnliche Methoden. Von ernsthaften Ansätzen eines Controllings der Kosten-Nutzen-Relationen kann bei weniger als 10 Prozent aller Unternehmen gesprochen werden. Hart formuliert fliesst also ein Grossteil der genannten DM 40 Mrd. mehr oder minder unkontrolliert in die Kassen der florierenden Weiterbildungsbranche – ein Umstand der zumindest skeptisch macht.

Verändert man die Perspektive und nähert sich der Fragestellung von der Seite der durchgeführten Weiterbildungsmassnahmen, so trifft man in aller Regel be-

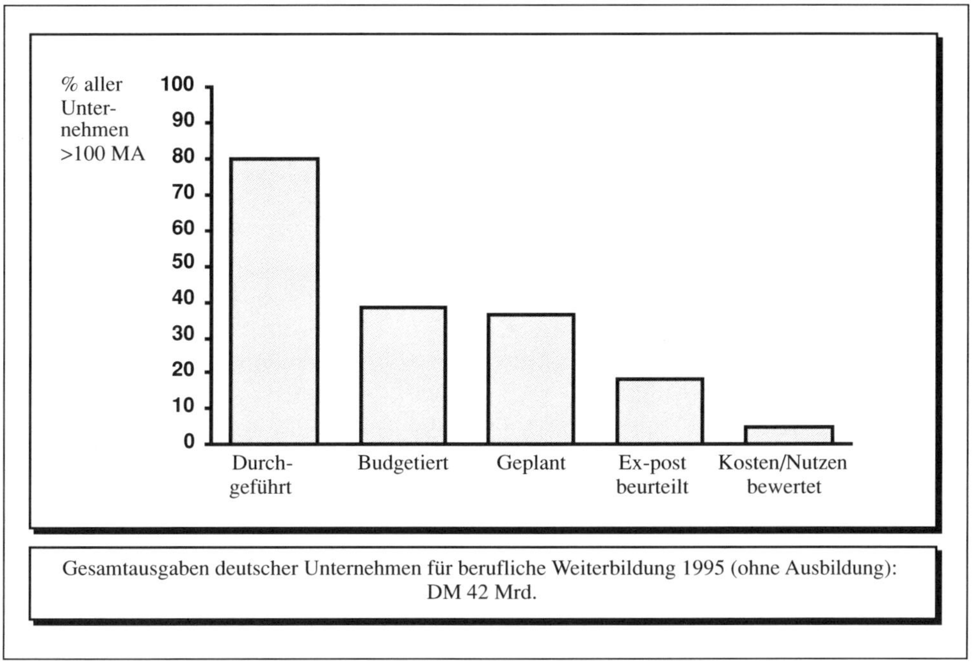

Abb. 3: Weiterbildung nach Mass – oder Blindflug?
Massnahmen zur beruflichen Weiterbildung.

reits bei der Ermittlung der eingesetzten Mittel auf die ersten Schwierigkeiten. Wer für wen welchen Aufwand verursacht, lässt sich in vielen Fällen nur in mühsamer, fast kriminalistischer Kleinarbeit herausfinden. Ist diese Transparenz dann doch geschaffen, zeigt sich nicht selten, dass der Schwerpunkt der Ausgaben auf verhaltensbildenden Trainingsmassnahmen für das gehobene Management liegt – bis zu 50 Prozent des Budgets fliessen in dieses Feld. Die Diskussion um moderne Führungsstile, Teamansätze und Verantwortungsdelegation hat einen Markt kreiert, in dem sich Anbieter wie Nachfrager von Programmen unterschiedlichster Couleur unter den Leitbegriffen soziale Kompetenz und Individualpsychologie zusammenfinden. Dahinter steht der Glaubenssatz, dass Defizite im Führungsverhalten – sofern die fachlichen Anforderungen erfüllt sind – über Veranstaltungen wie Selbstfindungsseminare oder Gruppenerlebnisse in freier Natur auszugleichen sind.

Andererseits wissen wir alle, dass Verhaltensänderungen bei Erwachsenen, insbesondere wenn sie sich auf Persönlichkeitsstrukturen beziehen, nicht über einfache punktuelle Ereignisse zu bewirken sind. Lange, kontinuierliche, fast »therapeutische« Arbeit (oder im anderen Extrem: traumatische Erlebnisse) wäre hier nötig, sofern überhaupt eine nachhaltige Wirkung erzielt werden kann. Soll-Ist-Abweichungen in diesem Bereich lassen sich nicht beziehungsweise nur sehr bedingt durch Trainings ausgleichen. Und trotzdem fallen Stellenbesetzungsentscheidungen auch heute noch vorwiegend auf der Basis deutlich leichter trainierbarer Fachkompetenz – Verhalten und Einstellungen des zukünftigen Positionsinhabers werden eher zweitrangig gewürdigt.

Die logische Schlussfolgerung müsste eigentlich lauten, nicht auf die Wirkung von Weiterbildungsmassnahmen zu hoffen, sondern bereits bei der Besetzung der entsprechenden Position möglichst geeignete und runde Persönlichkeiten zu suchen. Fertigkeiten sind trainierbar, Verhaltensweisen nur bedingt. Deshalb geht es darum, darauf zu achten, dass Menschen und Aufgaben zusammenpassen – und zwar eher im Blick auf Rolle und Persönlichkeit als hinsichtlich der fachlichen Anforderungen.

Auswahl vor Weiterbildung heisst deshalb die Devise, nicht erst bei Besetzungsfragen im oberen Führungskreis, sondern beginnend vom Einstiegsrecruiting über die gesamte Beförderungskette hinweg bis zur Spitzenposition. Und wer an die heute mit eher zweifelhafter Wirkung eingesetzten Trainingsmittel im »persönlichkeitsbildenden« Bereich denkt, sieht auch den Spielraum für gezielte Investitionen in die Qualität der Stellenbesetzung. Rund die Hälfte eines signifikanten Budgets steht zur Verfügung, um vom Breiten- zum Tiefenrecruiting umzustellen, um Managementzeit in die Diskussion um Beförderungsentscheide einzubringen oder aber auch in kritischen Fällen grosszügige Korrekturmassnahmen durchzuführen.

Ziele und Aufgaben vor Belohnung

Viele Unternehmen bilden bereits heute Elemente mit variablem leistungsbezogenem Charakter in ihren Bezahlungssystemen ab, und fast laufend erhöht sich die Zahl der dabei eingesetzten Ausgestaltungsvarianten. Bewusst möchte man den nach wie vor wichtigen Motivationshebel nutzen: Bei allem Wertewandel betrachten noch immer 80 Prozent aller Erwerbstätigen Geld als den entscheidenden Leistungsanreiz.

Was im Prinzip richtig gedacht ist, verliert bei genauerer Betrachtung jedoch einiges von seiner Stimmigkeit. Erste Zweifel kommen dann auf, wenn man hört, dass je nach Untersuchungsbasis unterschiedlich bezifferte, jedoch immer deutliche Mehrheiten der Arbeitnehmerschaft mit der bestehenden Bezahlung – absolut betrachtet – vollauf zufrieden sind. Erstaunlich ist, dass dies unabhängig davon zu sein scheint, ob die individuelle Vergütung leistungsabhängige Elemente enthält oder nicht. Weitere kritische Fragen ergeben sich bei der inhaltlichen Auseinandersetzung mit den unterschiedlichen eingesetzten Systemen. Der Umfang der variablen Bestandteile bewegt sich in der Regel in sehr engen, teilweise kaum spürbaren Grössenordnungen, und auch mit dem eigentlich gewollten Leistungsbezug ist es häufig nicht allzu weit her. Zum einen streuen die ausgezahlten Summen von Individuum zu Individuum nur in sehr engen Bandbreiten, zum zweiten ist die Bezugsgrösse Leistung nicht selten diffus gefasst beziehungsweise zu weit weg vom Betroffenen. Es wird mit beträchtlichem Aufwand für die Unternehmen »belohnt«, ohne dass vorher richtig klar ist, wofür.

»What gets measured, gets done« ist schon fast zur allgemeinen Managementweisheit geworden. Warum handeln wir nicht entsprechend und vermitteln unseren Mitarbeitern zuerst klare Aufgaben und Ziele, bevor wir über ausgefeilte Vergütungssysteme nachdenken? Warum machen wir uns nicht die Mühe und beschreiben in verständlicher Form, was von wem erwartet wird? Warum sind konstruktiv kritische Gespräche über das jeweils Erreichte eher selten? Warum degenerieren so viele Beurteilungssysteme zu nahezu aussagelosen Papiertigern? Warum richten wir nicht häufiger bewusst gestaltete »Übungsplätze« ein, auf denen unsere Mitarbeiter ihre Aufgaben verantwortlich wahrnehmen und die dabei erreichte Leistung hautnah erleben können?

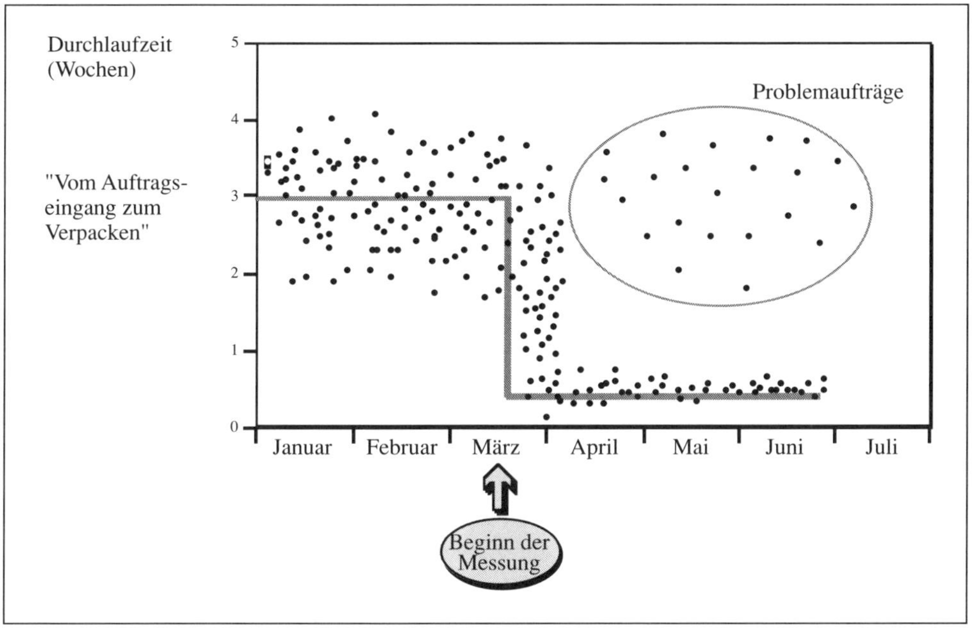

Abb. 4: »What Gets Measured, Gets Done«

Es gibt einige Beispiele von Unternehmen, die sich in dieser Beziehung positiv abheben. Dort finden sich klar formulierte Aufgaben und Ziele, nicht nur auf den höchsten Führungsebenen. Dort wird mit modernen Beurteilungssystemen den zunehmend projekt- oder prozessorientierten Arbeitsweisen Rechnung getragen, dort wird Leistungsbezug primär durch Führungsfeedback statt durch eine vermeintlich ausgeklügelte Gehaltsmechanik hergestellt. Und die Erfahrungen dabei sind durchwegs positiv. Mitarbeiter wollen ihre Kraft einsetzen, wenn sie wissen, wofür und was sie damit bewegen. Erst dann stellt sich die Frage nach einer fairen Erfolgsbeteiligung – und die lässt sich auf der dann geschaffenen Verständnisgrundlage auch vernünftig und für alle Beteiligten sinnvoll beantworten.

Stimmigkeit vor Brillianz im Einzelfall

Gute und moderne Personalarbeit wird häufig verwechselt mit besonders auffälligen und meist auch publikumswirksam vermarkteten Einzelerscheinungen in ganz speziellen Gebieten. Ein besonders ausgeklügeltes Assessment zur Bewerberauslese, ein spezieller Trick zur Gestaltung der leistungsbezogenen Vergütung, besondere Programme im Bereich der Weiterbildung ... Alle kreativen Einzellösungen sind sicherlich erwähnenswert. Isoliert verwirklicht treffen sie jedoch nicht den Kern der Aufgabe. Worum es eigentlich geht, ist die Stimmigkeit der Personalarbeit. Stimmigkeit in bezug auf das betriebene Geschäft und die verfolgte Strategie, Stimmigkeit in den Einzelelementen untereinander, von der Bedarfsplanung bis zum Pensionsfond, Stimmigkeit in der professionellen Ausführung und technischen Abwicklung. Erfolgreiche Unternehmen brillieren nicht unbedingt mit Einzelideen, sondern zeigen genau diese Konsistenz über alle Facetten der Personalarbeit hinweg. Darin, und genau in der Sicherstellung dieses Punktes, liegt die Wertschöpfung einer modernen Personalabteilung. Nicht in der erfolgreichen Erledigung von Feuerwehreinsätzen, nicht im bürokratischen Gleichschritt, sondern in der strategischen Diskussion mit den Geschäftsbereichen, in der laufenden Entwicklung einer sauberen Konzeption für die Personalarbeit insgesamt und in der Qualitätssicherung der täglichen Abwicklung liegt der Beitrag zum Erfolg des Gesamtunternehmens.

Was heisst das konkret für die Tätigkeit von Personalfachleuten jenseits der administrativen Sachbearbeitung? Am auffälligsten ist sicherlich der im Vergleich zum traditionellen Vorgehen deutlich höhere Zeitanteil, der in direkten Gesprächen mit den operativen Linienmanagern eingesetzt wird. Dabei ist es eine Aufgabe, die Belange des Geschäftes zu verstehen und in die Schlussfolgerungen für die Personalarbeit zu übersetzen. Gleichbedeutend ist aber der Aspekt des professionellen Coachings, das Verfolgen der Zielsetzung, erfolgreiche Personalarbeit in jeder Linienfunktion zu verankern. Nicht das Aufteilen von Tätigkeiten, das gegenseitige Wegdelegieren, sondern das Zusammenspiel steht im Mittelpunkt.

Dies erfordert selbstverständlich auch, dass den operativen Führungskräften ihre Verantwortung innerhalb der Personalarbeit bewusst ist. Und auch hier gilt das Prinzip, dass Aufgabenklarheit, Zielsetzung und Feedback die sicherste Basis dafür sind, dieses Bewusstsein und das entsprechende Handeln zu fördern. Ebenso wie die Geschäftsleistung muss die Führungsleistung jedes Managers gefordert sein – auch das gehört zur Stimmigkeit in der Personalarbeit.

Ein weiteres Kennzeichen ist das stark themen- und projektbezogene Arbeiten innerhalb der Personalfachbereiche. Sicherlich wird nach wie vor Spezialistenwissen, z. B. in Labor relations, Gehaltsfindungsfragen, Weiterbildung erforderlich sein. Aber gefragt ist nicht die Exzellenz in Teilgebieten, sondern die Konsistenz über alle Elemente hinweg. Daher werden die gemeinsamen Themen, die interdisziplinären Lösungen und damit die projektbezogenen Bestandteile der Tagesarbeit zum wichtigsten Element der Tätigkeit.

Dies bringt als Konsequenz ein weiteres Charakteristikum mit sich: Moderne Personalabteilungen sind dezentraler und in sich schlanker angelegt. Ihr Aufbau und Umfang ist nicht mehr auf Autarkie und unvorhergesehene Spitzenbelastungen ausgerichtet, sondern auf vorausschauendes Arbeiten in engem Zusammenspiel und unter Nutzung der Fähigkeiten anderer Fachbereiche im Unternehmen. Damit unmittelbar verbunden ist die im Vergleich zum klassischen Durchschnitt deutlich erhöhte Professionalität der Mitarbeiter in der Personalabteilung. Angesprochen ist nicht nur die jeweilige Führungskraft, sondern die Breite der Fachleute, die jeder für sich als geschätzte Gesprächspartner ihrer jeweiligen Pendants in den anderen unternehmerischen Einheiten akzeptiert sind. Die Wertschätzung als Professional und damit als Teilnehmer in einem Dialog, nicht die eines Dienstleisters mehr oder weniger untergeordneter Tätigkeiten, prägt das moderne Bild. Personalarbeit muss als Verantwortung und als Karriere begriffen werden – nur so ändert sich das Verständnis dieses Fachbereiches und die Qualität seiner Leistung.

Alle Komponenten gemeinsam brauchen eine sichtbare Verankerung im Top-Management – sonst besteht die Gefahr, dass aus gutgemeinten Ansätzen wenig mehr werden kann als Makulatur. Man muss dabei nicht unbedingt so weit gehen wie einige Unternehmen, bei denen die Personalprofis mit Spitzengehältern versehen und als klare Kandidaten für den nächsten Vorstandsvorsitz gehandelt werden. Doch gefordert ist, dass sich die obersten Führungskräfte sichtbar hinter das Thema Personal stellen und dafür spürbare Anteile ihrer persönlichen Zeit einsetzen: Zeit für Einstellungsgespräche, und zwar auch auf den unteren Ebenen, Zeit für Management-Reviews und Führungsdiskussionen, Zeit für gezielte Initiativen zum Umbau der Personalarbeit im eigenen Haus. Dem Faktor Mensch kommt mindestens soviel Bedeutung zu wie dem Produktivfaktor Kapital – und mit entsprechendem sichtbaren Gewicht gehört er damit auch in die Top-Etage.

»People make the difference«: Die besten Mitarbeiter machen erfolgreiche Unternehmen. Wer den Erfolgsfaktor Mensch in diesem Sinne als Vermögen und nicht als reine Kostenposition versteht, wird ganz natürlich eine strategische Perspektive entwickeln und sich nicht auf kurzfristiges Reagieren einlassen. Ganz bewusst wird die Personalarbeit darauf ausgerichtet werden, die richtigen Mitarbeiter an den richtigen Stellen im Unternehmen zu haben – und ihnen dort die Aufgaben, Ziele und auch den Raum zur Kraftentfaltung zu geben. Es baut sich ein in sich stimmiges Bild über alle Facetten der Personalarbeit und alle Hierarchieebenen hinweg auf, welches das erfolgreiche Unternehmen vom Durchschnitt abhebt und laufend weiter nach vorne bringt. Es ist nicht unbedingt einfach, die ersten Schritte in diese Richtung zu tun. Doch es gibt bereits erste Beweise dafür, dass es möglich ist und wirkt. Und es gehört eben ein Stück Willenserklärung, Mut und Energie dazu, wenn man zu den Gewinnern gehören will.

Plädoyer gegen »Just in time«-Learning

von

Ruedi Arnold

Wieviel Bildung braucht der Mensch? Die Business Schools haben zunehmend Mühe, ihre umfassenden, langen Kurse zu verkaufen. Immer mehr Führungskräfte verabreichen sich ihre Weiterbildung häppchenweise: eine kleine Stärkung für jede anstehende Aufgabe.

»Es ist schlimm genug, dass man jetzt nichts mehr für sein ganzes Leben lernen kann. Unsre Vorfahren hielten sich an den Unterricht, den sie in ihrer Jugend empfangen hatten; wir aber müssen jetzt alle fünf Jahre umlernen, wenn wir nicht ganz aus der Mode kommen wollen.« Das schrieb Johann Wolfgang von Goethe vor 187 Jahren in den »Wahlverwandtschaften«. Er hat noch immer recht. Auf welche Weise wir aber alle fünf Jahre umlernen, daran scheiden sich die Geister. Die einen glauben, sie müssten nur das lernen, was sie unmittelbar brauchen. Die andern wollen auftanken, Horizont und Wissen erweitern und über die enge Welt des Alltags hinaussehen. Sie sind gegenwärtig in der Minderzahl. Allgemeinbildung lässt sich zur Zeit schwer verkaufen. Gefragt ist Nützlichkeit.

Die Business Schools und andere Anbieter von Managementweiterbildung haben sich darauf eingerichtet. Weiterbildung von zehn Wochen Dauer, wie sie beispielsweise die Harvard Business School in Boston MA anbietet, lässt sich nur mehr an wenigen Schulen verkaufen.

Eine der Ursachen für diese Entwicklung ist die Professionalisierung im Management Development. Vor wenigen Jahren noch rechnete kaum ein Unternehmen aus, wieviel die Weiterbildung einer Führungskraft kostet – nicht in erster Linie an Schulgeld, sondern an entgangener Arbeitsleistung. Und noch weniger Firmen waren in der Lage, den Wissenstransfer in die Unternehmen halbwegs zuverlässig zu berechnen. Daran experimentieren sie immer noch herum.

Die Kosten zu berechnen haben die Personalverantwortlichen hingegen gelernt und sogleich die nötigen Schritte eingeleitet: Jetzt wird an Kursen nur mehr bewilligt, was das Unternehmen dringend braucht. Der Bedarf wird formuliert, als Lehrauftrag beispielsweise an eine Business School weitergeleitet. Und die schneidert daraus ein Programm, durch das die dafür ausersehenen Manager in gebotener Effizienz geschleust werden. Damit ja keine Zeit verschleudert wird für Probleme, die mit ihrem Umfeld nichts zu tun haben, bringen sie die Fallstudien gleich von ihrem Schreibtisch mit.

Die Folge: Stuart M. Sanderson, zuständig für die Executive Development Programme der Bradford Business School bei Leeds in England, verteilt den Katalog mit den offen angebotenen Kursen nur mehr ganz verschämt und mit dem Hinweis, noch sei ungewiss, ob alle auch wirklich stattfänden. Wer wird denn noch, scheint er zu denken, vier Wochen für einen General Managementkurs aufwenden?

Für die Business Schools sind die für Firmen massgeschneiderten Programme eine Geldquelle, aber – wie manche behaupten – auch eine willkommene Gelegenheit, praxisnah zu forschen. Mag sein. Wenn jedoch eine Versicherungsgesellschaft das massgeschneiderte Programm von einer Business School entwickeln und den Musterkurs weltweit von mehreren Schulen durchführen lässt, dürfte der Forschungsgewinn nicht überragend sein. Um zu Goethe zurückzukommen: Das Verhältnis erinnert an die Beziehung der Feudalherren zu ihren Hauslehrern.

Tatsächlich gibt es immer mehr Unternehmen, die sich sogar eine eigene MBA-Ausbildung zurechtschustern lassen und damit an den Grundfesten dieses Programms rütteln: dem Wettbewerb mit Teilnehmern aus andern Branchen oder dem weiten Spektrum der General Managementprobleme.

Fast alle Business Schools registrieren einen Rückgang der Einnahmen aus offen ausgeschriebenen Kursen: Am International Institute for Management Development IMD in Lausanne waren es 1994 mehr als 7 Prozent. Dafür stiegen die Einkünfte aus sogenannten Partnerschaftsprogrammen um 14 Prozent. IMD-Direktor Peter Lorange sieht die Zukunft seiner Instituts ganz klar in der »learning partnership«, der langfristigen Zusammenarbeit mit Unternehmen.

Damit ist er nicht allein. Carnegie Mellon in Pittsburgh verzeichnete 1994 170 Teilnehmer an offenen Kursen, 240 an massgeschneiderten. Und was an allgemein zugänglichen Kursen bleibt, wird »fokussiert«, wie Clark Jordan, Executive Director, sagt. »Immer mehr Programme behandeln immer kleinere Ausschnitte aus dem Management«. Die heissen dann Executive Short Courses – damit ja niemand mehr lernt und also mehr zahlt und länger vom Geschäft weg bleibt als unbedingt nötig.

Allerdings gibt es auch die andern. Sie werden gern als Saurier belächelt, die sich nicht rasch genug auf die Erfordernisse unserer kurzlebigen Zeit umstellen konnten. Das grosse Harvard zum Beispiel oder das kleine Dartmouth. An dessen Amos Tuck School gibt es unter anderem den Kurs »Update 2000«, in dem die Teilnehmer ihr möglicherweise veraltetes Managementwissen auf den neusten Stand bringen können. Und Harvard hält unbeirrt am Advanced Management Program von zwölf Wochen Dauer fest und füllt es – allen düsteren Prophezeiungen der Konkurrenz zum Trotz – Jahr für Jahr. 1996 haben sich die Anmeldungen gegenüber dem Vorjahr fast verdoppelt.

Selbst die Wharton Business School, die als eine der innovativsten Schulen gilt und selber viele Firmenkurse anbietet, hält nichts von »just in time learning«, zumindest nicht in den fünfwöchigen General Managementkursen, an denen sie bis auf weiteres festhält: Nur diese Dauer erlaubt es nach Meinung der Verantwortlichen, Abstand vom Alltag zu gewinnen, über sich selber nachzudenken, Fehler zu machen, die in einem Unternehmen niemand tolerieren würde.

Den Wert dieser Ausbildung zu erkennen, sind offensichtlich immer weniger Unternehmen in der Lage. Und noch weniger sind bereit, sich den Luxus einer Bildung ohne unmittelbaren und klar messbaren Nutzen zu leisten. Denn, wie der Management Development-Autor Rolf Stiefel sagt: »Ein richtiger Manager wird heute im Unternehmen gebraucht, mehr als je zuvor, wenn neue Formen der Arbeitsorganisation vor dem Hintergrund dramatisch veränderter Rahmenbedingungen eingeführt werden müssen.«

Was dazu führen könnte, dass »ein richtiger Manager« auf Kosten des Unternehmens tatsächlich nur noch die »fokussierten« Kurse besucht, die allgemeine Weiterbildung hingegen – beispielsweise bei einem Stellenwechsel – auf eigene Kosten bestreitet. Ohnehin finden sich viele Teilnehmer der anspruchsvolleren Kurse nach ihrer Rückkehr im angestammten Unternehmen nicht mehr zurecht. Was weniger an den Kursen als an den Unternehmen liegt. Harvard-Professor Jay

Lorsch: »Ich sehe die Schwierigkeit darin, dass es die grossen Unternehmen ihren Führungskräften schwermachen umzusetzen, was sie gelernt haben. Sie schicken uns die Leute für 10.000 Dollar zwei Wochen her, aber sie wissen nicht, was sie mit ihnen anfangen sollen, wenn sie zurückkommen.«

Wer also mehr will als sich nur für die Aufgaben der nächsten Monate aufzurüsten, müsste möglicherweise selber aktiv werden. ABB-Personalchef René Lichtsteiner formuliert das unmissverständlich: »Jeder Arbeitnehmer sollte sich selber wie ein Unternehmen führen. Er hat etwas anzubieten, nämlich seine Arbeitskraft. Dafür gibt es einen Markt, der sich ständig ändert. Also müsste jeder Mitarbeiter und jede Mitarbeiterin für sich selber eine Unique Selling Proposition finden.« Das Unternehmen selber will die Arbeitskraft der Mitarbeiter, sonst nichts. Die alte BBC in Baden war während Jahrzehnten nicht nur Arbeitgeber, sondern Hort der Mitarbeiterinnen und Mitarbeiter. Alles kam von der Fabrik: Kantine und Pensionskasse, Wohnung und Ferienhaus, Turnverein und Seniorennachmittag und Weiterbildung aller Art – ein Selbstbedienungsladen.

Manches davon ist geblieben, doch der Geist, der heute noch manche japanische Unternehmen – wenn auch immer weniger – zur sorgenden Mutter seiner Mitarbeiter macht und sie damit auf ewig an sich bindet, ist verweht. Was das Unternehmen braucht, sind Mitarbeiter, die ihre heutige und künftige Aufgabe erfüllen. Darauf werden sie vorbereitet, auch auf Kosten des Hauses. »Just in time«-Learning gleicht in manchem der populären Auslegung des »Shareholder value«. Aber ebenso wenig, wie »Shareholder value« den kurzfristigen und schnellen Anstieg der Börsenkurse oder den möglichst raschen »Return on investment« bedeutet, sollte die Weiterbildung allein aus kurzfristiger Perspektive gesehen werden. »Shareholder value« bedeutet im Grund nichts anderes als die dauerhafte, langfristige Wertsteigerung eines Unternehmens, von der nicht allein die Aktionäre, sondern alle Betroffenen profitieren.

Weiterbildung, die nicht bloss auf ein kurzfristiges Lernziel angelegt ist, sondern die Persönlichkeit reifen lässt, neue Horizonte erschliesst, Selbstkritik erlaubt und den Vergleich mit anderen Studierenden erlaubt – langfristige menschliche Wertsteigerung eben – ist nicht nur Bereicherung der bildungswilligen Führungskräfte, er müsste letztlich auch dem Unternehmen selber, den Kunden und den anderen Mitarbeitern zugute kommen und wäre deshalb die Investitionen wohl wert.

Noch gibt es Unternehmen, die ihren Führungskräften Weiterbildung mit einer Langfrist-Perspektive zugestehen und sie sogar mitfinanzieren. Es sind nicht die schlechtesten. Die Schweizer Rück beispielsweise offeriert von Fall zu Fall »Sabbaticals«, deren Inhalt die Begünstigten selber bestimmen und die sogar Raum für Exotisches lassen. Niemand wird behaupten, die Swiss Re sei deswegen weniger profitabel als andere vergleichbare Unternehmen.

Nur sind diese Arbeitgeber in der Minderzahl. Wer sich jedoch darauf beruft und jammert, statt selber etwas zu unternehmen, tut sich keinen Dienst. Wer sich alle paar Jahre ein Auto für 50.000 Franken kauft und ein Executive Programm für 20.000 Dollar auf eigene Kosten weit von sich weist, ist wenig glaubwürdig. Aber jeder Outplacementberater kennt Klienten, die – nach ihrer Weiterbildung gefragt – resigniert beteuern, ihr früherer Arbeitgeber hätte dafür kein Geld bewilligt.

In diesem Sinne hat René Lichtsteiner recht: Für die berufliche Laufbahn ist jedermann in erster Linie selber verantwortlich. Das gilt erst recht für Führungskräfte. Vielleicht wird die Unique Selling Proposition eines Tages eine Portion Allgemeinbildung sein, die über das landesübliche Mass hinausgeht. Es muss ja nicht die Lektüre von Goethes gesammelten Werken sein. Der war seiner Zeit ohnehin voraus, als er sich überraschenderweise schon vor fast 190 Jahren für das »just in time«-Lernen einsetzte: »Bei manchem, womit wir unsere Schülerinnen ausstatten, wird mir bange, weil die Erfahrung mir sagt, von wie geringem Gebrauch es künftig sein werden«, lässt er Ottilie in den »Wahlverwandtschaften« sagen. Worauf »der Gehülfe« beipflichtet: »Sehr richtig heben Sie Ihre Untergebenen nur zur nächsten Brauchbarkeit heran.«

… über verwaltungsrätliche Personalausschüsse, Change-Management und Personalentwicklung …

Die Rolle des Verwaltungsrates im Human Resource Management

von

Rolf Dubs

Gliederung

1 Veränderte Voraussetzungen im Human Resource Management

Wie ich im einleitenden Beitrag dargestellt habe, ist das Human Resource Management zu etwas ganz anderem geworden als die traditionelle Personalarbeit: Die Mitarbeiterinnen und Mitarbeiter sind nicht mehr nur ein Kostenfaktor, sondern ein Aktivum des Unternehmens und damit eine Investition, die für die unternehmerische Zukunft immer bedeutsamer wird.

Deshalb stellt sich die Frage, ob sich in Zukunft nicht auch Verwaltungsräte stärker mit den Fragen des Human Resource Management auseinandersetzen müssen. Eine gute Möglichkeit dazu bietet die Schaffung eines Personalausschusses des Verwaltungsrates (in grossen Unternehmungen), der diese Problematik vertieft bearbeitet und im Gesamtverwaltungsrat darüber berichtet.

Ziel dieses Beitrages ist es, die Rolle eines Personalausschusses des Verwaltungsrates darzustellen.

2 Ausschüsse des Verwaltungsrates

Gemäss Art. 716a Abs. 2 OR ist der Verwaltungsrat befugt, aus seiner Mitte Ausschüsse oder Arbeitsgruppen zu bilden und diesen die Vorbereitung und die Ausführung seiner Beschlüsse oder die Überwachung der Geschäfte zuzuweisen. In diesen Fällen handelt es sich um eine »Delegation« mit Übertragung der Entscheidungsbefugnis (Verwaltungsratsausschuss) im Bereiche der delegierbaren Aufgaben sowie in Anwendung von Art. 716b OR, oder nur um eine zweckmässige Arbeitsteilung auch im Bereich der unentziehbaren und unübertragbaren Aufgaben des Verwaltungsrates (Ausschüsse, Comités oder Teams) (Böckli 1996, Anm. 1577a).

Diese angelsächsisch geprägte Idee der Ausschüsse lässt sich von zwei Seiten her rechtfertigen. Einerseits geht es um die Vermeidung von Interessenkonflikten innerhalb des Verwaltungsrates. Die Arbeitsteilung in Verwaltungsräten von grossen und mittelgrossen Unternehmungen führt zu Verwaltungsräten, die stärker mit der Geschäftsführung befasst sind (delegierte Mitglieder des Verwaltungsratsausschusses) und aussenstehenden Mitgliedern. Damit sich die »inside directors« nicht selbst überwachen, ist es zweckmässig, aussenstehende Verwaltungsratsmitglieder für bestimmte Überwachungs- und Beratungsaufgaben in Teams einzusetzen (Böckli 1996, Anm. 1578o). Andererseits lässt sich mit solchen Teams die strategische und Aufsichtsarbeit des Verwaltungsrates wesentlich verbessern, indem die individuellen Erfahrungen und spezielle Kenntnisse von einzelnen Mitgliedern für bestimmte Problemkreise besser genutzt werden können, eine engagiertere Mitarbeit ermöglicht und der Gesamtverwaltungsrat von Einzelheiten entlastet wird, ohne dass dieser wesentliche Kompetenzen abgeben muss (Baumberger 1990).

Sinnvoll sind diese Teams oder Ausschüsse aber nur, wenn sie nicht nur Ergebnisse und Daten rückblickend überwachen, sondern wenn sie dank ihrer Kenntnisse und Erfahrungen Probleme erkennen und Empfehlungen abgeben, sowie strategische Entscheidungen in den jeweiligen Bereichen vorberaten und kompetent beeinflussen. Auf diese Weise wird das Potential von Verwaltungsräten besser genutzt, und es können Kosten eingespart werden, weil Verwaltungsratsmitglieder oft gerne bereit sind, solche Zusatzaufgaben ohne Honorierung zu erbringen, denn auf diese Weise wird für sie ein verstärktes Engagement möglich, was vor allem in grossen Verwaltungsräten an Gesamtsitzungen oft gar nicht sehr erwünscht ist.

In letzter Zeit werden in immer mehr Verwaltungsräten von grossen und mittleren Unternehmen Ausschüsse gebildet: Finanzausschuss, Prüfungsausschuss (Audit Commitee), Entwicklungsausschuss usw. Während der Einsatz dieser Ausschüsse kaum Probleme schafft, begegnet man bei der Einführung eines Personalausschusses etwelchen Problemen. Juristisch führt die Personalverantwortung (Art. 716a, Ziff. 4 OR) zum »Personal- und Saläraausschuss« oder »Ausschuss für Personelles«. Er macht sich ein Bild von der Nachwuchspflege und der Salärpolitik für die Spitzenkräfte; er wirkt bei der Auswahl der obersten Führungspersonen und der Verwaltungsratskandidaten mit (Böckli 1996, Anm. 1578p). Diese Umschreibung entspricht den juristischen Aufgaben. Modernen betriebswirtschaftlichen Anforderungen genügt sie indessen nicht.

Wenn davon ausgegangen wird, dass das Personal zum immer wichtigeren Aktivum der Unternehmung und damit zu einer Investition wird, und das Human Resource Management in einem Wechselspiel mit der Unternehmungsstrategie steht, muss sich der Personalausschuss auch mit dem strategischen Personalmanagement befassen, seine Aufgabe also umfassender verstehen, als es bislang vielerorts der Fall ist.

3 Die Aufgaben des Personalausschusses

Das Pflichtenheft des Personalausschusses, dessen Tätigkeit auf einem zeitgemässen Human Resource Management aufbaut, kann wie folgt aussehen:

3.1 Beratungsaufgaben

- Aufbau der Human Resource Politik: Der Personalausschuss steht dem Verantwortlichen beim Aufbau der Politik zur Seite und berät den Politikentwurf.
  Auf diese Weise bringen Aussenstehende ihre Kenntnisse und Erfahrungen in einen Bereich ein, der häufig vernachlässigt wird. Damit verleihen sie diesem Gebiet mehr Beachtung, was die Position des Human Resource Management im ganzen Unternehmen verstärkt. Bei der Verabschiedung der Unternehmungspolitik im Verwaltungsrat wird dem Human Resource Management mehr Beachtung geschenkt, wenn Mitglieder des Personalausschusses dessen Anliegen vertreten.

- Mit der gleichen Zielsetzung berät der Personalausschuss die Human Resource-Verantwortlichen bei der Entwicklung neuer Konzepte: Mitarbeiterbeteiligung, Personalentwicklung (betriebliche Ausbildung), Personalbeurteilung (Qualifikationssysteme), Lohnsysteme, Arbeitsorganisation (Teilzeitarbeitsmodelle). Damit bei diesen Beratungsaufgaben die Ausschussmitglieder substanielle Beiträge einbringen, empfiehlt sich die Arbeit nach den Regeln des *organisationalen Lernens* (siehe Dubs 1995).

3.2 Überwachungsaufgaben

- Überwachen der Umsetzung und Durchsetzung der Human Resource Politik: Diese Aufgabe ist besonders wichtig, wenn die Geschäftsleitung für diesen Bereich der Unternehmungsführung (noch) wenig Verständnis aufbringt.
- Überwachen der betrieblichen Ausbildung: Zu überwachen ist, welche Mitarbeiterinnen und Mitarbeiter welche Weiterbildungsgelegenheiten erhielten, um der betrieblichen Ausbildung das nötige Gewicht zu geben. Ausserdem ist die Erfolgskontrolle der betrieblichen Ausbildung zu überprüfen, um zu verhindern, dass die Bildungsmassnahmen mangels Unterstützung und Evaluation immer mehr Selbstzweck-Charakter erhalten und damit an Effektivität verlieren.
- Überwachen des Qualifikationssystems: Es empfiehlt sich, sich Stichproben von Qualitätsblättern von Mitarbeiterinnen und Mitarbeitern verschiedener Stufen vorlegen zu lassen, um der Sorgfalt im Qualifikationswesen Nachdruck zu verleihen.

Diese Überwachungsaufgaben sollten auf der Basis *gut dokumentierter Berichterstattungen* des Verantwortlichen des Human Resource Management an Ausschussitzungen erfüllt werden und über die Ergebnisse an der Verwaltungsratssitzung berichtet werden.

3.3 Vorbereitende Aufgaben für den Verwaltungsrat

- Langfristige Kaderplanung (Nachwuchsplanung): Die Human Resource-Verantwortlichen legen eine quantitative (welche Positionen sind wann zu besetzen) und eine qualitative (wer steht wofür bereit, und wie war seine persönliche Entwicklung in letzter Zeit) Kaderplanung vor. Je sorgfältiger diese Planung vorbereitet ist, desto eher wird es möglich, dem Verwaltungsrat kompetente Beförderungsvorschläge zu machen.
- Beantragen der Jahresgehälter und der erfolgsbezogenen Boni für die in den Zuständigkeitsbereich des Verwaltungsrates fallenden Kader aufgrund der Vorschläge der Geschäftsleitung. Bei dieser Aufgabe geht es vor allem um die Besprechung von aussergewöhnlichen Fällen mit dem Ziel, Korrekturen anzubringen, wenn in den Vorschlägen der Geschäftsleitung Parteilichkeit oder einsei-

tige Entscheidungskriterien erkennbar sind (ein Tatbestand, der recht häufig zu beobachten ist).
- Beantragen von Beförderungen und Entlassungen, soweit sie in die Zuständigkeit des Verwaltungsrates fallen. Empfehlenswert ist es, Kader, die für die Geschäftsleitung vorgeschlagen werden, im Personalausschuss anzuhören.
- Jährliche Leistungsbeurteilung aller Geschäftsleitungsmitglieder mit persönlicher Besprechung im Beisein des Vorsitzenden der Geschäftsleitung.

Diese Aufgaben werden im Personalausschuss sorgfältig vorbereitet, damit im Verwaltungsrat darüber kurz berichtet werden kann.

4 Die Probleme mit einem Personalausschuss

Das eben dargestellte Pflichtenheft ist sehr umfassend. In dieser Form rechtfertigen lässt es sich nur, wenn das Human Resource Management modern gestaltet ist und ihm die notwendige Beachtung geschenkt wird. Ist dies nicht der Fall, so wird ein so umfassendes Pflichtenheft rasch zum Leerlauf, so dass es besser ist, auf den Ausschuss zu verzichten. Die praktische Erfahrung lehrt, dass ein Personalausschuss, der nur die Nachwuchs-, Salär- und Beförderungspolitik bearbeitet, kaum sinnvolle Arbeit leisten kann, weil ihm die Einsicht in die Gesamtzusammenhänge des Human Resource Management fehlt.

Nun darf aber nicht übersehen werden, dass sich für einen Personalausschuss selbst unter idealen Bedingungen und mit einem umfassenden Pflichtenheft immer wieder Probleme ergeben können:

- Wichtig ist die Zusammensetzung des Personalausschusses. Die ihm angehörenden Mitglieder müssen im Bereich des Human Resource Management kompetent sein, um die Verantwortlichen in diesem Bereich gezielt unterstützen zu können, was besonders wichtig ist, wenn sich die Geschäftsleitungen für diese Belange weniger interessieren. Diese Unterstützung ist aber nur wirksam, wenn die Ausschussmitglieder auch in den andern Tätigkeitsbereichen des Verwaltungsrates sachverständig sind, damit sie dafür sorgen können, dass der Human Resource Bereich nicht zum Selbstzweck wird, sondern in ein zweckmässiges Wechselspiel mit der Unternehmungsentwicklung gelangt. Deshalb darf die Auswahl der Ausschussmitglieder nicht in negativer Weise erfolgen, d.h. ein Personalausschuss mit Mitgliedern, die von den übrigen Aufgaben der Unternehmungsführung nicht viel verstehen, wirken eher kontraproduktiv.
- Besonders wichtig ist die Aufgabenabgrenzung mit dem Verwaltungsratsausschuss. Erste Erfahrungen zeigen, dass bei mangelnder Abgrenzung viele Fragen des Human Resource Management im Verwaltungsratsausschuss vorentschieden werden. In diesem Fall wird der Personalausschuss zu einem überflüssigen Genehmigungsgremium und verliert das Interesse an den Beratungsaufgaben.

- Probleme können sich auch zwischen dem Personalausschuss und der Geschäftsleitung ergeben, wenn der Human Resource-Verantwortliche in ungenügender Abstimmung mit der Geschäftsleitung Fragen des Human Resource Management in den Ausschuss trägt, um allenfalls gewisse Lösungen zu präjudizieren oder um für seinen Bereich günstige Voraussetzungen zu schaffen. Deshalb sind klare Absprachen zwischen der Geschäftsleitung und dem Human Resource-Verantwortlichen unabdingbar, der im Interesse einer guten Kommunikation und Entscheidungsfindung Mitglied der Geschäftsleitung sein muss.
- Schwierigkeiten können sich ergeben, wenn der Personalausschuss und der Human Resource-Verantwortliche zu aktiv werden. Die Erfahrung lehrt, dass in diesem Fall sehr bald operative Fragen diskutiert werden, die in der Verantwortung der Geschäftsleitung liegen.
- Zu beachten ist, dass der Personalausschuss nicht zur »Klagemauer« des Personals wird. Sobald dem Personal der Personalausschuss bekannt ist, wenden sich nicht selten Mitarbeiterinnen und Mitarbeiter direkt an ihn. Diese Möglichkeit soll zwar grundsätzlich gegeben sein, aber nur für schwerwiegende Fälle und in letzter Instanz. Jede andere Lösung führt zu zusätzlichen Spannungen mit den Vorgesetzten aller Stufen.

Angesichts dieser Problemkreise müssen die Organisation und die Arbeit des Personalausschusses sorgfältig geplant werden. Aufgrund erster Erfahrungen lassen sich folgende Empfehlungen abgeben:

- Der Personalausschuss sollte sich schwergewichtig aus aussenstehenden Verwaltungsräten zusammensetzen. Der Verwaltungsratsausschuss sollte höchstens durch ein Mitglied, nicht aber den Präsidenten, vertreten sein. Nur unter dieser Voraussetzung kann der Personalausschuss seine Beratungsfunktion richtig wahrnehmen.
- Die Absprache über die zu bearbeitenden Probleme zwischen dem Verwaltungsratspräsidenten und dem Vorsitzenden des Personalausschusses muss besonders sorgfältig erfolgen, damit Doppelspurigkeiten vermieden werden können.
- Die Geschäftsleitung soll durch den Human Resource-Verantwortlichen vertreten sein, und der Vorsitzende der Geschäftsleitung soll im Interesse der Abgrenzung der Aufgabenbereiche dem Personalausschuss nicht angehören. Damit es aber zu keinen Spannungen kommt, muss auch hier die Absprache gut geregelt sein.
- Der Berichterstattung des Personalausschusses im Verwaltungsrat ist alle Aufmerksamkeit zu schenken. Andernfalls beginnt auch der Personalausschuss ein Eigenleben zu führen. Dies umso mehr als er nur ein vorberatendes Gremium ohne Entscheidungskompetenzen ist und Spezialisten des Human Resource Management nach allen Beobachtungen sehr schnell über Operatives diskutieren.

5 Nachwort

Personalausschüsse sind zunächst sicher nur in grösseren Unternehmungen sinnvoll. Und dort sind sie es nur, wenn dem Human Resource Management eine wesentliche Bedeutung beigemessen wird und insbesondere mit modernen Ansätzen gearbeitet wird. Wird die Personalfunktion als traditionelle, administrativ orientierte Personalarbeit verstanden, erübrigt sich ein Personalausschuss, weil er keine strategische Arbeit leisten kann.
Dass sich heute jede Unternehmung von der traditionellen Personalarbeit lösen und sich für ein modernes Human Resource Management entscheiden sollte, lässt sich mit sieben Argumenten rechtfertigen:

- Der *Wertewandel* in der Gesellschaft bringt neue Lebensstile und veränderte Erwartungen an die Unternehmungen und ihre Vorgesetzten. Mitarbeiterinnen und Mitarbeiter suchen auch am Arbeitsplatz nach mehr Autonomie und Entfaltungsmöglichkeiten. Diese Wünsche lassen sich mit den herkömmlichen Vorstellungen zur Personalführung aber nicht mehr erfüllen.
- *Demographische Veränderungen* (Altersaufbau, Frauenerwerbstätigkeit, Berücksichtigung von Minoritäten, Gastarbeiter) verlangen nach mehr Flexibilität in der Personalauswahl, im Personaleinsatz und in der Personalentwicklung. Deshalb verlagerten sich diese Funktionen immer stärker aus einer verwaltenden in eine gestaltende Richtung, was zugleich eine ganzheitlichere Betrachtung erfordert.
- Die *neuen Technologien* führen zu anspruchsvolleren Anforderungsprofilen, die eine andere Arbeitsstrukturierung und neuartige Arbeitsbeziehungen bedingen.
- Höhere *Anforderungen* an die *Produktivität* der Unternehmungen und an die *Qualität* der Produkte erfordern Mitarbeiterinnen und Mitarbeiter, die zur Selbstentwicklung und zur Selbstevaluation fähig sind.
- *Gesetzliche Vorschriften* (z. B. Equal Opportunity in den Vereinigten Staaten oder Mitbestimmung in Deutschland) bedingen andersartige Führungsmodelle.
- Die *Verschärfung des Wettbewerbes* und die damit verbundenen höheren physischen und psychischen Anforderungen und Belastungen müssen zu neuen Formen der Ausbildung, des Einsatzes und des Umganges mit den Mitarbeiterinnen und Mitarbeitern führen.
- Der Wunsch vieler *Menschen*, sich im *Mittelpunkt des Geschehens* zu sehen (focus on self, d. h. man beurteilt alle Dinge aus der Sicht seiner eigenen Interessen), bringt es mit sich, dass herkömmliche Motivationstheorien und Massnahmen der Human Relations nicht mehr verfangen. Erwartet werden vielmehr Formen einer menschengerechten Führung und moderne Honorierungssysteme mit einer Leistungs- und einer Sozialkomponente.

Diese sieben Argumente rechtfertigen es auch, einen Personalausschuss für die Beschleunigung des Wandels von der Personalarbeit zum Human Resource Management einzusetzen.

Literaturhinweise

Baumberger, H. U. (1990): Ansätze für einen wirkungsvolleren Verwaltungsratseinsatz. In: Bleicher, K./Schmitz-Dräger, R. (Hrsg.): Unternehmerisches Handeln – Wege, Konzepte und Instrumente. Bern, S. 63–84

Böckli, P. (1996): Schweizer Aktienrecht. 2. Auflage, Zürich

Dubs, R. (1995): Lernen in Unternehmungen: Eine Führungsaufgabe für Unternehmungsleitungen. In: Thommen, J. P. (Hrsg.). Management-Kompetenz. Zürich, S. 159–170

Arbeitsformen für ein modernes Personalmanagement

von

WALTER JOCHMANN

Gliederung

1 Derzeitiger Handlungsrahmen

Die Personalfunktion und mit ihr die personelle Ausstattung in Form der klassischen Personalabteilung steht unter Druck. Während in den 60er Jahren 3% der Mitarbeiter/Innen (im folgenden aus Vereinfachungsgründen: Mitarbeiter) im Unternehmen in der Personalabteilung beschäftigt waren, hat sich diese Zahl derzeit auf die Durchschnittskennziffer von 1.5% reduziert. Unter Ausschluss unterstützender Leistungen (beispielsweise Lohn- und Gehaltsabrechnung) und der mit ihr beschäftigten Sachbearbeiter sinkt dieser Besetzungskoeffizient der Personalabteilung auf 1.0% – mit weiterem Trend nach unten (Gerpott, 1995). Zum einen spielt natürlich der Kostendruck insbesondere in Servicebereichen der Unternehmen, zu denen auch Organisation, Verwaltung, Marketing und Controlling zählen, eine Rolle. Zum anderen muss sich insbesondere die Personalarbeit kundenorientiert und wertschöpfungsnah positionieren, um die Investments in ihre eigenen personellen Kapazitäten und die häufig kostenintensiven Beurteilungs- und Weiterbildungsdienstleistungen zu rechtfertigen.

Ein weiterer Trend in den Servicebereichen geht in die Richtung multifunktionaler Arbeitsplätze. Moderne Personalbereiche haben diesem Zustand teilweise dadurch Rechnung getragen, dass sie viele ihrer Mitarbeiter durch Job-Rotationen besetzt haben und auf diese Weise eine sinnvolle Klammer zwischen Stabs- und Linientätigkeit geschaffen haben. Gerade in den mittelgrossen Unternehmensformen könnte der Trend allerdings auch in integrierte Serviceabteilungen führen, in denen Personal-, Verwaltungs- und Organisationsaufgaben integriert behandelt werden – mit multifunktionalen Arbeitsplätzen und der Ausrichtung auf bestimmte Zielgruppen als Leistungsempfänger. Während diese Tendenzen manchem eingefleischten »Personalisten« Respekt und vielleicht auch Angst einflössen, werden mit diesen Restruktierungen letztlich auch wieder attraktive Arbeitsplätze geschaffen. Für hochqualifizierte Mitarbeiter würde sich ansonsten die Frage einer dauerhaften Karriere im Personalwesen stellen, die ansonsten nur für Personalentwickler/Trainer und die Leiter der Organisationseinheit Personal interessant ist.

Ebenfalls im Trend ist die angestrebte Beratungs- und Mitgestaltungsrolle von qualifizierten Mitarbeitern im Personalbereich. Die Leitung oder die Mitarbeit an interessanten Projekten etwa im Rahmen des Change Management ist ein Beispiel für ein hochinteressantes und anspruchsvolles Aufgabenfeld, zudem eine Kernnachfrage von Linienmanagern etwa im Vertriebs- oder im Produktionsbereich. Der Schlüsselbegriff Change Management (Doppler & Lauterburg, 1994) und unter diesem Dachkonzept realisierte Kundenorientierungs-Projekte, TQM-Massnahmen, KVP-Programme und Empowerment-Projekte erfordern unternehmensinterne und unternehmensexterne Berater, die neben den häufig gut abgedeckten Organisations- und Restrukturierungsfähigkeiten die Qualifizierung und die häufig mühsame Überzeugungs- und Motivationsarbeit bei den breiten Mitarbeiterschichten erfolgreich bewältigen. Personalbereiche sollten sich demnach die Frage stellen, wie sie

- dazu beitragen können, eine Mobilisierung im Unternehmen zu erreichen (Einstellungsveränderung hin zu einem Mehr an Innovation, Leistung und Vitalisierung von Lernprozessen),
- für den eigenen Bereich eine sinngebende Vision und ein zielgebendes Leitbild entdecken können, welche den Beitrag der Personalarbeit zum Unternehmenserfolg beschreibt,
- für die häufig abstrakten Personaldienstleistungen (insbesondere Betreuungsarbeit auf Abruf, Beratung in Sonderfragen) ein Ziel- und Bewertungssystem mit Performance Standards entwickeln können,
- ihre Wertschöpfung im Rahmen der eigenen Personalprozesse oder auch übergreifender Kern- und Hauptprozesse verdeutlichen können,
- die realisierten Personaldienstleistungen sowie die zugrundeliegenden Prozesse kundenorientiert umgestalten können,
- Innovationen in den wesentlichen Personalinstrumenten, Konzepten, Strategien und deren Realisierung forcieren können und sich neue interessante Betätigungsfelder erschliessen können,
- stringente und kreative Anreizsysteme initiieren können, um die vielschichtigen Veränderungsprozesse im Unternehmen auf der Mitarbeiterebene adäquat steuern und belohnen zu können,
- letztlich eine glaubhafte Vorbildabteilung für Erneuerungsprozesse werden können, was die konsequente strategische Ausrichtung mit modernen Stellen- und Anforderungsprofilen zur Folge hat (Jochmann, 1996).

2 Anforderungen an ein erfolgreiches Change-Management

Einer aktuellen Kienbaum-Umfrage bei 102 grossen deutschen Unternehmen zufolge (durchgeführt im Mai 1996) befinden sich 67 % dieser Unternehmungen in einem aus ihrer Sicht umfassenden Veränderungsprozess, der die gesamte Zielsetzungs- und Steuerungskette vom Leitbild über die Zielsetzungen, von Kern- und Servicestrategien bis zur resultierenden Aufbau- und Ablauforganisation umfasst. Weitere 31 % der befragten Unternehmen befinden sich in nennenswerten Projekten, etwa zur kundenorientierten Umstrukturierung, zur Neugestaltung der DV-Landschaft auf der Basis von optimierten Geschäftsprozessen oder der Dynamisierung von Mitarbeitereinstellungen und Mitarbeiterqualifikationen auf der Basis eingeführter Produktstrategien. Lediglich 2 % der befragten Unternehmen »trauen sich«, die derzeitigen Strategie- und Organisationsprinzipien als relativ erfolgsbringend auch für die nächsten Jahre einzuschätzen. Abb. 1 zeigt in der Nennungshäufigkeit die durchaus variierenden oder kombinierten Zielsetzungen auf, die diesen Veränderungsprojekten unterlegt worden sind. Letztlich ist die Dualität von klassisch-bewahrenden Zielrichtungen der Kostenreduktion und der organisatorischen Restrukturierung einerseits und der verhaltensorientierten Erhöhung von Kunden- und Serviceorientierung oder der ganzheitlichen strategischen Neuausrichtung andererseits nicht überraschend. Entscheidend ist letztlich für jedes

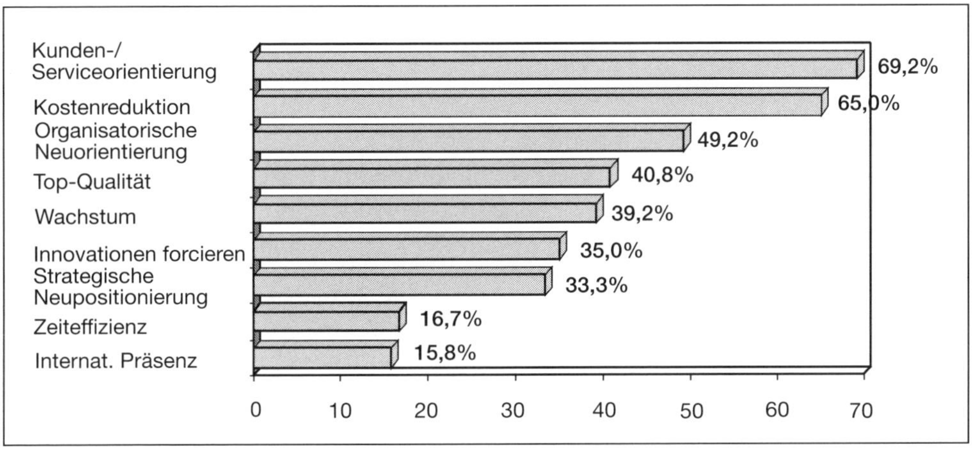

Abb. 1: Ziele von Veränderungsprojekten

Change-Projekt ein klares und mit dem Top-Management und den Aufsichtsräten abgestimmtes Portfolio an quantitativen und eindeutig definierten qualitativen Veränderungszielen. Interessante Indikatoren/Kriterien sind dabei aus meiner Sicht:

- Erhöhung des Altkundenanteils oder der Mehrfach-Produktnutzer.
- Das Benchmarking zu zentralen und für das Geschäftsfeld relativ einheitlichen Leistungsindikatoren (Kostensätze, Leistungsgrössen, Prozessparameter).
- Verbesserungen in turnusmässig eingesetzten Kundenbefragungen insbesondere auf kundenbindungs-relevanten Feldern.
- Erhöhung der Mitarbeiterzufriedenheit als Basis für die kundenorientierte Wirkung der Dienstleistungserbringung (Kriterien beispielsweise der Unternehmensidentifikation und der Unternehmensbindung, der Lern- und Veränderungsbereitschaft, der Mitarbeit in wichtigen Projekten und der Anzahl/Qualität eigener Verbesserungsvorschläge).
- Klassische Erfolgskennzahlen in Geschäftsbereichen oder einzelnen Funktionsbereichen (beispielsweise Vertrieb oder Qualitätssicherung), worunter letztlich alle Ertragskennziffern oder unternehmensinternen Leistungskennziffern (einschliesslich des Abbaus von Fehlleistungskosten) fallen.

Problematisch ist in Change-Projekten ein (häufig impliziter oder nicht ausdiskutierter) Mix an defensiv-rationalisierenden Zielen (Personalkosten-Reduktion mit notwendigerweise resultierendem Personalabbau, Verlagerung von Produktionsstätten oder Auslagerung von minderwertschöpfenden Teilleistungen) und aktivierend-mobilisierenden Zielsetzungen (beispielsweise Vertriebsoffensiven und strategisches Key-account-Management, Innovationsförderung, lernende Organisation/Knowledge-Management und Clienting) (Gouillart & Kelly, 1995). Vielleicht liegt es an diesem Mix, dass viele der klassischen, gross angelegten Change-Projekte weniger erfolgreich sind.

Im folgenden werden wichtige Teilprojekte und Kernaktivitäten in Veränderungsprojekten dargestellt, ergänzt durch die idealerweise gegebenen Impulse des Personalbereiches, der auf diese Weise klare Positionierungsmöglichkeiten erhält:

- Die Strategieentwicklung scheint laut der Kienbaum-Umfrage jedes Veränderungsprojekt zu begleiten – was sicherlich im Sinne der klaren Zielausrichtung und Ressourcen-Allokation sinnvoll ist. Personalbereiche sollten an dieser Stelle klar Stellung dazu beziehen, welche Strategien mit den derzeitigen und potentiell veränderbaren Personalressourcen realisierbar sind. Hierzu sollten sie über Personalreviews und Management Audits die Transparenz über Stärken und Schwächen, über fachliche und überfachliche Veränderungsoptionen aufbereiten. Dabei zählt weniger die auf Einzelfälle ausgerichtete Qualifikationseinschätzung denn die gesamthafte, auf Funktionsbilder und Gruppen etwa von Projektmanagern, Prozessmanagern und Führungsnachwuchskräften ausgerichtete Gesamtbetrachtung (Jochmann, 1997). Eine Basis für diese Arbeiten ist tiefgreifendes Knowhow und idealerweise auch Moderationserfahrung zu Strategieinstrumenten und zu Strategieprozessen.
- Ebenfalls in der Spitzengruppe der Kernaktivitäten finden sich Methoden der Prozessoptimierung. Personalbereiche sollten neben dem Organisationsbereich Klarheit über die für das Unternehmen und die abgebildeten Geschäfte sinnvolle Prozessdefinition und die resultierende Prozesslandkarte für das Unternehmen herstellen. Ansonsten kann eine Kernaktivität in der beratenden und moderierenden Betreuung von Workshops liegen, um für ausgewählte Prozesse die Stufen zu beschreiben, Leistungs- und Gütekriterien zu identifizieren und Massnahmenpläne zur Überführung der Ist-Prozesse in die optimierten Soll-Prozesse herauszuarbeiten.
- Im Mittelfeld von Veränderungsprojekten stehen KVP-Teilprojekte und resultierende Arbeitsgruppen. Neben dem Qualitätswesen kommt dem Personalbereich eine grosse Bedeutung zu, um Arbeitsgruppen selber zu moderieren oder interne Moderatoren und Multiplikatoren im Train-the-Trainer-Ansatz in den pragmatischen Methoden der Problemanalyse, Zielfindung, der Kreativitätstechniken und der Massnahmenbewertung auszubilden (Probst & Ulrich, 1990).
- Ebenfalls im Mittelfeld liegen Moderationen zur Entwicklung oder Aktualisierung des Unternehmensleitbildes mit seinen Bausteinen von Vision, Werten, globaler Positionierung und groben Zielsetzungen. Die gewollte Unternehmenskultur im Sinne der Unternehmensphilosophie wird ebenso wie die derzeitige Unternehmenskultur mit ihren Stärken und Schwächen durch das komplexe Muster des Miteinander umgehens, der internen Belohnungsmuster, der Wirkung von Vorbildern/Promotoren und der Ausgestaltung im Führungsverhalten der wichtigen Führungskräfte beeinflusst. Personalbereiche sollten zum einen die anspruchsvollen Moderationsprozesse zu tragfähigen Unternehmenswerten verantwortlich betreuen, zum anderen die für die Change-Strategie notwendigen und unterstützenden Führungs- und Kommunikationsprozesse im Unternehmen beeinflussen. Hierzu steht ihnen das gesamte Mix zur Mitarbeiterführung und -steuerung, zur Anreizgestaltung, zur Förderung bestimmter

Kommunikationsformen und zur Forcierung von »cultural heroes« zur Verfügung.
- Gleichfalls im Mittelfeld von Kernaktivitäten für Change-Projekte liegen Trainingsmassnahmen. Veränderungsprozesse beginnen mit Training und enden mit Training. Konzeptioner zum Change-Prozess kalkulieren, dass das Arbeiten in neuen Arbeitsformen (beispielsweise konsequente Teamarbeits-Struktur) in den ersten beiden Jahren der Einführung jährlich 20 bis 30 Trainings- und Schulungstage im Mix on-the-Job und off-the-Job notwendig macht. Die Gestaltung intelligenter, transferorientierter und wertschöpfender Trainingsmassnahmen, die Fach- und Verhaltensinhalte intelligent mischen und auf die zu bewältigenden Kernaufgaben der Mitarbeiter zuschneiden, sind ein Schlüsselerfolgsfaktor für die Effizienz von Personalbereichen im Change Management (Scholz,1995). Neben eigener Trainertätigkeit sind innovative Trainingsdesigns und Lernformen ebenso gefragt wie die Ausbildung und Evaluation von Multiplikatoren aus den Linienbereichen.
- Im unteren Nutzungsmittelfeld von Veränderungsprojekten liegen Kundenbefragungen, zu denen die Personalbereiche mitunter methodisches Gestaltungsknowhow beitragen können. Wichtig wäre eine Integration oder ein Gesamtmodell zu Kundenbefragungen und Mitarbeiterbefragungen (die letztlich als Befragung der internen Kunden eingeschätzt werden können).
- Im unteren Mittelfeld gibt es des weiteren die Familie der Mitarbeiterbefragungen, die insgesamt in den letzten Jahren an Attraktivität gewonnen hat. Entscheidend ist die strategische und emotionale Ausrichtung von Mitarbeiterbefragungen, in deren Rahmen dann Aspekte von Lernbereitschaft und Lernfähigkeit, Einschätzung der internen Kunden-Zuliefer-Verbindungen, Engagement und konkrete Vorschläge für Change-Projekte wichtiger sind als die klassische Arbeits- und Vorgesetztenzufriedenheit sowie hiermit verbundene traditionelle Erfassungsdimensionen.
- Ebenfalls im unteren Drittel befindet sich die Aktivität von Mitarbeiterbeurteilungen. Letztlich ist der schwache Nutzungsgrad dieser Instrumentefamilie überraschend, weil zweifellos Unternehmenserfolg und Kundenzufriedenheit über das konkrete Verhalten von Führungskräften und Mitarbeitern (letztlich an jedem Kundenkontaktpunkt) transportiert wird. Die Steuerung der derzeitigen Kompetenzen und der Veränderungspotentiale auf der Fach- und Verhaltensebene ist ein Schlüsselfaktor zur Begrenzung kostenintensiver Umbesetzungs- und Schulungsmassnahmen. Allerdings können sich Personalbereiche dann nicht mehr nur auf die Sekundäreinschätzungen etwa durch Vorgesetzte (klassische Vorgesetztenbeurteilung) verlassen und müssen neben den Einschätzungen interner und externer Kunden/Leistungsempfänger eigene Beurteilungsmassnahmen zu zukünftigen Kernaufgaben (etwa in Form von Management Audits und Einzel-Assessments) durchführen.

Des weiteren liegt ein Handlungsfeld der Personalarbeit in der Stärkung von Erfolgsfaktoren in Veränderungsprojekten, wie sie in Abb. 2 dargestellt werden. Insbesondere die intensiven Kommunikationsschleifen mit betroffenen Führungs-

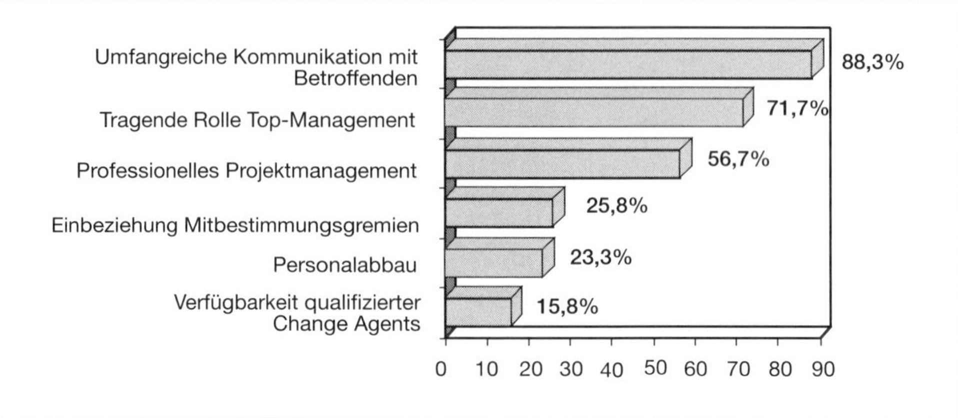

Abb. 2: Erfolgsfaktoren von Veränderungsprojekten

kräften und Mitarbeitern können dazu betragen, um Interessenkonflikte, Betroffenheit, Verunsicherung und übertriebenes Sicherheits- und Abgrenzungsdenken zu überwinden. Der Stand an Kommunikationsmodellen oder Projektstrukturplänen für Informations- und Überzeugungskampagnen ist allerdings überraschend gering ausgeprägt. Die Professionalisierung im Projektmanagement ist eine weitere mögliche Kernaufgabe von Personalbereichen, indem sie entsprechende Ausbildungen forcieren und in ihrer Qualität sichern, gemeinsam mit dem Organisationsbereich Anforderungen an Projekte definieren und in Projekthandbüchern niederlegen und des weiteren in der Vorbildrolle als interner Projektleiter auftreten.

Noch deutlicher wird der Mitarbeitsauftrag auf der Prozess- und Beziehungsebene im Unternehmen, wenn man Abb. 3 und die hier dokumentierten Ursachen für die betriebliche Unzufriedenheit mit Veränderungsprojekten analysiert. In Personalbereichen laufen (hoffentlich) alle Informationen zu Befähigungen, Potentialen, Wünschen und Neigungen der Zielgruppe Führungskräfte zusammen. Für Trainingsmassnahmen und Workshops existieren Kontaktnetzwerke, die dazu genutzt werden sollten, um die wichtigen Funktionen/Zielgruppen von

- Leitern von Teilprojekten
- Meinungsbildnern und in der Vorbildfunktion tätigen Change Agents
- negativen Aktivisten oder passiv-geschickten Verzögerern

zu gewinnen. Neben der Qualifizierungsfunktion ist somit die tiefgehende Analyse und Bewältigung von Widerständen eine Kernaufgaben von Personalbereichen. Noch deutlicher wird der sensibel-emotionale Approach im Kernproblem der Angst, welches keinesfalls nur die Arbeitsplatzsicherheit tangiert – gerade die Ebene der mittleren Führungskräfte, unter die auch die Leitungsposition Personal häufig fällt, ist in abflachenden Umstrukturierungen mit der Betonung von Teamarbeit gefährdet und wehrt sich zudem gegen die Veränderung von Arbeitsinhal-

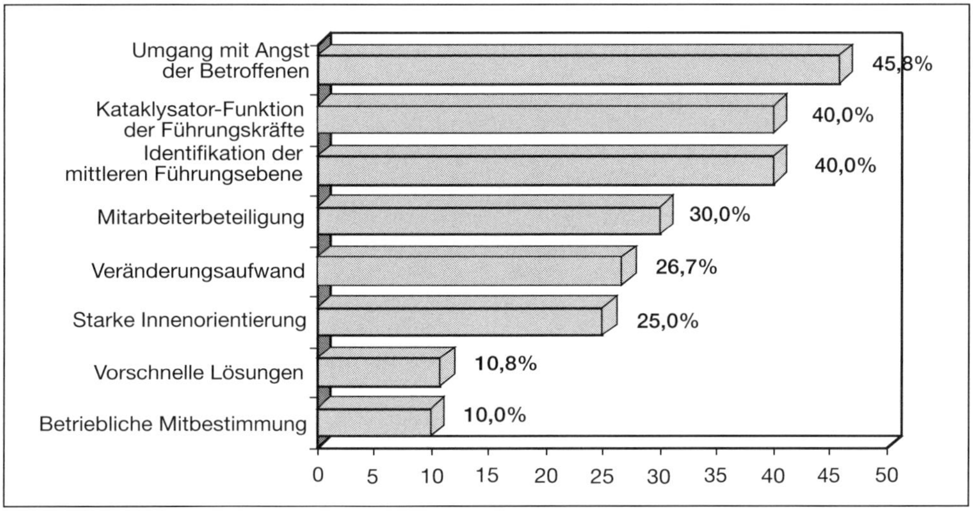

Abb. 3: Ursachen für Unzufriedenheit bei Veränderungsprojekten

ten, den Abbau von Statusmerkmalen und die Übernahme von Ergebnisverantwortung. Letztlich geht der Faktor der Mitarbeiterbeteiligung in eine ähnliche Richtung und lässt sich nur durch die konsequent teamorientierte Bearbeitung derartiger Change-Projekte (mit vielen ausführlichen Arbeitsgruppen, mit anonymen Befragungen, mit partnerschaftlich gestalteten Pilotprojekten) vollziehen (Clutterbuck & Kernaghan, 1995).

3 Moderne Servicestrategien und resultierende Qualitätskennzahlen

Die Arbeitsfelder von Personalbereichen sind häufig beschrieben worden. Eines von denkbaren Gliederungsschemata, die sich auf die Erbringung von Dienstleistungen/Dienstleistungsprodukten beziehen, resultiert in folgenden 3 Handlungsfeldern:

- *Ressourcing-Leistungen:*
  Quantitative Personalplanung, Personalmarketing, Recruitment, interne Besetzung von Positionen, Leistungen der Personalbetreuung, Personaladministration mit Lohn- und Gehaltsabrechnung sowie Vertragsverwaltung, Organisation von Tätigkeitsveränderungen, Job-Rotationen und Auslandsentsendungen, Newplacement und Outplacement.
- *Mitarbeiterentwicklung:*
  Qualitative Personalplanung, individuelle Karriereplanung und unternehmensbezogen-positionsspezifische Nachfolgeplanung, permanente und projektbezo-

gene Beurteilungsverfahren, Konzepte und Instrumente der Personalführung, Personalentwicklungskonzeption, Organisation von fachlichen und überfachlichen Schulungsmassnahmen, Bildungscontrolling und Förderkreise für Projektmanagement- und Führungsfunktionen.

- *Beratungsangebote:*
  Personalwirtschaftliche Spezialfragen zu Arbeitsplatzgestaltung und Arbeitsrecht, Konzeptionen zur Anreizgestaltung mit dem wichtigen Teilbereich erfolgsabhängiger Vergütung, Mitbestimmungs-Management, Projekte zur Organisationsentwicklung und zum Change Management.

Bei diesen Leistungen lässt sich zwischen Permanenz-Aufgaben einerseits und projektbezogenen Sonderaufgaben andererseits unterscheiden. Der Anteil der interessanten Projektleistungen steigt bei niedrigem Anteil im Ressourcing über das Development zum überwiegenden Leistungsanteil im Leistungsspektrum Beratung/Consulting.

Im Rahmen ihrer Positionierung werden Personalbereiche über ein Leitbild mit Vision der Personalarbeit, Werthaltungen in der eigenen Arbeit und übergreifenden Zielen sinnvollerweise eine Strategie der Personalarbeit im Unternehmen definieren, die die Zielsetzungen und Handlungsfelder des Servicebereiches Personal lenkt und die Aufgabendifferenzierung zu sonstigen Servicebereichen und zu den Linienvorgesetzten beschreibt. Abb. 4 beschreibt auf der Strategieebene die Unter-

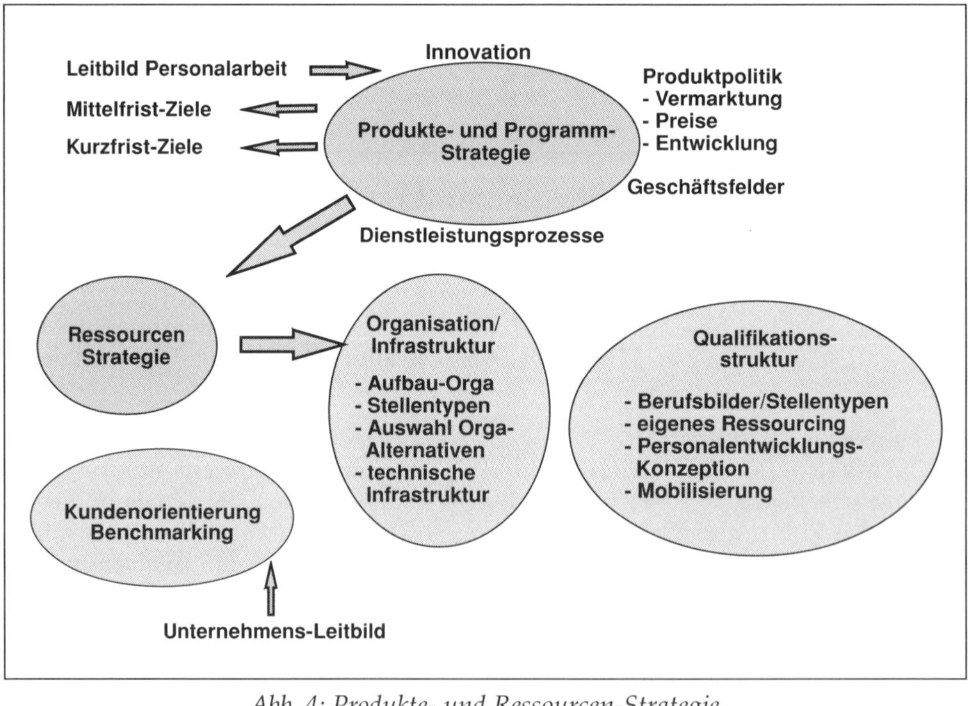

Abb. 4: Produkte- und Ressourcen-Strategie

scheidung zwischen produktbezogenen Strategien (und ihrer Ausrichtung auf die internen und externen Kundengruppen und Märkte) sowie Ressourcenstrategien für Realisierungs- und Unterstützungsfunktionen. Dabei gehe ich von einem pragmatischen Strategiebegriff aus, der die Ressourcenverwendung steuert und sich somit sehr stark an Zielsetzungen und Bedarfen orientiert, weniger die marketingorientierte Strategiedefinition aufgreift. Entscheidend ist insgesamt, dass sich die Investments in den Personalbereich anhand von möglichst klar überprüfbaren Effizienz- und Gütekriterien nachweisen lässt (Fritz, 1996). Neben den Ergebniskennziffern bietet sich hierbei auch der Vergleichsmassstab an, welche externen Kosten/Marktpreise für den Einkauf einer definierten Personalleistung vonnöten sind.

Über einer Produktstrategie steht mit dem Leitbild die wichtige Frage, welche Rolle der Personalbereich für sich in welcher Gewichtung in Anspruch nehmen möchte:

- Service-Center: Reaktion auf Kundenanfragen, Befriedigung von Hygienebedürfnissen, Vorhaltung eines bestimmtes Leistungsgrades/-umfanges.
- Kompetenz-Center: Entwicklung von Szenarien und Dienstleistungs-Innovationen, Bündelung des Knowhows zu bestimmten Kernfunktionen der Personalarbeit, deutliches Verständnis als Stabsbereich mit überwiegend projektbezogenen Leistungen.
- Steuerungseinheit: Übernahme von hoheitlichen Kontroll- und Steuerungsaufgaben für den Vorstand, Definition von Verfahrensvorschriften und Gütekriterien, Handlungsspielraum für Veränderungsvorgaben und Sanktionen.
- Beratungseinheit: Konzentration auf die projektbezogene Unterstützung von internen Kunden und zunehmend auch externen Ansprechpartnern (eine Form des Outsourcing, aktives Angebot von Unterstützung und Aufbau von Bedarfen, schlanke Organisationsform mit externem Beraterwettbewerb, Vorteile durch Knowhow zur Infrastruktur des Unternehmens und den »weichen«/unternehmenspolitischen Umsetzungshemmnissen).

Die Fixierung oder der bewusste Mix an Rollen der Personalarbeit hat Auswirkungen auf das Produktespektrum und die resultierenden Fragen der Aufbau- und Ablauforganisation. Derzeit dürften viele Personalbereiche in den Grossunternehmen etwas zu einseitig auf die Modellierung als Beratungseinheit hinarbeiten, während sie in der Vergangenheit doch sehr stark Steuerungsinstrument und Kompetenz-Center mit elitärem Stabsanspruch waren. Letztlich dürfte eine intelligente Mischung aus Service-Center und Beratungseinheit die häufig anzutreffende Kombination von Standard- und Sonderleistungen am besten repräsentieren, wobei mit dem Beratungsanspruch auch ein hohes Mass an Fachkompetenz und Kompetenzbündelung im Sinne der klassischen Kompetenz-Center verbunden ist. Dieses Rollenverständnis spiegelt sich im Sinne einer konsequenten Wertetransformation auf der Ebene der einzelnen Führungskräfte und Mitarbeiter des Personalbereiches. Zeitgemäss dürfte neben einem klassischen Service-Provider das Verständnis als selbstbewusster und teilweise unabhängiger Consultant sein – ideal ist die Positionierung als Mitunternehmer, der strategischer Partner für die Geschäftsbereiche ist und die Change-Prozesse durch Qualifizierung und Mobilisierung breiter Mitarbeiterebenen effektiv unterstützt. Während in der Vergangenheit ein produktbezogener Schwerpunkt mit dem Angebot von mehr oder weniger wertschöpfenden Personalleistungen gepflegt wurde, verändert sich dieses Bild zumindest in Richtung einer sensiblen Bedarfs- und Problemlösungsorientierung. Die wirkliche Herausforderung im Sinne einer klaren Positionierung als dauerhaft und beständiger Servicebereich wird allerdings darin liegen, die Erfolgsfaktoren und Erfolgswahrscheinlichkeiten der operativen Bereiche im Sinne von internen Kunden zu stärken und zu optimieren. Personalbereiche werden in der jetzigen isolierten Organisationsform nur dann eine Zukunft haben, wenn sie mit attraktiven und geschäftsorientierten Dienstleistungen ihren Partnern effektiv helfen, erfolgreicher zu werden.

Ein klassischer Strukturierungsansatz liegt in der Top-down-Pyramide, wie sie in Abb. 5 als Beispiel für die Neuausrichtung der Personalpolitik in einem modernen Dienstleistungs-Unternehmen entwickelt wurde. Entscheidend ist in diesem Ansatz die exakte Ableitung von Zielen und Vorgehensweisen aus der nächsthöheren Ebene im Sinne eines Strategy Deployment (Gouillart & Kelly, 1995). Die Aussagen beziehen sich auf die Gestaltung des eigenen Bereiches im Sinne eines modernen Dienstleistungsanbieters, wobei folgende Aussagen derzeit für die Personalbereiche vieler Grossunternehmen gelten:

- Personaldienstleistungen müssen fest in Unternehmensprozesse verankert werden und sind nur dann sinnvoll, wenn sie hier einen deutlichen Wertschöpfungsbeitrag leisten können.

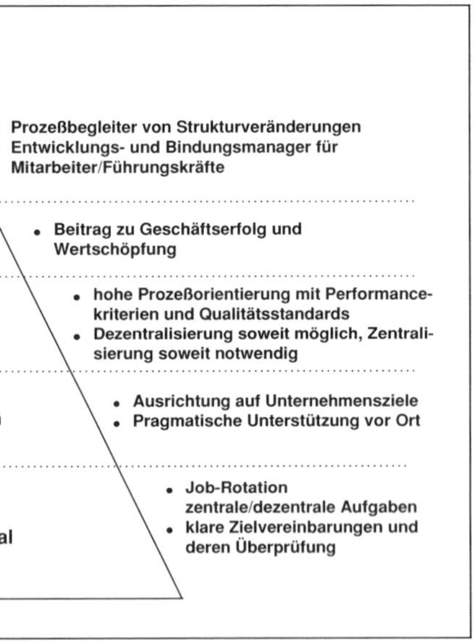

Abb. 5: Projektbeispiel: Neuausrichtung der Personalpolitik in einem Dienstleistungsunternehmen

- Das Kernmerkmal der Kundenorientierung erfordert kontinuierliche interne Kundenbefragungen, etwa durch repräsentative schriftliche Umfragen oder – besser noch – teilstrukturierte Interviews mit internen Schlüsselkunden, Perspektivbereichen und Kritikern.
- Der Personalbereich ist über seinen Anspruch, Change-Prozesse im Unternehmen zu forcieren, selber in die Notwendigkeit eines Vorbildbereiches gestellt. Vor diesem Hintergrund gelten Abflachungsthemen der Hierarchie, die Aufbauorganisation nach selbständigen Teams, klare Zielsysteme und Benchmarking-Teilprojekte insbesondere auch für diesen Servicesektor.
- Personalbereiche verlagern standardisierbare und unterstützende Dienstleistungen in dezentrale Bereiche oder spezialisierte preisgünstige Dienstleistungsanbieter – und konzentrieren sich auf anspruchsvolle Beratungs- und Veränderungsaufgaben.
- Zunehmend – und dies ist sicherlich der schwerste Schritt in Richtung einer hohen Glaubwürdigkeit – öffnen sich Personalbereiche konsequent einer starken horizontalen und vertikalen Mobilität ihrer Mitarbeiter. Dies führt zu häufigen Job-Rotationen, multifunktionalen Arbeitsplätzen, von der Holding in das Geschäftsfeld / in die Sparte und zur Inanspruchnahme von verbindlichen Beurteilungsverfahren / Feedback-Instrumenten.

Eine Alternative zum Top-down-Ansatz ist das Verständnis als Service-Provider, der bestimmte Dienstleistungen beschreibt und systematisch vermarktet. In diesem Rahmen bietet sich der Prozessbegriff an, um Leistungsverläufe vom internen Kunden zum internen Kunden zu beschreiben (Hammer & Champy, 1994). Ein Beispiel für den immerwährenden Bedarf dezentraler Bereiche, im Recruitment von wichtigen Funktionsträgern unterstützt zu werden, findet sich in Abb. 6 mit der Darstellung der entscheidenden / wertschöpfenden Arbeitsphasen / Stufen. Ich habe in mehreren Beratungsprojekten auf der Basis von Produktstrategien prozessuale Produktbeschreibungen entwickeln können, die sehr positive Effekte im Hinblick auf Leistungsabfolgen, klare Ablauf- und Knowhowaufbereitung sowie resultierende Qualitäts- und Servicestandards beinhalten.

Die immer wichtiger werdende Konkretisierung einer hohen Kundenorientierung wird durch Qualitäts- und Servicestandards operationalisiert (Thienel, 1996). Eine Verbesserung und Steuerung von Dienstleistungen lässt sich nur auf einem Konkretisierungsgrad erzielen, dem ein messbares Kennzahlensystem zugrundegelegt wird, das sich aus Input, Prozess- und Ergebniskriterien speist (siehe Abb. 7). Viele dieser Kriterien sind bei Dienstleistungen Einschätzungen des internen Kunden über standardisierte oder teilstandardisierte Befragungsmethoden, hinzu kommen allerdings auch klare Fachstandards aus dem Leistungs- und Wettbewerbsumfeld und somit klassische Benchmark-Kriterien.

Eine abschliessende Betrachtungsweise zur Segmentierung von Produkten und Prozessen liegt in der Differenzierung der Prozessqualität und Prozesskomplexität. Wenn ein Personalbereich letztlich als Anbieter von 10 bis 20 permanent- und projektbezogenen Leistungen angesehen wird, bietet sich neben der prozessbezogenen Darstellung der einzelnen Produkte zur Reflexion und Leistungsgewichtung die Segmentierung nach Prozesstypen an (Jochmann, 1996):

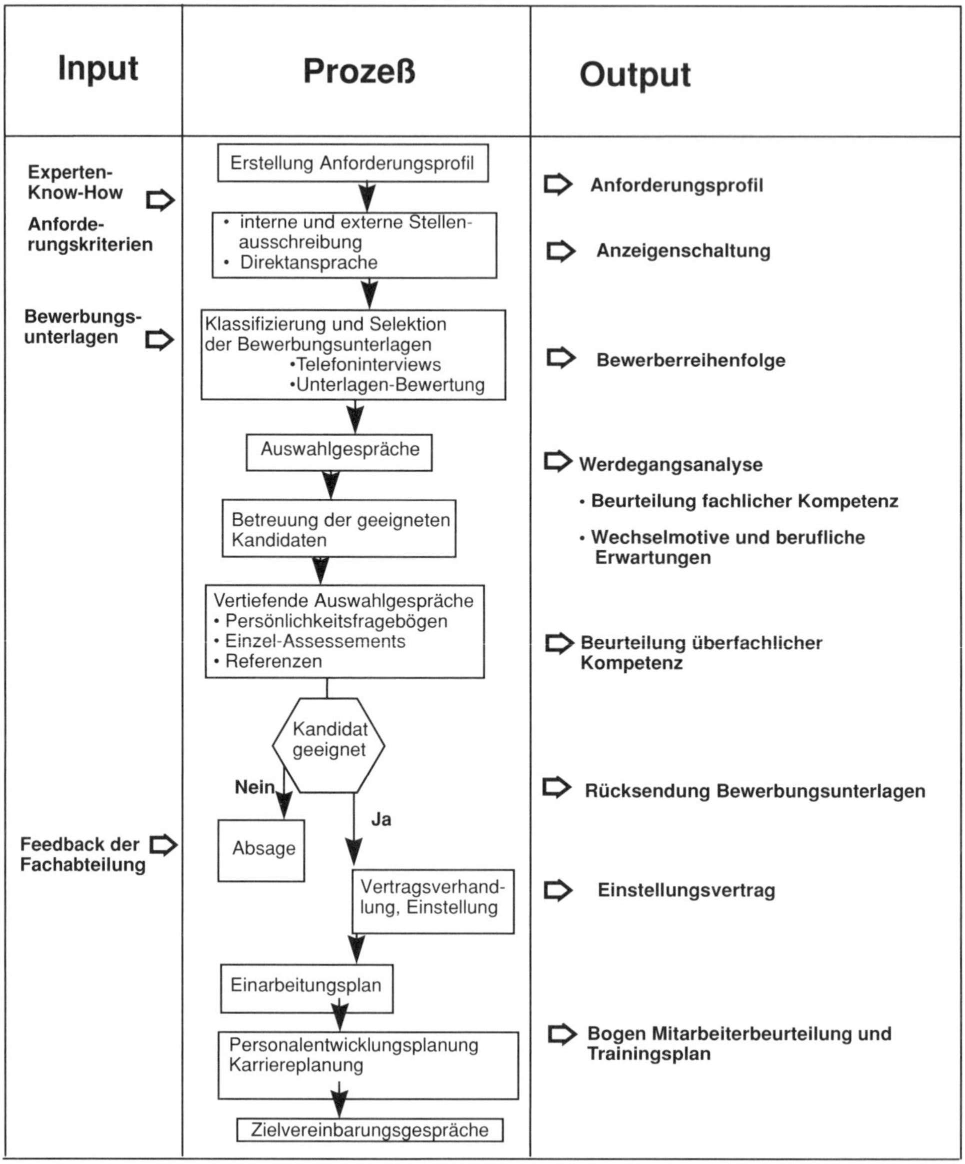

Abb. 6: Prozeßbeschreibung: Recruitment von Führungskräften und Spezialisten

- Kernprozesse: Sie bilden die wesentlichen umsatzschaffenden Abläufe in der Unternehmung ab und lassen sich je nach Produkt- und Spartenvielfalt in 3 bis 6 komplexen Abläufen vom externen Kunden zum externen Kunden, mit unterschiedlichen internen Abteilungen in ihrer Verknüpfung, darstellen. Mit Ausnahme von Personalberatungsunternehmen und Personalbereichen, die ihre

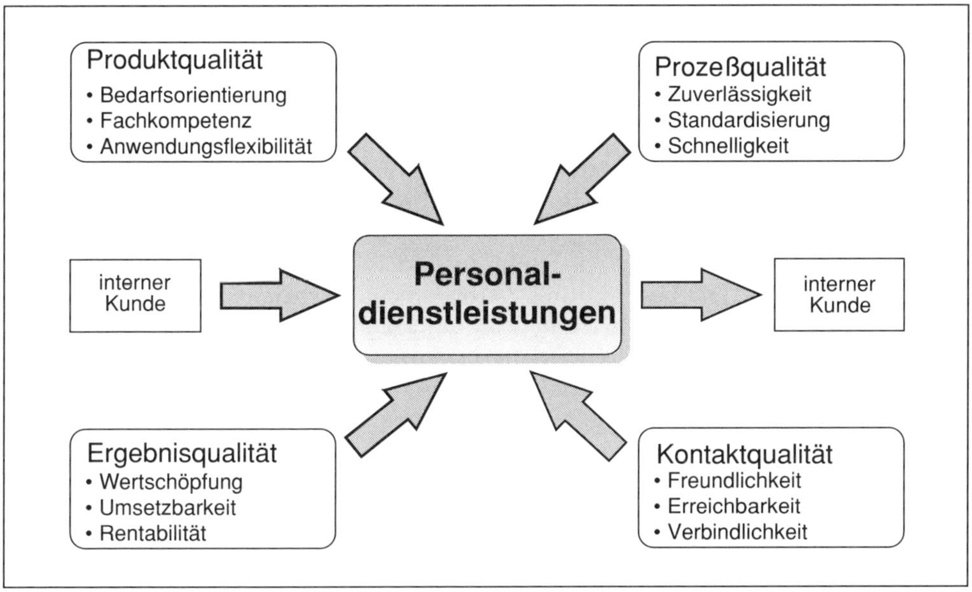

Abb. 7: Servicekriterien für Personaldienstleistungen

Leistung extern anbieten, trifft diese Kategorisierung der Kernprozesse nicht auf Personaldienstleistungen zu.

- Hauptprozesse: Sie charakterisieren Abläufe von internen Kunden zu internen Kunden, mit denen absolute Erfolgskennzahlen des Unternehmens beeinflusst werden – wie beispielsweise Umsatz, Ertrag oder Return on Investment. Klassischerweise finden sich in Personalstrategien und auch Stellenprofilen von Bereichsleitern Personal wenig Hinweise auf derartige Handlungsfelder. Dennoch gibt es zum einen das gesamte Personalkostenmanagement, zum anderen mit dem Management der Leistungskennziffern bei den wichtigen Mitarbeitergruppen durchaus (wenn auch komplex abzuwickelnde) Funktionen, die wirkliche Bedarfsfelder von Vorständen und Geschäftsführern darstellen. Für Hauptprozesse gilt, dass sie anhand ihrer Qualitätskriterien permanent in Benchmarks geführt werden und es Wert sind, kontinuierlich perfektioniert zu werden. Das Dienstleistungsprodukt Personalkosten-Management beispielsweise wäre gerade für innenorientierte Personalbereiche ein wichtiges Leistungsfeld. Zumindest in der derzeitigen Phase vieler Industrieunternehmen dürfte auch das breit angelegte Outplacement von Mitarbeitergruppen mit Blick auf seine Kosten- und Imagerelevanz ein Hauptprozess sein.
- Hebelwirkungs-Prozesse: Sie beschreiben Abläufe und Dienstleistungsprodukte, die in ihrem zeitlichen Aufwand begrenzt sind, allerdings einen starken Effekt ausüben. Dies gilt beispielsweise für die Teilleistungen eines Recruitmentablaufes (insbesondere für Führungskräfte, wichtige Projektleiter und Spezialisten) oder für Personalentwicklungskonzepte und -umsetzungsmassnah-

men. Für diese Art von Leistungen gilt im Sinne von Optimierung, dass sich die Analyse der Zeit- und Qualitätshebel lohnt und dass der Nutzen anhand der in Abb. 7 dargestellten Servicekriterien laufend optimiert werden sollte.

- Opportunistische Prozesse: Hierunter fallen Leistungsbeschreibungen, die »sich klassischerweise eingebürgert haben«, nicht immer eine hohe Nutzenrelevanz haben, allerdings von den internen Kunden beim Wegfall der Leistung reklamiert werden. Es besteht also Bedarf, der allerdings nicht zur unkritischen Vorhaltung von Kapazitäten führen sollte. Der amorphe Bereich der Personalbetreuung fällt ebenso in dieses Funktionsfeld wie spezialistenorientierte Beratungsleistungen (Mitbestimmung, Arbeitsrecht, Arbeitsplatzgestaltung). Für dieses Leistungsfeld gilt im Sinne von Optimierung, dass letztlich nach Empfängern/internen Kunden segmentiert werden muss, mit welchem Aufwand welche Zielgruppe betreut wird. Des weiteren gilt es, die Leistungen klar zu beschreiben, letztlich ihren Kunden- und Unternehmenswert zu bestimmen und in die Leistungserbringung klare Controllinggrössen einzuführen.
- Unterstützende Prozesse: Hierunter fallen Leistungen wie beispielsweise die Lohn- und Gehaltsabrechnung oder die Vertragsverwaltung, die im Rahmen bestimmter Serviceprozesse notwendig sind, allerdings relativ wenig an Personen gebunden sind und deutliche DV-gestützte Automatisierungen zulassen. Optimierungen konzentrieren sich deshalb auf die Ablauftechnik, auf Kostenminimierung und auf die Organisationsform des Outsourcing (Trends: Zahlungsverkehr in Banken mit Grossrechenzentren über einzelne Institute hinweg, Ausgliederung der Lohn- und Gehaltsabrechnung in entsprechend spezialisierte Serviceunternehmen, Umschichtung der Antragsaufnahme in Versicherungsgesellschaften auf flexible DV im Aussendienst).

Unseren Beratungsobjekten zufolge beschäftigen sich qualifizierte Sachbearbeiter und untere Führungskräfte in den Personalbereichen vieler Grossunternehmen zu 70 % ihrer Arbeitszeit mit unterstützenden und opportunistischen Prozessen bzw. hiermit verbundenen Leistungen. Hierin liegt ein strategisches Kernproblem, was aus der Sicht der wesentlichen internen Kunden im Top-Management natürlich zu deutlicher Effizienzinfragestellung führt. Die erfolgreiche Neuausrichtung und strategische Positionierung von Personalbereichen muss dazu führen, dass sie als flexibler Berater und Mitunternehmer möglichst viel an Leistung zu Hauptprozessen und opportunistischen Prozessen beitragen und dass sie im Rahmen dieser Prozesse nicht austauschbare Kernkompetenzen entwickeln.

4 Modelle der Aufbauorganisation

Die Betrachtung der organisatorischen Einbindung von Personalbereichen ist natürlich nicht von ihrer Strategie und von den wahrgenommenen Kernaufgaben zu trennen. Zum Teil lässt sich dabei eine Entwicklung und »Geschichte« wiederfinden, es gibt allerdings im Rahmen der bewussten Positionierung auch derzeit noch

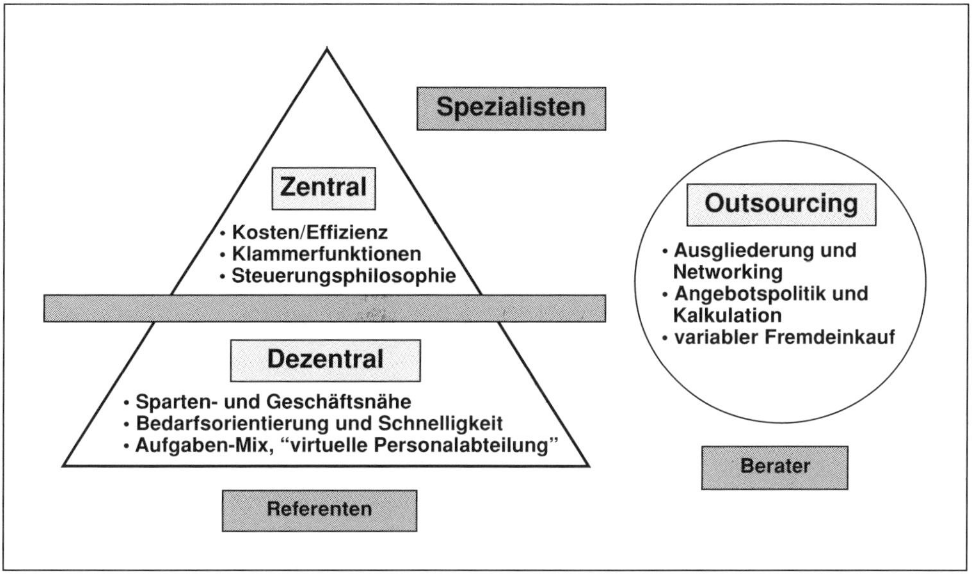

Abb. 8: Strukturmodelle von Personalbereichen

unterschiedliche Organisationsalternativen. Abb. 8 stellt mit den unterschiedlichen Strukturmodellen von Personalbereichen eine der wesentlichen Gliederungsmöglichkeiten dieses Themas dar.

Ein Personalbereich, der sich als operative Steuerungseinheit versteht und zumindest bis Anfang der 80er Jahre durchaus repräsentativ gewesen ist, arbeitet mit umfangreichem Personalkörper, organisiert sich stärker zentral als dezentral, führt ein sogenanntes Schattenregiment und ist in diesem Zusammenhang in alle wichtigen Personalentscheidungen massgeblich involviert. Es wird weniger bedarfsorientiert gearbeitet, vielmehr werden im Sinne eines Regelmodells und im Auftrag von Geschäftsführung/Vorstand Ordnungsmodelle entwickelt und relativ unreflektiert auf die Organisation übertragen. Dies gilt beispielsweise für Vergütungs- und Anreizmodelle, für die wesentliche Auswahl- und Kontrollfunktion in Recruitments, für die interne Besetzung von Führungspositionen bis hin zur operativen Gehaltsfestlegung. Mit grosser Wahrscheinlichkeit werden derartige Personalbereiche vom Aufgabenspektrum und vom Selbstverständnis her keine Zukunft haben. Dennoch gibt es Platz für zentralisierte Teilbereiche von Personalbereichen, wenn insbesondere die Struktur von Grossunternehmen mit Geschäftssparten und einer Konzernholding zugrundegelegt wird. Es gibt sinnvolle Steuerungsfunktionen einerseits, Kompetenzfunktionen mit entsprechenden Kostenvorteilen andererseits:

- Bereitstellung von unterstützenden Instrumenten zur Personalauswahl
- Entwicklung von Positionsklassen, Laufbahnmodellen und Anforderungsprofilen

- Spezialdienstleistungen wie Arbeitsrecht und Arbeitsplatzgestaltung
- Leitlinien, Qualitätskriterien und Steuerungsrecht zu kostenintensiven Personalinvestments (Training, Weiterbildung, Auslandsentsendungen)
- Quantitative und qualitative Personalplanung auf Konzernebene
- Entwicklung und Pflege aufwendiger Personalinstrumente (beispielsweise Zielvereinbarungssystematik, Potentialanalyse, Assessment-Center)
- Unternehmensweite Sicherstellung von Synergien etwa bei Führungsnachwuchskräfte-Programmen und notwendigen Job-Rotationen zwischen Einzelgesellschaften
- Vergütungs- und Anreizpolitik
- Funktionen von Coaching und Qualitätssicherung der dezentralen Personalarbeit

Zentrale Personalbereiche sind mit einem hochspezialisierten Stab an Mitarbeitern auszugestaltet. Neben Aufgaben aus dem Bereich Steuerung und Synergiesicherung zwischen Geschäftsbereichen können Beratungsdienstleistungen nach einem reinen Consulting-Verständnis angeboten werden, was zu internen Beratergruppen führt, die rein auslastungsbezogen aufgebaut und vorgehalten werden.

Die derzeit präferierte Organisationsform von Personalbereichen geht in die Dezentralisierung, um sowohl (in filialisierten Unternehmensgruppen) in den Regionen »nah am Geschäft zu sein« als auch in bestimmten Geschäftsbereichen spezialisierte Dienstleistungen zur Verfügung stellen zu können. Die Hypothese ist, dass starke Geschäftseinheiten im Rahmen ihrer Strategierealisierung eigenen Zugriff auf die Gestaltung der Ressource Personal haben wollen. Des weiteren sprechen einige der Servicekriterien für Personaldienstleistungen (Batsching, 1995) dafür, sparten- und geschäftsnah Personaldienstleistungen vorzuhalten:

- Spartenbezogene Fachkompetenz
- Schnelligkeit
- Erreichbarkeit
- Umsetzbarkeit von Konzepten und Lösungen.

Die grosse Problematik der dezentralen Organisationsform liegt in der Multiplizierung von Leistungsanbietern und somit in ihren Kosten (Drumm, 1996). Ich habe die Hypothese, dass vielfach doch im Sinne von opportunistischen Prozessen Dienstleistungen vorgehalten werden und dass der Auslastungsgrad von dezentralen Personalmitarbeitern begrenzt ist (was zur Suche nach Eigenaktivitäten führt, die zumindest aus Unternehmenssicht nicht immer wertschöpfend sind). Derzeit stellt sich also ganz klar die Frage, welche Personaldienstleistungen aufgrund von Technik- und DV-Innovationen wieder zentralisierbar sind oder in andere Servicegesellschaften überführt werden sollten. Während diese Betrachtungen für grosse Sparten und strategische Geschäftsfelder weniger relevant sind (diese werden eigene Personalbereiche sicherlich beibehalten), stellt sich für die zahlenmässig abschrumpfenden dezentralen Service-Einheiten die Frage nach multifunktionalen Arbeitsplätzen. Der »organisatorische Endzustand der virtuellen Personalabteilung« (Scholz, 1995) löst sich von dem Verständnis einer klassischen Personalabteilung und sieht die Personalfunktionen in Servicemitarbeiter integriert, die weitere Aufgaben einnehmen. Im Sinne horizontaler Mobilität bieten sich duale Kompetenzmodelle von Mitarbeitern an, die in mehr als einem Funktionsbereich tiefes Knowhow und entsprechende Anwendungserfahrungen sammeln (vermittelt über Ausbildung, Job-Rotation oder Mischfunktionen). Ein derartiger Aufgabenmix für Personalmitarbeiter bietet sich mit Organisations- und Verwaltungsaufgaben, im kreativen Sinne (insbesondere für Dienstleistungsunternehmen) allerdings auch mit den Bereichen Vertrieb oder dienstleistungsrealisierender Kundenberatung vor Ort an. Die klassische Funktionsbezeichnung des Referenten und das resultierende Referentenmodell dürfte damit in der Zukunft zahlenmässig »auf die Probe gestellt werden« – es sei denn, dass aus der Sicht der internen Entscheider und Kunden interessante weitere Leistungen entwickelt und angeboten werden. Insgesamt schätze ich die Innovationskraft von Personalbereichen in bezug auf derartige Dienstleistungsangebote begrenzt ein – die dargestellten Betrachtungen zu Prozessfamilien und insbesondere den Zielrichtungen erhöhter Leistungseffizienz von Mitarbeitern, intelligenter Einsparmodelle von Personalkosten und die Gestaltung von personalen Umschichtungs- und Newplacement-Massnahmen sind allerdings derartige Handlungsfelder, die in sinnvoller Arbeitsteilung mit zentralen Spezialisten bearbeitet werden sollten.

Der derzeitige Boom an Outsourcing-Organisationsalternativen sollte differenziert werden in

- Personaldienstleistungen, die komplett an externe Anbieter delegiert werden (trifft häufig für unterstützende Leistungen wie Lohn- und Gehaltsabrechnung zu),
- die Ausgliederung von Service- und Beratungsgesellschaften, die als Profitcenter und eigenständige Organisationsform innerhalb des Konzern Leistungen anbieten, zunehmend allerdings auch die Auslastung als bei externen Kunden tätiger Consultant suchen.

In beiden Richtungen gibt es derzeit eine dynamische Entwicklung. Es entstehen aus der Richtung der Rechenzentren oder der Gründung von Verwaltungsgesellschaften Spezialdienstleister, die das Segment der unterstützenden und opportunistischen Personaldienstleistungen wahrnehmen. Hierauf greifen nicht nur kleinere und mittlere Unternehmen zurück – gerade in Grossunternehmen wird aufgrund von Effizienzanalysen deutlich am Portfolio der selbst wahrgenommenen Aufgaben gearbeitet. Letztlich handelt es sich bei diesem Leistungssegment nicht um absolut entscheidende Aufgaben, es werden keine Kernkompetenzen des Unternehmens berührt, Knowhow-Verluste und Nachteile im internen Kompetenzentwicklungsprozess sind nicht zu erwarten. Die Synergien im Hinblick auf Kosten und DV-Technologie sind bei professionellen externen Anbietern für diese Dienstleistungen nennenswert. Ob bei den Anbietern derartiger Leistungen von Beratern gesprochen werden kann, bleibt offen.

Interessanter ist letztlich die zweite Organisationsform, die durch DV-Bereiche vorgelebt wurde und hier letztlich nicht als besonders sinnvoll eingeschätzt werden kann. Derzeit werden viele der outgesourcten DV-Bereiche wieder integriert, weil

- die Kostenvorteile sich zu Kostennachteilen entwickelt haben,
- die Kundenorientierung gegenüber dem eigenen Unternehmen durch Konzentration auf Fremdleistungsverkauf und Verfügbarkeitsdefizite gelitten hat,
- die Fachkompetenz durch Ausrichtung auf zu viele unterschiedliche Anwendungssparten gelitten hat,
- die Unternehmensidentifikation und die Mentalität, Top-Leistungen auch deshalb zu erbringen, weil man in Krisensituationen »in einem Boot sitzt«, nicht mehr gewährleistet ist,
- der Knowhow-Transfer ins Unternehmen, in die operativen Sparten, ins Stokken gerät.

Die gleichen Überlegungen treffen auf die Ausgliederung von Personalbereichen zu – letztlich ist aber fraglich, ob das extern zu akquirierende Honorar die grossen Kostenvorteile bringt. Mitarbeiter eines externen Consultingbereiches Personal sind kostenmässig teurer, flexibler und fluktuationsgefährdeter. Sie sind in ihrer absoluten Kundensteuerung nicht mehr in der Form mit dem Unternehmen verbunden, wie es klassische Personalbereiche vorleben. Es gibt derzeit in Deutschland den Trend, die outgesourcten Personalbereiche wieder zu integrieren oder aber durch die Sparten eigene Personalkapazitäten aufzubauen. Zum einen sind die Marktchancen angesichts des breiten Wettbewerbs professioneller Unternehmens- und Personalberater begrenzt, zum anderen suchen Sparten einen direkten Zugriff auf personale Kernkompetenzen und »möchten nicht durch halbexterne Anbieter akquisitorisch angegangen werden«.

Jede Organisationsform lässt sich anhand der Methodik der Nutzwertanalyse (Kepner & Tregoe, 1992) im Hinblick auf ihre Vor- und Nachteile analysieren. Letztlich muss sich der Servicebereich Personal den Marktmechanismen und Erfolgsfaktoren des jeweiligen Geschäftes oder bei gegliederten Konzernen der unterschiedlichen Geschäftsfelder stellen. Hierbei wird es organisatorische Mischmodelle geben, die für Grossunternehmen eine zahlenmässig enge, hochkompetente zentrale Personaleinheit umfassen, die in den Regionen oder Sparten mit Referenten oder Beratern ergänzt wird, die sich von unterstützenden Leistungen lösen. Es liegt dann an den Kapazitäten und Kostenstrukturen, ob unterstützende und opportunistische Leistungen kostengünstiger über zentrale Serviceeinheiten (die stärker von der DV geleitet werden als von der speziellen Fachkompetenz und somit auch beispielsweise den Zahlungsverkehr und Controlling umfassen werden) wahrgenommen werden oder ob die Vergabe dieser Leistungen an externe Dienstleister erfolgt.

5 Projekte zur Mobilisierung der Mitarbeiterebenen

Die Anforderungen an lernende, flexible Unternehmen, die qualitativ und zeitlich Veränderungsvorteile gegenüber Wettbewerbern aufweisen können, konzentrieren sich auf

- mehr Nähe zum Kunden
- innovative Produkte und Dienstleistungen
- flexible Formen der Aufbau- und Ablauforganisation
- eine wettbewerbsfähige Kostenstruktur

Hierzu steht in den Unternehmen ein breites Steuerungsspektrum zur Verfügung, das sich aus dem Unternehmensleitbild und aus den Unternehmensstrategien ergibt und sich letztlich in die Sachebene und Prozessebene der Unternehmenssteuerung unterteilen lässt (siehe Abb. 9).

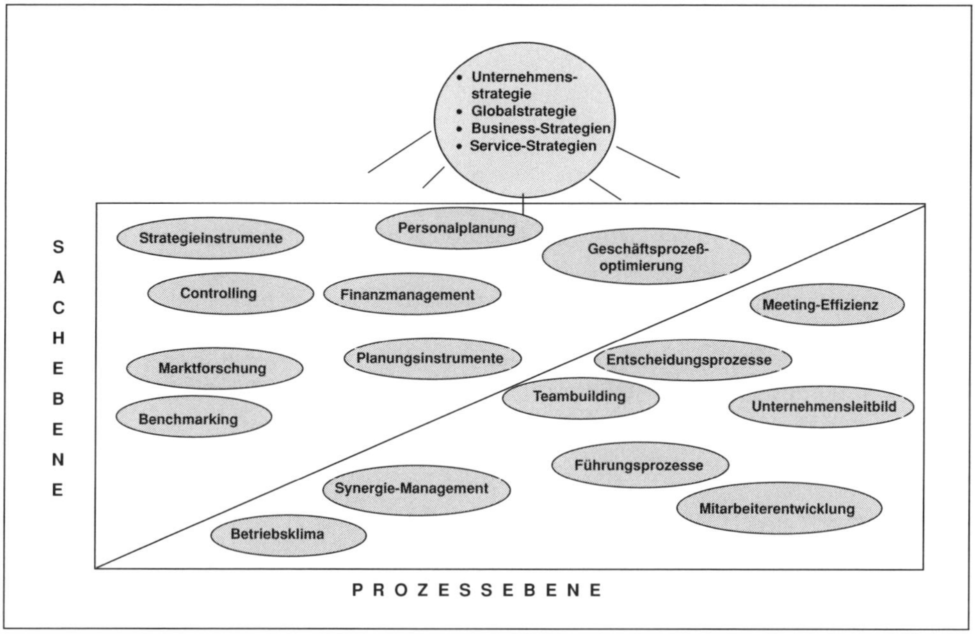

Abb. 9: Instrumente der Unternehmensführung und Unternehmensgestaltung

Es ist unschwer erkennbar, dass insbesondere die Handlungsfelder auf der Prozessebene wesentlich durch Personalbereiche mitgestaltet werden können. Dies gilt zum einen durch direkten Einfluss und eigene Funktionen (beispielsweise Personalentwicklungs-Programme und hochmoderne Qualifizierung), zum anderen durch die Multiplikationsfunktion, die mit Konzepten und entsprechender Transferschulung vorgenommen wird (Sattelberger, 1996). Im Gegensatz zur direkten Funktionswahrnehmung dürften folgende Multiplikationsprodukte an Bedeutung gewinnen:

- Unterstützung der Entscheidungsprozesse des Management durch einerseits die Moderation von Strategiefindungsprozessen, durch andererseits die Fachbeiträge zur Realisierbarkeit durch die vorhandenen oder erreichbaren Human-Potentiale im Unternehmen.

- Förderung von Teameffizienz durch systematisches Komplementaritätsmanagement (etwa in der personellen Besetzung und durch gruppendynamische Teambuilding-Massnahmen).
- Verbesserung von Betriebsklima, Unternehmensidentifikation und Leistungsbereitschaft durch hervorragende Führungskräfteauswahl, durch entsprechende Potentialanalysen und Schulungsmassnahmen.
- Umsetzung des Unternehmensleitbildes und hier insbesondere der Kommunikations- und Führungskultur durch Workshops und kulturverändernde Massnahmen (Anreizsysteme, cultural heros, Symbol-Management).
- Optimierung der Zuordnung von Funktionen und Personen (die immer noch ein ganz entscheidender Erfolgsfaktor für die Leistungsfähigkeit von Abteilungen und Bereichen ist) durch absolut professionelle Beurteilungsmassnahmen für interne und externe Bewerber.

Die Hauptanforderung für Personalbereiche wird darin liegen, sowohl auf einer Gesamtunternehmensebene als auch dann für jeden einzelnen Mitarbeiter (insbesondere diejenigen in für das Unternehmen erfolgskritischen Arbeitsfeldern und in Kundennähe tätigen) das für den Kunden wahrnehmbare Mix aus Knowhow und Verhalten sowie die zugrundeliegenden Motive und Einstellungen auf die Unternehmensziele hin auszurichten und in einem dynamischen Verbesserungsprozess zu halten (Jochmann, 1995). Personalbereiche sind somit Kompetenzmanager und Multiplikatoren, die Sach- und Prozessebene der Unternehmensführung auf das Qualifikationsportfolio jeder Abteilung und letztlich jeden Mitarbeiter transformieren (siehe Abb. 10).

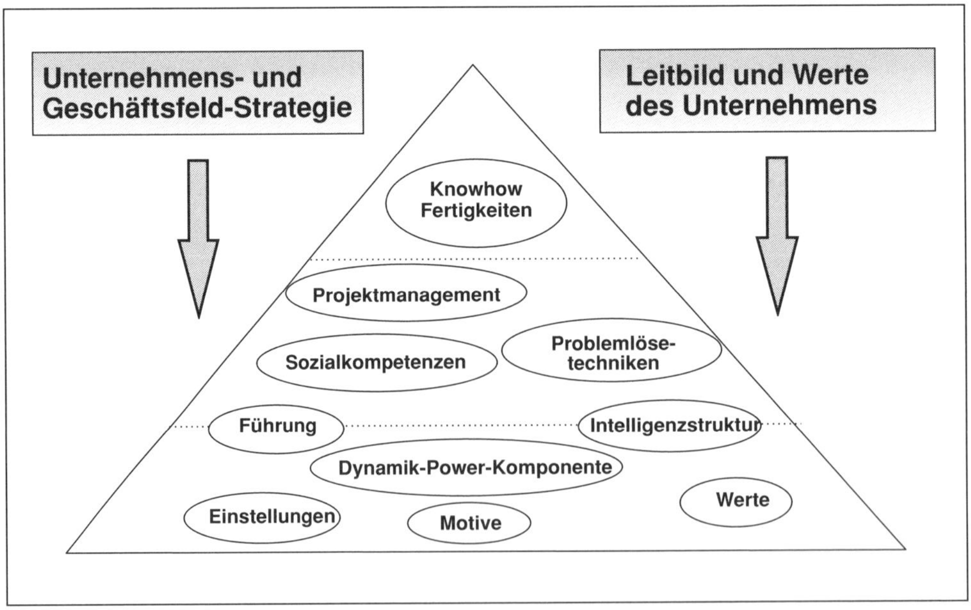

Abb. 10: Die Kienbaum-Kompetenz-Pyramide

Klassische Anforderungen an ein professionelles Projektmanagement umfassen eine integrierende Definition der Projektziele aus der Sicht unterschiedlicher Funktionsgruppen, die Strukturierung des weiteren Vorgehens in Form von Projektplänen mit Teilprojekten und Arbeitspaketen, die Etablierung fachlich kompetenter und moderationsorientiert geführter Kleingruppen zur Analyse und Konzeptentwicklung sowie systematische Projektmeetings und Fortschrittspläne. Die Umsetzung dieser Strukturierungsprinzipien bietet sich innerhalb des Change Management bei zahlreichen personalwirtschaftlichen Projekttypen an:

- Personalreview als kaskadenförmige Informationserhebung anhand strukturierter Anforderungskriterien und Leitfragen, wobei jeweils Vorgesetzte und interne Kunden zu einem Mitarbeiter/einer Mitarbeiterin befragt werden (siehe Abb. 11). Ein Projektstrukturplan gliedert die Phasen der Projektziele, der Entwicklung der Anforderungsdimensionen und zugehörigen Erhebungsinstrumente, beschreibt die Ablauforganisation der Personalkonferenzen und die Vorbereitung/Information der Beteiligten/Mitarbeiter. Hinzu kommt natürlich die Ergebnisaufbereitung – meist in Personalportfolios – sowie die Festlegung des weiteren Vorgehens (Förderprogramme, Perspektivkreise, Newplacement etc.).
- Entwicklung von fach-verhaltensverknüpfenden Trainingsmassnahmen zur Bewältigung wichtiger Kernaufgaben, die sich nach einer Umstrukturierung für eine bestimmte Positionsgruppe ergeben (Scholz, 1995). Der Projektstrukturplan definiert nach den Projektzielen die notwendige Datenerhebung und die anspruchsvolle Konzeptionserstellung/Trainingsdesign-Entwicklung. Über die Phasen der Teilnehmerorganisation und -information sowie der Durchführung von Pilotprojekten geht es dann in flächendeckende Training-/Workshoprealisierungen mit geeigneten Follow-up-Massnahmen on-the-job und off-the-job. Begleitet werden diese Projektstufen durch Lernerfolgskontrollen und Umsetzungsstatistiken.
- Reallokation/Umbesetzung von grösseren Mitarbeitergruppen im Rahmen der Überführung einer Ist-Aufbauorganisation in eine Soll-Struktur mit neuen Positions- und Anforderungsprofilen. Ein Projektstrukturplan beschreibt neben den klassischen Projektzielen die Analyse der Ausgangssituation (Ist-Aufgabendefinitionen, Mitarbeiteranzahlen sowie Personalentwicklungs- und Vergütungspolitik) – des weiteren die Ableitung von Anforderungskriterien auf der Fach-, Verhaltens- und Persönlichkeitsebene für die neu entwickelten Positionsbilder (ggf. unter Einbezug von Benchmarks). Teilprojekt Mobilitätsanalyse mit der Konzeption des Erhebungsinstrumentes und der Realisierung/Befragung jedes betroffenen Mitarbeiters durch den nächsthöheren Vorgesetzten nach allen vorab definierten fachlichen, räumlichen und karrierebezogenen Mobilitätsaspekten. Abfrage der Präferenzen der Mitarbeiter für unterschiedliche Zielpositionen und Regionen, ggf. Verknüpfung mit einem qualifikationsorientiert ausgewerteten Bewerberfragebogen. Entwicklung weiterer Beurteilungsinstrumente, beispielsweise teilstrukturiertes Interview, ggf. Fragebogeneinsatz und Assessment-Bausteine (Jochmann, 1991). Integration der Fremdbildergebnisse

Ergebnisprofil Personalreview (Beispiel Mineralöl-Unternehmen)

Name, Vorname Führungskraft:

....

Unternehmen/Position:

....

Name Gesprächspartner:

....

Datum:

....

		1	2	3	4	5
		schwach				stark
Fachkompetenz	Fachwissen	○	○	○	○	○
	Lernbereitschaft	○	○	○	○	○
	Projekterfahrungen	○	○	○	○	○
Sozialkompetenz	Begeisterungsfähigkeit und Überzeugungskraft	○	○	○	○	○
	Teamfähigkeit	○	○	○	○	○
	Konfliktbereitschaft	○	○	○	○	○
	Leistungsmotivation	○	○	○	○	○
	Wertestabilität	○	○	○	○	○
Management-Kompetenz	Analysevermögen und strategisches Denken	○	○	○	○	○
	Kreativität	○	○	○	○	○
	Umsetzungsfähigkeit	○	○	○	○	○
	Mitarbeiterentwicklung	○	○	○	○	○
	Kundennutzen-Orientierung	○	○	○	○	○
	Internationalität	○	○	○	○	○

Abb. 11

mit den eigenen Präferenzen und den Einschätzungen zukünftiger Vorgesetzter. Durchführung von sogenannten Plazierungsworkshops, um ein Optimum zwischen Qualifikationsbewertung, persönlichen Präferenzen und Einschätzungen des neuen Vorgesetzten zu erzielen – dies unter Optimierung von Fach- und Regionalkriterien und der Zielsetzung, möglichst breit gefächerte und im Vergleich kompetenzähnliche Teams zu erreichen.

Eine weitere Stufe anspruchsvoller Projekte ergibt sich dann, wenn persönliche Verhaltens-und Einstellungsveränderungen angestrebt werden, tiefe innere Widerstände zu überwinden sind und »formale Strategien mit Leben erfüllt werden müssen«. Abb. 12 vermittelt einen Überblick über zur Verfügung stehende Projekttypen, um beispielsweise neue kundenorientierte Strukturen und Abläufe zu verinnerlichen und neben finalen Zielen mit aktionalen Zielen zu unterlegen. Ich habe im letzten halben Jahr mit einem Kienbaum-Kollegenteam in einer Grossbank die Mobilisierung einer Individualkunden-Strategie mitkonzipiert und umgesetzt. Dabei waren folgende Hürden und Herausforderungen zu meistern:

Abb. 12: Moderne Kommunikationsmodelle

- Unterfütterung klassischer finaler Ziele (Zielerreichungszustände, in der Regel mit Zahlen unterlegt) durch aktionale Ziele, die mit bestimmten Qualitäts- und Servicekriterien aus der Sicht interner und externer Kunden zu realisieren waren.
- Implementierung eines Verbesserungsprozesses über eine Workshopreihe, um neben dem klassischen Startdesign auf die Unterschiedlichkeit der Teilnehmergruppen einzugehen und die Herangehensweisen an Einstellungsveränderungen zu perfektionieren (hinter denen viele Aspekte der Unternehmenskultur

stehen, die in anfänglichen Briefingphasen eines derartigen Projektes nicht durchgängig kommuniziert werden).

- Veränderung der klassischen Informationskultur, die eine einseitige Kommunikation über Medien und Vorträge betont – hin zu problemlösungs- und vorfallgelenkten Gesprächen/zweiseitiger Kommunikation.
- Unterfütterung der weichen/intuitiven Gesprächsinhalte durch Vorbereitungs- und Nachbereitungschecklisten für Dialoge und Meetings.
- Initiierung von Kommunikations- und Zielvereinbarungskaskaden zu wichtigen Umsetzungsaufgaben der neuen Strategie mit allen unterstellten Führungs- und Mitarbeiterebenen (mit den Teilproblemen der Zielintegration im Top-down- und Bottom-up-Prozess sowie der Qualitätssicherung in der Herausarbeitung absolut überprüfbarer Güte- und Effizienzkriterien).
- Überwindung der Bildungsmüdigkeit und vorschnellen Argumentation, viele Kommunikations- und Verkaufsinhalte schon vermittelt bekommen zu haben – während diese zum einen im Verhalten nicht umgesetzt werden, zum anderen auf die Kernaufgaben der neuen Strategie zugeschnitten werden müssten.
- Etablierung einer Kommunikations-Infrastruktur mit der Klärung, welche Arten von Botschaften und Kommunikationsinhalten mit welchen Medien (Dialoge, Gruppengespräche, Print- und DV-gestützte Medien) welchen Zielgruppen zugänglich gemacht werden können.

Es ist meine These, dass insbesondere bei der Arbeit an den soft factors unter der kritischen Anforderung, für aktionale Ziele überprüfbare und häufig quantifizierbare Qualitäts- und Servicekriterien zu entwickeln, eine klare Projektsteuerungs-Methodik wesentlich ist. Hinzu kommt natürlich die Kommunikations- und Strukturierungsqualität sowie die grundlegende Akzeptanz des jeweiligen Projektleiters.

6 Abschliessende Handlungsempfehlungen

Personalbereiche stehen angesichts der dramatischen Veränderungen in den Märkten, in den Kostenstrukturen und in den internen Kundenerwartungen natürlich auch selber in einer deutlichen Change-Notwendigkeit. Dies gilt umso mehr, wenn Personalbereiche Change Agents für den weitreichenden Umstellungsprozess in den Unternehmen bereitstellen möchten (Vorbild-Funktion). Die wesentlichen Handlungsrichtungen gehen in die Stränge von Strategie, Prozessoptimierung und Steigerung der Beratungskompetenz (siehe Abb. 13). Nur diejenigen Personalbereiche haben eine realistische Überlebenschance, die bedarfsorientierte und wertschöpfende Dienstleistungen erbringen und zudem die für das Top-Management notwendigen Steuerungsfunktionen (in sensibler Form) wahrnehmen. Neben Betreuungs- und Personalentwicklungsschwerpunkten erfordern dabei die derzeitigen grossen Veränderungsprozesse in den Unternehmen konsequente Beurteilungs- und Neuplazierungsmassnahmen, die aktive Vermarktung von Personaldienstleistungen/Beratungsleistungen. Unabhängig von der organisatorischen

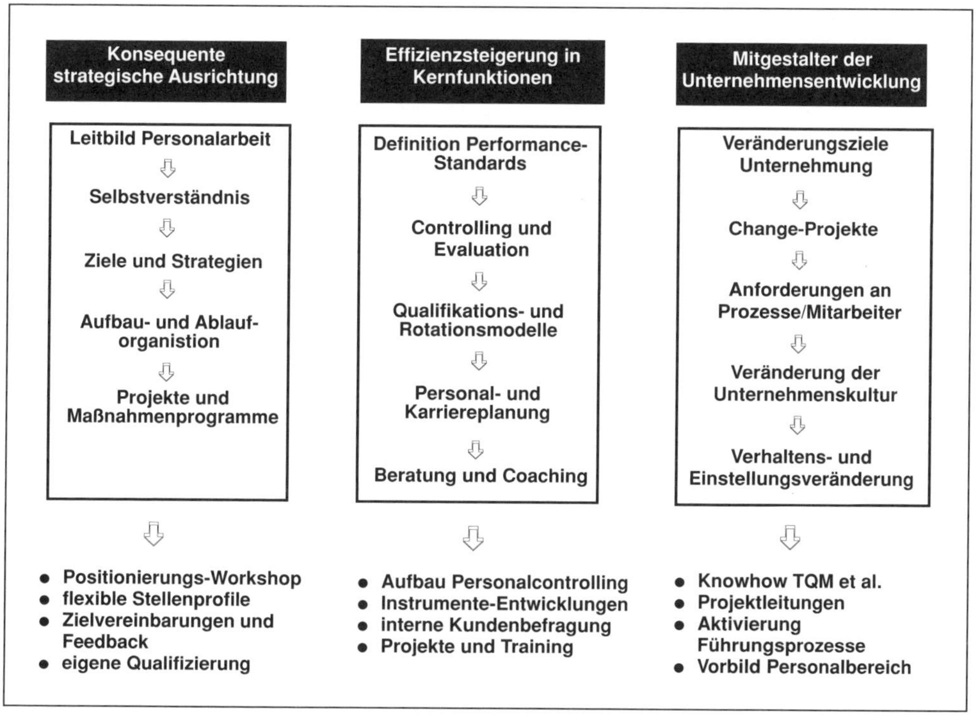

Abb. 13: Veränderungsrichtungen in Personalbereichen

Anbindung gewinnt somit neben klassischen Fachkompetenz-Voraussetzungen auch die Fähigkeit zur Vermarktung von »zentralen Produktbotschaften« an Bedeutung. Letztlich gilt auch für Servicebereiche, dass extrovertierte Leistungsanbieter mit Kontakthäufigkeit, Kontaktflexibilität, Bedarfsorientierung und Einfühlungsvermögen erfolgreicher sind als vorgabenorientiert-statisch-angebotsorientiert arbeitende Bereiche.

Literaturverzeichnis

Batsching, T.: Kundenorientierung im Personalwesen – Eine Prozessbeschreibung. In: Personalführung, 1995, 4, 314–318

Clutterbuck, D./Kernaghan, S: Empowerment – So entfesseln Sie die Talente Ihrer Mitarbeiter. Landsberg, 1995

Doppler, K./Lauterburg, C.: Change Management. Den Unternehmenswandel gestalten. Frankfurt/ Main, 1994, 2. Aufl.

Drumm, H.J.: Das Paradigma der neuen Dezentralisation. In: Die Betriebswirtschaft, 1996,1, 7–20

Fritz, K: Mehr Geschäftsorientierung und Verbesserung der Kundennähe – Dezentrale Personalarbeit bei Hoechst. In: Personalführung, 1996, 4, 138–145

Gerpott, T. : Organisationsplanung für den Personalbereich von Unternehmen. In: Grünewald, H.-G./ Kilger, W./Seif, W.: agplan Handbuch zur Unternehmensplanung. AH/46.Erg.-Lfg:IX/95, Berlin

Gouillart, F./Kelly, J.: Business Transformation. Gemini Consulting Manager Edition, Wien: Überreither, 1995

Hammer, M./Champy, J.: Business Reengineerig – Die Radikalkur für das Unternehmen. New York/Frankfurt, 1994

Jochmann, W.: Einzel-Assessment und Assessment-Center im Methodenvergleich. In: Personalführung, 1991, 4, 262–270

Jochmann, W.: Moderne Personalarbeit als integraler Bestandteil des Change Management. In: Jochmann, W.: Personalberatung intern. Göttingen, 1995, 185–208

Jochmann, W.: Optimierung von Geschäftsprozessen im Personalbereich. In: Kienbaum, (Hrsg): Benchmarking Personal. Stuttgart, 1996

Jochmann, W.: Mitarbeiter-Potentialanalysen und Management-Audits. In: Riekhof, H.-C. (Hrsg): Strategien der Personalentwicklung. Wiesbaden, 1997

Kepner, C./Tregoe, B.: Entscheidungen vorbereiten und richtig treffen. 6. Aufl., Landsberg, 1992

Probst, G./Ulrich, H.: Anleitung zum ganzheitlichen Denken und Handeln. Bern und Stuttgart, 1990

Sattelberger, T.: Human Resource Management in der flachen Organisation. In: Sattelberger, T.: Human Resource Management im Umbruch. Wiesbaden, 1996, 80–113

Scholz, C.: Die virtuelle Personalabteilung. In: Personalführung, 1995, 5, 398–403

Scholz, J.: Training im Veränderungsmanagement. In: Kienbaum, J. (Hrsg): Visionäres Personalmanagement. Stuttgart:, 1994, 2. Aufl., 99–128

Scholz, J.: Internationale Personalentwicklung und Change-Management im europäischen Vertrieb eines japanisches Fahrzeugherstellers. In: Scholz, J. (Hrsg): Internationales Change-Management. Stuttgart, 1995, 293–329

Thienel, A. (Hrsg.): Professionelles Qualitätsmanagement in Dienstleistungsunternehmen. Berlin, 1996

Entwicklung zur Professionalität in Führungspositionen

von

Rudolf Attems

Gliederung

In diesem Aufsatz wird in den ersten beiden Abschnitten die Bedeutung der Kultur des Unternehmens, sowie ein grundlegender Widerspruch in der HRD-Arbeit für den Führungsnachwuchs aufgezeigt, der zentrale Bedeutung auch für das Verhältnis zwischen HRD-Spezialisten und Linienmanagern hat. Der dritte Abschnitt zeigt einige Entwicklungsbereiche für den Führungsnachwuchs auf und der Vierte wendet das Orientierungsmodell für Führungsentwicklung gleich auf die HRD-Arbeit an. Abschliessend werden Schritte für eine Strategiebildung in der Praxis skizziert.

1 Vom Wesen der Entwicklung, der Organisation und von Widersprüchen:

1.1 Zu Beginn eine Geschichte:

Im IBM-Konzern gibt es viele Geschichten die von seinem legendären Gründer Watson erzählen. Mit einer bekannten möchte ich die Überlegungen zur Entwicklung von Management- und Führungsprofessionalität einleiten:

Es war einmal .. in der IBM ein sehr ehrgeiziger junger Manager. Er hatte eine Idee und war überzeugt, dass sie machbar und erfolgreich sein werde. Welche Idee dies genau war, tut hier weiter nichts zur Sache. Erfahrenere Marktkenner im Unternehmen waren jedenfalls sehr skeptisch und ablehnend. Sie konnten nicht an einen Erfolg bei der Umsetzung dieser Idee glauben. Daher versuchten sie, dem jungen Mann die Sache auszureden. Doch je mehr sie gegen seine Idee sprachen, desto bessere Argumente entwickelte er, um seine Zuversicht zu begründen. Er liess sich auch nicht von seinem Vorgesetzten stoppen und auch nicht von der Ebene darüber. Schliesslich schaffte er es, seine Vorstellungen direkt der Konzernspitze vorstellen zu können. Auch dort benötigte er drei Anläufe, da man ihn und seine Idee bei den ersten beiden Versuchen mangels überzeugender Argumente abwies. Er zog sich jedesmal zurück, überarbeitete seine Präsentation und kam nach zwei Wochen wieder. Beim dritten Mal erhielt er das ersehnte »grüne Licht« für sein Projekt und ein Budget in der Höhe von 5 Millionen Dollar. Der junge Mann warf sich mit Begeisterung in die Umsetzung seiner Vorhaben. Nach einem Jahr wurde allerdings offenbar, dass das Projekt erfolglos blieb. Trotzt grösster Anstrengungen musste der junge Mann sich eingestehen, dass er einen Flop produziert hatte und die Budgetmittel erschöpft waren. Schliesslich musste er dieses Resultat an Watson berichten und wurde auch umgehend zu einem Gespräch zu ihm bestellt. Als er den Besprechungsraum, in dem sich neben Watson noch eine Reihe weiterer Manager befanden, betrat, war unser junger Manager nervös und unsicher. Um die Peinlichkeit der Situation zu überspielen, begann er selbst das Gespräch und sagte zu Watson gewandt: »Ich weiss schon, was Sie jetzt machen werden, Mr. President. Sie werden mich jetzt feuern«. Watson blickte ihn aufmerksam und nachdenklich an und erwiderte dann: » Sie glauben doch nicht im Ernst, dass ich Sie jetzt feuern werde, wo ich doch gerade 5 Millionen Dollar in Ihre Ausbildung investiert habe!«

Wenn sich die Geschichte vielleicht auch nie genauso zugetragen hat, ist sie zumindest gut erfunden – und kann uns einiges über die Ausbildung und Entwicklung im Management lehren. Betrachten wir zu diesem Zweck genauer, was hier geschah:

- Ein junger Mann hatte eine Vision und viel Ehrgeiz und Eigenmotivation.
- Er widerstand den Gegenargumenten und scheute bei der Verfolgung seiner Ideen Auseinandersetzung und »Kampf« nicht.
- Er erhielt letztlich grünes Licht und es wurde eine klare Vereinbarung getroffen (Budget).
- Er bekam die Chance, selbstverantwortlich sein Projekt umzusetzen.
- Trotz seines Misserfolgs stand Watson zu seiner Entscheidung.

Wenn sich die Geschichte so oder ähnlich zugetragen hat, ist auch anzunehmen, dass Watson genau wusste, dass seine Worte sehr rasch im Unternehmen bekannt würden. So verstärkte er einen Wert in der Kultur seines Unternehmens, nämlich, dass es sich hier auszahlt, für Ideen zu kämpfen. Ein weiterer Wert, der ebenfalls vorgelebt wurde, ist, dass das leitende Management zu Vereinbarungen steht und dass es dadurch möglich wird, Risiko zu übernehmen.

1.2 Ohne unterstützende Kultur wirkt keine HRD-Strategie:

Hier wird sogleich einer der Eckpunkte für wirksame Entwicklung von Managementqualität in einem Unternehmen klar: Die spezifischen Ausprägungen einer Unternehmenskultur fördern oder verhindern ein Klima, in dem Menschen wachsen und sich entfalten, in dem Menschen zu herausragenden Leistungen angespornt werden können. Eine für Entwicklung günstige und unterstützende Kultur bietet Mitarbeitern klare Signale, die als Herausforderung aufgefasst werden können. Solche Signale zeigen,

- dass man Ideen ernst nimmt,
- dass gute Argumente (aber eben nur Gute – dreimaliger »Anlauf« des jungen Managers!) verlangt werden,
- dass Möglichkeiten zu aktivem Lernen geboten werden (Selbstverantwortlichkeit),
- dass Risikobereitschaft geschätzt wird, und
- dass Einsatz und Bemühung ebenso bemerkt und geschätzt wird, wie das Resultat. Letzterer Wert ist notwendig, damit überhaupt aus Fehlern gelernt werden darf.

Die Geschichten der »Helden« in einer Kultur sagen viel über ihre Charakteristik inbezug auf ihre hindernde oder fördernde Natur für Managemententwicklung aus. Durch diese Geschichten werden Vorbilder erzeugt, die zu ähnlichen Gedanken und Taten (hoffentlich erfolgreiche natürlich!) führen und die wiederum die Werte der Kultur in eine fördernde Richtung lenken.

2 HRD und der Widerspruch zwischen Individuum und Organisation:

Unsere kleine Geschichte zeigt jedoch auch, dass Managemententwicklung immer Risiko bedeutet. Dieser wichtige Punkt wird sehr gerne geleugnet und verdrängt:

Entwicklung von Menschen ist nur in beschränktem Masse steuerbar und jede Voraussage dabei ist letztlich auf Gefühl, Intuition und Erfahrung gegründet. Niemals kann die Entwicklung persönlicher Fähigkeiten eines Menschen vorausberechnet und planbar gemacht werden.

In seinem einleitenden Artikel stellt Dubs die verschiedenen Stadien der Ausformung der HR-Funktion im Unternehmen dar, die durch das In-den-Mittelpunkt-rücken des Mitarbeiters gekennzeichnet wird. Wir alle wissen, wie problematisch in der Realität vieler Unternehmen diese Behauptung, der Mensch bilde den Mittelpunkt bei den Überlegungen der Unternehmensführung, ist. Für die meist ambivalente Gültigkeit dieses Grundsatzes gibt es viele Faktoren. Ein Tieferliegender ist zweifellos die Tatsache, dass der Mensch, der hier Mittelpunkt sein soll, ein letztlich unberechenbarer, weil lebender Faktor ist.

Gerade bei der *Entwicklung* des Menschen wird dieses Risiko besonders spürbar: Entwicklung bedeutet Veränderung. Menschliche Entwicklungsprozesse sind hochkomplexe Veränderungsprozesse. Es muss uns nicht wundern, wenn in Unternehmen ein »Mittelpunkt« nicht gerne hochgeschätzt wird, der letztlich so unberechenbar ist und damit gleichsam als dauernde Erinnerung daran dient, dass nichts im Leben, und schon gar nicht »Lebendiges«, berechenbar ist. Schliesslich ist es eine der Aufgaben des Management, alles berechenbar zu machen! Was sich hier offenbart, ist der immer vorhandene Widerspruch zwischen Individuum und Organisation. Die Verwaltung dieses Widerspruchs kommt der HRD-Funktion in ganz besonderem Masse zu.

Der Widerspruch liegt einerseits den verschiedenen *Strategien* für die HRD-Funktion zugrunde und prägt andererseits auch die verschiedenen *Beziehungsformen* zwischen HRD-Funktion und Linienfunktionen.

2.1 Anpassung versus Entwicklung

In den Strategien zeigt sich der Widerspruch in den Begriffspaaren »Anpassung« und »Autonomie«. Managemententwicklung beschäftigt sich also einerseits mit dem Ziel, dass die Führungskräfte des Unternehmens zum Beispiel die Strategien des Unternehmens kennen und verstehen, damit sie sie eigenständig verfolgen können, Systeme des Rechnungswesens und andere Richtlinien müssen verstanden und eingehalten werden und vieles, vieles mehr. Hier dient die Ausbildungsfunktion der *Anpassung* des Mitarbeiters an das Unternehmen.

Um Eigenmotivation entstehen zu lassen, um Fähigkeiten zu entfalten, um Ideen zu entwickeln und umzusetzen, um also Führungskräfte wirklich *wirksam* werden zu lassen, ist die Förderung individueller *Autonomie* erforderlich.

Genaugenommen kann man von Führungskräfteentwicklung eigentlich ohnehin nur im zweiten Fall, also bei der Förderung persönlicher Fähigkeiten und Eigenschaften sprechen. Beim Anpassungslernen ist der Begriff »Ausbildung« passender.

Betrachtet man diesen Widerspruch etwas genauer, bemerkt man sofort, dass er seiner Natur nach ein dialektischer ist. Die Pole widersprechen sich einerseits und andererseits bedingen sie einander: Leistung kann im Unternehmen nur nachhaltig erreicht werden, wenn beide Pole Berücksichtigung finden. Eine Führungskraft muss sich an die Gegebenheiten und Rahmenbedingungen anpassen können, sonst würde sie mit der Realität des Unternehmens nicht »in Kontakt«sein. Gleichzeitig wird in zunehmendem Mass von ihr verlangt, dass sie das Unternehmen nicht nur verwaltet sondern auch korrigierend steuert und entsprechend den neuen Anforderungen verändert.

Die anzustrebende Integration beider Zielsetzungen ist natürlich machbar und auch notwendig und deswegen handelt es sich strenggenommen auch nicht um einen »echten« dialektischen Widerspruch. Allerdings wird sie nur dann gelingen, wenn zunächst beide widersprüchlichen Anforderungen klar erkannt und akzeptiert werden.

Auch in diesem Zusammenhang kommt der allgemeinen Unternehmenskultur besondere Bedeutung zu: Unterstützen die Werte der Kultur in erster Linie Anpassungserwartungen, wird der Anspruch echter Autonomieförderung sehr unglaubwürdig bleiben.

2.2 HRD und Linie und ihre »Beziehungskiste«

Blicken wir nun kurz auf die Beziehung zwischen Linienfunktionen und HRD-Funktion:

Nicht in allen Unternehmen vertreten Linienmanager stärker die Anpassungspolitik und HRD-Leute eher die Politik der Autonomiestrategien. Es ist aber doch ein unübersehbarer Trend in diese Richtung festzustellen. Natürlich wünschen sich Linienmanager Nachwuchskräfte, die alles gut verstehen, sich gut auskennen und problemlos »funktionieren«. Dabei entsteht auch der Wunsch, die Ausbildungsabteilung möge doch den Nachwuchskräften »handfestes«, brauchbares Wissen vermitteln. Dem versuchen HRD-Spezialisten entgegenzuwirken, da sie gar nicht anders können, als auch die andere Seite der Anforderungen zu sehen und Autonomieentwicklung zu betonen. Stehen die zwei Parteien einander so gegenüber, hat sich der Widerspruch sozusagen »personifiziert«. »Die HRD-Leute wissen nicht, was wir brauchen! – In der Ausbildung wird nichts Konkretes gelernt – die Leute bekommen nur Flausen in den Kopf gesetzt!« so und ähnlich klingen die Kommentare aus der Linie. Aus den Reihen der HRD-Spezialisten ist die andere Seite zu vernehmen: »Die in der Linie können nicht führen! Die machen sich zuwenig Gedanken über die Mitarbeiter – wir müssen sie immer dazu zwingen! Die wollen ja nur ihre Führungsprobleme an die Ausbildung delegieren!«

Ist einmal der Widerspruch auf die zwei Lager aufgeteilt, steckt die Managemententwicklung eines Unternehmens wirklich in der Krise. Auf der Strecke bleiben dann natürlich die »Kunden« der HRD-Aufgabe, die Nachwuchskräfte und damit dann auch die wichtigsten Ressourcen für das Unternehmen.

In einigen Unternehmen konnten wir allerdings auch den umgekehrten Trend beobachten, nämlich dass sich die HRD-Abteilung fast ganz der Anpassungsstrategie verschrieben hat. »Nur keine Experimente« ist dann oft die Devise und man ist stolz darauf zu wissen, was die »Linie« braucht. Mitunter wird dann schon auch diese Richtung stärker vertreten, als es dem Linienmanagement lieb ist. Auch so kann der Widerspruch »gelöst« werden.

2.3 Wer ist »Kunde« der HRD-Funktion?

Im vorletzten Absatz kam der »Kunde« für HRD in den Fokus der Überlegungen. Blicken wir in diesem Zusammenhang einmal auf ihn. Wer ist er? Der Kunde der HRD-Funktion ist *nicht* das Linienmanagement, wie dies oft angenommen wird. Der »Kunde« ist der zu entwickelnde Mitarbeiter.

In vielen Unternehmen werden Kunden- und Lieferantenbeziehungen zwischen verschiedenen Abteilungen und Funktionen definiert. Für manche Arbeitsbeziehungen mag das passend sein – generell wird diese Idee sehr häufig übertrieben. Passend ist sie jedenfalls immer dann nicht, wenn mit dieser Philosophie eine Beziehung »geregelt« wird, die gleichzeitig einen notwendigen Widerspruch darstellt. Soll ein solcher dialektischer Widerspruch gut verwaltet werden, muss er am Leben gehalten werden. Gerade die Spannung zwischen zwei berechtigten, aber einander widersprechenden Zielen ist die Quelle für Dynamik und neue Ideen. Wird ein Teil dieser Beziehung zum »König Kunden« stilisiert, kann er die andere, ihm nicht zusagende Seite des Widerspruchs unterdrücken.

Aus dieser Überlegung wird auch deutlich, dass das Linienmanagement nicht der Kunde der HRD-Funktion sein kann. Zwischen beiden Funktionen ist kooperative Gestaltung und Entwicklung gefragt – zum Besten des zu entwickelnden Managementpotentials.

2.4 Eine wichtige Aufgabe von HRD: Steigerung der Komplexität im Unternehmen

In diesem Zusammenhang wird noch ein anderer organisationsinhärenter Widerspruch deutlich: Es ist dies der Widerspruch zwischen Durchschaubarkeit und Berechenbarkeit einerseits und Komplexität und Dynamik andererseits. Es wurde aus dem oben Dargelegten deutlich, dass Förderung von Autonomie und eigenständigem, kritischen Denken die Komplexität des Unternehmens steigert. Angesichts der Dynamik und Komplexität in der Umwelt eines jeden Unternehmens ist die Entwicklung von Komplexität in seinem Inneren eine wichtige Bedingung, um gegenüber der relevanten Umwelten antwortfähig zu bleiben. Aus diesem Grund spürten ja so viele Unternehmen in den letzten Jahren plötzlich die bürokratische Starre, die, obwohl in den Jahren zuvor hilfreich erlebt, rechtzeitige Änderungen ungeheuer erschwert. Gleichzeitig wurde auch in vielen Unternehmen offenbar, dass der autonom gestaltende Beitrag auf vielen Führungsebenen sehr zu wünschen übrig liess.

Vermutlich wird es in den kommenden Jahren für jedes Unternehmen entscheidend sein, diese Problematik zu erkennen und in den Strategien zur Entwicklung einer geeigneten Management-Professionalität umzusetzen. Das heisst, die Zielsetzung »Autonomieentwicklung« nimmt an Bedeutung zu.

Die theoretischen Ansätze sind naturgemäss immer der Praxis voraus – es gäbe aber diese neuen Ansätze nicht, wenn nicht bereits die Probleme, die sie lösen helfen wollen, vor der Türe stünden. Ein solcher Ansatz ist die »lernende Organisation«. Wir müssen heute nachdenken, wie wir Führungskräfte entwickeln, die diesen Gedanken in ihrer Führungspraxis umsetzen können.

Das Konzept der »lernenden Organisation« beinhaltet permanentes Lernen durch kritisches Hinterfragen und das Einleiten laufender Veränderungen in seiner Konsequenz. Ein Grossteil der Unternehmen ist davon noch weit entfernt. Allzuoft gibt es bei notwendigen Veränderungen nach wie vor in erster Linie Anpassungsstrategien. So wird zum Beispiel die Planung der Veränderungen nach aussen an Berater delegiert, an deren Lösungsvorschläge sich dann das Management anzupassen hat.

Der Mangel an diesen gestaltenden Fähigkeiten in Unternehmen wird heute allerdings durch die Diskussion über »Leadership« oder sogar »charismatische Führer« deutlich.

Fassen wir die bisherigen Überlegungen zusammen:
In dem Mass, in dem die Welt des Management von Komplexität und Veränderung bestimmt wird, muss auch die bewusste Förderung von autonomen Fähigkeiten im Management einsetzen. Diese Fähigkeiten beziehen sich weniger auf Rezeptwissen, das in der Form des Anpassungslernens vermittelt werden kann.

Das Ziel dieser Arbeit setzt ein Verständnis grundsätzlicher Widersprüche voraus, die nicht unterdrückt werden dürfen. Sie müssen vielmehr in gemeinsamer Arbeit zwischen Linienmanagement und der HRD-Funktion gesteuert werden.

Die allgemeinen Werte der Unternehmenskultur und die Geschichten, durch die sie repräsentiert wird, müssen im Einklang mit diesen Strategien stehen.

3 Welche Fähigkeiten brauchen wir für den Führungsnachwuchs?

In einem Aufsatz haben kürzlich *Quinn, Anderson* und *Finkelstein* (Professional Intellect, 1996) hilfreiche Überlegungen für eine optimale Entwicklung und Nutzung vorhandenen Spezialisten-Know-How's gemacht. Ihre Einsichten sind unserer

Meinung nach mit einigen Adaptionen auch für den Gegenstand unserer Überlegungen brauchbar.

Welche Fähigkeiten werden also zukünftig bei der Entwicklung von Nachwuchsführungskräften von Bedeutung sein?

Kognitives Wissen (wissen WAS): Ein bestimmtes Fachwissen wird auch in der Zukunft unerlässlich sein. Bereits der Prozess des Erwerbs von Fachwissen ist ein Lernprozess für exaktes Denken und Begrifflichkeit. Wir alle wissen jedoch längst, dass sich aus solchem Wissen keine Managementfähigkeit ergibt.

Umsetzungsfähigkeiten (wissen WIE): Erst die wirksame Umsetzung von erworbenem Wissen macht es für das Unternehmen relevant.

Systemverständnis (wissen WARUM): Hier geht es um die immer wichtigere Fähigkeit komplexe Problemstellungen erfassen zu können. Im wesentlichen ist es eine Erweiterung der Denkfähigkeit und bedeutet, lineares Ursache-Wirkungsdenken dort aufzugeben, wo viele Faktoren in unterschiedlichen Zusammenhängen die Komplexität eines Problems ausmachen. Die Steigerung von Intuitionsfähigkeit und die Fähigkeit, Distanz und Überblick zu bewahren sind hier die Entwicklungsbereiche. Zum Systemverständnis gehört auch die Entwicklung einer »Organisationsbewusstheit«. Sie bedeutet zu verstehen, was eine Organisation, ein Unternehmen, wirklich ist. Erfolgreiches Veränderungsmanagement erfordert diese Fähigkeit, um Prozesse wirksam steuern zu können. Sehr viele Führungskräfte haben noch immer ein »Maschinenbild« vom Unternehmen und/oder denken in Einzelpersonen, die sie zu führen haben. Diese Bilder ist jedoch denkbar ungeeignet, wenn es darum geht, Entwicklungsprozesse im Unternehmen einzuleiten, die Kultur zu verändern und mit dem nötigen Überblick auch eine Steigerung der Komplexität zuzulassen, beziehungsweise zu fördern.

Selbstmotivierte Kreativität (sich selbst sorgen WARUM): Selbstmotivierte Kreativität besteht im eigenen Willen, Motivation und Einsatz und Selbstausrichtung für den Erfolg. Ohne diese Fähigkeiten wird auch ein Wissens- und Könnensvorsprung des Unternehmens wirkungslos bleiben. Diese Fähigkeiten sind Ausdruck gelebter Komplexität im Unternehmen.

Während die ersten beiden Entwicklungsbereiche in der Regel anerkannt sind, werden die beiden letzteren noch relativ wenig bewusst in Programmen für den Managementnachwuchs eingesetzt. Es gibt zwar viele Ansätze zum Beispiel im Bereich der Persönlichkeitsentwicklung oder verschiedener verhaltensorientierter Ausbildungsmassnahmen. Die gezielte Entwicklung im organisationsbezogenen Kontext ist jedoch eher selten.

3.1 Das Leadership-Modell von Peter Koestenbaum:

Was den Bereich der selbstmotivierten Kreativität betrifft, gibt es zum Beispiel ein sehr brauchbares Orientierungsmodell für persönliche Entwicklung. Es hat seine Grundlage in einem Modell des amerikanischen Philosophen Peter Koestenbaum und stellt genau die Orientierungen dar, die auch von den Autoren des oben erwähnten Aufsatzes in diesem Zusammenhang gefordert werden. Die mentalen

Ausrichtungen der Führungskraft in diesem Modell beziehen sich auf die Fähigkeit, visionäre Ziele zu entwerfen, sich ein sehr klares Bild der Realität zu erarbeiten, soziale Kompetenz und ethische Grundsätze für Führung zu entwickeln und eine mutige Grundeinstellung zu haben. Letzteres beinhaltet die innere Offenheit, seine Ängste zu akzeptieren und dadurch mit ihnen konstruktiv umgehen zu können, sowie nachhaltige Initiative für die eigenen Absichten zu entwickeln.

Diese Grundorientierungen stehen zueinander in einem Spannungsverhältnis: Sie bedingen einander und gleichzeitig geraten sie auch immer wieder in einen sinnvollen Widerspruch zueinander. Zum Beispiel erlangt eine Vision ihre eigentlich Bedeutung erst im Zusammenhang mit der vorliegenden Realitäz – und gleichzeitig widersprechen sie einander, stehen in einer ganz natürlichen Spannung. Desgleichen kann der Realität oft nur wirklich mit entsprechendem Mut ins Auge geblickt werden, etc..

Die untenstehende Abbildung stellt das Orientierungsmodell grafisch dar:
Es wird immer wieder gefordert, dass Manager »in Widersprüchen« denken lernen müssen. Durch die Dynamik der Orientierungen untereinander kann dieses Modell helfen, die Widersprüche, die jeder Manager heute in seiner Rolle und auch in der »Aussenwelt« erlebt, in den mentalen Strukturen bewusst zu entwickeln. Der Einsatz dieses Ansatzes in der Managemententwicklung hat sich bereits ausserordentlich bewährt.

Es ist jedoch nicht das Ziel dieses Aufsatzes, auf solche Entwicklungsmöglichkeiten im Detail einzugehen. Sie sollen hier vielmehr als Beispiele für Konzepte dienen, die in Zukunft eine Rolle in der Entwicklung von Nachwuchskräften spielen werden müssen.

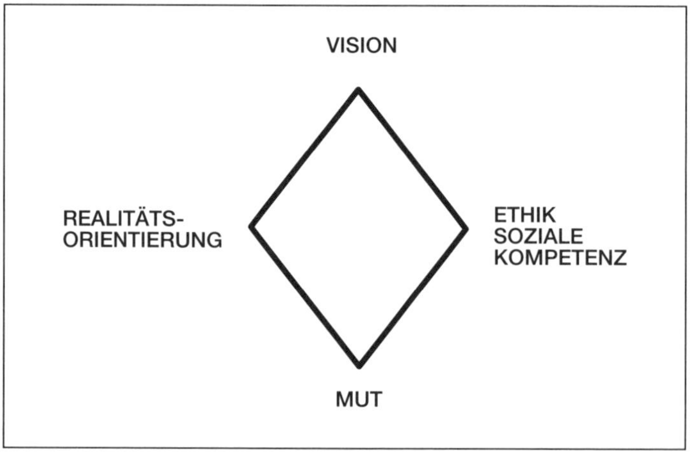

Abb. 1

4 Ein Orientierungsmodell für HRD:

Aus den bisherig Ausgeführten ist vielleicht auch ein Grundtenor deutlicher geworden: Ernstzunehmende und ernstgenommene Entwicklung von Führungsnachwuchs benötigt Visionen und Mut, klaren Blick für die derzeitige Organisationsrealität und psychologisch/ethische Grundsätze – also ganz dem Modell entsprechend, das wir als Beispiel für ein Orientierungsmodell zur Führungskräfteentwicklung dargestellt haben.

Vision für HRD:
Bei der Erarbeitung einer Vision für die HRD-Funktion ist es wichtig, nicht ein Bild einer Persönlichkeit zuallererst zu entwickeln.

Die Vision wird ein Bild beinhalten müssen, das die gewünschte *Kultur* und *Struktur* für das Unternehmen beschreibt. Erst dann wird man sich fragen, wie wir zu einer solchen Organisation gelangen können und welche Fähigkeiten wir bei unseren Führungskräften entwickeln müssen, um sie in die Lage zu versetzen, dieses Unternehmen zu gestalten und zu führen. Diese Denkweise unterscheidet sich also deutlich von der personenorientierten Denkweise, die sehr häufig angewendet wird: Hier werden (manchmal sehr lange) Listen von notwendigen Eigenschaften und Fähigkeiten einer Führungskraft erstellt, die häufig eher an überirdische Wesen erinnern, als an Menschen aus Fleisch und Blut. Damit wird gleichzeitig nichts über die Ziele der Führung ausgesagt, jedoch Illusionen genährt. Da diese omnipotenten Persönlichkeitsbilder gleichzeitig auch wenig mit der Realität zu tun haben, sind sie letztlich für die Praxis wenig zu gebrauchen und werden auch nicht ernst genommen. Damit aber sind sie in puncto Wirksamkeit wertlos. Wir haben anderswo über die negativen Auswirkungen von Fähigkeitskatalogen für Führungskräfte geschrieben (Attems/Heimel, 1993). Hier soll nur auf diesen wichtigen Unterschied hingewiesen werden.

Realitätsorientierung für HRD:
Kaum irgendwoanders in den verschiedenen Bereichen der Unternehmensführung gibt es so viele Illusionen als bei der Einschätzung der Unternehmenskultur. Kaum woanders ist man so bereit, die Augen für die tatsächlich wirksame Realität zu verschliessen. Das Verbot, mit schlechten Nachrichten vor Mächtige zu treten, entfaltet sich bei diesen Fragen ganz besonders rigoros.

Gute HRD-Arbeit muss aber gerade hier beginnen. Die realitätsbezogene Analyse bildet die Grundlage für alles darauffolgende.

Grundsätzlich gilt, dass Schönfärberei über die Kultur des Unternehmens praktisch immer zu Zynismus führt, wenn man auf der schöngefärbten Grundlage seine Strategien aufsetzt. Wenn das Management sich nicht kritisch Rechenschaft für die tatsächlich wirkenden Werte gibt, wird es völlig unabsichtlich die HRD-Strategien selbst wieder untergraben.

Soziale/ethische Kompetenz für HRD:
Drei Aspekte spielen hier wesentlich herein:

Zunächst sind das die sozialen/ethischen Überlegungen und Prinzipien, die man mit der Vision der Unternehmenskultur für die im Unternehmen arbeitenden Unternehmen hat. Wenn man Spitzenleistungen von Mitarbeitern verlangt, muss das eine Entsprechung in klaren Werthaltungen gegenüber den Mitarbeitern seinen Niederschlag finden.

Ein Beispiel: In der an Moden so reichen Zeit der Managementkonzepte erfreut sich zum Beispiel das Konzept der »stakeholders« mitunter grosser Beliebtheit. So sinnvoll das Konzept bei der Kulturentwicklung sein kann, so eigenartige Blüten treibt es auch in einzelnen Fällen. Eine wichtige stakeholder-Gruppe sind die Aktionäre des Unternehmens. Nun gibt es bereits Unternehmen, die nur von dieser Gruppe reden. Alle Mitarbeiter müssen ihr dienen – Tag und Nacht. Aber eine stakeholder-Gruppe »Mitarbeiter« gibt es nicht, sie hat keinen wirklich erlebbaren Wert im Programm des Unternehmens. Es ist also zu überprüfen, wie und in welcher Form und mit welchen Prinzipien die Vision für das Unternehmen die Wertschätzung der Mitarbeiter und die Erwartungen an sie enthält.

Zweitens: Wir haben schon weiter oben den eigentlichen »Kunden« der HRD-Funktion dargestellt. Es ist der »zu Entwickelnde« – niemand anderer. Die Planung und Durchführung aller HRD-Massnahmen sollen daher entwicklungspsychologischen Anforderungen weitgehendst entsprechen.

Drittens: Prinzipien etablieren sich erst durch Konsequenz. Das gilt besonders für Prinzipien, die die Kultur eines Unternehmens mitprägen sollen ! Das bedeutet in diesem Zusammenhang auch das Einfordern von Führungsanforderungen. In vielen Unternehmen würde es zum Beispiel um die Führungsfähigkeiten besser bestellt sein, wenn man mit der Anforderung eines bestimmten Führungsverhaltens ernst machen würde. Allzu selten wird zum Beispiel einer Führungskraft im zutreffenden Fall dargelegt, dass sie zwar fachlich eine Beförderung erhalten könne, jedoch das bisher gezeigte Führungsverhalten die Übernahme einer höheren Führungsverantwortung nicht zulässt. Um wieviel ernster würde so manche Führungskraft diese Anforderung dann nehmen und sich auch entsprechend darum kümmern! So manche Beförderung hat als Signal für andere gedient, dass ganz andere »Qualitäten« Zugang zu höheren Führungspositionen verschaffen, und dadurch noch so programatische Erklärungen entwertet.

Mut in der HRD-Arbeit:
Mut beinhaltet in diesem Orientierungsmodell den reifen Umgang mit der eigenen Angst und nachhaltige Initiative. Beide Aspekte sind wesentlich für erfolgreiche HRD-Arbeit.

Weiter oben wurde dargestellt, dass HRD-Massnahmen immer auch Risiko bedeuten. Lebendige Entwicklung, wurde behauptet, lässt sich nicht zu hundert Prozent steuern, »im Griff« behalten. Es trotzdem zu tun erfordert Mut.

Hohe Komplexität bedeutet immer Unsicherheit und Unbestimmbarkeit. Das Zurücktreten-Können und Beobachten und Unterstützen von Entwicklung verlangt ebenso erhöhte Risikobereitschaft.

Nachhaltige Initiative schliesslich ist eine der Vorbedingungen für nachhaltige Entwicklung. Enttäuschungen bleiben bei Entwicklungsprozessen nie aus. Sie sind vorprogrammiert, denn Rückschläge und Fehlentwicklungen sind eine inhärente Eigenschaft eines jeden Lernprozesses. Der Auspruch »Fehler können wir uns nicht leisten« vehindert jede Entwicklung und jedes Lernen von vornherein. Nachhaltiges Bemühen ohne den Mut gleich zu verlieren ist gerade bei dieser Arbeit gefragt – von HRD-Spezialisten genauso wie vom Linienvorgesetzten.

Schliesslich umfasst der Gedanke der nachhaltigen Initiative alle Aspekte der HRD-Arbeit, sowohl bei denen, die sie organisieren helfen, als auch bei deren Kunden: Wenn man das Wort von der permanenten Veränderung ernst nimmt, ist es eine Aufgabe, die einen laufenden, nie endenden Prozess darstellt.

5 Schritte für die Praxis:

5.1 HRD als gemeinsame Anstrengung des Management:

Die Feststellung, dass die Managemententwicklung eine ureigentliche Aufgabe des gesamten Management darstellt, muss wahrscheinlich hier nicht nochmals betont werden, so offensichtlich ist sie. Sie ist auch so alt, wie das Konzept der Managemententwicklung selbst. Da in der Praxis gerade hier grosse Lücken bestehen, ist zu fragen, was Führungskräfte hindert, diese Aufgabe wahrzunehmen.

Es scheint, dass auch hier die Orientierung auf die zu entwickelnden Personen gerichtet ist. Diese Orientierung fällt allerdings dann schwer, wenn man sich fachlich/psychologisch nicht genügend ausgebildet einschätzt. Man fühlt sich zu Recht überfordert. Ein gangbarer Weg ist jedoch, diese Aufgabe auf das Unternehmen und seine Kultur zu beziehen: Das oberste Management soll sich also eher der Aufgabe widmen, ein klares Bild von der anzustrebenden Kultur und den Erwartungen an das Management zu zeichnen und dieses Bild dann einheitlich und mit Überzeugung an das Management zu vermitteln. Dazu gehört natürlich das Vorbild des Management selbst: Das Vor*bild* muss mit dem vermittelten *Bild* übereinstimmen – das ist die wesentlichste Aufgabe, die das leitende Management im Rahmen von HRD zu leisten hat.

5.2 Höchste Sorgfalt bei Rekrutierung und Beförderung:

Personalentscheidungen für Führungspositionen sind auch immer Signale für Mitarbeiter, wem im Unternehmen Verantwortung übertragen wird. Der Umgang mit diesen Entscheidungen legt auch die Vorstellungen der Mitarbeiter darüber fest, wie man in diesem Unternehmen Karriere machen kann und wie nicht und es werden die Anforderungen klarer vermittelt, als irgend sonst.

5.3 Lernchancen bieten – Anforderungen stellen:

Viele Unternehmen besitzen bereits spezielle Programme, durch die Nachwuchsführungskräften »Bewährungsmöglichkeiten« geboten werden. Sie erhalten verschiedene Projekte zur Planung und Durchführung und werden nicht selten für innovative Aufgaben herangezogen. Diese Herausforderungen gerade in den frühen Jahren einer Führungskarriere können wirksam Verhaltensmuster etablieren, die dann auch später weiter fortgeführt werden. Dabei soll die Lernkurve bewusst »steil« gestaltet werden. Solange eine entsprechende beratende Betreuung sichergestellt ist und dadurch Überforderungs- bzw. Misserfolgswahrscheinlichkeit herabgesetzt wird, werden dadurch viel eher Eigenmotivation, Mut und nachhaltige Initiative entstehen können. Später, wenn die Führungskraft umfassendere Veränderungsprojekte einleiten und steuern wird, wird sie bereits wissen, dass Organisationen nicht »darauf warten«, verändert zu werden. Sie wird Widerstand gegen Veränderung kennengelernt, Strategien zur Einbeziehung der Betroffenen entwikkelt und einige Machbarkeitsillusionen zugunsten eines Bewusstsein über Prozesssteuerung ersetzt haben.

5.4 Betreuung bedeutet laufendes Feed-Back:

Lernen kann dann stattfinden, wenn Korrekturmöglichkeiten geboten werden. Das geschieht einerseits durch das selbständige Erkennen von Fehlern. Häufiges Feed-Back von aussen kann Lernprozesse natürlich sehr wirksam unterstützen.

Nicht aus jedem Feed-back kann gelernt werden. Leider ist in unserer Zeit die Fähigkeit, ein guter »mentor« zu sein, vielen Menschen verlorengegangen. Diese Fähigkeiten wieder zu entwickeln kann auch eine notwendige Aufgabe einer HRD-Strategie sein.

5.5 Klärung der HRD-Funktion und Gestaltung einer konstruktiven Beziehung zum Linienmanagement:

Über diese Beziehungsproblematik wurde zu Beginn schon einiges ausgeführt. Wir können hier zusammenfassen und abschliessend bemerken, dass der Widerspruch zwischen Anpassung und Autonomie geklärt und verstanden werden muss.

Um zu einem ganzheitlichen Verständnis der Problematik zu gelangen, ist die gemeinsame Auffassung notwendig, dass Nachwuchsentwicklung nicht eine Angelegenheit von einzelnen Seminaren ist. Primär ist es das laufende Bemühen, eine Unternehmenskultur zu erzielen, in der Menschen zu Entwicklung angeregt werden und dafür auch Wertschätzung erhalten.

Diese Vorgangsweise wird von allen Beteiligten erfordern, Organisationsbewusstsein zu entwickeln. So gesehen könnte (und sollte) sich ein weiser Spruch über die Rollen im Lernprozess auch bei der HRD-Arbeit bewahrheiten:

»Der der lehrt, lernt am meisten«.

Literaturverzeichnis

ATTEMS R.: Prozessberatung als Hilfe bei Veränderungsprojekten und Entwicklung des Unternehmens, in: *Kramarsch M.* (Hrsg): Training '95/96, Wien 1995

ATTEMS R.: Es lebe der Widerspruch, in: *Gutschelhofer/Scheff* (Hrsg): Paradoxes Management, Wien 1996

ATTEMS R./HEIMEL F. : Führungskräfteentwicklung: Neue Landkarten zur Orientierung, in: *Würtele G.* (Hrsg.), Lernende Elite, 1993

ATTEMS R./HOLZER A.: Spitzenleistungen in die Praxis umsetzen, Wien 1989

GARDNER H.: Leading Minds – An Anatomy of Leadership, London 1995

KOESTENBAUM P.: Leadership – The Inner Side of Greatness, 1991

QUINN JAMES B./ANDERSON P./FINKELSTEIN S.: Managing Professional Intellect: Making the most of the Best, in: Harvard Business Review, March-April 1996

… zur institutionellen Betrachtung

Vom Human Resource Management zum »Knowledge Resource Management«?

Möglichkeiten und Grenzen des Personalmanagement bei der Gestaltung organisationalen Wissens

von

Gilbert J. B. Probst/Steffen P. Raub

Gliederung

Im Vergleich zu anderen betriebswirtschaftlichen Fachdisziplinen verfügt das Personalmanagement über eine relativ kurze, jedoch sehr bewegte Geschichte. Im Laufe der Zeit waren dabei sowohl der Begriff Personalmanagement als auch seine Inhalte und Aufgaben bereits einer Reihe von tiefgreifenden Veränderungen unterworfen. Dies trifft auf die wissenschaftliche Disziplin Personalmanagement ebenso zu wie auf die betriebliche Personalpraxis (Raub et al. 1996).

Während die Aufgaben der »Personalverwaltung« anfänglich einen deutlich bürokratischen Beigeschmack hatten, lenkten die Entwicklungen auf dem Arbeitsmarkt die Aufmerksamkeit immer stärker auf die eigentlichen Managementaufgaben der Personalabteilung. Über die reine Verwaltung hinaus geht es dabei vor allem um die langfristige Sicherung eines ausreichenden Bestandes qualifizierter Mitarbeiter. Dieser Bedeutungswandel lässt sich an der zunehmenden Verbreitung eines neuen Begriffes festmachen: »Human Resource Management«.

Der HRM-Begriff verdeutlicht in seinem Namen sowie in den damit verbundenen konzeptuellen Inhalten die zunehmende Wichtigkeit des Personalbereichs. Die »Humanressourcen« werden als eines der Kernelemente des Erfolgs von Unternehmen anerkannt. HRM wird damit erstmals zu einer Funktion, die auch strategische Bedeutung hat. Ohne angemessene Programme im Personalbereich, die mit den strategischen Stossrichtungen der Unternehmung abgestimmt sind, ist eine langfristig positive Unternehmensentwicklung nicht mehr zu erzielen.

Trotz dieser deutlichen Aufwertung im Laufe der vergangenen Jahre lässt sich feststellen, dass das Personalmanagement in vielen schweizerischen Unternehmen nach wie vor als Stiefkind betrachtet wird. So sind in einer beachtlichen Anzahl schweizerischer Unternehmen beispielsweise die Personaldirektoren nicht auf der höchsten Managementebene angesiedelt. Offensichtlich bedarf es noch weiterer Argumente, um das Personalmanagement endgültig als strategischen Erfolgsfaktor in der Unternehmung zu verankern.

Die bereits vielfach diskutierten Entwicklungstendenzen hin zu einer »Wissensökonomie« sowie die daraus resultierenden Anforderungen an ein konsequentes »Wissensmanagement« der Unternehmung könnten diese endgültige Aufwertung des Personalmanagement einen entscheidenden Schritt weiter bringen. Wissensmanagement wird sich in den kommenden Jahren voraussichtlich zu einer zentralen Funktion des strategischen Management entwickeln. Wissensmanagement weist darüber hinaus zahlreiche Berührungspunkte zum Personalmanagement auf. Im folgenden Beitrag wollen wir ausführen, wo der Beitrag des Personalmanagement zum Wissensmanagement liegen könnte und welche Veränderungen für die Position des Personalmanagement in der Unternehmung daraus erwachsen könnten.

1 Herausforderungen der »Wissensgesellschaft«

Die wachsende Bedeutung des Faktors Wissen für die wirtschaftlichen und sozialen Prozesse unserer Gesellschaft ist in den Sozialwissenschaften kein neues Thema mehr (Drucker 1969, Bell 1973, Machlup 1980, Martin/Butler 1981).

Auf ökonomischer Seite lassen sich in den vergangenen Jahren in der Tat eine Reihe von Faktoren beobachten, welche die veränderte Rolle von Wissen als Wettbewerbsfaktor illustrieren.

Nicht zuletzt lässt sich dies an den Wachstumsraten »wissensintensiver« Industrien wie beispielsweise der Unternehmensberatung, der Softwareindustrie aber auch des Medienbereiches festmachen. Die Erfolge »wissensbasierter« Unternehmen wie NETSCAPE oder MICROSOFT stellen traditionellere Industrieunternehmen oft bei weitem in den Schatten. Das sogenannte »intellektuelle Kapital« jener neuen Generation von Unternehmen übertrifft ihr materielles Kapital um ein Vielfaches. Zahlreiche Managementtheoretiker ziehen hieraus die Schlussfolgerung, dass Wissen als »zentraler Wettbewerbsfaktor der Zukunft« zu betrachten ist (QUINN 1992, 1993).

Erfolgreiche Wettbewerber in »wissensintensiven Industrien« verstehen es, die immer stärkere weltweite Fragmentierung von Wissen (BADARACCO 1991) zu überbrücken und weltweit verstreutes Wissen für ihre Zwecke nutzbar zu machen. Es gelingt ihnen ausserdem, die steigende Wissensintensität von Produkten und Dienstleistungen zu ihrem Vorteil zu nutzen. In vielen Produktbereichen wird der entscheidende Wettbewerbsvorteil heute nicht mehr durch den Basisnutzen des Produktes, sondern durch einen »intelligenten« Zusatznutzen erzielt. Die Kreditkarte, welche die Muttersprache des Benutzers erkennt oder als »elektronischer Geldbeutel« verwendet werden kann, ist hierfür ein Beispiel. Ebenso das Buchungsprogramm, das statt eines einfachen Flugtickets einen Fensterplatz mit vegetarischem Menü nach den im System gespeicherten exakten Ansprüchen des Kunden ausdruckt.

Auch auf strategischer Ebene ist die Bedeutung des spezifischen Wissens von Unternehmen erkannt worden. Die gesamte Debatte um »Kernkompetenzen« (PRAHALAD/HAMEL 1990) läuft nicht zuletzt darauf hinaus, die Mechanismen zu erklären, über die Wissen zu Wettbewerbsvorteilen führt. Diejenigen Unternehmen, die ihre Wissensbestände bewusst pflegen und »Kernkompetenzen« langfristig – gegebenenfalls auch unter Vernachlässigung kurzfristiger Finanzziele – aufbauen, werden nach Ansicht des Kernkompetenzen-Ansatzes dabei langfristig zu den Gewinnern gehören.

Genau an dieser Stelle rückt das Personalmanagement in den Vordergrund. Je höher nämlich die Wissensintensität einer Industrie ist und je mehr hochqualifizierte »wissensintensive« Produkte oder Dienste im Angebotsprogramm eines Unternehmens zu finden sind, um so höher wird in der Regel der Anteil hochqualifizierter Mitarbeiter an der Wertschöpfung des Unternehmens sein. Der Aufbau unternehmensspezifischer Kompetenzen erfolgt meist über diese zentralen Humanressourcen und unternehmenseigenes Wissen bleibt oft auch zu einem grossen Teil in den Köpfen der Mitarbeiter gespeichert. Angesichts der oben beschriebenen Herausforderungen der Wissensgesellschaft lassen sich langfristige Wettbewerbserfolge meist nur durch Arbeitsprozesse erzielen, für die sich in der Zwischenzeit der Ausdruck »knowledge work« – beziehungsweise »Wissensarbeit« – eingebürgert hat.

Wissensarbeiter, als eine zentrale Ressource der Unternehmung, stellen neuartige Herausforderungen an das Personalmanagement (HARRIGAN/DALMIA 1991). Als gut informierte Experten leiden Wissensarbeiter häufig unter zentraler hierarchischer Koordination. Ihre Zielvorstellungen mit denen des gesamten Unternehmens in Einklang zu bringen, ist teilweise sehr schwierig. Herausfordernde Arbeitsbedingungen und Anerkennung durch andere hochqualifizierte Mitarbeiter sind für ihre Motivation oft wichtiger als Gehälter und Boni. Anreizsysteme und Arbeitsbedingungen für Wissensarbeiter müssen folglich grundlegend neuartigen Überlegungen folgen.

Als Fazit dieser Diskussion lässt sich festhalten, dass Personalmanager sich heute bereits mit einer Reihe veränderter Problemfelder konfrontiert sehen. Die Bedeutung der von ihnen betreuten »Ressource Mensch«, als eine der bedeutendsten Quellen organisationalen Wissens, ist kontinuierlich im Wachsen begriffen. Andererseits verfügt das Personalmanagement immer noch nicht über die angemessene organisationale »Durchschlagskraft«, um diesen neuen Herausforderungen gerecht werden zu können. Eine Lösung für diese Situation könnte darin liegen, dass das Personalmanagement durch die Übernahme von Aufgaben des »Wissensmanagement« seinen Einfluss in der Unternehmung stärkt.

In zahlreichen Unternehmen werden Wissensmanagementaufgaben heute bereits durch spezielle Managementpositionen oder Stabsstellen wahrgenommen. Diese Spezialisten nennen sich beispielsweise »Director of Intellectual Capital« (SKANDIA 1994), »Director Knowledge« oder »Director Intellectual Asset Management« (STEWART 1994). Anstatt eine spezifische Position zu schaffen, könnten diese Aufgaben auch im Bereich des Personalmanagement wahrgenommen werden. Das Human Resource Management könnte sich dadurch zu einem »Knowledge Resource Management« entwickeln, welches sich sowohl der Gestaltung der Wissensressource Personal, als auch der Steuerung allgemeiner Wissensprozesse in der Unternehmung widmet.

Um diese neue Vision des Personalmanagement als »Betreuer organisationalen Wissens« weiter zu verdeutlichen, wollen wir im folgenden die wesentlichen Aufgaben des Wissensmanagement kurz verdeutlichen. Anschliessend werden wir darlegen, warum der Personalbereich für die Übernahme von Wissensmanagementaufgaben geeignet scheint. Anhand einer Betrachtung ausgewählter Aufgaben des Personalmanagement sollen schliesslich Überschneidungsbereiche mit dem Wissensmanagement sowie Konsequenzen für ein erweitertes Verständnis des Personalmanagement als Gestalter organisatorischen Wissens abgeleitet werden.

2 Wissensmanagement – Konzept und Kernprozesse

Durch die anhaltende Debatte über das Thema organisationales Lernen wurde in den vergangenen Jahren die Aufmerksamkeit von Managementforschern wie auch von Praktikern verstärkt auf den Aspekt organisationalen Wissens gelenkt. Organisationales Wissen ist der Gegenstand organisationaler Lernprozesse. Organisationales Lernen kann demnach auch als die Gesamtheit der Veränderungsprozesse der organisationalen Wissensbasis definiert werden (vgl. PROBST/BÜCHEL 1994).

Während Beiträge zum organisationalen Lernen sich vorwiegend auf die theoretische Beschreibung von Lernprozessen beschränken, verfolgt der Wissensmanagement-Ansatz eine stärker gestaltungsorientierte Ausrichtung. Wissensmanagement setzt sich zum Ziel, durch die Einflussnahme auf organisationale Wissensbestände einen effizienteren Umgang mit der Ressource Wissen in der Unternehmung herbeizuführen. Während der Lernbegriff in seiner umgangssprachlichen Verwendung eher auf die Entstehung neuen Wissens beschränkt ist, umfasst Wissensmanagement alle organisationalen Prozesse, die einen Einfluss auf die Entstehung, Veränderung oder Bewahrung organisationalen Wissens ausüben.

An der Frage, worum es beim Thema Wissensmanagement in Theorie und Praxis wirklich geht, scheiden sich heute noch vielfach die Geister. Einige der bekanntesten Beiträge auf diesem Gebiet verfolgen demnach auch sehr unterschiedliche Ansatzpunkte. Aus einer japanischen Perspektive heraus widmet sich das Forscherteam NONAKA/TAKEUCHI (1995) beispielsweise hauptsächlich der Entstehung neuen Wissens in Form von Produkt- und Prozessinnovationen. Sie argumentieren, dass der Vorsprung japanischer Unternehmen im Innovationsbereich vor allem auf ihre Fähigkeit zurückzuführen sei, personengebundenes, schwer vermittelbares »tacit knowledge« in organisational verfügbares und beschreibbares »explicit knowledge« zu verwandeln.

LEONARD-BARTON (1992, 1995) widmet sich der Wissensentstehung unter einer stärker strategisch orientierten Fragestellung. Sie beschreibt verschiedene Prozesse, die zur Entstehung organisationaler Fähigkeiten beitragen. Ihre Betonung der Wichtigkeit interner Problemlösung und Experimentation einerseits sowie des Importes und der Integration externen Wissens andererseits erweitert das Spektrum des Wissensmanagement bereits etwas.

VON KROGH et al. (1994) untersuchen Wissensentstehungsprozesse im Unternehmen schliesslich auf einer stark theoretisch verankerten Grundlage. Ihre »Epistemologie des Unternehmens« umfasst das Prinzip der »Selbstreferenz« als Quelle individueller Wissenskreation, den Mechanismus des »Languaging« als Austauschmedium zwischen Individuen sowie das Prinzip der »Selbstähnlichkeit« als Übertragungsprinzip der Wissensentstehung auf allen Ebenen des Unternehmens (ROOS/VON KROGH 1996 a+b).

Zusammenfassend lässt sich hier feststellen, dass die beschriebenen Ansätze einerseits eine grosse Bandbreite in der Behandlung des Themas Wissensmanagement aufweisen. Andererseits fällt ihre Konzentration auf Prozesse der Wissensentstehung oder -erschaffung auf. Wir haben uns entschieden, das Thema Wissensmanagement aus einer etwas umfassenderen und pragmatischeren Perspektive zu untersuchen. Zur Darstellung der gesamten Bandbreite von Wissensmanagementaufgaben verwenden wir ein Schema der »Kernprozesse« organisationalen Wissens (PROBST et al. 1996). Ähnliche Schemata lassen sich dabei auch in anderen praxisorientierten Beiträgen zum Wissensmanagement nachweisen (ANDERSEN 1995). In unserem Konzept (vgl. Abb. 1) unterscheiden wir als wesentliche »Bausteine« des Wissensmanagement demnach:

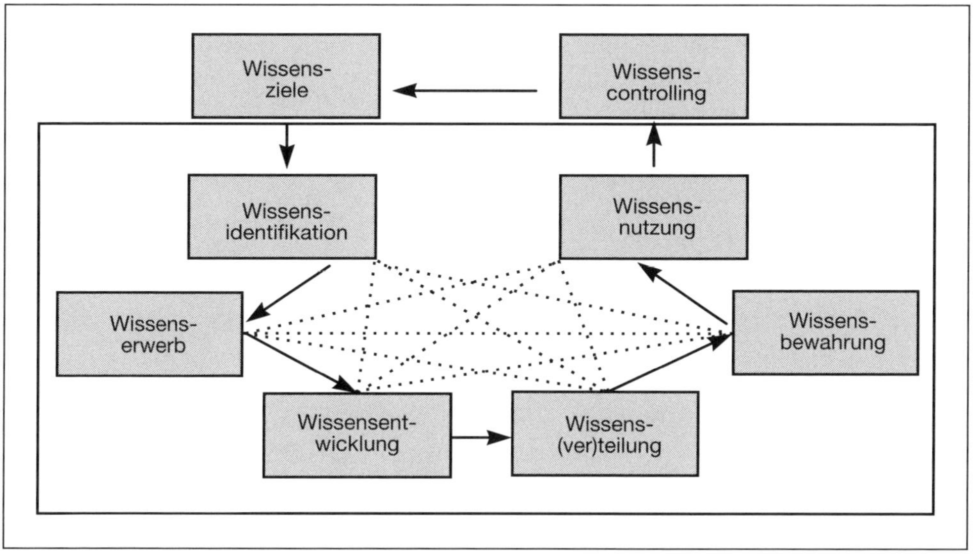

Abb. 1: Bausteine des Wissensmanagement

- die Wissensidentifikation
- den Wissenserwerb und die Wissensentwicklung
- die Wissensverteilung und Wissensnutzung
- die Wissensbewahrung
- die Definition von Wissenszielen und die Durchführung eines Wissenscontrolling.

Unter dem Stichwort *Wissensidentifikation* lässt sich eines der grundlegenden Probleme im Zusammenhang mit Wissensbeständen beschreiben. Die erhöhte Komplexität des externen Wissens, die Möglichkeiten neuer Medien, die Beschleunigung in der Entwicklung neuer Produkte und Technologien, all dies wirkt darauf hin, dass Unternehmen den Überblick über ihr externes Wissensumfeld sowie die darin relevanten Institutionen und Wissensträger zunehmend verlieren. Neben diesem externen Problem besteht jedoch ein oft genauso gravierendes Problem interner Intransparenz. Mitarbeiter mit Expertenwissen auf bestimmten Gebieten sind nicht bekannt oder können nicht erreicht werden. Die Ergebnisse bereits erfolgreich absolvierte Projekte können nicht abgerufen und dadurch nicht nutzbar gemacht werden. »Lessons learned« versickern dadurch und oft wird »das Rad an zwei verschiedenen Stellen gleichzeitig erfunden«. Alle Massnahmen zur Wissensidentifikation sind folglich darauf ausgerichtet, der Unternehmung einen besseren Überblick über interne und externe Wissensbestände zu verschaffen und dadurch weitere Fortschritte in den übrigen Bausteinen oft erst zu ermöglichen.

Wissenserwerb und *Wissensentwicklung* betreffen zwei verwandte Prozesse, die auf die Erweiterung der organisationalen Wissensbasis durch neue Wissensbestände ausgerichtet sind. Dabei kann es sich einerseits um den »Import« bereits bestehenden Wissens in die Unternehmung handeln, den wir mit dem Begriff Wissenserwerb belegen. Auf der anderen Seite ist die unternehmensinterne Schaffung neuen Wissens angesprochen, die auch als Wissensentwicklung bezeichnet werden kann. In diesem Bereich, der von der Literatur (siehe oben) oft als Kernbereich des Wissensmanagement eingestuft wird, geht es darum, die Innovationsfähigkeit des Unternehmens zu fördern, die Zusammenarbeit mit externen Wissensträgern zu nutzen sowie die Erweiterung der organisationalen Wissensbasis in die Bahnen der strategischen Grundausrichtung zu lenken.

Ein oft zweitrangig behandelter jedoch unserer Ansicht nach immens wichtiger Aspekt des Wissensmanagement betrifft die *Wissens(ver)teilung*. Hierbei sind die innerorganisationalen Ströme des Wissens angesprochen. Die (Ver)teilung vorhandenen Wissens in der Organisation ist oft eine entscheidende Voraussetzung für die Entwicklung neuen Wissens. Bestehende Infrastrukturen und Anreizsysteme der Wissens(ver)teilung spielen eine zentrale Rolle für die Effizienz mit der vorhandenes Wissen in der Organisation von Ort A zu Ort B transportiert wird. Untrennbar mit diesem Aspekt ist die Frage der *Wissensnutzung* verbunden. Die (Ver-)teilung von Wissen und seine Anwendung gehen oft mehr oder weniger Hand in Hand. Verteiler und Empfänger bewegen sich zudem in der gleichen Infrastruktur. Schliesslich muss die Bereitschaft eines Mitarbeiters, sein Wissen mit anderen zu teilen, von der Bereitschaft anderer Mitarbeiter begleitet sein, dieses Wissen auch anzuwenden.

Mit einer effizienten Entstehung, Verteilung und Nutzung von Wissen sind alle Voraussetzungen zur Erreichung wissensbasierter Wettbewerbsvorteile gegeben. Die langfristige Sicherung dieser Position muss jedoch auch Prozesse der *Wissensbewahrung* berücksichtigen. Organisationales Wissens kann auf vielfältige Arten verloren gehen. Eine wesentliche Ursache hierfür ist die schleichende Entwertung des Wissens durch abnehmende Aktualität beziehungsweise die Entwicklung rivalisierenden Wissens. Aber auch abruptere Ursachen sind denkbar. So können etwa durch den Verlust zentraler Experten oder den Verkauf eines defizitären Geschäftsbereiches komplette individuelle und kollektive Wissensbestände schlagartig verloren gehen. Der Baustein Wissensbewahrung betrifft somit alle Massnahmen, die darauf ausgerichtet sind, bestehendes Wissen in einer Unternehmung zu konservieren bzw. zu aktualisieren und dem Verlust von Wissensbeständen oder Wissensträgern vorzubeugen.

Diese eher auf operative Massnahmen ausgerichteten Bausteine lassen sich in einen umfassenderen wissensbezogenen Managementkreislauf einbetten. *Wissensziele* betreffen dabei die allgemeinen Vorgaben für die Umsetzung der erwähnten operativen Wissensmanagementmassnahmen. Dies betrifft vor allem auch den strategischen Aspekt der Definition und des Aufbaus organisationaler Kompetenzen. Wissensziele übersetzen ausserdem herkömmliche strategische und operative Unternehmensziele in eine wissensorientierte Sprache. Die Erreichung dieser Ziele ist schliesslich durch Massnahmen des *Wissenscontrolling* sicherzustellen. Dieses betrifft sämtliche Aktivitäten, die auf die Steuerung und Messung von Wissen oder Lernprozessen ausgerichtet sind. Besonders in diesem letzten Bereich steht das Wissensmanagement heute noch vor grossen Herausforderungen.

3 Wissensmanagement als Herausforderung für das Personalmanagement

Mancher Personalmanager wird sich fragen, warum die geschilderten Herausforderungen des Wissensmanagement ausgerechnet im Personalbereich aufgegriffen werden sollten. Ein action-research-orientiertes Forschungsprojekt (Probst/Raub 1995) über Wissensmanagementaktivitäten in schweizerischen Unternehmen führte zu der Erkenntnis, dass das Thema Wissensmanagement in der Praxis tatsächlich sehr häufig von Personalmanagern aufgegriffen wird und viele wissensrelevante Fragestellungen zunächst im Personalbereich angegangen werden. Hierfür lassen sich eine Reihe von Gründen nennen.

Der Personalbereich »besitzt« in seiner Managementverantwortung die Ressource Mensch. Hochqualifizierte Mitarbeiter stellen einen der wichtigsten Wissens-Produktionsfaktoren sowie einen zentralen Wissensspeicher des Unternehmens dar. Massnahmen zur Steuerung dieser Ressource können von den Überlegungen, die im Bereich Wissensmanagement angestellt werden, in jeder Hinsicht profitieren.

Praktische Erfahrung zeigt darüber hinaus, dass Wissensmanagementprojekte oft einen sehr engen thematischen Bezug zu Personalfragestellungen oder verwandten Bereichen aufweisen. So konnten wir beispielsweise ein Projekt über die konsequentere Nutzung von »lessons learned« begleiten, das vom Ausbildungsbereich mitinitiiert wurde. Obwohl die eigentliche Ermittlung und Dokumentation von Projekterfahrungen in einer Fachabteilung erfolgte, war der Ausbildungsbereich an den allgemeinen Erkenntnissen über Möglichkeiten zur Förderung der Wissensteilung sehr interessiert. In einem anderen Projekt, das vom Personalbereich direkt ausging und die Möglichkeiten der Erstellung einer integrierten Experten- und Projektdatenbank betraf, zeigten sich unmittelbare Querverbindungen zu Problemstellungen des Wissensmanagement.

Last but not least erfüllt der Personalbereich in vielen Unternehmen auch die sehr nützliche und notwendige Funktion einer »Spinnerstelle«. In diesem Tätigkeitsfeld bestehen oft am ehesten der Mut und die Bereitschaft, mit neuen Managementansätzen zu experimentieren und neuartige Themenstellungen für die Unternehmung zu erschliessen.

Im folgenden wollen wir anhand einiger ausgewählter Beispiele die Zusammenhänge zwischen Personal- und Wissensmanagement etwas eingehender betrachten. Wir untersuchen dabei, in welchen Bereichen das Personalmanagement bereits entscheidende Aktivitäten für das Wissensmanagement durchführt und wie diese noch stärker an Wissensaspekten ausgerichtet werden könnten.

4 Wissensmanagementaspekte im Personalmanagement

Eine der zahlreichen Möglichkeiten, die verschiedenen Aufgaben des Personalmanagments systematisch abzubilden, ist die Darstellung einer Personalbeziehung in Form eines »Lebenszyklus«. Am Anfang dieses Zyklus steht dabei die Personalbeschaffung und -integration. Dieses Personal muss schliesslich für die Unternehmung erhalten und nach Möglichkeit weiterentwickelt werden. Das Ende des Zyklus bildet schliesslich der Austritt des Personals, der mit Massnahmen der Personalfreistellung verbunden sein kann. Anhand dieser verschiedenen Phasen können aus der Perspektive des oben beschriebenen Wissensmanagementkonzeptes sehr unterschiedliche Aufgaben für das Personalmanagement abgeleitet werden.

4.1 Personalbeschaffung

Über die Personalbeschaffung erfüllt das Personalmanagement eine bedeutende Wissensmanagementaufgabe. Als Kernaufgabe der Personalbeschaffung kann man die Sicherstellung der Verfügbarkeit qualifizierter Mitarbeiter in ausreichender Menge, zur richtigen Zeit und am richtigen Ort verstehen. Die Personalbeschaffung sichert also den Zufluss von Wissensträgern, die mit ihren individuellen Kompetenzen die organisationale Wissensbasis erweitern.

Eine zentrale Bedeutung kommt in diesem Zusammenhang der Personalauswahl zu. Anhand eines definierten Katalogs von Kriterien geht es hierbei darum, mit angemessenen Methoden aus der Gesamtheit der Bewerber die für die gegebene Position geeignetste Person zu ermitteln. Die Entwicklung im Bereich der Auswahlmethoden hat dabei mit Interview- oder Testmethoden sowie komplizierteren Verfahren wie dem Assessment Center beachtliche Fortschritte gemacht. Probleme bestehen dagegen weiterhin in der Definition der Bewertungskriterien.

Betrachtet man Stellenanzeigen führender Unternehmen, so fällt die geringe Trennschärfe in der Formulierung des Anforderungsprofils auf. Die unternehmerisch denkende, dynamische, Herausforderungen suchende Bewerberin lässt sich ungefähr genauso gut der Revisionsabteilung eines Chemiekonzerns wie dem Marketing eines Konsumgüterherstellers zuordnen. Auch Stellenbeschreibungen, die sich an zu erfüllenden Aufgaben orientieren, geben über ein konkretes Soll-Fähigkeitsprofil des Wunschkandidaten oft wenig Auskunft.

Eine Personalauswahl, die den Anforderungen des Wissensmanagement gerecht werden soll, müsste sich an grundlegend anderen Kriterien orientieren. Kernelement eines solchen Vorgehens wäre der Übergang von der bisherigen Aufgaben- oder Stellenorientierung hin zu einer Fähigkeitsorientierung. Unter dem Stichwort »Skill-Management« (BÜTLER 1996) findet ein solches Vorgehen in einigen Unternehmen bereits praktische Anwendung.

Verfügt die Unternehmung über eine explizit formulierte Wissensstrategie, die beispielsweise zentrale Kompetenzen definiert oder zukünftige relevante Wissensfelder in Form von Produkten oder Technologien spezifiziert, dann kann hieraus ein Soll-Fähigkeitsprofil bis auf die Ebene des einzelnen Mitarbeiters heruntergebrochen werden. Eine solche »Wissensmatrix«, welche die Übersetzungsleistung von der strategischen Ausrichtung auf die operative Personalmanagementebene erbringt, liefert ein relativ klares Bild über das momentan bestehende »Fähigkeitenportfolio« der Unternehmung.

Die Frage »Welche der für unsere Unternehmung kritischen Fähigkeiten besitzen unsere Mitarbeiter in welcher Ausprägung?« lässt sich damit beantworten. Stellt man sich darüber hinaus die Frage »Wie viele Mitarbeiter mit welchem Fähigkeitsprofil benötige ich in Zukunft?« und definiert auf dieser Basis das zukünftige Fähigkeitenportfolio, dann ist es möglich, eine Gap-Analyse durchzuführen. Durch deren Resultate wird einerseits die quantitative Personalplanung erleichtert. Anderseits lässt sich hieraus auch ein sehr viel trennschärferes Anforderungsprofil für die operativen Personalbeschaffungs- und -auswahlmassnahmen ableiten. Lücken im Fähigkeitsportfolio lassen sich somit gezielt schliessen.

4.2 Personalentwicklung

Eine »Wissensmatrix« im Sinne des Skill-Management-Ansatzes kann auch im Personalentwicklungsbereich gute Dienste leisten. Ergänzt man die Bewertung des Fähigkeitsportfolios durch konkrete Fähigkeits-Levels auf individueller Ebene, dann lassen sich auf der Basis der individuellen Bewertungsblätter Zielwerte für zukünftige Fähigkeiten ermitteln. Trainingspläne, die auf dieser Basis erstellt werden orientieren sich einerseits viel stärker am individuellen Fähigkeitsprofil des Mitarbeiters. Andererseits sorgen sie dafür, dass Ausbildungsinvestitionen nicht »mit der Giesskanne« verteilt werden, sondern eine gezielte Weiterentwicklung unternehmensrelevanter Fähigkeiten bewirken.

Die erhöhte Transparenz durch die Einführung einer solchen Wissensmatrix lässt sich ausserdem für eine stärker kollektiv orientierte Personalentwicklung nutzen. Während Personalentwicklung im klassischen Sinne nur auf den einzelnen Mitarbeiter abstellt, können mit diesem Hilfsmittel auch die kombinierten Fähigkeitsprofile von Projektteams oder ganzen Abteilungen analysiert werden. Personalentwicklungsmassnahmen können dadurch so gestaltet werden, dass sie neben der Entwicklung des einzelnen auch die Steigerung der Leistungsfähigkeit eines Kollektives berücksichtigt.

Bei der Umsetzung dieser Massnahmen im Führungsbereich bietet sich die Adaption bereits bestehender Instrumente an. So kann beispielsweise der bekannte MBO-Ansatz durch Wissensziele erweitert werden. Das Erreichen bestimmter Fähigkeitsniveaus in bestimmten Wissensbereichen wird dann als persönliches Entwicklungsziel vereinbart. Ein solches »Management by Knowledge Objectives« ist unproblematisch umzusetzen und erhöht im Zusammenwirken mit anderen Massnahmen die Effizienz einer fähigkeitsorientierten Personalentwicklungsstrategie.

4.3 Personalfreistellung

Während es bei Personalbeschaffung und -entwicklung um den wissensorientierten Aufbau und die Erweiterung der organisationalen Wissensbasis geht, hat auch das ungeliebte Thema Personalfreistellung einen (allerdings negativen) Wissensbezug. In diesem Bereich muss es nämlich vor allem darum gehen, den Verlust wichtiger organisationaler Wissensbestände durch das Ausscheiden von Mitarbeitern zu verhindern.

Im wesentlichen bieten sich einem wissensorientierten Personalmanagement hier zwei Ansatzpunkte. Während der normalen Lebensdauer der Personalbeziehung müssen alle Anstrengungen darauf gerichtet sein, zentralen Wissensträgern ein ansprechendes Arbeitsumfeld zur Verfügung zu stellen und sich deren Dienste auch in aussergewöhnlichen Situationen, beispielsweise in Perioden des Downsizing oder im Fall der Desinvestionen von Geschäftsbereichen, zu sichern.

Am natürlichen Ende der Personalbeziehung besteht dagegen die Herausforderung darin, einen möglichst umfassenden Transfer individuellen Wissens in den organisationalen Wissensbestand zu realisieren. Dies kann beispielsweise durch den Aufbau von Expertensystemen, also die Überführung individuellen Wissens in digitale Form gelingen. Ein anderer Ansatzpunkt besteht darin, kritisches Wissen von Mitarbeitern auch über das Eintreten des Ruhestandes hinaus für die Unternehmung verfügbar zu machen. Eine Teilzeitbeschäftigung ausscheidender Mitarbeiter auf Beratungsbasis ist hierfür ein möglicher Ansatzpunkt.

5 Fazit

Unsere vergleichende Betrachtung von Personalmanagement und Wissensmanagement hat erhebliche Überschneidungen zwischen den beiden Bereichen verdeutlicht. Das Personalmanagement verfügt demnach über eine sehr gute Ausgangsposition zur Wahrnehmung von Wissensmanagementfunktionen.

Zahlreiche Projekte, die heute im Bereich des Personalmanagement durchgeführt werden, verfügen über das Potential, zu unternehmensweiten Unterstützungsfunktionen ausgebaut zu werden. Die Ergänzung einer Personaldatenbank im Sinne einer unternehmensinternen Experten- und Wissensbasis liefert hierfür nur ein Beispiel.

Eine Begriffserweiterung vom »Human Resource Management« auf ein »Knowledge Resource Management« – verbunden mit einer dementsprechenden Ausweitung des Aufgabengebietes – bietet der Unternehmung bei relativ moderatem Aufwand die Möglichkeit, Wissensmanagementaspekte zum Bestandteil der Unternehmensstrategie zu machen. Dem Personalmanagement könnte dies umgekehrt den endgültigen Sprung auf die Ebene der strategischen Managementfunktionen erlauben.

Literaturverzeichnis

Arthur Andersen: The Knowledge Management Assessment Tool, Prototype Version, veröffentlicht am Knowledge Imperative Symposium, Houston, Texas, 11.–13. September 1995

Badaracco, J. L.: The Knowledge Link – How Firms Compete through Strategic Alliances, Boston 1991

Bell,D.: The Coming of Post-Industrial Society: A Venture in Social Forecasting, New York 1973

BÜTLER, H.: Skill Management – Kennen und nutzen Sie das Wissen und die Fähigkeiten ihrer Mitarbeiter?, Vortrag auf der Tagung des SVD, Zürich, 18.04.1996
DRUCKER, P.: The Age of Discontinuity, New York 1969
HARRIGAN, K. R./DALMIA,G.: Knowledge Workers: The Last Bastion of Competitive Advantage, in: Planning Review 1991, Nr. 6, S. 4–9
LEONARD-BARTON, D.: Core Capabilities and Core Rigidities: A Paradox in Managing New Product Development, in: Strategic Management Journal 1992, Special Issue, S. 111–125
LEONARD-BARTON, D.: Wellsprings of Knowledge – Building and Sustaining the Sources of Innovation, Boston 1995
MACHLUP, F.: Knowledge: Its Creation, Distribution, and Economic Significance, Princeton 1980
MARTIN, J./BUTLER, D.: Viewdata and the Information Society, Englewood Cliffs 1981
NONAKA, I./TAKEUCHI, H.: The Knowledge-creating Company, New York, Oxford 1995
PRAHALAD, C. K./HAMEL, G.: The Core Competence of the Corporation, in: Harvard Business Review 1990, Nr. 3., S. 79–91
PROBST, G. J. B./BÜCHEL, B. S. T.: Organisationales Lernen: Wettbewerbsvorteil der Zukunft, Wiesbaden 1994
PROBST, G. J. B./RAUB, S. P.: Action Research: Ein Konzept angewandter Managementforschung, in: Die Unternehmung 1995, Nr. 1, S. 3–19
PROBST, G. J. B./RAUB, S. P./ROMHARDT, K.: Ressource Wissen – Wissensmanagement für die Unternehmenspraxis, Wiesbaden 1997
QUINN, J. B.: Intelligent Enterprise: A Knowledge and Service Based Paradigm for Industry, New York 1992
QUINN, J. B.: Managing the Intelligent Enterprise: Knowledge & Service-based Strategies, in: Planning Review 1993, Nr. 5, S. 13–16
RAUB, S. P./BÜCHEL, B./DETZEL, P./GMÜR, M.: Personalmanagement im internationalen Vergleich, Glattbrugg 1996
ROOS, J./VON KROGH, G.: The New Language Lab, in: Financial Times, 21.03.1996, Teile I und II
SKANDIA: Skandia AFS – Balanced Annual Report on Intellectual Capital 1993, Stockholm 1994
STEWART, T. A.: Your Company's Most Valuable Asset: Intellectual Capital, in: Fortune, 03.10.1994
VON KROGH, G./ROOS, J./SLOCUM, K.: An Essay on Corporate Epistemology, in: Strategic Management Journal 1994, Special Issue, S. 53–71

Management der Lernprozesse im Unternehmen

von

Tom Sommerlatte

Dass Unternehmen sich auf kontinuierlichen und schnellen Wandel einstellen müssen, haben inzwischen viele Führungskräfte erkannt oder schmerzlich erkennen müssen.

In den letzten Jahren hiess Wandel für sie unter dem Druck zunehmenden Kosten- und Verdrängungswettbewerbs, in ihren Unternehmen Hierarchieebenen abzubauen, schlagkräftige Geschäftseinheiten zu schaffen, denen weitgehende unternehmerische Verantwortung übertragen wurde, Fertigungs- und Servicebereiche auszulagern, in denen andere kostengünstiger produzieren können, und alle Leistungsprozesse zu durchforsten, um die letzten Rationalisierungsreserven auszuschöpfen.

In der Regel waren dazu massive Projekte erforderlich, die hohe Aufmerksamkeit des Management erforderten und ein beträchtliches Mass an Unruhe und Unsicherheit in die Unternehmen trugen.

Aber obwohl die Erfolge in den meisten Unternehmen signifikant waren – in vielen Fällen wurde so überhaupt die Überlebensfähigkeit gesichert – ist den meisten Führungskräften bewusst, dass der Wandel weitergehen muss und nicht in einer Extrapolation der bisherigen Veränderungsmassnahmen bestehen kann.

In Zukunft wird es für die meisten Unternehmen vielmehr um *mentale* Veränderungen gehen, um ein neues Verständnis des Zusammenwirkens der Menschen im Unternehmen und um die Erschliessung neuer Geschäfts- und Wachstumspotentiale.

Die Unternehmen werden immer weniger nach den traditionellen Führungsmethoden funktionieren können. Denn in einem dynamischen Umfeld ist die Unternehmensführung überfordert, wenn sie alle Einblicke in das Markt-, Wettbewerbs-, Technologie- und Organisationsgeschehen gewinnen will, um die jeweils angemessene Strategie vorgeben und die wirkungsvollste Operationsweise des Unternehmens gestalten zu können.

Sie ist immer stärker darauf angewiesen, dass die Verantwortlichen in den einzelnen Funktionsbereichen (wie F & E, Fertigung, Logistik, Marketing und Vertrieb, Personal, Finanzen) ihre jeweiligen Erkenntnisse und Erfahrungen aktiv in den Strategie- und Organisationsentwicklungsprozess einbringen, sich über die Handlungskonsequenzen für das Unternehmen insgesamt abstimmen und dann in diesem Rahmen passende eigene Initiativen entfalten.

Die Unternehmensführung muss dabei sicherstellen, dass die Verantwortlichen der einzelnen Funktionsbereiche ihre Antennen nutzen, um Veränderungen im Umfeld, in den Technologien, bei den Kundenanforderungen, im internationalen Wettbewerbsgeschehen, im Beschaffungsmarkt, in den Qualifikationsanforderungen usw. frühzeitig zu erkennen und aktiv zur Debatte zu stellen, und dass der Abstimmungsprozess kooperativ und unternehmerisch erfolgt, d.h. entscheidungsorientiert und innovationswillig.

Diese Fähigkeit wird seit einiger Zeit als eine für die dauerhafte Leistungsfähigkeit der Unternehmen entscheidende erkannt und mit dem Begriff »Organisationales Lernen« belegt.

Organisationales Lernen, d.h. das gemeinsame Lernen der Mitglieder einer Organisation, ist mehr als das Lernen einzelner oder einer Gruppe einzelner. Während der einzelne seine Lernfähigkeit unter Beweis stellt, indem er neue Erkenntnisse und Erfahrungen mit seinem bisherigen Erkenntnis- und Erfahrungsstand und seinem bisherigen Verhalten vergleicht, um daraus unter Umständen neues Verhalten abzuleiten (siehe Abbildung 1), reicht dieses Vorgehen in einer Organisation mit mehreren arbeitsteiligen Mitgliedern nicht aus.

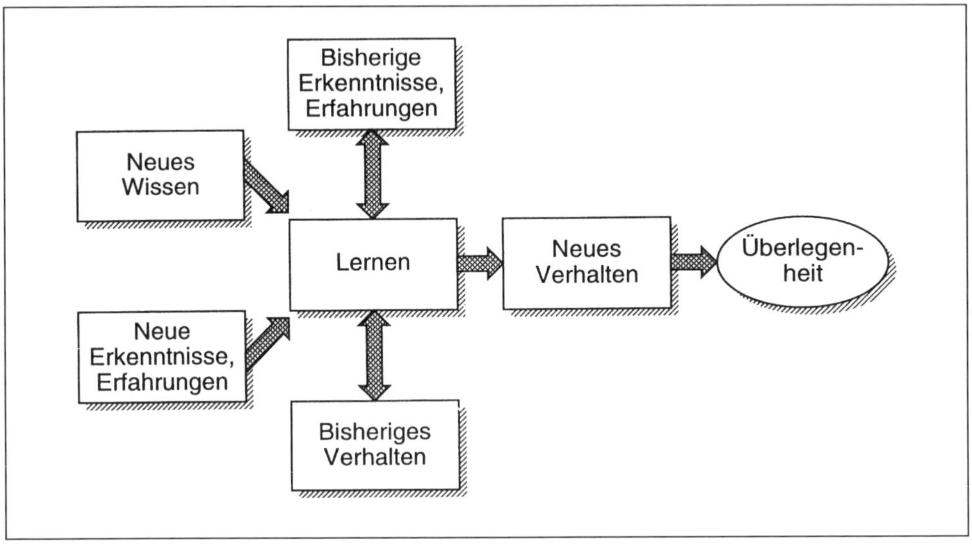

Abb. 1: Das Lernmodell des Einzelnen zielt auf Verhaltensvorteile in einem sich verändernden Umfeld ab

Für den einzelnen kommt es im Wettbewerb darauf an, frühzeitig Veränderungen und neue Möglichkeiten zu erkennen und darauf durch neues, geeigneteres Verhalten zu reagieren, um Überlegenheit zu erzielen. Ein hoher IQ (Intelligenzquotient) ist hierbei in der Regel von Vorteil.

Eine Organisation kann an Leistungsfähigkeit und Effizienz verlieren, wenn ihre Mitglieder unabgestimmt oder dominiert durch ein Organisationsmitglied Verhaltenswandel vollziehen. Denn jedes Organisationsmitglied gewinnt unterschiedliche neue Erkenntnisse und macht für sein Aufgabengebiet spezifische neue Erfahrungen, und erst die Abstimmung mit der bisherigen gemeinsamen Strategie und dem bisherigen gemeinsamen Verhalten der Organisation kann zu einer optimierten neuen gemeinsamen Strategie führen, die dann die Überlegenheit der Organisation im Wettbewerb sichert (siehe Abbildung 2).

In Zeiten geringer Veränderungsdynamik im Umfeld war die Effizienz dieses organisationalen Lernens von weniger grosser Bedeutung, denn »trial-and-error«, allmähliche Anpassung und interne Machtkämpfe reichten aus, um in grösseren Abständen eine strategische Neuausrichtung zu bewerkstelligen.

Heute haben jedoch die meisten Unternehmen nicht mehr die Zeit und können auch nicht mehr die Risiken akzeptieren, die »trial-and-error«, interne Macht-

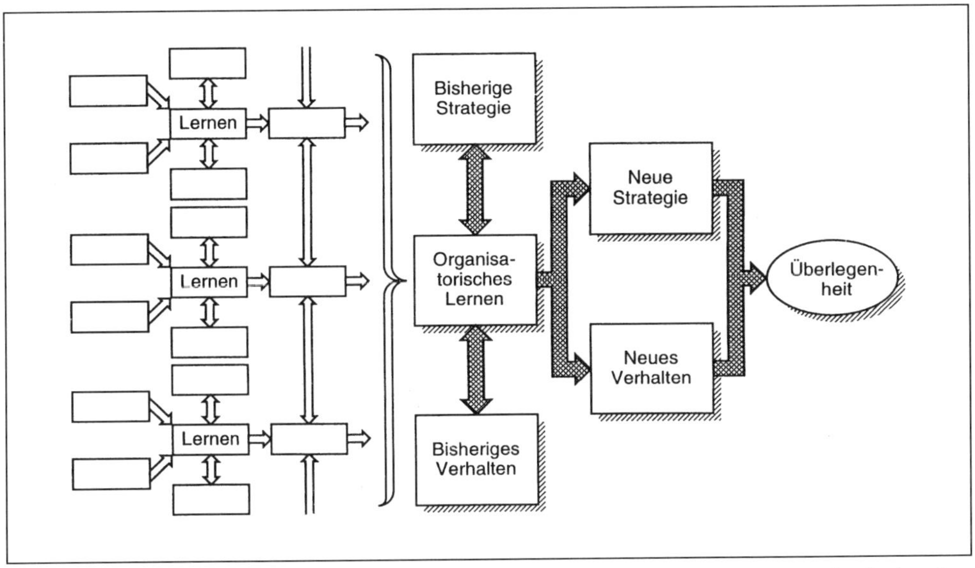

Abb. 2: Das Lernmodell einer Organisation hat als oberste Priorität die Koordindation der Verhaltensveränderungen der Organisationsmitglieder

kämpfe oder aber langwierige Planungsprozesse bedingen. Auch der Ruf nach dem starken Mann, der weiss, wo es lang geht, hilft nicht weiter, wenn er nicht die Abstimmung aller wesentlichen Teilerkenntnisse und Teilerfahrungen aus den einzelnen Funktionsbereichen organisieren kann, so dass die Organisation schnell und richtig auf Umfeldveränderungen zu reagieren lernt.

Daher hat das Phänomen des organisationalen Lernens heute so enorm an Bedeutung gewonnen.

Die Frage stellt sich, wie die Fähigkeit des organisationalen Lernens eines Unternehmens gesteigert und dann gezielter genutzt werden kann.

Aufbauend auf den Ergebnissen des MIT Learning Center[1] und den von P. Senge und seinen Partnern bei Innovation Associates, Inc., erarbeiteten Konzepten (Senge 1990; Senge, Kleiner, Roberts, Ross, Smith 1994) entstand bei Arthur D. Little im Rahmen weltweiter angewandter Forschung ein Managementansatz, der organisationales Lernen als kontinuierlichen Prozess im Unternehmen zum Gegenstand hat (Arthur D. Little 1995). Arthur D. Little übernahm inzwischen Innovation Associates, um beide Ansätze zusammenzuführen.

Diese Ansätze erlauben es, die Lernprozesse im Unternehmen, die heute in den meisten Fällen höchst ineffizient, ungesteuert und langsam verlaufen, ins Bewusstsein der Unternehmensführung und aller Organisationsmitglieder zu rücken und dann effektiver zu gestalten.

---

1 Center for Organizational Learning an der Sloan School of Management des Massachusetts Institute of Technology, MIT, Cambridge, Mass.

Es ist zwar wahr, dass alle Unternehmen lernen, es fragt sich nur wie. Es gibt zahllose Beispiele von Unternehmen, die offensichtlich viel zu langsam gelernt haben, wie sich ihr Geschäfts- und Technologieumfeld verändert und wie sie sich mit ihrem Produkt- und Leistungsangebot darauf ausrichten müssen. Eklatante Fälle sind die Nixdorf Computer AG, die daraufhin ihre Selbständigkeit verlor, IBM und Digital Equipment, die erst in der Krise eine hohe Lernfähigkeit entfalteten, die Deutsche Telekom, die bis zum Wegfall ihrer Monopolstellung in ihrer Lernbereitschaft beeinträchtigt war und erst in den letzten Jahren lernen konnte, ein zeitgerechtes Geschäftsportfolio zu entwickeln, sowie viele europäische Grossunternehmen, die sich bisher nur partiell auf die Herausforderungen globalen Wettbewerbs und neuer Marktregionen eingestellt haben.

In diesen Unternehmen spielten sich zunächst Lernprozesse des »trial-and-error«, Machtkämpfe etablierter Geschäfte gegen neue Geschäftsansätze und überformalisierte Planungs- und Gestaltungsprozeduren ab, unkoordiniert in einzelnen Verantwortungsbereichen und auf den unterschiedlichen Hierarchieebenen und oft einseitig dominiert von einzelnen Entscheidungsträgern.

Das von Arthur D. Little und Innovation Associates entwickelte Management der Lernprozesse im Unternehmen unterscheidet zunächst einmal unterschiedliche Lernanforderungen, die auch ein unterschiedliches gezieltes Vorgehen erfordern (siehe Abbildung 3).

Unternehmenskonzept, Strategien	• Personal mastery • Mental models	• Shared team vision • Team building	• Shared vision • Systems thinking • High-performance paradigming
Geschäftsprozesse	• Process training	• Team-based process improvement • Time-based management	• Business process redesign (BPR) • PCP
Prozeduren, Abläufe, Aufgaben	• Job description • Skill building	• Quality control circles	• TQM • Kaizen
Lernebene / Lernbereich	**Einzelnes Organisationsmitglied**	**Gruppe, Abteilung, Team im Unternehmen**	**Gesamtunternehmen**

Abb. 3: Im Unternehmen bestehen unterschiedliche Lernanforderungen, die durch die Gestaltung gezielter Lernprozesse abgedeckt werden müssen

Allen Lernprozessen ist aber eine Grundstruktur gemeinsam, die auf die Erzeugung von Einsatzbereitschaft und auf die richtige Prioritätensetzung abzielt (siehe Abbildung 4).

Die erste Phase der organisationalen Lernprozesse ist die Entwicklung einer gemeinsamen Zielvorstellung oder Vision aller Beteiligten, die die höchstmögliche Übereinstimmung mit den persönlichen Zielvorstellungen jedes einzelnen Betei-

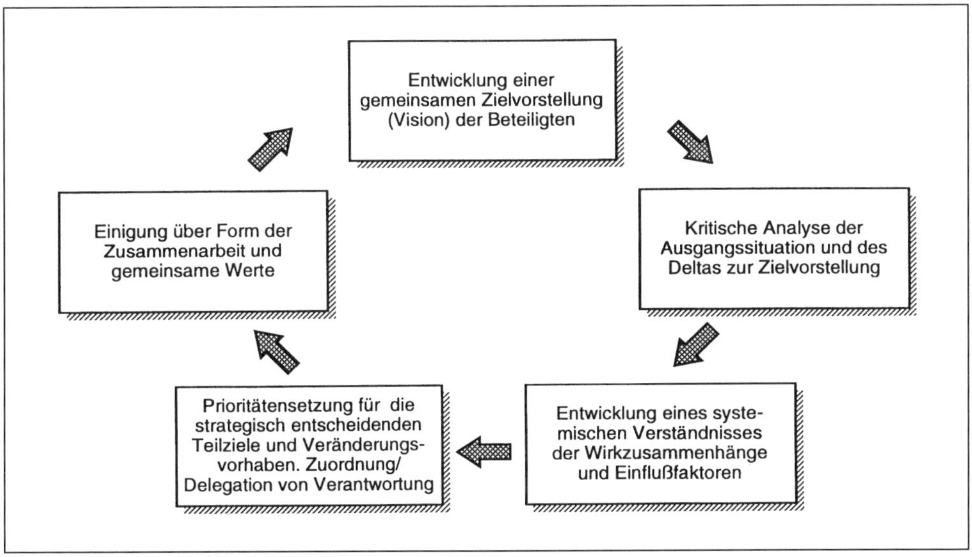

Abb. 4: Die Lernprozesse im Unternehmen haben eine gemeinsame Grundstruktur

ligten aufweisen sollte. Es muss allerdings damit gerechnet werden, dass die Beteiligten zunächst nicht in der Lage sind, ihre eigene Zielvorstellung zuverlässig und engagiert zu formulieren. Die Erfahrung in vielen Beratungsprojekten beweist immer wieder, dass sich nur wenige Menschen Rechenschaft darüber ablegen können, was ihre eigenen Ziele und Werte sind. Hierin ist in vielen Fällen ein wesentlicher Grund für instabile Unternehmenskultur, Reibereien und Unzufriedenheit zu sehen, denn mangelndes Bewusstsein über die eigenen Ziele führt oft zu materiellen Ersatzzielen, die dem unternehmerischen Mitdenken, Mithandeln und Mitverantworten sowie dem Mitwirken bei der Entwicklung der Unternehmensphilosophie im Wege stehen. So bewirkt die Aufforderung, die eigenen Ziele zu überdenken und daraus einen Beitrag zu einer gemeinsamen Zielvorstellung aller Beteiligten abzuleiten, einen oft tiefgehenden Prozess der Selbsterkenntnis, der gegenseitigen Neueinschätzung und der Solidarisierung, ohne den ein effektives Zusammenwirken kaum zustande kommen kann.

Wichtig ist, dass die gemeinsame Zielvorstellung nicht schon von Skepsis oder angenommene Grenzen der Realisierbarkeit geprägt, sondern von dem unverfärbten Wunsch nach Erfüllung getragen ist.

In der zweiten Phase des organisationalen Lernprozesses entwickeln die Beteiligten ein kritisches Bild ihrer derzeitigen Situation. Diese Analyse muss ungeschminkt und möglichst umfassend sein, darf nichts verschweigen und keinen der Beteiligten zur Defensive veranlassen.

Zwischen der gemeinsamen Zielvorstellung oder Vision und dem ungeschminkten Bild des Istzustandes entsteht in der Regel eine starke Spannung, aus der die Beteiligten sich aber nicht durch Abschwächung der gemeinsamen Zielvorstellung oder durch Verharmlosung von Schwächen des Istzustandes befreien dürfen, denn diese Spannung erzeugt die notwendige Energie für den weiteren Verlauf des Lernprozesses.

In Phase drei geht es darum, ein systemisches Verständnis der Wirkzusammenhänge und Einflussfaktoren zu entwickeln, die dem Istzustand unterliegen. Diese Aufgabe erfordert viel Klarsicht und Prägnanz, um den vorliegenden Typus von Wirkzusammenhängen zu charakterisieren und keine unüberschaubare Komplexität zu erzeugen. Für den Lernfortschritt der Beteiligten ist der Archetyp der Wirkzusammenhänge wichtiger als das vollständige Modell. Unsere Erfahrung zeigt, dass die meisten leistungsbegrenzenden Situationen, in denen sich Organisationen befinden, durch einen von fünf Archetypen von Wirkzusammenhängen charakterisiert werden können:

- Korrekturmassnahmen, deren negative Nebenwirkungen nicht bedacht wurden und die die Problemanfälligkeit erhöhen
  (Archetyp 1)
- Inhärente Begrenzungen von Entwicklungs- oder Wachstumsmöglichkeiten, die durch zusätzliche Entwicklungsmassnahmen noch verstärkt werden
  (Archetyp 2)
- Verlagerung des Problems oder der Problemverantwortung auf andere und dadurch Verlust der Lösungsfähigkeit
  (Archetyp 3)
- Abhängigkeit von der Einsicht aller und dadurch Erzeugung von Egoismusreaktionen der einzelnen Beteiligten
  (Archetyp 4)
- Entstehung von unnötiger Gegnerschaft aus Unverständnis über die Handlungsbedingungen der anderen
  (Archetyp 5).

Es lohnt sich, viel gemeinsame Mühe in das Erkennen der Wirkzusammenhänge zu investieren, die das Funktionieren der Organisation ausmachen, denn der Erkenntnisfortschritt aller Beteiligten ist beträchtlich. In der Mehrzahl der Fälle wird hiermit überhaupt erst die Basis gelegt, um sinnvolle Verhaltensänderungen und Massnahmen zu definieren. Und oft stellt sich hierbei heraus, dass gutgemeinte Massnahmen, massive Projekte und charismatischer Einsatz in der Vergangenheit ebensoviel Schaden angerichtet haben wie sie Nutzen stifteten.

Den richtigen Archetyp der Wirkzusammenhänge und Einflussfaktoren gemeinsam erkannt und ausgestaltet zu haben, versetzt alle Beteiligten in die Lage, in der vierten Phase des Lernprozesses die richtigen Prioritäten für die strategisch entscheidenden Teilziele und Veränderungsvorhaben zu setzen. Ebenso wichtig ist, dass die Beteiligten aus ihrem Kreis heraus Projektteams und Beauftragte benennen, denen die Verfolgung der mit hoher Lernbedeutung und daher hoher Priorität versehenen Veränderungsvorhaben anvertraut wird. Soweit wie möglich sollten alle Beteiligten in mindestens einem der Veränderungsvorhaben aktiv mitwirken. Die Abhängigkeiten der Veränderungsvorhaben voneinander müssen entsprechend dem Archetyp der Wirkzusammenhänge und Einflussfaktoren aufgezeigt und als Kooperationsverpflichtung anerkannt werden.

Damit ist der Übergang zu Phase fünf begonnen, in der es um die Einigung über die Form der Zusammenarbeit und die gemeinsamen Werte geht. In der Regel ist für jeden Einzelnen hier der Punkt erreicht, an dem ihm wie Schuppen von den Augen fällt, auf wie falschen Annahmen sein bisheriges Verhalten gegenüber den anderen Organisationsmitgliedern beruhte: auf unnötigen Rivalitäten und Schnittstellen-Interpretationen, die zu Abgrenzungen, Bereichsegoismen und Zuständigkeitszwisten führten und die die organisationalen Lernprozesse schwer beeinträchtigten und Inflexiblität erzeugten.

Aufbauend auf den Kenntnissen der persönlichen Ziele aller Beteiligten und der Übereinstimmung über eine gemeinsame Zielvorstellung, auf der Spannung, die aus der kritischen Analyse des Istzustandes entsteht, auf dem systemischen Verständnis der Wirkzusammenhänge und Einflussfaktoren sowie auf den gemeinsam abgestimmten Prioritäten für die strategisch entscheidenden Teilziele und Veränderungsvorhaben kann nun eine neue Form der Zusammenarbeit verabredet werden. Diese neue Form der Zusammenarbeit beruht auf Abstimmung und Kooperation bei der Interpretation neuer Erkenntnisse und Erfahrungen in allen Teilbereichen, um schnell zu Veränderungen der gemeinsamen Strategie und zu einem weiterentwickelten Gesamtverhalten der Organisation zu kommen, zu dem das spezifischen Verhalten aller Beteiligten passt.

Damit ist der Lernprozess einmal durchlaufen. Zu der neuen Form der Zusammenarbeit gehört aber weiterhin, dass die Beteiligten sich von nun an kontinuierlich Rechenschaft über ihre gemeinsame Zielvorstellung, den jeweiligen Istzustand, ihr Systemverständnis und den Stand der Veränderungsvorhaben ablegen. Das alles muss im Fluss bleiben und Gegenstand kontinuierlichen organisationalen Lernens sein.

Das Management der Lernprozesse im Unternehmen wird damit zur Hauptaufgabe der Unternehmensführung, und zwar in allen Feldern der Lernmatrix (siehe Abbildung 3).

Auf der Basis dieser Lernkultur, die wir bei Arthur D. Little auch eine Unternehmenskultur des »Alle für eine gemeinsame Sache« nennen (Arthur D. Little 1988), können Veränderungsvorhaben wie die Ausrichtung auf eine neue oder modifizierte Unternehmensstrategie, die Verwirklichung einer neuen Unternehmensorganisation, die Effizienzsteigerung der verschiedenen Geschäftsprozesse oder die Zusammenführung von unterschiedlichen Unternehmen (im Rahmen eines Mergers, einer Akquisition oder einer Partnerschaft) viel wirkungsvoller als bisher bewältigt werden und zu dauerhafteren Erfolg führen. Der Hauptgrund hierfür besteht darin, dass durch die bewusst gestalteten Lernprozesse ein wesentlich stärkeres Engagement aller Beteiligten für die Veränderungsvorhaben und ein zuverlässigeres Verständnis aller relevanten Wirkzusammenhänge und Einflussfaktoren zustande kommen, aus denen dann auch ein abgestimmtes konstruktives Verhalten aller Beteiligten resultiert.

Wandel wird so zu einem kontinuierlichen, gewollten und natürlichen Ergebnis des organisationalen Lernprozesses. Ziel des Wandels wird schliesslich immer seltener Krisenbewältigung und massives Reengineering sein müssen, sondern vielmehr das verbesserte Zusammenwirken der Menschen im Unternehmen und die Erschliessung neuer Geschäfts- und Wachstumspotentiale.

Literaturhinweise

ARTHUR D. LITTLE INTERNATIONAL, (Hrsg.): Management des geordneten Wandels. Wiesbaden 1988. S. 187–208

ARTHUR D. LITTLE, (Hrsg.): Management der Lernprozesse im Unternehmen. Wiesbaden 1995

SENGE, P.M.: The Fifth Discipline – The Art and Practice of the Learning Organization. New York, London, u.a. 1990

SENGE, P.M., KLEINER, A., ROBERTS , C., ROSS, R.B., SMITH, B.J.: The Fifth Discipline Fieldbook. New York, London, u.a. 1994

Teil IV
Die begonnene Zukunft: Human Resource Management als Herausforderung im Umfeld des Wandels

Human Ressource Management für das 21. Jahrhundert

Gedanken zur Bewältigung zukünftiger Herausforderungen

von

Gerhard Randa unter Mitwirkung von Christian Havranek

Human Resource Management ist ein junges Fach der qualitativen Betriebswirtschaftslehre. Dennoch erfreut sich die Anwendung eines zielorientierten und systematischen Personalmanagement in grossen Organisationen einer stetig wachsenden Bedeutung. Niemand wird bestreiten, dass Einstellungen und Fähigkeiten von Mitarbeitern und Mitarbeiterinnen für jedweden Wertschöpfungsprozess in Dienstleistung, Produktion und Handel von Bedeutung sind. Auch wenn sich der Qualifikationsstand der Mitarbeiter/innen nicht in den Ansätzen des Rechnungswesens, also der Bilanz sowie der Gewinn- und Verlustrechnung wiederfindet und alle Ansätze eines Human Ressource Accounting für die tägliche Managementarbeit wenig Hilfestellung leisten, so ist wohl die Bedeutung der Human Ressourcen einer Organisation als Teil des immateriellen Unternehmenswertes unbestritten.

Bis vor wenigen Jahren war es relativ einfach, den Entwicklungs- und Differenzierungsstand eines integrierten Personalmanagement in einer Wirtschaftsorganisation aus der Sicht des Top Management zu diagnostizieren.

Es ging dabei um die Frage, mit welchen Methoden und Instrumenten es dem Unternehmen gelingt, sich auf dem wohl wichtigsten Lieferantenmarkt, dem relevanten Arbeitsmarkt, als attraktiver und zukunftsorientierter Arbeitgeber zu präsentieren. Dies galt für die Zielgruppe der besonders talentierten und engagierten Hochschulabsolventen gleichermassen wie für das Recruiting auf engen und spezialisierten Arbeitsmärkten.

Eine weitere Funktion ist die des Auswählens, also der Entscheidung, ob Bewerber und Bewerberinnen in das Unternehmen kommen oder nicht. Stichworte wie Auswahl Assessment Center und weitere relevante und reliable Testverfahren sind von der Idee in vielen Wirtschaftsorganisationen zur Wirklichkeit geworden.

Personalmanagement bedeutet auch das Management von Leistungserwartungen, z.B. über Systeme des Führens durch Zielvereinbarung und regelmässige qualitative Mitarbeitergespräche. In diesen Gesprächen wird auch der Bildungsbedarf der Person gegenüber den Anforderungen der Stelle systematisch festgelegt.

Unternehmensspezifische Bildungsprogramme, die nicht nur Seminare, sondern auch – und vor allem – Fördermassnahmen am Arbeitsplatz kennen, haben solche Initiativen unterstützt. Es ging auch darum, die Mitarbeiter auf dem internen Personalmarkt richtig einzusetzen.

Dazu gehörte Nachwuchsentwicklungsprogramme zu initiieren, interne Stellenausschreibungen zu forcieren und sich auf die durch die Altersstruktur bedingten Lücken im Bereich qualitativ hochwertiger Schlüsselstellen rechtzeitig vorzubereiten.

Auch wenn in den letzten Jahrzehnten weitgehend dysfunktionale Systemelemente vieler Branchenkollektivverträge, insbesondere die weit über ihre heutige Berechtigung hinaus gehende Betonung des Faktors Seniorität, im Bereich der Entgeltfindung immer als hemmender Faktor galten, war es doch vielen Unternehmen ein Ziel, zwischen den branchenüblichen Arbeitgeber- und Arbeitnehmervereinbarungen im Repräsentativprinzip und dem individuellen Arbeitsvertrag mit seiner individuellen Entgeltfestsetzung eine unternehmenspolitische Leitlinie für das Remunerationssystem festzulegen.

Wenn es dann noch gelang, all diese Funktionen und die damit einhergehenden Methoden und Instrumente adäquat zu entwickeln und zu beschreiben und damit zeit- und personenunabhängig zur Verfügung zu stellen und das Management sich durch Mitarbeiterbefragungen und Betriebsklimaanalysen regelmässig über den Erfolg der Bemühungen informieren konnte, so galt das Personalmanagement eines Unternehmens als modern und zukunftsorientiert.

Etwas selektiver in der Beurteilung gestaltete sich die Analyse, ob das Personalmanagement einer Organisation in der Personalabteilung oder vor Ort in der Beziehung zwischen Führungskraft und Mitarbeiter gestaltet wurde. Schon wesentlich weniger grossen Wirtschaftsorganisationen gelang es hier eine aufgabenadäquate und sinnvolle Arbeitsteilung zwischen Zentralismus und Dezentralismus zu finden. Sinnvoll konnte und kann nur sein, dass sich eine Personalabteilung als interner Dienstleister versteht.

Ein solcher Dienstleister beobachtet seinen relevanten Markt, also die gesamte Unternehmung und stellt fest, ob und in welcher Qualität die oben beschriebenen Funktionen des Personalmanagement zwischen Führungskräften und Mitarbeitern gehandhabt werden.

Gelang es solchen internen Dienstleistern jedoch, eine Grosszahl der Führungskräfte für die Einsicht zu gewinnen, dass sich Human Ressourcen Management nur vor Ort, also in jeder Abteilung, zwischen Führungskraft und Mitarbeiter operationalisiert, dann konnte eine solche Organisation mit Recht behaupten, dass ihr Personalmanagement »State of the Art« war.

Jedoch wie so oft in der historischen Entwicklung jedwedes Managementansatzes zeigt sich, dass jedes Gleichgewicht nur von kurzer Dauer ist. Denn viele Unternehmen, vor allem im Bereich der industriellen Produktion, kamen trotz modernster Ansätze des Personalmanagement in ihrem Selbstverständnis bezüglich Wichtigkeit und Funktion desselben in beträchtliche Turbulenzen.

Signifikante Einbrüche im Betriebsergebnis führen dann sehr rasch zu der Aussage: »Im Moment ist alles andere als Personalmanagement wichtig«. Es gibt wohl kaum ein Kostensenkungsprogramm in Wirtschaftorganisationen, wo nicht Ausgabenbeschränkungen im Personalmanagement, die unmittelbar aufwandswirksam sind, zum Tragen kommen.

Wenn das Unternehmen wirtschaftlich überleben will, stehen nun ganz andere Themen im Vordergrund. Nämlich die Veränderung der Arbeitsorganisation selbst, die radikale Überarbeitung der Arbeitsabläufe durch Business Reengineering mit dem Ziel, nicht innerhalb der festgelegten Arbeitsorganisation und der festgelegten Arbeitsabläufe Verbesserungen zu erzielen, sondern diese Arbeitsabläufe neu zu designen und zu realisieren. Dies bedeutet zum Beispiel,

- dass die Bearbeitung eines Kreditantrages nicht mehr zwei Wochen, sondern nur mehr drei Arbeitstage dauert,
- dass kleinere Schäden in der Versicherungswirtschaft nicht mehr inhaltlich begutachtet werden, sondern bis zu einer festgelegten Mindestgrenze auf jeden Fall bezahlt und stichprobenartig kontrolliert werden, um Missbrauch zu verhindern.

Im Produktionsbereich geht es darum, Produktentwicklungszeiten und Kosten radikal zu verkürzen und zum Beispiel von eineinhalb Jahren auf ein Quartal zu reduzieren.

Dies geschieht oft dadurch, dass funktional orientierte Fachabteilungen aufgelöst werden und verstärkt in Unternehmensprozessen gedacht und gehandelt wird. Diese Veränderungen sind fundamental, radikal und bewirken meist das Entstehen völlig neuer Berufsbilder. Diese neue Herausforderung hat weitreichende Konsequenzen für das Personalmanagement, denn die Rahmenbedingungen verändern sich sehr stark:

Die funktionale Organisation löst sich auf, es geht um das Gestalten von temporären, rasch veränderungsfähigen, oft nahezu virtuellen Organisationen, die sich an Geschäfts- und Wertschöpfungsprozessen orientieren.

Stelleninhalte verändern sich permanent und in immer kürzeren Abständen.

Informationstechnologie und die Integration unterschiedlichster Informationskreise werden zu den Schlüsselfaktoren der Zukunft. Alle Human Ressourcen des Unternehmens werden möglichst in den direkten Wertschöpfungsprozess integriert, es entfallen ganze Hierarchieebenen, alle sekundären und tertiären Prozesse wie Rechnungswesen, Controlling und auch Personalmanagement müssen sich einem neuen Effizienzcheck unterziehen. Diese Entwicklung, an deren Anfang wir wohl erst stehen, hat für das Human Ressourcen Management weitgehende Konsequenzen und stellt völlig neue Herausforderungen dar.

Was sind nun diese neuen Anforderungen im Personalmanagement?
Es wird in Zukunft wesentlich wichtiger werden, sich auf die Schlüsselqualifikationen von Mitarbeitern zu beziehen. Diese werden vor allem im Bereich der fachunabhängigen Fähigkeiten, die man im englischsprachigen Raum treffender Weise als »transferable skills« bezeichnet, liegen. Es geht um die Fähigkeit einzelner Personen, Veränderungsprozesse zu initiieren, zu planen, zu konzipieren und erfolgreich zu implementieren. Es wird wesentlich wichtiger werden, dass zukünftige Manager komplexe Veränderungen im Sinne eines effizienten Prozessmanagement bewerkstelligen können. Dazu gehört ein Ausgleich zwischen Effizienz und Partizipation, zwischen Durchsetzung und Überzeugungsarbeit.

Diese widersprüchlichen Anforderungen zwischen gestaltenden Vorgaben und Beteiligung der Betroffenen auszubalancieren ist eine Schlüsselanforderung der Zukunft. Dazu gehören auf breiter Ebene die Entwicklung von Fähigkeiten des Projektmanagement, der Informationswirtschaft in Organisationen und des Erzeugens eines Klimas für Offenheit für notwendige Veränderungsprozesse auf allen Ebenen des Unternehmens.

Damit wird sich auch der Begriff der Führungskraft radikal verändern. Schon heute ist zu beobachten, dass ehemalige Funktionen des Mittelmanagement, die stark im Aufnehmen und Verarbeiten von Informationen, im Organisieren und Delegieren von Aufgaben lagen, wegfallen. Viele dieser Fähigkeiten werden von wesentlich mehr Mitarbeitern, die sich in völlig neuen Berufsbildern bewegen, verlangt werden.

In vielen Produktionsbetrieben ist zu beobachten, dass teilautonome Arbeitsgruppen heute Funktionen wahrnehmen, die früher der nun nicht mehr existenten Meisterebene vorbehalten blieben.

Dies betrifft Dispositionen im Materialfluss, Optimierungsprozesse in der Produktion, Entscheidungen über Lagerhaltung, Entscheidung über Aufnahme von neuen Mitarbeitern und weitgehend dezentralisierte Systeme der Arbeitszeitorganisation und Arbeitszeitautonomie. Frühzeitig und rasch solche kreativen und durchsetzungsstarken Changeagents zu diagnostizieren und sie mit dem nötigen »Empowerment« auszustatten, ist eine Anforderung an das Top-Management.

Dies wird auch das Ende aller unternehmensweiten Programme und Instrumente des Personalmanagement bedeuten.

Es wird aufgabenbezogene Insellösungen geben, die möglichst rasch entwickelt und implementiert werden. Es wird notwendiger werden, mit Unsicherheiten zu leben und systematisch komplexe Aufgaben durch eigene Problemlösungskompetenzen zu bewältigen.

Eine besondere Wichtigkeit kommt dabei der Anforderung des angewandten betriebswirtschaftlichen Denkens zu.

Unternehmer im Unternehmen werden unter Nutzung modernster Informationstechnologien ihre Wertschöpfungsprozesse optimieren und damit zum Unternehmensergebnis selbständig beitragen. In wesentlich schlankeren Organisationen werden durch integrierte EDV-Systeme Aspekte der Prozesskostenrechung und des Direct-Product-Pricings wesentlich an Bedeutung gewinnen. So wird auch vom Personalmanagement verlangt, personalwirtschaftliche Kennzahlen mit betriebswirtschaftlichen Leistungsgrössen zu verbinden und somit Steuerungsinstrumentarien für die Effizienz des Personaleinsatzes zu gestalten. Zwei Aspekten wird dabei besondere Bedeutung zukommen:

- Es wird notwendig sein, rasch und entschlossen im Unternehmen, abgestützt durch überbetriebliche Rahmenverhandlungen, wesentlich flexiblere Arbeitszeitmodelle mit längeren Durchrechnungszeiträumen zu entwickeln, damit die Arbeitszeit der notwendigen Nachfrage und den damit einhergehenden Kapazitätserfordernissen des Marktes entspricht.
- Als zweiter Bereich ist das Gehaltsmanagement zu nennen. Dysfunktionale Faktoren, wie jener der Seniorität, werden wohl in sehr rascher Weise gegenüber neuen Paradigmen der Entgeltfindung zurückgedrängt werden. Nicht so sehr die Komplexität der Stelle, sondern die Qualifikation und die Veränderungsbereitschaft der Person werden die neuen Leitgedanken in zukünftigen Gehaltssystemen sein. Dazu gehören Entgeltkomponenten, die verstärkt mit der individuellen Leistungserbringung zusammenhängen. Es ist schon heute, aber wohl verstärkt in Zukunft, erforderlich, die Unternehmensziele mit den individuellen Arbeitszielen der Mitarbeiter zu verbinden und Wertschöpfungsbeiträge der Mitarbeiter auch direkt auf ihr Entgelt rückwirken zu lassen.

Somit wird die neue Form der Organisation in unseren Unternehmen weitreichende Rückwirkungen auf das effiziente Human Ressource Management haben. Die Führungskraft der Zukunft wird jenes Methodenwissen über Personalmanagement brauchen, das heute noch den Spezialisten der Personalabteilung vorbehalten ist.

Diese neuen Anforderungen verlangen auch weitgehende Konsequenzen für das Bildungssystem. Beginnend von der Grundschule darf es nicht mehr darum gehen, Faktenwissen zu vermitteln, sondern Fähigkeiten zu entwickeln, um Zusammenhänge zu erkennen, Lernprozesse zu initiieren, Informationstechnologie zu nutzen und Kooperation zwischen Menschen zu fördern. Alle Bildungsinstitutionen, die die Notwendigkeiten der Zukunft nicht erkennen, werden in eine substanzielle Krise geraten oder beginnen zu erkennen, dass sie von ihr schon erfasst sind.

Heute sind vor allem kleine Unternehmen mit diesem neuen Selbstverständnis gewachsen. Grosse Wirtschaftorganisationen werden bei der Gestaltung dieses komplexen Veränderungsprozesses trotzdem eine »nachhinkende Vorreiterfunktion« haben.

Dabei wird sich aber immer deutlicher die Divergenz zwischen einzelbetrieblicher Optimierung und volkswirtschaftlichen Aspekten der Arbeitsorganisation und -gestaltung zeigen. Denn immer deutlicher ist zu beobachten, dass es kein anzustrebendes gesellschaftliches Modell ist, dass immer weniger hoch qualifizierte Mitarbeiter/innen einer immer grösser werdenden Gruppe von Personen ausserhalb des institutionalisierten Arbeitsprozesses gegenüberstehen.

Damit wird die Frage der Organisation und Distribution von Arbeit die grosse gesellschaftliche Herausforderung des 21. Jahrhunderts. Hochnotwendige Deregulierungen des Arbeitsmarktes werden Rationalisierungseffekte nicht aufwiegen können. 4,2 Millionen Arbeitslose in Deutschland im März 1996 und die stetig steigende Strukturarbeitslosigkeit in ganz Europa sind fundamentale Herausforderungen, die sicherlich nicht von der Politik allein bewältigt werden können. Gerade grossen Wirtschaftsorganisationen und ihrem Top Management wird hier die Aufgabe zukommen, ihren Beitrag für ein differenziertes »Bündnis für Arbeit« zu leisten.

Ob es zwischen dem amerikanischen Weg der Arbeitsplatzschaffung durch »low income working people« und dem Weg der raschen internationalen Migration aller arbeitsintensiven Produktionsvorgänge in Schwellen- und Entwicklungsländer noch einen dritten – europäischen – Weg gibt, wird essentiell von der Gestaltung des Human Ressource Management abhängen. Dabei wird es notwendig sein, durch entschlossene und gleichzeitig massvolle Deregulierungsmassnahmen mehr Flexibilität zu erreichen.

Jedoch gleichzeitig, und wahrscheinlich noch wichtiger, werden Qualifizierungsprozesse im Bereich moderner Informationstechnologien neue Formen von Arbeit in Handel, Produktion und Dienstleistung schaffen.

Die Personalabteilung der Zukunft wird dabei selbst ein Beispiel für »Empowerment« und Unternehmertum sein. Sie wird als DienstleistungsgesmbH ihre Beratungsprodukte sowohl dem eigenen Unternehmen als auch Drittmärkten wertschöpfend anbieten. Ihre Tätigkeit wird sich »ökonomisieren« und sich damit wesentlich stärker unternehmerisch verhalten.

Die doppelte Buchführung ist mehr als 500 Jahre alt, der erste deutschsprachige

Lehrstuhl für Personalwirtschaft kaum 35 Jahre. Trotzdem ist das Human Resource Management heute vor grössere Veränderungsnotwendigkeiten gestellt als Elemente der quantitativen Betriebswirtschaft. Doch in jeder Herausforderung liegt auch eine grosse Chance.

Es ist die Chance, dass die Weiterentwicklung des Management der Human Ressourcen einen substantiellen Beitrag zur Sicherung und Entwicklung der wirtschaftlichen Leistungskraft eines Unternehmens leisten wird.

Die Personalfunktion in Zeiten des Wandels

von

HEINZ FISCHER

Gliederung

Die Schnelligkeit der Veränderungen ist faszinierend. Hatte man vor einiger Zeit noch Probleme, mit Indien zu telefonieren, so kann man heute von dort aus per Telekommunikation administrative Tätigkeiten, Fernwartung und Software-Entwicklung durchführen lassen. Den Computer, den man im Jahr 1975 kaufte, konnte man noch fünf Jahre später zu einem guten Preis veräussern. Heute kann man den PC vom Vorjahr gerade noch verschenken. Noch vor 15 Jahren konnten in vielen Ländern Nord- und Mitteleuropas Angebot und Nachfrage auf dem Arbeitsmarkt nur durch zusätzliche südländische Mitarbeiter in der Balance gehalten werden, heute kann man trotz Arbeitszeitverkürzung den Anstieg der Arbeitslosenquote nur über kaschierende Massnahmen, den sogenannten grauen Arbeitsmarkt, verlangsamen. Der Arbeitsvertrag und seine bindenden Leistungskomponenten waren auf Langzeitbeschäftigung angelegt, die Führungssysteme nach Armeestruktur und/oder patriarchalisch aufgebaut. Man lernte seine Tätigkeit einmal, hatte eine Arbeitsplatzbeschreibung, die sich kaum veränderte, Senioritätsprinzip ...

Schöne, heile Welt? Auf keinen Fall, denn der schnelle Wandel heute entspricht der Notwendigkeit, produktiver zu arbeiten, um wettbewerbsfähig zu bleiben. Deshalb ist es wichtig, den Wandel aktiv zu gestalten, statt sich treiben zu lassen.

Welche Rolle muss dabei die Führung übernehmen? Welchen Beitrag soll die Personalabteilung leisten, wenn die alten Paradigmen nicht mehr gültig sind? Das »System Arbeit« benötigt neben evolutionärer Weiterentwicklung eine Revolution, einen Quantensprung, um den neuen Anforderungen an Wettbewerbsfähigkeit gerecht zu werden. Der Arbeitsplatz der Zukunft wird anders sein als heute, er kann sowohl zuhause als auch unterwegs, im Flugzeug, beim Kunden, beim Partner, ausserhalb des gewohnten 8-Stunden-Montag-bis-Freitag-Rhythmus sein, und in jedem Fall vielfältiger als heute.

Es wird keine Kochbuchlösung geben für die Zukunft der Arbeit, nur einige Grundregeln – und darauf aufbauend – offene Lösungen, die soziale Innovation zusammen mit dem technischen Fortschritt und der Globalisierung der Arbeitsteilung ermöglichen. Beteiligt sind daran alle, die für die verschiedenen Verantwortungsfelder eines Unternehmens eine Rolle spielen: der Kunde, der bestimmt, wer der Gewinner im Markt ist; die Mitarbeiter, die diesen Kunden zufriedenstellen; der Eigentümer, der eine optimale Rendite erwirtschaften möchte; die Gesellschaft, für die alle Verantwortung tragen.

1 Die Sinn- und Zweckfrage

Wozu und weshalb starten Menschen soziale, produktive Systeme, die man Unternehmungen nennt? Um langfristig anhaltende Werte zu schaffen. Diese Werte sind aber keineswegs ausschliesslich die Produkte eines Unternehmens. Produkte sind der Grundstein für den Erfolg. Produktlebenszyklen haben aber heute in den dominierenden Industrien eine durchschnittliche Lebensdauer von weniger als einem Jahr. Dies ist ganz bestimmt nicht langfristig anhaltend. Auch die Dienstlei-

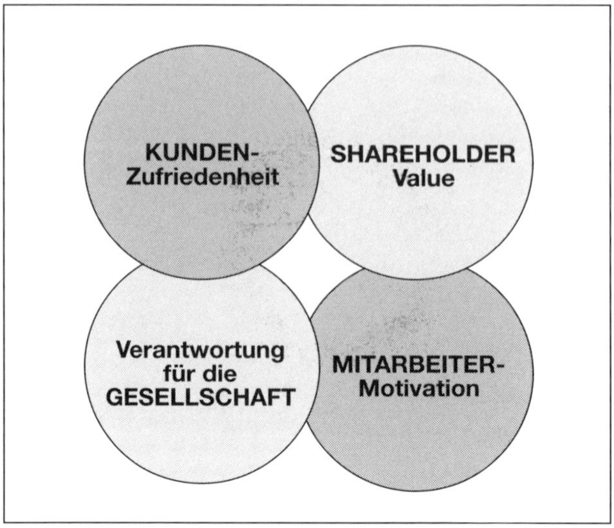

Abb. 1: Balance der Erfolgsfaktoren

stung und die Kundenbeziehung sind entscheidend für den Erfolg. Die Loyalität des zufriedenen Kunden unterscheidet erfolgreiche von weniger erfolgreichen Unternehmen. Der langfristig anhaltende Wert ist das Wissen und die Motivation der Mitarbeiter. Ein Unternehmensverkauf ohne Mitarbeiter erzielt nur einen kleineren – wenn überhaupt einen – Preis. Wenn nun die Mitarbeiter das grösste Vermögen sind, muss die Frage nach Sinn und Zweck der Arbeit auch für ihn gestellt und entsprechend beantwortet werden: langfristig anhaltende Werte zu schaffen. Der Mitarbeiter möchte seine Existenz absichern, sein Wissen und Können nutzen, Freude und Erfüllung bei der Arbeit haben, seine Werte (Ethik) erfüllt sehen.

Fügen wir nun beide Sinn-/Zweck-Achsen zusammen, können wir eine mögliche Logik des heutigen Systems Arbeit erkennen.

Bei optimaler Übereinstimmung spricht man von der »Stammbelegschaft« (core competitive). Durch Kongruenz der Werte kann sich eine ausgeprägte Unternehmenskultur entwickeln. Optimale Gehalts- und Leistungspakete ermöglichen Konkurrenzfähigkeit. Der Übergang zur Gesamtbelegschaft (competitive) ist fliessend.

Das Wissen/Können/Wollen der Mitarbeiter zusammen mit dem Leistungspaket, das sie dafür erhalten, macht die Wettbewerbsfähigkeit des Unternehmens aus. Der Bereich, der »Resilient Workforce« genannt wird, ist gefährdet, weil er die Wettbewerbsfähigkeit eines Unternehmens nicht erhöht. Im Normalfall übergeben Unternehmen die dort angesiedelten Tätigkeiten an Dritte. Zuarbeit in der Wertschöpfungskette durch Dritte ist auch in den anderen beiden »Bereichen« dieses Teils der Belegschaft – oft zusammen mit dieser – taktisch sehr wichtig, dann aber aus anderen Beweggründen. Zum Beispiel dann, wenn man alleine nicht die Kompetenz hat, um die Schaffung von langfristig anhaltenden Werten auf diesem Gebiet zu ermöglichen.

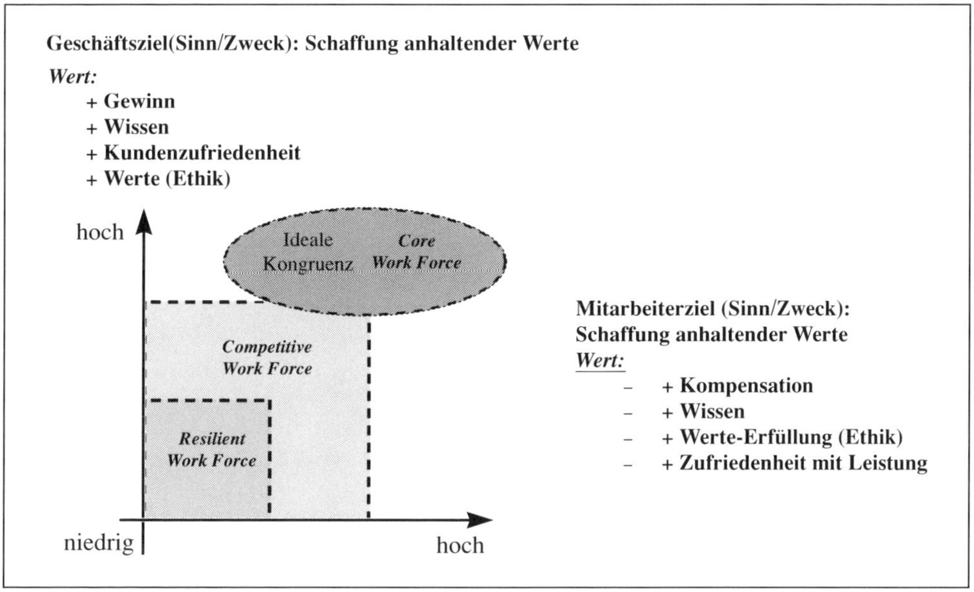

Abb. 2: Arbeit System

Die Aufgaben der Personalfunktion erklären sich aus den geschilderten Rahmenvorgaben. Neue Lösungen für dieses System Arbeit zu finden, ist nicht nur Aufgabe der Politik, Gewerkschaft, Unternehmensführung, sondern auch – und dies sogar vorrangig – der Personalfunktion in den Unternehmen. Die Bedeutung unserer Funktion in der Zukunft wird davon abhängen, welchen Beitrag wir zum Quantensprung des neuen »Systems Arbeit« leisten. Alle unsere Lösungsansätze müssen dabei offen sein für Weiterentwicklung, flexibel und anpassungsfähig. Und sie müssen den Verantwortungsfeldern in einer ausgewogenen Weise gerecht werden.

2 Lösungsansätze

Um das adaptive System Arbeit überlebensfähig zu machen und auszubauen, muss die Personalfunktion den Sinn und Geschäftszweck des Unternehmens verstehen und dazu die optimale Balance zur Sinn-/Zweckerfüllung für die Mitarbeiter entwickeln. Deshalb muss das Angebot an die Mitarbeiter sensible, offene Lösungen im *Anerkennungssystem* (Gehalt, Kompensation), im *Lernsystem*, Beständigkeit im *Wertesystem* umfassen, dies verbunden mit einer modernen *Personalorganisation*, die den Veränderungen gerecht wird. Lösungsansätze, an welchen wir arbeiten, werden nun beschrieben.

2.1 Flexibilität und ganzheitliche Anerkennungssysteme: das Menue-Konzept

Um Flexibilität in die Gehaltsfindung einzuführen, sind Elemente wie Gewinnbeteiligung, Aktiensparen (»Pay at Risk«) sicherlich erste, richtige Schritte. Richtige Schritte auch zur Unterstützung der Logik, dass man für erbrachte Wertschöpfung und nicht für Rang, Status, Seniorität und andere leistungsunabhängige Umstände zuzahlt. Ohne Zweifel geht es nicht um absolute Flexibilität, doch Gehaltskonzepte in den Proportionen fix/variabel von 90/10 oder 80/20 helfen in rezessiven Phasen, konkurrenzfähig zu bleiben und gleichzeitig die Beschäftigung zu sichern. Diese Ideen und Konzepte sind bekannt und in einigen Unternehmen werden sie schon länger genutzt.

Das Menue-Konzept soll das Gesamtleistungspaket aus Kompensation und Arbeitsbedingungen nicht nur kollektiv, wie bei der Wertschätzung/Kosten-der-Leistung-Methode flexibilisieren, sondern auch den Bedürfnissen und Präferenzen des einzelnen anpassen.

Die entscheidende Rahmenvorgabe ist, dass bei der Nutzung dieses Konzeptes die Ziele der Verantwortungsfelder erfüllt werden müssen. So darf die Kundenzufriedenheit unter keinen Umständen leiden. Eine weitere: die gesetzlichen, aber auch kulturellen Eigenheiten der unterschiedlichen Länder müssen in Europa berücksichtigt werden.

Schritt 1:
Für das Geschäftsergebnis, die G+V eines Unternehmens, ist es gleichgültig, ob der Mitarbeiter Gehalt oder Gehaltsnebenkosten als Kompensation wählt. Deswegen sollte man ihn unter bestimmten Ausschlüssen, z. B. der »Catastrophic Courage«, auswählen lassen. Dieses Cafeteria-Prinzip ist zwar bekannt, wird aber selten genutzt. Zeitflexibilität im Sinne von Zeitsouveränität ist eine der entscheidenden Forderungen aus dem Wertewandel bei den Mitarbeitern in den letzten 20 Jahren. Zeitsparen über Tage, Monate und Jahre hinaus ist kostenneutral, erlaubt die spätere Nutzung der angesparten Zeit für Weiterbildung, Kinderphase, Regenerationsphasen, gleitenden Ruhestand und kann somit im Rahmen eines Cafeteriaangebots als nächster Schritt hinzugefügt werden. Aber auch der Arbeitsplatz selbst, sofern es die Tätigkeit erlaubt, sollte nicht nur betriebsbedingt, sondern auch auf Mitarbeiterwunsch flexibel gestaltet werden, teilweise zu Hause, teilweise im Büro. Solange das Verhältnis zwischen Kosten und Nutzen gewährleistet ist, kann dies im »Menue« angeboten werden.

Dieses Modell ist für die *Core Workforce* nicht nur attraktiv, es ermöglicht mit der Erweiterung des Blickfeldes – weg von der Kostenreduzierung hin auf die Nutzen-Maximierung – die »*Competitive Workforce*« konkurrenzfähig zu halten, da die Produktivität erhöht wird. Das Wissen unserer Mitarbeiter ist das langfristig Erhaltende.

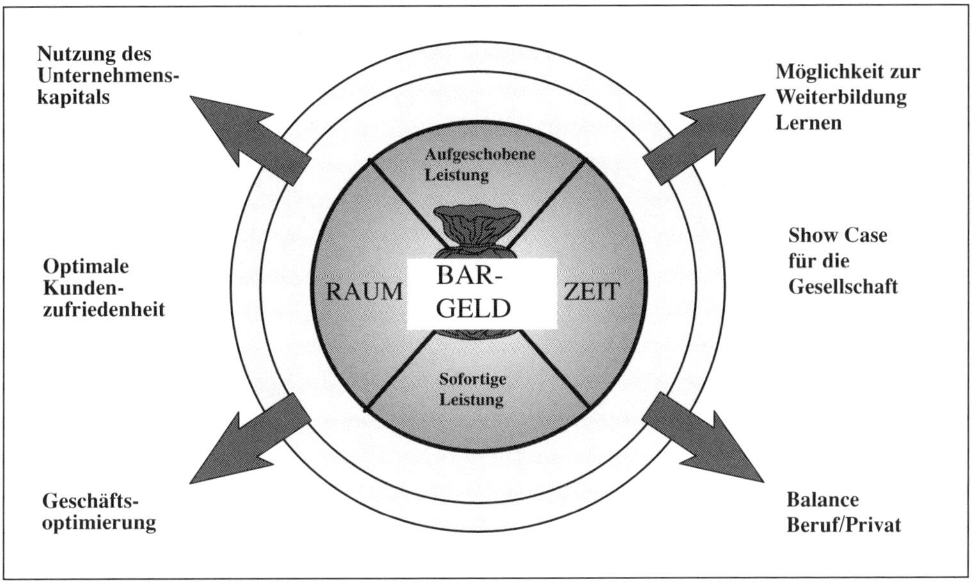

Abb. 3: »HP Menue« Concept

2.2 Lernsystem: Learning Technology

Input, Verarbeitung, Output und Feedback sind die systematischen Bausteine, die sowohl für das Lernen als auch für den Leistungsprozess des Menschen gültig sind. Wissen, Fähigkeiten und Motivation sind der Input unserer Mitarbeiter im Leistungsprozess. Der Input des Unternehmens sind Ziele, Werte, Infrastruktur und Aufgaben. Gemeinsam entsteht das Ergebnis: der Output. Die Überprüfung des Ergebnisses führt zu Anerkennung, Anreiz, Status, Verantwortlichkeit.Und im Feedback wird informiert und korrigiert – als neuer Input für den Kreislauf.

Der Einfluss der Technologie auf diesen Leistungsprozess, speziell auf Wissen, Wissensverbesserung, auf den Lernprozess, ist hier das Thema. Soziales Lernen, Lernen in Gruppen hat eine wichtige Funktion, jedoch können die modernen, neuen Werkzeuge wie Worldwide Web (WWW), interaktive CD-ROM, Distance Learning zur Unterstützung und zur Beschleunigung des Lernens Schlüssel für den Erfolg sein. Diese Werkzeuge ermöglichen Lernen dort, wo der Mitarbeiter gerade ist. Schüler im hohen Norden von Norwegen sind interaktiv mit dem Lehrer in Oslo verbunden, der Schüler kommt nicht zum Lernplatz Schule (1.500 km entfernt), sondern die Schule kommt zum Schüler.

Technisches Know-How, oder auch Lernen mit einem individuellen Guru kann von jedem Ort zu jedem Ort vermittelt werden. Sprachen lernen oder technisches Training, interaktiv mit CD-ROM/Laptop, ermöglicht Lernen, wo ich gerade bin, in der Geschwindigkeit, die mir behagt. Die Lernprozess-Schritte (Abbildung 4 und 4 a) können in vielen Lern-Modulen technologisch unterstützt werden, so

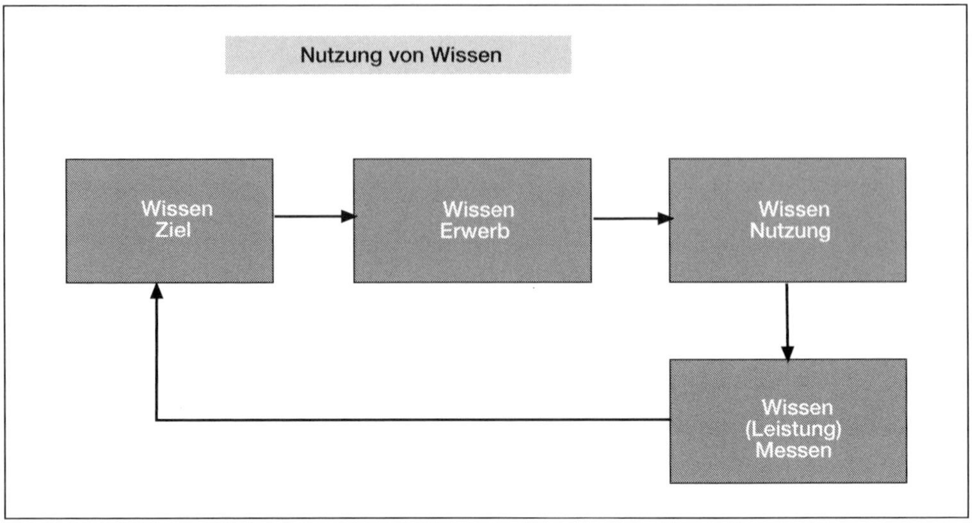

Abb. 4: Bestandteile der Nutzung von Wissen

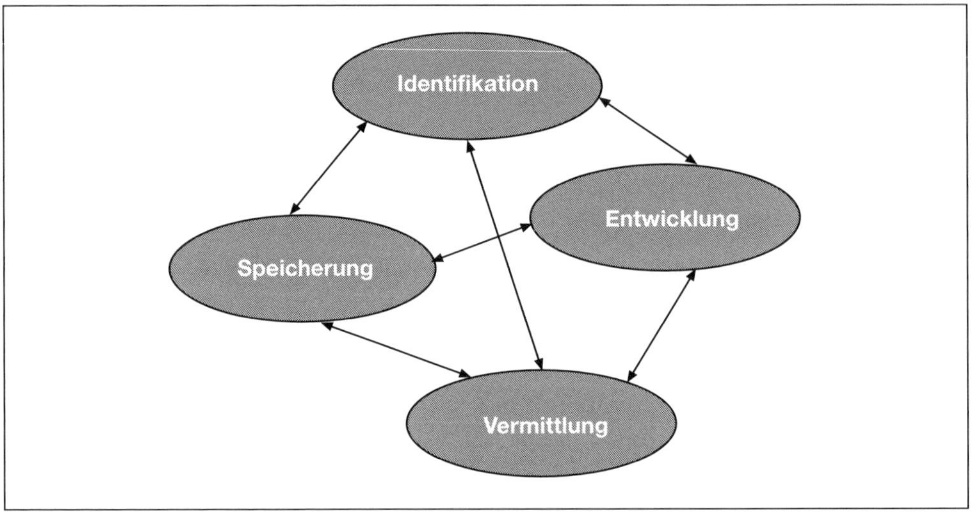

Abb. 4a: Bestandteile des Erwerbs von Wissen

steht z. B. über das WWW das globale Wissen jedem überall und immer zur Verfügung. Der wichtigste Schritt der Nutzung des Wissens benötigt aber immer noch die Motivation dazu. Verantwortung im Lern- und Beschäftigungsprozess ist die Verantwortung des Mitarbeiters. Führung hat die Aufgabe, den Mitarbeiter zielgerichtet zu beraten und zu führen, die Personalfunktion erbringt optimale Unterstützung.

Geschäftserfolg ist Qualität der Entscheidung multipliziert mit der Motivation. Die Qualität der Entscheidung ist allerding abhängig von der Fähigkeit, Wissen zu nutzen. Die Motivation ist abhängig vom Wertesystem.

2.3 Die Veränderung im holistischen Wertesystem

Sicherlich sprechen wir alle auf kurzfristige Anreize an, jedoch wird die langfristige (anhaltende) Motivation, aussergewöhnliche Leistungen zu erbringen, vom Wertesystem, von der Kongruenz zwischen Mitarbeiterwerten und Unternehmenswerten abhängen.

Die grosse Problematik im zukünftigen System Arbeit liegt darin, dass es einfacher ist, Antworten für das *Körper-* und *Geist*-System zu finden. Das System *Seele* (Wertesystem) sucht indessen noch nach – für beide Parteien im Arbeitsprozess – schlüssigen, akzeptablen Lösungen.

Das partriarchische Wertesystem, das mehr und mehr abgelöst wird, hatte folgende Zuordnungen:

Seele: Grundwert Vertrauen, gelebt über Beschäftigungssicherheit als Ziel,
Geist: einmal gelernt, klare Stellenbeschreibung, langfristige Nutzung und Beitrag auf Basis des bestehenden Wissens,
Körper: festes Entgeltsystem, Arbeitsplatz und Arbeitszeit wenig flexibel.

Das neue *System Arbeit* verlangt nach einer Beziehung von Gleichberechtigten:

Seele: Grundwert Vertrauen, gelebt über Ehrlichkeit und Eigenverantwortlichkeit,
Geist: lebenslanges Lernen, flexible Verantwortlichkeit, Beitrag und Nutzen durch ständiges Anpassen und Verändern, Beschreibung der Rahmenverantwortlichkeit und des Ziels,
Körper: flexibles Entgeltsystem, flexibler Arbeitsplatz, flexible Arbeitszeit.

Eine logische Konsequenz davon könnte sein, dass der Mitarbeiter eher Unternehmer bzw. aktiver Manager und Vermarkter seiner Arbeitskraft wird. Dies würde auch eine Beschäftigung bei Partnern in der Wertschöpfungskette ermöglichen. Lernen, Gehaltssystem, Kompensation verlangen nach gemeinschaftlicher *Partnerschaft* der Unternehmungen. *ISO Standards* müssten nicht nur für Qualität und Technologie, sondern auch für Standards im Lernen, in der Kompensation und Mitarbeiterbehandlung (Werte) vereinbart werden.

2.4 Die Euro/Lokale Prozessorganisation

Die geschilderten Veränderungen haben Auswirkungen auf unsere Personalorganisation. Globalisierung, Kostendruck, die Maxime der Kundenzufriedenheit gelten auch für die Personalfunktion. Dies sind Rahmenvorgaben, die wir durch eine

Prozessorganisation mit lokalen, europäischen, aber auch weltweiten Verantwortlichkeiten ausgefüllt haben.

Die *HR-Firm* – also das Human Resources-Unternehmen – wie wir diese Organisation nennen, geht davon aus, dass auch unsere Funktion Produkte und Dienstleistungen anbietet, die wir unseren Kunden im Rahmen von Produktionszentren und Expertenzentren anbieten, anliefern und berechnen. Und deren Qualität wir überprüfen.

Um unsere Kunden – Mitarbeiter, Führung der geographischen Struktur, Führung der Produktorganisation, »legale« Kunden, der HP-Kunde und Partner – direkt zu betreuen, bieten wir Kundenbetreuung als *Major Account Manager* überall dort an, wo es die kritische Masse der Organisation erlaubt. Dieser Mitarbeiter ist Personal*generalist*, er ist beim Kunden, erkennt die Aufträge, erfüllt die Aufgaben, die sofort und vor Ort zu erledigen sind, oder aber leitet diese Aufträge weiter an das Produktionszentrum. Die Auftragsabwicklung erfolgt von diesem Zentrum aus, wobei die Qualität nicht nur vom Kunden, sondern auch von der Betreuung vor Ort (Major Account Manager) überprüft wird.

Zentrum bedeutet übrigens nicht, dass wir im Sinne von Orwells 1984 alle Mitarbeiter von einem Ort aus arbeiten lassen. Wir verstehen darunter mehr ein virtuelles Zentrum, standardisierte Lösungen, Prozesse, Produkte, die im Team – aber unter einer Führung, die nicht *im* HQ sein muss, aber *zum* HQ gehört – dem Kunden angeboten werden. Sind wir jedoch früher von 80/20 (unterschiedlich/standardisiert) ausgegangen, so sind wir jetzt der Überzeugung, 20/80 ist machbar.

Eine weitere wichtige Entscheidung für die Organisationsentwicklung, die wir im Team der Personalverantwortlichen zu fällen hatten, war die Zuordung der Prozesse und Produkte zu *lokaler* Verantwortung. Wo arbeiten wir im virtuellen europäischen Zentrum zusammen. Was wird *weltweit* entschieden und ausgeliefert? Beispiele für die unterschiedlichen Verantwortlichkeiten:

lokal: z. B. Betriebsratsbetreuung, Pensionsplan-Gestaltung im Rahmen der weltweiten Zielvorgabe, Mitarbeiterbetreuung,

europäisch: z. B. Einstellungsprozess, Angebot von Training und Beratung, Total Compensation System, Job Evaluation System (Bezahlung jedoch nach lokalen Marktgegebenheiten),

weltweit: z. B. einheitliches EDV-System, Definition der obligatorischen Datenelemente, Rahmenvorgaben für Werte, Ziele und Zielerfüllung.

Nicht immer wird die Organisationslösung eine virtuelle sein können. So werden für die Gehaltsbuchhaltung eine europäische Lösung und ein zentrales Produktionszentrum geschaffen.

Die HR-Firm, geführt vom Team der europäischen Personalleiter, arbeitet wie eine Personalfunktionsfirma im Unternehmen, nicht mit dem Ziel, später einmal »ausgliederbar« zu sein, sondern mit dem Ziel, Kundenzufriedenheit und Mitarbeitermotivation zu erhöhen und Kosteneffizienz bei hoher Wertschöpfung zu ermöglichen. Die Geographie wird weiterhin die Basis für unsere Organisationsstruktur bilden. Die Vorteile sind eindeutig: Geschäftsfelder und deren Strukturen müssen sich ständig wandeln.

Diese Organisationsform ermöglicht zwei weitere Veränderungen, die uns bei der Umsetzung unserer Vision *Future at Work* hilft. Erstens war die Kostenbelastung für die Personalfunktion bisher eine Umlage (Mitarbeiteranzahl als Schlüssel). In Zukunft wird weitaus mehr eine Belastung per Produkt und Serviceanlieferung vorgenommen. Die Preisgestaltung muss konkurrenzfähig (Benchmarking) sein, muss aber wie in einer Firma R & D, Marketing, Administration beinhalten (kein Profit).

Zweitens bieten wir auch einen Teil unserer Dienstleistungen an Kunden, Lieferanten und Partner an, um eine wirkliche Partnerschaft mit ihnen aufzubauen.

2.5 Die Vision »Future at Work«

Visionen sind kraftvolle Bilder der Zukunft, die man gemeinsam verwirklichen möchte. Die geschilderten Probleme und Lösungsansätze sind Bauteile zur Erfüllung der vor ungefähr drei Jahren entwickelten Vision der Personalfunktion von Hewlett-Packard. Mit dem Slogan »We make Future at Work happen«, erarbeitete das Team der europäischen Personalleiter, basierend auf

- der Wertestruktur,
- der Mission der Funktion,
- den zu diesem Zeitpunkt gegebenen Stärken und Schwächen,
- den Verantwortungsfeldern

die Vision und einen Zielerfüllungsplan, um sie zu verwirklichen.

Wir sind zur Zeit auf dem Weg und stellen fest: der Weg ist das Ziel. Einiges haben wir erreicht, anderes wird wohl nicht vor dem Jahre 1998 so weit sein. Was wir auf dem Weg gelernt haben, ist vielleicht mehr wert als die Zielerreichung selbst:

- der Wandel ist *Chance*
- im Team mit einem Traum kann man Berge versetzen
- Diversity (Kultur, Alter, Geschlecht) ist ein Vorteil
- es ist nicht »*entweder oder*«, sondern kann »*sowohl als auch*« sein
- es gibt viele richtige Wege, man muss nur einen mit vollem Selbstvertrauen gehen
- Fehler dürfen gemacht werden
- Betroffene müssen zu Beteiligten werden

und als Wichtigstes:

- Mitarbeiter sind das grösste Vermögen.

3 Ausblick

Der Erfolg unseres Unternehmens ist davon abhängig, dass unsere Mitarbeiter ihre Kreativität, Produktivität und Motivation in vollem Umfang für das Unternehmen einsetzen. Dafür müssen wir das geeignete Umfeld schaffen. Dem dienen all die oben beschriebenen Lösungsansätze. Sie werden voraussichtlich mithelfen, das zukünftige *System Arbeit* zu gestalten, müssen selber aber noch weiterentwickelt werden.

Die Herausforderung ist dabei, heute Resultate zu optimieren und dabei gleichzeitig Flexibilität, Fähigkeiten und Expertise für das langfristige Überleben aufzubauen. Dies gelingt nicht gegen, sondern nur mit unseren Mitarbeitern.

Dabei müssen wir tradierte Wege ständig aufgeben, alte Erfolgsgeschichten verlernen. Das kann wehtun, hilft aber, eine neue, vielleicht sogar bessere Arbeitswelt zu schaffen. Es gibt die Möglichkeit, dass sich das System Arbeit dem Menschen anpasst, nicht der Mensch der Arbeit.

Aufgabe der Führung ist es dabei nicht, den Status Quo zu schützen, sondern die richtigen Annahmen zu treffen. Nur flexible Systeme überleben, starre Systeme zerbrechen. Die Führung muss den Wandel so schnell gestalten, wie es die Menschen und die Organisation ertragen. Führung verlangt dabei, dass jemand folgt. Die Chance zum Erfolg ist umso grösser, je besser die Güte der Entscheidung und die Motivation der Mitarbeiter ist.

Oft vergleicht man das Streben nach Unternehmenserfolg mit einem Marathonlauf und nicht mit einem 100-Meter-Lauf. Beides ist falsch und richtig zugleich. Das Streben nach ganzheitlichem Unternehmenserfolg muss konstant sein. Idealerweise habe ich heute Erfolg (100-Meter-Lauf). Aber auch der Marathonlauf hat ein Ende, dies wäre der mittelfristige Erfolg. Natürliche Systeme jedoch brauchen ihre Pause, haben ihre Jahreszeiten. Der 100-Meter-Läufer wie der Marathonläufer machen nach Erreichen des Ziels eine Pause.

Wichtig für den anhaltenden Erfolg ist Diversifizierung auf dem »CORE« Geschäftsfeld, sei es geographisch, sei es in verschiedenen Anwendungen. Diversifizierung ist eine Möglichkeit, die Problematik der Jahreszeiten – bzw. der Saisonalitäten – abzufedern.

Selten sind alle Geographien gleichzeitig in einer Rezession, im Winter der Unternehmung, oder befinden sich alle Produktbereiche in der Cash-Cow-Phase, Bereich des Herbstes. Ideale Diversifikation ermöglicht Bereichen, im Frühling zu sein (der Pionierphase), anderen im Sommer oder Herbst. Wieder andere, die alleine im Winter nicht überlebensfähig wären, bereiten – geschützt von den anderen – einen Frühling vor, wie in der Natur, in der in der Ruhe des Winters die Kraft für das Frühjahr gesammelt wird. Auch wird im Winter in der harten Auslese der Natur nicht Überlebensfähiges absterben. Leider ist auch dies Aufgabe der Führung, die Entscheidung darüber zu treffen. Auch hier ist Wandel eine Chance. Es gibt immer noch viele Möglichkeiten, etwas zu unternehmen, um langfristig anhaltende Werte zu schaffen.

Die Aufgabe der Personalführung in Zeiten des Wandels ist es, offene, flexible Lösungen für das System Arbeit zu finden, anzubieten, zu vermarkten, zu verkaufen. Die Parameter dafür sind die Verantwortungsfelder, für die langfristig anhaltende Werte geschaffen werden müssen.

Die Entwicklung von Wertorientierungen und Einstellungen – eine Herausforderung des Human Resource Management

von

Lutz von Rosenstiel

Gliederung

Analysiert man mündliche Verlautbarungen, schriftlich fixierte Unternehmensgrundsätze oder Führungsprinzipien grösserer Unternehmen der Wirtschaft und Verwaltung, so wird offensichtlich, dass die Bedeutung des »Human Resource Management« durchaus erkannt ist, ganz gleich, ob nun dieser sich einbürgernde Begriff gebraucht wird oder nicht. Der Mensch – als Ausgangspunkt betrieblicher Innovation, als Motor der Prozesse innerhalb des Unternehmens und Kommunikationspartner für andere Unternehmen, Behörden und dem Kunden gegenüber, aber auch als bedeutsamer Kostenfaktor – findet verstärkt die Beachtung der Entscheider. Es gilt, um ein Wortspiel von Oswald Neuberger (1991) aufzugreifen: »Der Mensch als Mittelpunkt.«, was keineswegs seine Instrumentalität für das Unternehmen ausschliesst: »Der Mensch als Mittel. Punkt.«

Ob freilich jene, die gelegentlich volltönend darüber sprechen, dass die Mitarbeiter das »wichtigste Kapitel« im Unternehmen seien, dies ernsthaft meinen, mag in manchen Fällen – wenn man Unternehmenspraktiken kritisch analysiert – tunlichst bezweifelt werden. Hier gilt eben, wie auf so vielen Gebieten, dass eine Diskrepanz zwischen Wissen und Handeln besteht, durch die die Umsetzung neuer Erkenntnisse und somit Wissenstransfer vielfach behindert werden.

Betrachtet man aufmerksam, welche Aktivitäten im Rahmen eines Human Resource Management häufig ergriffen werden, so lässt sich festhalten, dass in erster Linie auf eine reflektierte Personalauswahl, einen auf sorgfältiger Information aufbauender Personaleinsatz, auf eine quantitative und qualitative Personalplanung und – als ein Ausfluss daraus – auf Personalentwicklung im Sinne einer Entwicklung von motorischen, kognitiven und sozialen Kompetenzen (Sonntag, 1992) gedacht wird. Es geht also, greift man eine klassische, wenn auch grobe Differenzierung von Rohracher (1976) auf, um die psychischen Funktionen; d.h. um all das, was dem Menschen hilft, seine Ziele zu erreichen, dagegen nicht oder nur am Rande (v. Rosenstiel, 1994) um die psychischen Kräfte, d.h. um jene psychischen Grössen, die uns auf bestimmte Ziele hin orientieren oder gar drängen, wie es für Motive, Einstellungen oder Wertorientierungen gilt. Gerade die Entwicklung derartiger Kräfte erscheint angesichts neuer Anforderungen an die Unternehmen und damit auch an deren Mitarbeiter eine wichtige Aufgabe des Human Resource Management zu sein. Damit wollen wir uns nachfolgend auseinandersetzen.

1 Warum arbeiten Menschen? – Kontrollformen der Organisation

Es ist innerhalb der sozialwissenschaftlichen Literatur unstrittig, dass die Beziehung zwischen dem einzelnen und der Organisation konflikthaft ist (Argyris, 1964) und für den Menschen das organisierte Handeln einerseits Einschränkung bedeutet, Anpassung an jene generalisierenden Zielsetzungen, Vorschriften und Rahmenbedingungen, die Spontaneität und individuelle Besonderheiten zurückdrängen, andererseits aber auch vielerlei Vorteile in sich birgt, die sich sowohl aus dem Prozess des Handelns, der sozial organisierten Arbeit (v. Rosenstiel, 1975; Neuberger, 1985), als auch aus den sich daraus ergebenden Resultaten der Arbeit erklären lassen, durch die ein weit höherer Grad der Bedürfnisbefriedigung innerhalb der Gesellschaft gesichert wird.

Die relativ hohe Leistung der Organisation, die sich als Bedürfnisbefriedigung durch die Organisation interpretieren lässt (v. Rosenstiel, Molt & Rüttinger, 1995), beruht letztlich auf dem Prinzip der Arbeitsteilung und der Koordination von arbeitsteiligen Aktivitäten auf ein Ziel hin, was meist durch eine Hierarchie der Verantwortung erfolgt (Schein, 1965; Gebert, 1978).

Diese Arbeitsteilung, die innerhalb des Scientific Management (Taylor, 1911) ihre höchste Ausprägung fand, führt in ihren Extremformen zu einer kognitiven, motivationalen und emotionalen Schädigung des Menschen (Kornhauser, 1965) und ist, um mit Volpert (1990) zu sprechen, keine Arbeit, die »gut für den Menschen« ist. Darum wird sie ja auch meist nicht spontan, freiwillig, selbständig und mit Freunde ausgeführt sondern bedarf der Fremdbestimmung durch die personale Hierarchie oder aber durch Führungssubstitute (Weinert, 1989), des »Kopfes«, der innerhalb des arbeitsteiligen Konzeptes die »Hand« steuert und kontrolliert.

Dies wirft die Frage nach den Kontrollformen innerhalb einer Organisation auf, die Etzioni (1965) in einer anschaulichen Klassifikation zu beantworten suchte. Abbildung 1 veranschaulicht dies.

Art der Organisation	**Zwangs-organisation**	**Utilitaristische Organisation**	**Normative Organisation**
Beispiel	*Gefängnis*	*Industriebetrieb*	*Kirche*
Art der vorherrschenden Sozialisations-strategie	Zwang Bestrafung	materielle Belohnung	Appelle an den guten Willen, die Einsicht usw.

Abb. 1: Organisationstypologie nach Etzioni

Da ist also zunächst die Zwangsorganisation, die sich am Beispiel des Gefängnisses oder besser noch am Beispiel der Galeere des klassischen Altertums illustrieren lässt. Die Ruderer sind an die Bordwand des Schiffes gekettet und ganz zur Funktion, zum »Motor«, degradiert. Der Sklaventreiber sorgt mit Hilfe von Strafandrohung und Strafe – konkret durch die Korkodilslederpeitsche – dafür, dass sie ihre Funktion erfüllen. Dieses Kontrollmodell enthält mehrere Voraussetzungen: Für die Arbeitenden gibt es keinerlei Alternative, ihre Dependenz von der Organisation ist total. Der Vorgesetzte hat vom Ethischen und Rechtlichen her die Möglichkeit, Zwang auszuüben, und er hat schliesslich die fachliche Kompetenz, rasch und vollkommen zu erkennen, wer von den Arbeitenden seiner Funktion adäquat nachkommt und wer nicht.

Es ist offensichtlich, dass Organisationen der modernen Wirtschaft oder Verwaltung in den entwickelten Industriestaaten diesen Voraussetzungen in der Regel nicht entsprechen. Der Arbeitende hat – wenn ihm die Umstände zuwider sind – die Möglichkeit, die Organisation zu verlassen. Rechtliche und ethische Rahmenbedingungen beschränken die Bestrafungsmacht des Führenden und schliesslich fehlt einem Vorgesetzten zunehmend die Kompetenz, den von ihm geführten Spezialisten in Detail zu kontrollieren, da dieser auf seinem Fachgebiet dem eher generalistisch ausgerichteten Vorgesetzten überlegen ist. Wer kann als Vorgesetzter schon beurteilen, ob der am Computer sitzende Mitarbeiter gerade das Richtige denkt, welcher Filialleiter einer Grossbank ist in der Lage, die Arbeiten eines Informatikers im Rechenzentrum des Unternehmens adäquat zu bewerten?

Wenden wir uns nun also der Organisation mit dem kalkulativen Engagement zu, für die prototyisch das Industrieunternehmen steht oder ganz generell das Unternehmen innerhalb der Marktwirtschaft, innerhalb dessen die Kontrollform in der Belohnung besteht. Ein Austauschverhältnis (Adams, 1963) herrscht vor; gute Leistungen werden belohnt; der Mitarbeiter erhält für das, was das Unternehmen von ihm fordert – Qualifikation, Einsatz, Betriebstreue, Loyalität etc. – angemessene Belohnungen wie Geld, Anerkennung, Status, Betriebsklima, einen Ort der Arbeit mit hohem Freizeitwert und v. a.m.. Aber auch dieses Modell, das sicherlich vielfach im Grundsätzlichen seine Gültigkeit innerhalb der Marktwirtschaft hat, stösst auf Grenzen, da seine Voraussetzungen nur z. T. gegeben erscheinen. Eine durchgängige leistungsgerechte Entlohnung ist nur im Ausnahmefall möglich. Belohnungen sind häufig strukturell – z. B. durch Tarifabkommen oder individuelle Vereinbarungen – fixiert, Rückstufungen widersprechen den kulturell verankerten Selbstverständlichkeiten, so dass bereits Gellerman (1968) in seinem klassischen Werk einerseits vom »Lohn für die Leistung«, andererseits aber auch für den »Lohn für die Mitgliedschaft« spricht. Vielfach ist es ja so, dass der Mitarbeiter für seine Anwesenheit am Arbeitsplatz, für die Mitgliedschaft in der Organisation, bezahlt wird. Für das, was er dann dort konkret tut, sind andere Gründe ausschlaggebend, die mit dem von aussen kommenden Belohnungssystem wenig zu tun haben. Ausserdem ist hier wiederum darauf zu verweisen, dass bei einem durchgängig leistungsgerechtes Belohnungssystem die Hierarchie – etwa der unmittelbare Vorgesetzte – in der Lage sein müsste, die Leistungen adäquat zu erkennen und zu bewerten, was – wie wir bereits zeigten – zunehmend seltener der Fall ist. Dies lässt den Blick zur dritten von Etzioni (1965) skizzierten Kontrollform gleiten.

Bei den Organisationen mit moralischem Engagement, für die religiöse Gemeinschaften oder politische Gruppierungen als Beispiele gelten mögen, gilt, dass die Kontrolle nicht mehr von aussen kommt, sondern verinnerlicht ist. Nicht die Hierarchie, nicht ein Vorgesetzter, sorgt dafür, dass die in der Organisation notwendigen Aufgaben erfüllt werden, sondern die Kontrolle ist internalisiert. Das Mitglied hält das Erreichen der Organisationsziele für wünschenswert, es identifiziert sich damit oder tut – im Sinne einer intrinsischen Motivation – das gern, was getan werden muss. Nicht Druck von aussen, sondern Zug von innen bestimmt die Arbeit. Der Mitarbeiter ist motiviert. Er hat eine positive Einstellung zum Weg und zum Ziel seiner Arbeit, seine Wertorientierungen entsprechen den im Unternehmen gelebten Werten.

Zunehmend wird dies in den Unternehmen erforderlich sein, was im Rahmen des Human Resource Management zu der Herausforderung führt, neben dem Wissen und den Kompetenzen auch die Motive, Einstellungen und Wertorientierungen so zu entwickeln, dass damit den Zielen der Organisation gedient wird.

2 Neue Organisationsformen und neue Anforderungen

Aus unterschiedlichen Gründen – vor allem aber wegen der ökonomischen Herausforderung des pazifischen Raumes – wurde vor nicht allzulanger Zeit in Westeuropa »lean« zum Schlagwort. Mit Hilfe schlanker Organisationen, die einerseits die Qualifikation kompetenter Spezialisten flexibler nutzen können, sie durch erhöhte Selbständigkeit und Verantwortung besser motivieren und dabei auch noch die für die Koordination und Kontrolle notwendigen Personalkosten einsparen können, suchte man wettbewerbsfähiger zu werden. Für die Organisationsgestaltung hatte das gewichtige Konsequenzen, die sich u. a. zeigen in

- einer Abkehr von der steilen hin zur flachen Organisation, also zu einer Modifikation der Struktur von Über- bzw. Unterstellungen;
- einer Abkehr von einer auf Dauer konzipierten und von der Person unabhängigen Aufgabenteilung hin zu einer flexiblen, auf die Person hin zugeschnittenen;
- einer Abkehr von der Konzentration der Entscheidungsbefugnisse bei einer kontrollierenden Zentrale hin zu einer Delegation vom Kompetenzen an Experten;
- einer Abkehr von einem hohen Grad an Formalisierung hin zu einem flexiblen »Durchwurschteln«;
- einer Abkehr von einer fremdbestimmten und vorgeplanten internen und externen Koordination hin zur Selbstorganisation der Prozesse und Abläufe;
- einer Abkehr von der asymmetrischen vertikalen Kommunikation hin zu einer symmetrischen horizontalen und
- einer Abkehr von einer Planung der Organisationsstruktur auf Dauer hin zu befristeten flexiblen Organisationsformen.

Unter diesen soeben skizzierten Aspekten haben sich im Akzent unterschiedliche Organisationsformen gebildet, für die Namen wie »Projektorganisation«, »Netzwerkorganisation«, oder »Clanorganisation« die Diskussion bestimmten (Friedel-Howe, 1994). Ihnen allen ist gemeinsam, dass innerhalb überschaubarer Gruppen bei schwach ausgeprägter formaler Hierarchie die Koordination der Spezialisten weitgehend selbstorganisiert zu erfolgen hat und eine von aussen kaum vorbestimmte Ausrichtung der Aktivitäten auf die übergeordneten Organisationsziele hin gewährleistet wird. Für die Mitarbeiter lassen sich daraus vielfältige Anforderungen ableiten, wie z. B. Teamfähigkeit, Toleranz, Denken in Vernetzungen, Umgang mit Unsicherheit und Polyvalenz, unternehmerisches Denken und beständige Lernbereitschaft, sowie eine unternehmerische Orientierung innerhalb des Unternehmens.

Aus der Perspektive der hier ins Zentrum gerückten Problematik aber erscheint es besonders wichtig, dass innerhalb dieser hierarchiearmen Strukturen die Spezialisten ihre Ausrichtung auf das für das Unternehmen zentrale Zielsystem internalisieren und nicht von einem Vorgesetzten innerhalb des Führungsprozesses durch externe Anreize dafür motiviert werden müssen.

3 Wertkonflikte und Identifikationskrisen

Von Führungskräften wird erwartet, dass sie sich mit den Zielen des Unternehmens identifizieren und diese aktiv nach innen und aussen vertreten (Ulrich, Probst & Studer. 1985). Bei ihnen wird davon ausgegangen, dass sie als dispositiv und eigenverantwortlich Handelnde nicht durch nochmals höhere Instanzen für den »rechten Weg« gewonnen werden müssen oder gar auf diesen zu zwingen sind, sondern dass sie ihn verinnerlicht haben und den von ihnen Geführten gegenüber vertreten, indem sie sie für die daraus abgeleiteten Visionen und Leitbilder begeistern, entsprechendes Verhalten vorleben oder aber durch kommunikative Akte dafür motivieren bzw. gelegentlich die Durchsetzung erzwingen. Die Stärke dieser Identifikation lässt sich dabei als Bindung an die Werte und Ziele der Organisation (Buchanan, 1974) interpretieren.

Die empirische Führungsforschung zeigt, dass dieses von vielen Unternehmen geforderte Merkmal weitgehend, aber nicht voll realisiert ist. So fanden Ulrich, Probst & Studer (1985), dass die Mehrheit der von ihnen befragten schweizerischen Führungskräfte der Aussage: »Eine Führungskraft soll sich mit der Unternehmung identifizieren« uneingeschränkt (Skalenstufe 1 einer siebenstufigen Skala) zustimmten. Bei den oberen Führungskräften waren dies sogar nahezu ¾ der Befragten. Eine Untersuchung der Bertelsmann-Stiftung (1985) kommt für die Bundesrepublik Deutschland zu ähnlichen Ergebnissen. Allerdings machen Befragungsergebnisse von Witte, Kallmann & Sachs (1981) deutlich, dass sich 11 % der von ihnen befragten deutschen Führungskräfte zu den Arbeitnehmern rechnen, während sich über 40 % als zwischen der Unternehmensleitung und den Arbeitnehmern stehend erlebt. Auch hier allerdings sehen sich nahezu die Hälfte aller als Befragten der Unternehmensleitung zugehörig

Was von Führungskräften erwartet wird und was diese auch mehrheitlich erfüllen wird vermehrt eine Forderung an alle Arbeitnehmer sein, da diese – als von aussen kaum kontrollierbare Spezialisten – sich selbst an die Ziele ihrer Aufgabe binden sollten, die sich wiederum aus dem Zielsystem des Unternehmens ableiten. Krisenhafte Entwicklungen im Unternehmen – insbesondere dann, wenn dieses ohnehin in Schwierigkeiten steckt – dürften z. T. darin begründet sein, dass Mitarbeiter zu diesen Zielen nicht stehen, dass sie Wertkonflikte und Identifikationskrisen (v. Rosenstiel & Stengel, 1987) erleben. Dies sei mit Hilfe einiger Beispiele und Daten belegt.

3.1 Anekdotisches

Wer vielfach in Unternehmen der Wirtschaft tätig ist oder Kontakt mit deren Mitarbeitern hat, wird häufig mit Wertkonflikten und Identifikationskrisen dieser Menschen konfrontiert werden, die sowohl innerhalb der Organisation als auch beim Versuch, Berufs- und Privatleben in Übereinstimmung zu bringen, Konfliktsituationen erleben (Hofstätter, 1980; Streich, 1994). Einige Beispiele seien nachfolgend berichtet:

Im Forschungsbereich eines pharmazeutischen Unternehmens waren Führungskräfte zu einer dreitägigen Seminarveranstaltung zusammengekommen, um gemeinsam daran zu arbeiten, wie sie ihre Mitarbeiter mit Hilfe von Zielvereinbarungen und angemessenem feedback im Rahmen von Mitarbeitergesprächen besser für ihre Aufgaben motivieren können. Am Abend des zweiten Seminartages wurde die Sichtweise verändert. Nicht mehr die Frage: »Wie motiviere ich andere?« sollte im Vordergrund stehen, sondern: »Was motiviert mich hier im Forschungsbereich des Unternehmens X?« Um der Diskussion mehr »Fleisch« zu liefern, wurde zum Einstieg eine Metaplan-Karten-Abfrage zu den beiden Leitfragen »Was motiviert mich hier...?« (Antwort auf grünen Karten) bzw. »Was demotviert mich hier...?« (Antwort auf roten Karten) gesammelt. Das Clustern der mit Hilfe von Druckschrift anonym gehaltenen Karten erbrachte einiges an Überraschung. Eine grosse Gruppe von Karten, die auf demotivierende Einflussgrössen hinwies, beschäftigte sich mit dem Ziel der gestellten Aufgaben. Im Zentrum dieser Karten stand exemplarisch für viele ähnliche eine rote Karte mit dem Text: »...dass wir hier an Produkten arbeiten, die der Menschheit mehr schaden als nützen«. Es folgte nun eine intensive Diskussion, die bis weit nach Mitternacht währte. In kontroverser Weise wurden zuweilen harte Argumente ausgetauscht, es wurde differenziert und dabei konkret nach Pro- und Contra-Beispielen gesucht, es wurden z. T. Standpunkte relativiert, z. T. auch verfestigt. Gegen Ende dieser für viele sehr erregenden Diskussion sagte dann einer: »Was ich besonders erschreckend finde ist nicht, dass wir in dieser Frage so unterschiedliche Meinungen haben, sondern dass wir, obwohl wir Tür an Tür arbeiten, noch niemals darüber gesprochen haben!«

Ein zweites Beispiel:
In einer Zeit, in der Kontroversen über die Nachrüstung der Bundeswehr die politische Diskussion in Deutschland bestimmten, die sozialdemokratische Partei ihrem Kanzler Helmut Schmidt die Gefolgschaft aufzukündigen begann und aller Orten sog. Friedensdemonstrationen die Aktivierung politischen Widerstands der Bevölkerung sichtbar machten, begab sich folgendes: In ein überaus gastfreies Haus eines bereits im Ruhestand stehenden sehr renommierten Professors wurde ein grosser Kreis von Damen und Herren in einer Universitätsstadt geladen. Diese Einladungen hatten Tradition; es galt als Ehre, zum Kreis der Gäste zu gehören. Hier trafen sich ganz unterschiedliche Personen aus den Bereichen der Wissenschaft, der Kultur, der Politik und der Wirtschaft. Zu den Geladenen gehörte auch eine Führungskraft aus einem waffenproduzierenden Unternehmen. Die Hausfrau

begrüsste diesen Herrn herzlich und fragte sodann: »...Sie waren ja noch niemals bei uns. Verzeihen Sie meine Uninformiertheit, aber wo genau sind Sie eigentlich tätig?« Die Antwort lautete: »Ach .. in der metallverarbeitenden Industrie..!«

Ein drittes Beispiel:
Ein chemisches Unternehmen war durch eine Reihe von Unfällen und Pannen auf dem Felde des Umweltschutzes in die Schlagzeilen der Presse geraten, wobei die Vorstandsmitglieder bei ihren Rechtfertigungen der Öffentlichkeit gegenüber einen wenig souveränen Eindruck hinterliessen. Innerhalb des Unternehmens machte sich ein Klima breit, das durch Gefühle des zu Unrecht Verfolgtwerdens gekennzeichnet war, zumindest aber durch solche, dass in der Öffentlichkeit masslos übertrieben werde. Vorstandsmitglieder und Bereichsleiter waren in einer Vielzahl von Gesprächen und interner Veranstaltungen bemüht, Führungskräfte und Belegschaft auf die harte Linie der Abwehr einzuschwören. Dennoch war bei vielen Mitgliedern der Belegschaft Zweifel und Skepsis vorhanden. Verunsichert durch die vielfältigen Pressemitteilungen z. T. aber durch die Verlautbarungen des eigenen Unternehmens im Glauben an die Position der Unternehmensleitung stabilisiert, kam ein Abteilungsleiter spät am Abend zum gemeinsamen Essen mit der Familie nach Hause und klagte darüber, was für ein Unrecht man dem Unternehmen doch täte. Seine Familie bot ihm in dieser Situation keine warme und verständnisvolle Unterstützung. Ganz im Gegenteil, betretenes Schweigen machte sich breit bis schliesslich der heranwachsende Sohn sagte: »Warum macht ihr auch einen solchen Scheiss in Eurem Laden, Papa?«

Ein viertes Beispiel:
In einer Zeit, in der es mit den geltenden Gesetzen noch in Übereinstimmung stand, Dünnsäure in der Nordsee zu verkippen, gehörte eben dies zu den Aufgaben der Besatzung eines entsprechenden Schiffes. Greenpeace hatte allerdings bereits mehrfach diese Vorgänge als Umweltskandal angeprangert, und die Presse hatte sich der damit zusammenhängenden Fragen in äusserst kritischer Weise angenommen. Im Rahmen einer arbeitspsychologischen Untersuchung wurden nun Offiziere und Belegschaften darüber befragt, wie sie selbst ihre Tätigkeit erleben. Es stellte sich dabei heraus, dass ein Grossteil der Befragten nicht einmal der eigenen Lebenspartnerin darüber berichtet hatte, worin die Aufgabe besteht.

Ein fünftes Beispiel:
In einem Unternehmen der Unterhaltungselektronik wurde die Personalleitung angewiesen, innerhalb eines Jahres 30% der Belegschaft abzubauen. Die Mitarbeiter des Personalbereichs hatten die Aufgabe, gemeinsam mit den Fachvorgesetzten jene Mitarbeiter vorzuschlagen, die für den Personalabbau vorzusehen seien und diese entsprechend zu informieren. Ein Mitglied der Personalabteilung begab sich, nachdem er eine grosse Zahl entsprechender Gespräche geführt hatte, zu einem Psychologen. »Ich stehe das nicht mehr durch«, sagte er. »Ich kann das nicht verantworten, was ich hier tue. Ich möchte kündigen, obwohl ich noch keinen anderen Job habe, oder wissen Sie für mich einen besseren Rat?«

Ein sechstes Beispiel:
Ein Unternehmen der Baubranche hatte in den neuen deutschen Bundesländern eine Reihe von Tochterfirmen aufgebaut. Der an die Mitarbeiter zu zahlende Lohn war dabei deutlich geringer als im Westen. Angesichts des Baubooms nach der Wende, der modernen Organisationsformen und fortschrittlichen Technologien in den neuen Niederlassungen »explodierte« dort der Gewinn. Einer der Niederlassungsleiter sagte: »Ich kenne doch die Zahlen bei uns; ich weiss nicht, wie ich künftig meinen Mitarbeitern noch in die Augen schauen soll!«

Die soeben geschilderten Beispiele sind gewiss nicht repräsentativ. Sie stellen aber auch keine allzu extremen »Ausreisser« dar. Die Reihe der Fälle liesse sich fortsetzen.

All diese Ereignisse lassen wohl unschwer die Interpretation zu, dass es in der Phase ihres Geschehens um die Motivation und das Engagement der handelnden Personen nicht gut bestellt war und dass offensichtlich ihre Bindung an das Unternehmen oder die Aufgabe reduziert sein dürfte. Die Leistungsfähigkeit der Organisation, aber auch die psychische Befindlichkeit der jeweiligen Personen können dadurch nachhaltig gefährdet werden. Handlungsbedarf erwächst.

3.2 Untersuchungsbefunde

Was soeben an recht konkreten und anschaulichen Beispielen skizziert wurde, lässt sich an Befunden aus wissenschaftlichen Untersuchungen belegen. Fragt man Führungs- und Führungsnachwuchskräfte danach, welche Ziele die Organisationen der Wirtschaft verfolgen (IST) und welche sie verfolgen sollten (SOLL), wie wir dies innerhalb eines Forschungsprojektes mehrfach taten (v. Rosenstiel, 1984; v. Rosenstiel, Nerdinger & Spiess, 1997), so lassen sich erhebliche Diskrepanzen zwischen den wahrgenommenen IST- und den SOLL-Zielen feststellen, wie es exemplarisch die nachfolgende Darstellung zeigt.

Man erkennt, dass Führungsnachwuchskräfte, aber auch »gestandene« Führungskräfte der Auffassung sind, dass es den Unternehmen in erster Linie um wirtschaftliches Wachstum, Steigerung des Gewinns und um die Förderung des technischen Fortschritts gehe, während sie all diesen Zielen als SOLL-Ziele eine nachgeordnete Priorität zugestehen. Dagegen bekundeten sie, dass es in weit stärkerem Masse als bisher darum gehen solle, durch Aktivitäten des Unternehmens die Umwelt zu schützen und Arbeitsplätze zu sichern.

Geht man davon aus, dass die Übereinstimmung zwischen dem, was man anstreben soll mit dem, was man tatsächlich anstrebt, ein Indikator für die Identifikation mit diesen Zielen und damit letztlich auch mit dem Unternehmen ist, das Entsprechendes von einem fordert (Buchanan, 1974; Stengel, 1990; Mittmann, 1991), so lässt sich ableiten, dass selbst Führungskräfte, die ja die Ziele des Unternehmens aktiv nach innen und aussen vertreten sollen, nicht selten von Zweifeln auf diesem Gebiet geplagt werden. Die Ausprägung der aufgefundenen Zielkonflikte beim Führungsnachwuchs, Hochschulabsolventen aus jenen Studiengängen, die tradi-

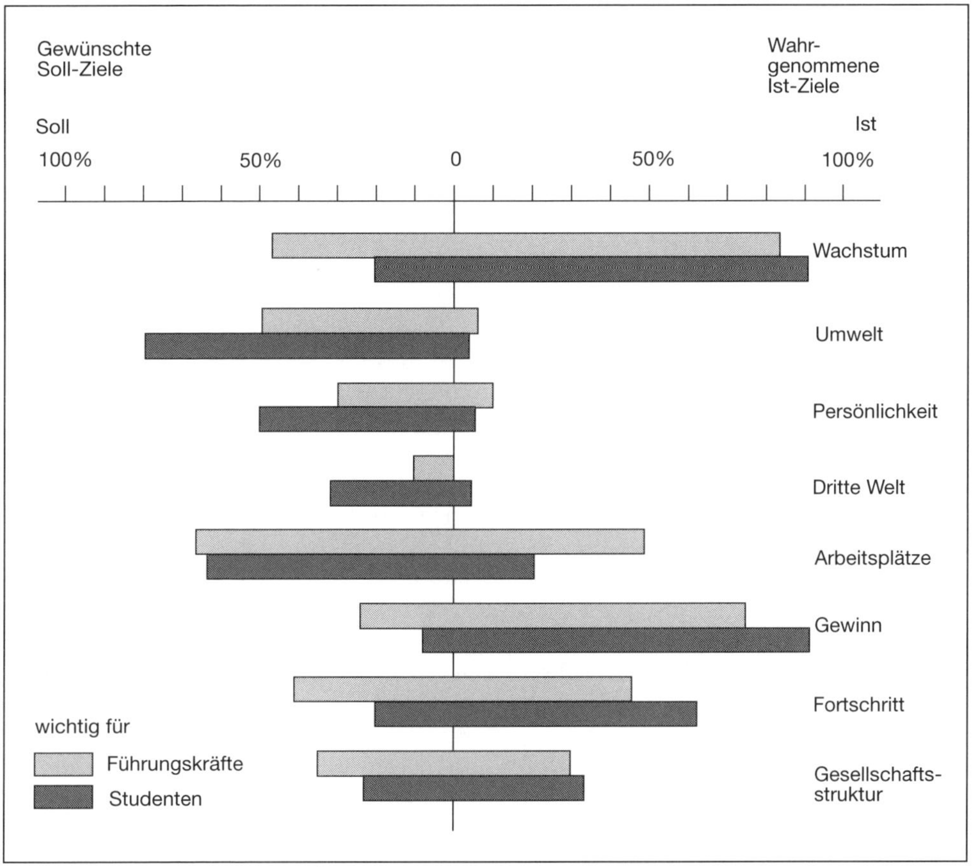

Abb. 2: Ist- und Soll-Ziele von Organisationen nach Auffassung von Führungs- und Führungsnachwuchskräften

tionellerweise in Führungspositionen der Wirtschaft und Verwaltung führen, lässt vermuten, dass ein Praxisschock nicht selten sein dürfte und sich diese jungen, hochqualifizierten Personen, die für die Zukunft der Unternehmen äusserst wichtig erscheinen, sich sehr schwer tun, sich mit dem zu identifizieren, was sie offensichtlich tun sollen. Es besteht also Handlungsbedarf.

4 Interventionsmöglichkeiten für das Human Resource Management

Gute und zukunftsorientierte Personalarbeit im Unternehmen sollte – und das haben die aufgeführten Beispiele und Daten gezeigt – auch Voraussetzungen dafür schaffen, dass die Mitarbeiter sich mit dem Unternehmen und seinen Zielen identifizieren und daraus ihre Motivation entwickeln. Z. T. dürfte dies ohne bewusstes Zutun beim Führungsnachwuchs und anderen frisch in das Unternehmen eintretenden qualifizierter Fachkräfte durch die Dauer der Anwesenheit im Unternehmen geschehen, durch den Prozess der organisationalen Sozialisation (v. Rosenstiel & Bögel, 1986), die allmähliche Übernehme der Werte und Normen des Unternehmens (v. Rosenstiel, Nerdinger & Spiess, 1997). Allerdings wäre es unangemessen, von Seiten des Unternehmens diesen Anpassungsprozess sich selbst zu überlassen und auch kaum zu verantworten, lediglich darauf zu setzen, dass der einzelne sich der Organisation anpasst. Aktive Gestaltung dieses Prozesses erscheint notwendig. Dabei ist auch daran zu denken, dass Ziele und Wege zu diesen Zielen sich in der Organisation verändern, damit der einzelne sie eher akzeptiert oder gar aus voller Überzeugung mitträgt. Ein Beispiel dafür ist die wertorientierte Personalarbeit bei BMW (Bihl, 1995), die explizit das Ziel verfolgt, die organisationalen Strukturen, Ziele und Prozesse den Werthaltungen der einzelnen anzupassen, um auf diese Weise deren Motivation und Bindung an das Unternehmen zu steigern. Wenn – um dies am Beispiel zu zeigen – »Information und Kommunikation« für die Mitarbeiter ein wichtiger Wert ist und die Unternehmenspolitik so darauf antwortet, dass allen Mitarbeitern des Unternehmens die neuen Automobilmodelle deutlich vor der offiziellen Vorstellung im Detail gezeigt und erklärt werden, die Mitarbeiter also weit früher davon wissen als die Fachpresse oder gar die Öffentlichkeit, so deutet dies an, wie sich Begeisterung für die als gemeinsam erlebte Sache entfachen lässt. Darüber hinaus ist zu bedenken, dass die Mitarbeiter – insbesondere die neu ins Unternehmen eingebundenen – ein Teil der Gesellschaft sind. Öffnet man sich ihren Vorstellungen, so öffnet man sich auch der Gesellschaft und damit dem Markt und den Kommunen. Ein Abschotten gegenüber neuen Wertvorstellungen durch harte Massnahmen der Selektion und Prägung könnte die Gefahr beinhalten, dass sich das Unternehmen in seiner Kultur, seinen Normen und Wertvorstellungen immer mehr von jenen der Gesellschaft entfernt, zu der es gehört, und innerhalb derer sich auch die normsetzenden politischen Instanzen, aber auch die Kunden bewegen.

Allerdings wird man neben die soeben angedeuteten Organisationsentwicklungsmassnahmen auch solche setzen, die den einzelnen dazu bewegen, sich in das Ziel-, Wert- und Normensystem der Organisation einzugliedern. Hierzu gehört – gewissermassen als eine Voraussetzung – ein Prozess der primären Selektion (Personalauswahl), der auch darauf achtet, dass der einzelne mit seinen Grundüberzeugungen zu dem passt, was im Unternehmen als wichtig und erstrebenswert gilt, sowie ein Prozess der sekundären Selektion (Aufstiegsentscheidungen), der jene fördert, die sich aktiv und nachhaltig nach innen und aussen für das Ziel-System der Organisation engagieren.

Mit auf diese Weise gewonnenen und geförderten Mitarbeitern gilt es jedoch dann im Sinne einer Sozialmachung (Fend, 1969) zu arbeiten. Zu dieser Personalarbeit zählt in erster Linie das offene Gespräch, die Information und die Diskussion strittiger Inhalte. Manches von dem, was die Mitarbeiter im Unternehmen zunächst ablehnen, mag sich anders darstellen, wenn offen darüber gesprochen wurde und die Zusammenhänge aufgezeigt wurden. Im Extremfall wird dies sogar zur Aufklärung von Missverständnissen und zur Korrektur von Vorurteilen führen. Neben derartigen offenen Kommunikationsrunden mit den Neueingestellten und den Trainees in entsprechenden Förder- und Entwicklungsgruppen gehört aber auch das Gespräch der Angehörigen dieser Gruppe mit erfahrenen Fach- und Führungskräften. Sie sollten im Rahmen von Mentorenmodellen oder Patenschaften für die Integration der jungen Fach- und Führungskräfte in das Unternehmen verantwortlich gemacht werden und als ständige Gesprächspartner bereitstehen.

Diese Mentoren und Paten könnten dann – neben dem Fachvorgesetzten und der Personalentwicklung – auch daran mitwirken, dass die gezielten Massnahmen der Förderung, die Entscheidungen zwischen der Fach- und Linienlaufbahn, die Programme der Personalentwicklung so gestaltet werden, dass diese nicht nur den sachlichen Anforderungen der Organisation, sondern auch den Zielen und Wünschen der einzelnen entsprechen. Das dabei vermittelte Gefühl, dass man im Unternehmen die Chance hat, das zu werden, was man zu werden wünscht, verstärkt die Bindung. Partizipative Personalentwicklung ist in diesem Sinne eine wichtige Massnahme. In ähnlicher Weise wirken die im Unternehmen angebotenen Möglichkeiten für den einzelnen, die ihnen wichtigen persönlichen Ziele zu verfolgen, wie es in jüngster Zeit Maier (1996) und Rappensperger (1996) zeigten. In dem Masse, in dem es die Organisation gestattet, dass Einzelne das von ihnen als wichtig Angesehene aktiv und erfolgreich verfolgen, gelingt die Integration besser, was sich in einem Rückgang von Kündigungsgedanken, in einer verstärkten emotionalen Bindung an die Organisation und steigender Arbeitszufriedenheit zeigt.

Dies alles sind Beispiele. Bei einer differenzierten Durchsicht neuerer wissenschaftlicher Arbeiten, beim offenen Blick für jene Unternehmenspraktiken, auf die man im Gespräch mit Personalverantwortlichen im Unternehmen stösst, wird man auf eine Vielzahl weiterer Möglichkeiten aufmerksam, die dem gleichen Ziel verpflichtet sind.

5 Fazit

Die neuen Herausforderungen, vor denen die Organisationen der Wirtschaft und Verwaltung stehen, führen zu neuen Anforderungen an die Mitarbeiter. Angesichts der Komplexität von Aufgaben und des raschen Anforderungswechsels können sie dabei im Detail von ihren Vorgesetzten weder fachlich geführt noch motiviert werden. Selbstorganisationen der Arbeit ist in Gruppen und im individuellen Tun erforderlich. Vermehrt werden die Mitarbeiter des Unternehmens sich hinsichtlich ihrer motorischen, kognitiven und sozialen Kompetenz selbst entwikkeln müssen, aber auch – und darum ging es hier – von innen her zu motivieren haben. Das Unternehmen kann dazu einen wesentlichen Beitrag leisten, der weit über jene Massnahmen der Anreizgestaltung hinausreicht, der üblicherweise unter Mitarbeitermotivation verstanden werden. Es gilt letztlich, die Ziele und Wege des Unternehmens mit jenen der Mitarbeiter so zu koordinieren und abzustimmen, dass für den einzelnen die Bindung an die Organisation intensiver wird und er sich mit deren Zielen identifiziert, sowie die Wege als erfüllend erlebt, die zu diesen Zielen führen. Gelingt es so, die Bindung des einzelnen an die Organisation zu steigern, so wird diese höher motivierte und kreativere Mitarbeiter haben, was letztlich ihrer Leistungsfähigkeit dient; sie wird aber auch über Mitarbeiter verfügen, die zufriedener ihrer Arbeit nachgehen und die Tätigkeit als einen Weg zur eigenen Selbstverwirklichung erleben.

Literaturverzeichnis

Adams, J.S. (1963). Toward an understanding of inequity. *Journal of Abnormal and Social Psychology, 67*, 422–436

Argyris, C. (1964). *Integrating the individual and the organization*. New York: Wiley

Bertelsmann-Stiftung. (1985). *Die Arbeitsmotivation von Führungskräften der deutschen Wirtschaft*. Gütersloh: Institut für Wirtschafts- und Gesellschaftspolitik

Bihl, G. (1995). *Werteorientierte Personalarbeit*. München

Buchanan, B. (1974). Building organizational commitment: The socialization of managers in work organizations. *Administrative Science Quarterly, 19*, 533–546

Etzioni, A. (1965). Organizational control structure. In J.G. March (Hrsg.), *Handbook of organizations* (S. 650–678). Chicago

Fend, H. (1969). *Sozialisierung und Erziehung*. Weinheim

Friedel-Howe, H. (1994). Neue Organisationskonzepte. In L. v. Rosenstiel, M.Hockel & W.Molt (Hrsg.), *Handbuch der Angewandten Psychologie. Grundlagen – Methoden – Praxis* (S. VI–4.1 1–20). Landsberg

Gebert, D. (1978). Organisationspsychologie – Einige einführende Überlegungen. In A. Mayer (Hrsg.), *Organisationspsychologie* (S. 16–42). Stuttgart

Gellerman, S. (1968). *Management by motivation*. o.O.: American Management Association Inc

Hofstätter, H. (1980). *Die Leiden der Leitenden. Zur Pathologie intrapersonaler und interpersoneller Störungen von Führungskräften in Organisationen*. München

Kornhauser, A. (1965). *Mental health of the industrial worker: A Detroit study*. New York

Maier, G. (1996). *Persönliche Ziele im Unternehmen. Ergebnisse einer Längsschnittstudie bei Berufseinsteigern*. Univ. München: unveröffentlichte Dissertation

Mittmann, J. (1991). *Identitätsorientierte Unternehmensführung*. Bern

Neuberger, O. (1985). Arbeit. Stuttgart

Neuberger, O. (1991). *Personalentwicklung*. Stuttgart

Rappensperger, G. (1996). *Berufseinstieg, Integration und Förderung von Führungsnachwuchskräften*. . München: Univ. München, unveröffentlichte Dissertation

Rohracher, H. (1976). *Einführung in die Psychologie*. Wien

Rosenstiel, L. v. (1975). *Die motivationalen Grundlagen des Verhaltens in Organisationen – Leistung und Zufriedenheit*. Berlin

Rosenstiel, L. v. (1984). Wandel der Werte – Zielkonflikte bei Führungskräften? In R. Blum & M. Steiner (Hrsg.), *Aktuelle Probleme der Marktwirtschaft in gesamt- und einzelwirtschaftlicher Sicht* (S. 203–234). Berlin

Rosenstiel, L. v. (1994). Mitarbeiterführung und -motivation bei veränderten Strukturen und Wertorientierungen. In J. Milberg & G. Reinhart (Hrsg.), *Unsere Stärken stärken. Der Weg zu Wettbewerbsfähigkeit und Standortsicherung* (S. 305–317). Landsberg

Rosenstiel, L. v. & Bögel, R. (1986). Sozialisation in und durch Organisationen. In W. Sarges & R. Fricke (Hrsg.), *Psychologie für die Erwachsenenbildung – Weiterbildung* (S. 500–506). Göttingen

Rosenstiel, L. v., Molt, W. & Rüttinger, B. (1995). *Organisationspsychologie (1. Auflage 1972)* (8. Aufl.). Stuttgart

Rosenstiel, L. v., Nerdinger, F., Spiess, E. & Stengel, M. (1989). *Führungsnachwuchs im Unternehmen*. München

Rosenstiel, L. v., Nerdinger, F. & Spiess, E. (1991). *Was morgen alles anders läuft*. Düsseldorf

Rosenstiel, L. v., Nerdinger, F. & Spiess, E. (Hrsg.). (1997). *Von der Hochschule in den Beruf – Wechsel der Welten in Ost und West*. Stuttgart

ROSENSTIEL, L. v. & STENGEL, M. (1987). *Identifikationskrise? Zum Engagement in betrieblichen Führungspositionen.* Bern

SCHEIN, E. (1965). Organizational psychology. Englewood Cliffs: Prentice Hall

SONNTAG, K. H. (Hrg.). (1992). *Personalentwicklung in Organisationen.* Göttingen

STREICH, R. (1994). *Managerleben.* München

TAYLOR, F. W. (1911). *The principles of scientific management.* London

Ulrich, H., Probst, G.J. & Studer, H.P. (1985). *Konstanz und Wandel in den Werthaltungen Schweizerischer Führungskräfte.* Bern

VOLPERT, W. (1990). Welche Arbeit ist gut für den Menschen? Notizen zum Thema Menschenbild und Arbeitsgestaltung. In F. Frei & I. Udris (Hrsg.), *Das Bild der Arbeit* (S. 23–40). Bern

WEINERT, A. B. (1989). Führung und soziale Steuerung. In E. Roth (Hrsg.), *Organisationspsychologie (Enzyklopädie der Psychologie; Bd. 3)* (S. 552–577). Göttingen

WITTE, E., KALLMANN, A. & SACHS, G. (1981). *Führungskräfte der Wirtschaft.* Stuttgart

Entrepreneurship statt arbeitslose Generaldirektoren

von

Bjørn Johansson

Es ist so sicher wie das Amen in der Kirche: In den nächsten Jahren mutieren auf allen Ebenen des Management sicher gewähnte Jobs reihenweise zu Schleudersitzen. Mega- und Giga-Fusionen, massiver Job-Abbau in den Headquarters, kleinere und gleichzeitig multikulturell durchsetzte Managementteams, vermehrte externe Rekrutierung von Führungskräften – dies sind die Trends, die auf Stufe Chef-Etage einen gänzlich neuen Risikofaktor ins Spiel bringen: Die Arbeitslosigkeit! Betroffen sind vorab das Middle Management und das Upper Middle Management – Saläre zwischen 120 000 und 250 000 Schweizer Franken.

Im Klartext führt der eiserne Besen, der fortan auf allen Stufen des Management angesagt ist, zum gnadenlosen Verdrängungskampf: Die »Vetterliwirtschaft« hat ausgedient, der für Studienabgänger fast gar selbstverständlich vorgezeichnete Aufstieg in die Champions League mit grenzenloser Job-Sicherheit ist Vergangenheit. Eine deutliche verfeinerte, ebenso gezielte wie bewusste Karriereplanung wird zur unabdingbar nötigen Voraussetzung für Erfolg.

Nur wer die rund 40 Jahre, die zwischen beruflichem Ein- und Ausstieg liegen, besonnen einteilt und nutzt, nichts dem Zufall überlässt, hält sich auch nach ganz oben alle Optionen offen. Darunter ist im modernen Business weder ein Platz im Fanion-Team noch die Spielmacherrolle mit Kapitänsbinde zu haben – als Chief Executive Officer (CEO).

Gut 80 Prozent der Uni-Abgänger wissen heute nicht, in welchem Wirtschaftszweig sie Karriere machen wollen. Sie vertrauen darauf, dass es das Schicksal – sprich: der Zufall – schon irgendwie richten wird. Die Vergangenheit mag ihnen Recht gegeben haben. In der Tat ist bislang – extrem stark in den 80er-Jahren – noch der Durchschnittlichste ohne grössere Anstrengung früher oder später in einen Führungsjob gespült worden. Ein Studienabschluss war jahrzehntelang so etwas wie der Schlüssel zum dauerhaften Wohlstand in geordneten Bahnen, auch für Männer ohne (Führungs)eigenschaften.

Die berufliche Laufbahn von Uni-Absolventen – das war zumindest bis hinauf in Jobs im Middle oder gar im Upper Middle Management eine reine Zeitfrage. Jahr für Jahr konnte auf der Karriereleiter mit an Sicherheit grenzender Wahrscheinlichkeit eine weitere Sprosse genommen werden. Und selbst im obersten Management-Segment konnte manch einer mangels anspruchsvoller Selektionskriterien und dank gütiger Umstände Einzug halten. Tempi passati!

Die neue Normalität heisst Ups und Downs. In dieser Achterbahn der Gefühle gilt es Abschied zu nehmen von vertrauten Werdegängen. Selbstverständlich ist neu gar nichts mehr. Der Verlust von Statussymbolen, Jobwechsel mit erheblichen Saläreinbussen, nicht nur vorübergehende, sondern auch dauerhafte Arbeitslosigkeit: So sieht die Wirklichkeit vorab für Vertreter der Nachkriegsgeneration bereits heute da und dort aus und dies ist erst der Anfang eines grundlegenden Wandels.

Merke, Punkt eins: Bis anhin war für eine erfolgreiche berufliche Laufbahn kennzeichnend, dass der eingeschlagene Weg möglichst im gleichen Unternehmen an die Spitze führte. Diese klassische Karriere gehört der Vergangenheit an. Wer jetzt bei einem Unternehmen mit der Absicht einsteigt, dort für den Rest seiner Karriere gleichsam versorgt zu sein, hat die Zeichen der Zeit nicht erfasst. Diese Karrieren gibt es ganz einfach nicht mehr.

Punkt zwei: Die Arbeitslosigkeit in den Chef-Etagen ist kein vorübergehendes Phänomen. Sie wird im Gegenteil noch zunehmen. Es gibt, und zwar auf allen Stufen des Management, keine Job-Sicherheit mehr. Gleichzeitig nimmt die Unternehmensloyalität unter Führungskräften ab.

Punkt drei: Das Top-Management von Unternehmen wird mehr und mehr extern rekrutiert, interne Kandidaten bleiben auf der Strecke und geraten in die Karriere-Sackgasse.

Punkt vier: Schnelligkeit und Punch ist wichtiger geworden als Erfahrung. Parallel zum Trend der externen Rekrutierung findet eine Verjüngung auf der höchsten Führungsstufe statt. Jüngeren Spitzenführungskräften wird eher zugetraut, flexibel agieren und Trends schneller erfassen zu können.

Arbeitslose Generaldirektoren, Direktoren, Vizedirektoren, Prokuristen – noch vor kurzem ein Null-Thema, jetzt Signal für einen radikalen Bruch mit der Tradition. Was noch vor wenigen Jahren undenkbar war, ist heute auch in der Schweiz Realität: Manager, die neun Monate und länger arbeitslos sind, ehe sie im Idealfall anderswo eine neue Chance packen können. Wie im bezahlten Fussball liegen Erfolg und Misserfolg nahe beisammen. Wer in der gesetzten Zeit nicht bringt, was erwartet wird, ist schon weg vom Fenster.

Doch der Rausschmiss braucht nicht Endstation zu bedeuten, sondern kann auch Chance für einen Neuanfang sein. Es gibt in der Schweiz Manager, die heute 500 000 Schweizer Franken und mehr verdienen, nachdem sie längere Zeit arbeitslos gewesen sind. »You are allowed to fail«, sagen die Amerikaner, und schaffen damit ganz andere mentale Verhältnisse in der Chef-Etage: Mutige statt ängstliche Entscheidungen.

Was im Management nicht nur in der Schweiz, sondern europaweit not tut, ist jetzt dies: Neue Denkmuster statt stures Schablonen-Denken, Entrepreneurship statt Verwaltermentalität.

Die klassische Karriere der letzten Jahrzehnte gehört der Vergangenheit an. Oberste Führungspositionen werden in Zukunft immer mehr denjenigen Führungskräften offen stehen, die ihre Erfahrungen in verschiedenen Umgebungen, Branchen und Funktionen sowie auf internationaler Ebene sammeln konnten. Gleichzeitig ruft die gegenwärtige Wirtschaftssituation nach einem Manager-Typus, der weltweit rar gesät ist: Dem Turnaround-Manager.

Diese hochqualifizierten Topmanager verfügen dank ihrem Duchsetzungsvermögen, dank ihrer Kompromisslosigkeit über die Fähigkeit, ein Unternehmen aus der Krise herauszuführen. Sobald die unternehmerische Tätigkeit langfristig wieder gesichert ist, kommen die Talente des Troubleshooters meistens nicht mehr zum Tragen, und eine andere Managerpersönlichkeit ist gefordert, um die erfolgte Aufbauarbeit konsequent weiterzuführen.

Wechsel im obersten Management werden in Zukunft eng damit zusammenhängen, in welchem Lebenszyklus sich ein Unternehmen befindet und, darauf abgestützt, welches Anforderungsprofil an den CEO zu stellen ist: Angesagt ist der richtige CEO zur richtigen Zeit.

Die neue Karriereplanung in fünf Stufen

Ein Patentrezept dafür, wie sich Uni-Abgänger auf diese neue Situation einstellen sollen, gibt es nicht. Aufgrund von jährlich 1000 bis 1400 Kontakten mit Leuten aus allen Branchen und Ländern, Erfolgreichen und weniger Erfolgreichen, Winners und Losers, lässt sich aber ein Modell ableiten, das Auskunft gibt, wie die Karriereplanung heute angegangen werden sollte – im Prinzip in fünf Stufen:

KARRIEREPLANUNG				
1	2	3	4	5
25–30	30–35	35–39	39–50	50–65

1. Lehr und Wanderjahre
   - 2–3 Unternehmen
   - 2–3 Funktionsbereiche und Branchen
   - Auslanderfahrung
2. Entscheidungsjahre: Branche und Funktionsbereich
3. Taktische Jahre → Risikobereitschaft → »Winners« vs »Losers«
4. Top-Management Jahre
5. Was nun? (Fun oder Frustration?)

1 Die Lehr- und Wanderjahre (25–30jährig)

Es ist bereits festgehalten worden: Wer heute – plus/minus – mit 25 Jahren die Universität verlässt, hat am Ende seines Studiums in den meisten Fällen keine Ahnung, wohin die berufliche Reise gehen soll: Soll der Schwerpunkt im Marketing gesetzt werden? In der Informationstechnologie? Im Finanz- und Rechnungswesen? Und, und, und. In der Regel führt der Zufall Regie und irgendwann, meist viel zu früh, bleibt die angehende Führungskraft irgendwo hängen. Kurz: Die Lehr- und Wanderjahre werden in entsprechend honorierten Jobs verschlafen statt optimal genutzt, das individuelle Potential wird kaum ausgelotet.

Nötig ist etwas anderes: Eine erfolgreiche Karriere, das zeigen unzählige Beispiele in aller Welt, fängt meistens damit an, dass in diesen fünf Jahren voll auf die Karte Ein- und Überblick gesetzt wird. Allzu oft wird ausgeblendet, dass eine Karriere 40 aktive Berufsjahre umfasst. Das heisst: Man hat nicht alle Zeit der Welt, aber man hat Zeit, sich umzusehen. Mit dieser Perspektive ist eine Karriere anzugehen.

Die Lehr- und Wanderjahre sind dann erfolgversprechend eingesetzt, wenn man sich in diesen Jahren in zwei bis drei Unternehmen und/oder in zwei bis drei Funktionsbereichen und Branchen engagiert. Und ganz gewiss muss mindestens einer dieser Jobs im Ausland angesiedelt sein.

Dabei geht es darum, in der Praxis zu spüren, wo die persönlichen Affinitäten am stärksten angesprochen werden. In diesen ersten vier, fünf Jahren sollte die künftige Führungskraft mithin möglichst viel Input holen, möglichst viele Aspekte des Berufslebens durchleuchten und kennenlernen.

Keine Regel ohne Ausnahme: Wer nach dem zweiten oder dritten Job merkt, dass er überdurchschnittlich schnell vorwärts kommt, darf sich nicht nur, sondern soll sich sogar die Frage stellen: »Soll ich jetzt eine eigene Firma gründen ?« Michael Dell war 19 als er in Texas seine eigene Company gründete – jetzt, mit 31, setzt er 3,5 Milliarden Dollars um! Oder Bill Gates, das Paradebeispiel für jenen Gründergeist, der das wahre Entrepreneurship auszeichnet: Aus belächelten Anfängen sind inzwischen 6 Milliarden Dollars Jahresumsatz geworden!

2 Die Entscheidungsjahre (30- bis 35jährig)

Es kann gar nicht genug betont werden, wie wichtig die Entscheidungsjahre für die Entwicklung einer Karriere sind. Jetzt geht es ans individuell Eingemachte: »Bin ich ein Human Ressources-Mann ?« , »Bin ich eine Finanz-Frau ?« »Wo kommen meine Stärken am besten zum Tragen ?« In diesem Alter verfügt die angehende Führungskraft über die Reife zur glasklaren Analyse, vermag ihre Stärken und Schwächen zu orten, und daraus die nötigen Schlüsse zu ziehen.

Doch wiederum heisst es: Nichts überstürzen! Es gilt, unzählige Faktoren gegeneinander abzuwägen. »Welche Branche spricht mich am stärksten an und warum ?« »Welchen Funktionsbereich strebe ich an ?« In diesen vier, fünf Jahren stellt die angehende Führungskraft ihre persönlichen Weichen. Manche tun es, weil sie vielleicht schon etwas reifer sind, schon mit 30, andere erst mit 35. Klar, dass dabei Familie und Kinder bereits in sämtliche Überlegungen miteinbezogen werden müssen.

3 Die taktischen Jahre (35- bis 39jährig)

In diesen Jahren entscheidet sich, ob das Potential tatsächlich vorhanden ist, um ins Top-Management aufsteigen zu können. Unzählige Erfahrungen belegen es: Zwischen 35 und 39 fällt die Entscheidung, ob die Vorbereitung auf den grossen Sprung ausreichend war, ob die Talentmasse , die in die Waagschale geworfen werden kann, genügt. Und ob das nötige Durchsetzungsvermögen vorhanden ist und greifen kann. Sein oder Schein, Winners oder Losers, jetzt oder nie: In den taktischen Jahren erfolgt der Schnitt über Lust oder Frust.

Die Konfrontation mit der Realität der Wirtschaftspyramide heisst: Nicht alle können bei Ajax Amsterdam, Bayern München oder Juventus Turin spielen, sondern es muss auch Leute geben, die mit dem FC Aarau Vorlieb nehmen. Oder gar in unteren Ligen. Genau so verhält es sich auch in der Wirtschaft. Nicht jeder, mag er sich noch so gut vorbereitet haben, ist ein Helmut Maucher (Nestlé)! Nicht jeder ist ein Percy Barnevik (ABB)! Kurz: Nicht alle, die es wollen, haben das Potential, einen Konzern führen zu können!

Management und ein Team-Sport wie Fussball: Gewisse Parallelen sind unverkennbar. Wie im Fussball muss es auch in der Wirtschaft beides geben – Spielmacher und Mitspieler.

Ob Haupt- oder Nebenrolle – entscheidend ist in den taktischen Jahren, dass man sich risikobereit zeigt, seine Chancen auch wirklich nutzt. Wer in den taktischen Jahren keine Risikobereitschaft an den Tag legt, braucht sich später nicht zu wundern. Allzu oft nämlich bleiben potentielle Führungskräfte auf der Stufe »ewiges Talent« hängen, weil sie ebenso blauäugig wie tatenlos auf den Entdecker warten oder sie treten selbstverliebt und frühgesättigt an Ort.

Was der neue Trainer der Schweizer Fussball-Nationalmannschaft, Rolf Fringer, sagt, trifft – und das sollten sich manche im Geschäftsleben merken – auch auf die Wirtschaft zu: »Es fragt sich, ob ein junger hungriger Spieler nicht mehr bringt als ein etablierter, der sich nicht voll ins Zeug legt.«

Risikobereitschaft heisst in der Praxis: Den Vorwärtsgang einlegen, sich profilieren, Hunger und Feuer zeigen, ein schwieriges Assignment anpeilen und übernehmen, ein anspruchsvolles Projekt lösen. Risikobereitschaft heisst aber auch Flexibilität beweisen! Wenn die Firma will, dass einer oder eine ins Ausland geht, darf nicht das grosse Zögern einsetzen – trotz Familie, Kindern und soeben erworbenem Einfamilien-Haus.

Jeder und jede muss wissen: Die taktischen Jahre sind die Beobachtungsjahre. Last but not least auch seitens der professionellen Sucher, den Headhunters der Executive-Search-Branche. Jetzt kommt er oder sie damit zum ersten Mal in Kontakt mit einer Branche, die für sie immer wichtiger wird, weil der Trend bei der Besetzung von Führungsjobs mehr und mehr in Richtung externe Kandidaten zeigt.

4 Die Top-Management-Jahre (39- bis 50jährig)

Wer heute mit 45 keinen Platz im Top-Management gefunden hat, davon kann man ausgehen, wird es später kaum mehr schaffen – auch wenn es immer Ausnahmen geben wird. Die Praxis beweist zudem, dass sich der Zeitpunkt für den Einstieg in die Chef-Etage tendenziell eher nach unten bewegt.

Den positiven Fall vorausgesetzt, ist das Werk jetzt vollbracht. Doch aufgepasst! Nehmen wir als Beispiel einen 42jährigen Generaldirektor eines Unternehmens mit 1000 Beschäftigten. Er ist seit drei, vier Jahren in diesem Job und hat alles, was er angestrebt hat: 350 000 Schweizer Franken Jahresgehalt, Status auch nach aussen, Firmenwagen, tolle Familie, Mitgliedschaft im Rotary-Club, etc. Alles paletti ? Mitnichten!

Unser Generaldirektor – und solche Fälle mehren sich je jünger die oberste Stufe der Karriereleiter erklommen werden kann – vermisst plötzlich das Salz in der Suppe. Er stellt fest: »Ich kann mir beim besten Willen nicht vorstellen, die nächsten 23 Jahre den gleichen Job zu machen! Das geht einfach nicht!« Im Klartext: Der Mann fürchtet in der Routine auszubrennen. Er sieht auch keinen Reiz mehr darin, den Umsatz von 300 Millionen auf eine oder zwei Milliarden Schweizer Franken hinaufzukatapultieren. Was er sucht, ist eine neue Herausforderung, zum Beispiel eine eigene Firma.

So wie diesem Generaldirektor geht es heute vielen Top-Managern. Sie erfahren gewissermassen den zweiten Frühling und streben ein neues Karrierefinale an – ohne firmenpolitische Sachzwänge, in Freiheit und mit Lustgewinn.

Bei mental besten Voraussetzungen erwacht in dieser Karrierephase immer öfters der ungestüme Drang, das Korsett zu sprengen. Abgefedert durch ein solides Netz von Beziehungen und in langen Jahren erworbenem Knowhow bietet sich in diesen Jahren, wenn man diese Option stets wach hält, die Chance, noch einmal erfolgreich abzuheben. Nicht selten steht dabei im Vordergrund auch der Wunsch, auf eigenen Füssen endlich ohne Abstriche das umsetzen zu können, was man einst im Studium gelernt hat! Die Grösse der Firma ist dabei zweitrangig. Es müssen nicht mehr 1000, es können auch nur 100 oder gar 50 Beschäftigte sein.

Wichtig dabei: Wer so entscheidet, tut dies im Saft der besten Jahre und in voller Freiheit.

5 Was nun – Fun oder Frustration ? (50- bis 65jährig)

Es ist bereits heute sichtbar, dass diese letzte Karrierephase die ruhigen Jahre hinter sich hat. Überall, nicht nur in der Schweiz, werden inzwischen auf allen Stufen des Management drastisch Jobs abgebaut. Dies wird für eine nicht absehbare Zeit so bleiben – als Folge von Fusionen und dem generellen Trend zu kleineren Management-Teams. Gleichzeitig drängt in dieser Altersgruppe eine riesige Welle von Leuten aus der Nachkriegsgeneration in Stellen des Middle und Upper Middle Management. Mithin genau dort hin, wo Jobs reihenweise gestrichen werden!

Sie alle stehen vor einer Frage, die nach Lage der Dinge auch späteren Generationen nicht erspart bleiben dürfte: Fun oder Frustration? Eine Lösung des Problems ist vorerst nicht in Sicht, zumal es sich nicht bloss um ein schweizerisches Problem handelt. Klar ist, dass nicht alle, die freigestellt werden, die Jahre bis zur Pensionierung kraft ihres Erfahrungsschatzes als Unternehmensberater überbrükken können.

Noch fehlen die Erfahrungswerte, wie die Betroffenen mit dieser Situation umgehen. Als Headhunter stellt man ganz einfach fest: Vor die Wahl gestellt, ob ein 38jähriger oder ein 50jähriger einen Führungsjob bekommt, erhält heute bei gleicher Qualifikation meistens der Jüngere den Zuschlag.

Was wird von einer Spitzenführungskraft heute erwartet ?

Weg von der Theorie, die die letzte Antwort schuldig bleiben muss, hin zur Praxis: Wer mit der Absicht in eine Spitzenfunktion kommt, dort ebenbürtige Manager möglichst auszugrenzen oder auf Sparflamme zu halten, wird in Zukunft Mühe haben. Denn erwartet wird, dass ein Spitzenmanager, ob Mann oder Frau, alles unternimmt, um die bestmöglichen Manager um sich zu scharen. Die neue Forderung kommt imperativ daher: Eine ausgewiesene Führungskraft hat keine Angst vor ehrgeizigen Nebenbuhlern im nächsten Umfeld. Sie ist vielmehr in der Lage, die besten Führungskräfte auf allen Stufen zu gewinnen – und zu behalten.

Bundesrat Adolf Ogi hat, womöglich sind die Verhältnisse in der Politik anders als in der Wirtschaft, zu Beginn seiner Bundesratskarriere an die Adresse seiner Chefbeamten sinngemäss formuliert: »Sie schlagen die Pässe, die Tore schiesse ich selber.« Nun, die starke Führungskraft der Wirtschaft muss es anders sehen: Sie ist die charismatische Spielmacher-Natur mit der Kapitänsbinde, Goalgetter sind im Management-Team nicht nur erwünscht, sondern Voraussetzung. Sonst ist der Abstieg bzw. der Schleudersitz für die Spitzenführungskraft vorprogrammiert.

Dann: Schnelligkeit ist und wird immer wichtiger als Erfahrung. Herumsitzen, Arbeitsgruppen bilden, ausdiskutieren sind out. Eine Spitzenkraft *muss* entscheiden, und sie entscheidet rasch. Sie muss aber auch mit ihrem Entscheid leben, ganz egal, ob er sich im nachhinein bewährt oder nicht.

Letzteres – und da bekommen es die Spitzenführungskräfte mit einem eisigen Wind zu tun – bedeutet in der Praxis: Grosse Sprüche und grosse Theorien reichen nicht mehr. Vorab in börsennotierten Firmen zählt für den Vormann nur noch eines: Der Leistungsausweis. Sei es Bottomline oder Turnaround oder Shareholder Value – die institutionellen Investoren sind clever geworden und agieren erbarmungslos, wenn einer mit leeren Versprechungen zu überleben versucht.

Immer noch – und dies wird kaum je ändern – wird von einer Spitzenkraft erwartet, dass sie zu motivieren versteht. Dazu gehört neu, dass er das Instrument der Kommunikation virtuos beherrscht – nach innen wie nach aussen. Der spröde Hagestolz, die abgekapselte Autorität auf dem Chef-Sessel – vorbei. Sie weichen kommunikativen Persönlichkeiten, bei denen ein gewisser Sense of Humour zum selbstverständlichen Rüstzeug geworden ist. Und, auch wenn es nach Floskeln klingt: Gefordert ist Teamgeist und Kreativität.

Last but not least hat der echte Top-Manager zwei höchst selten gleichzeitig vorhandene Fähigkeiten an den Tag zu legen: Er muss strategisches Format beweisen, und er muss operativ alles beherrschen. Mit einem Modewort: Der Top-Manager funktioniert ganzheitlich – eine Kombination von Visionär, strategischem Denker und hands-on im operativen Tagesgeschäft.

Warum werden Führungskräfte ausgetauscht ?

Im ganzen Prozess, der dazu führen kann, dass eine Führungskraft schliesslich den Hut nehmen muss, sind in der Regel drei Gründe auszumachen. Erstens, Altersgründe. Vielfach wird heute von der vorzeitigen Pensionierungsmöglichkeit Gebrauch gemacht, wenn die Luft im Management-Team dünn wird. Zweitens, die Chemie mit Vorgesetzten bzw. dem Team. Die Toleranz gegenüber Aussenseitern im Management-Team ist gegen Null gesunken. Wer nicht ins Team passt, muss gehen.

Kommt dies hinzu: Wer heute von aussen in die oberste Führungsposition eines Unternehmens kommt, steht unter gewaltigem Druck. Viel Zeit, jemanden kennen-

und auch in seiner Andersartigkeit schätzen zu lernen, bleibt nicht. Das Augenmerk hat anderem zu gelten: Raschem Erfolg. Wenn die Chemie nicht auf Anhieb stimmt, wird nicht zugewartet in der Hoffnung auf Besserung der Verhältnisse, sondern es wird sofort ausgewechselt.

Drittens, nicht erfüllte Erwartungen. Der Erfolgszwang ist erbarmungslos geworden. Wer als CEO die gesteckten Ziele nicht erreicht, muss mit der Abberufung rechnen. Die Geduld von Verwaltungsrat und – heute zunehmend wichtiger – institutionellen Investoren ist rasch aufgebraucht – deutlich rascher als noch vor zehn Jahren.

Was motiviert eine Führungskraft zum Firmenwechsel ?

Wichtigste Anschubhilfe für einen Wechsel von einer in eine andere Spitzenfunktion ist immer noch der neue Challenge. Bevor man in die Routine verfällt, sucht man eine neue Herausforderung – notfalls auch bei kleinerem Einkommen.

Fast ebenso häufig dieser Fall: Der Fahrstuhl nach oben ist besetzt, weil der direkte Vorgesetzte nur unwesentlich älter ist. Die fehlende Aufstiegsperspektive wird zur Antriebsfeder für einen Firmenwechsel.

Klar, dass das Angebot, mehr Verantwortung übernehmen zu können, Motivationsspritze zum Wechsel sein kann. Mehr Verantwortung kann heissen: Am neuen Ort 1000 statt 500 Leute führen zu können. Besonders attraktiv wird mehr Verantwortung in Kombination mit einem Salärsprung: Wenn statt 150000 neu 180000 Schweizer Franken winken – über Nacht 20 Prozent mehr Einkommen kann für einen, der vielleicht gerade ein Eigenheim in Aussicht hat oder bauen lässt, gewiss auch allein Motivation zum Wechsel sein.

Selbstverständlich erleichtert auch die Aussicht auf einen verbesserten Status – Generaldirektor statt Direktor, Vizedirektor statt Prokurist, etc. – die Trennung von einer Firma. In den Vordergrund rücken als Motivation für einen Firmenwechsel die Faktoren Standortvorteil und Sicherung des Arbeitsplatzes.

Manager, die sich aus Standortsgründen verändern wollen, haben im wesentlichen zwei Beweggründe: Entweder lockt die attraktive Metropole – München statt Kohlenpott, damit verbunden auch mehr Lebensqualität (kulturelles Angebot, Ausbildungmöglichkeiten für die Kinder, etc.); oder sie nutzen die offerierte Aufstiegschance, und darum geht es ja in der Regel, zur Rückkehr in vermisste Gefilde – back to the roots. Kurz: Oft können bei Firmenwechseln private Gründe geortet werden.

Anders sieht es mit jener Kategorie aus, die die Sicherheit des Arbeitsplatzes zum Wechsel bewegt. Branchen, die eine relative Job-Sicherheit und mehr oder weniger solide Aufstiegschancen verheissen, gibt es nach wie vor, wenn auch mit sinkender Tendenz. Wer, um es an einem Beispiel festzumachen, heute in Europa in der Textilindustrie jobbt, weiss, dass dies keine Zuwachsbranche ist – und sieht sich, so er aufsteigen kann und will, zumindest nach einer sichereren Branche um.

Trends im Management

Wer aufs Karriere-Karussell springen will, muss heute wissen, dass international zunehmend häufiger extern als intern rekrutiert wird. Wurden früher Positionen prinzipiell aus den eigenen Reihen besetzt, gehen heute viele renommierte Unternehmen dazu über, ihre Führungskräfte extern zu ordern.

Der Wechsel eines CEO birgt sowohl bei einer internen wie auch bei einer externen Besetzung Chancen und Risiken. Aufgabe des Verwaltungsrates ist es, im Interesse des Unternehmens die Vor- und Nachteile abzuwägen. Eine mutige Entscheidung ist dann gefordert, wenn einer externen, mit der Branche nicht vertrauten Spitzenkraft der Vorzug gegeben wird.

Von einer aussenstehenden Führungskraft, die mit den vorherrschenden unternehmerischen Gegebenheiten oder sogar der Branche noch wenig vertraut ist, erhofft man sich wesentliche neue Impulse. So bekleiden heute beispielsweise bei IBM, Eastman Kodak, Barclays Bank oder in der Schweiz bei der Biber Holding Branchenfremde die oberste Führungsposition.

Für angehende Führungskräfte kann die heutige Ausgangslage nur heissen: Aktiv mitspielen und sich gegebenenfalls als externer Kandidat positionieren. In der globalisierten Wirtschaft mit ihren vielfältigen Strukturen ist der Job-Suchende gewiss gut beraten, wenn er sich beizeiten an einen Headhunter wendet.

Umfassender Marktüberblick, starke internationale Ausrichtung, detaillierte Branchenkenntnisse, Neutralität und Objektivität: Dies sind die Qualitäten, die eine professionelle Suche kennzeichnen. Nur die Infrastruktur der Executive-Search-Branche bietet Gewähr dafür, dass man als Kandidat aus dem vollen schöpfen kann.

Die stark diversifizierte Volkswirtschaft und der grosse Anteil an kleineren und mittleren Unternehmen wird gerade in der Schweiz dazu führen, dass branchenfremde Besetzungen vermehrt an Bedeutung gewinnen. Denn Führungskräfte, die ihr Knowhow in einem anderen Umfeld erworben haben, verharren weniger oder kaum in traditionellen, brancheninternen Denkmustern. Sie können damit unbelasteter neue unternehmerische Wege beschreiten und Zeichen setzen.

Unverkennbar auch ein anderer Trend: Multinationale, globale Management-Teams werden immer wichtiger. Ob ABB, Nestlé, Kraft Jacobs Suchard oder andere, es hat sich etwas Entscheidendes geändert – gefragt ist heute in der Chef-Etage der grenzüberschreitende Mix. Die Zeiten, wo es hierzulande hiess, der Kandidat muss Schweizer sein, sind vorbei. Neu kann es auf dieser Management-Ebene genau so gut eine Frau wie ein Mann und genau so gut ein Amerikaner, Deutscher, Franzose wie ein Schweizer sein.

Für die künftige Führungskraft muss damit klar sein: Es gilt, sich bei der Karriereplanung auf multinationale, globale Management-Teams und deren Anforderungen einzustellen. Fremdsprachen waren schon eine Selbstverständlichkeit, jetzt gehören auch Kenntnisse über andere Kulturen bzw. andere Kulturräume zum Rüstzeug eines angehenden Managers.

Und, aufgepasst: Die Headquarters werden in Zukunft viel kleiner sein als heute. Mars und ABB, um nur zwei Beispiele zu nennen, sind Trendsetter. Wenn die Sparschraube angesetzt wird, trifft sie zunächst meistens den Hauptsitz. Wer dieser Guillotine entgehen will, hat nur eine Wahl: Im Interesse der Karriere zu vermeiden, allzu lange im Headquarter auszuharren.

Vermehrte externe Rekrutierung, ebenso multinational wie global zusammengesetzte Management-Teams, abgespeckte Headquarters – doch damit erschöpfen sich die sich abzeichnenden Veränderungen nicht. Das Trendbarometer kündet auch bei den Salären einen Wechsel an. Eine ganze Reihe von Manager-Kategorien muss sich darauf einstellen, dass die goldenen Zeiten vorbei sind. Saläreinbussen im Middle Management und im Upper Middle Management sind bereits heute Tatsache – vorab, was die Basissaläre anbelangt. Umgekehrt steigt das Einkommen für echte Spitzen-Manager.

Die Zeichen sind untrügerisch: Wer wirklich top ist, erhält in Zukunft noch mehr, wer nicht, tut gut daran, massive Saläreinbrüche in seinem Kalkül zu berücksichtigen. Die Salärschere öffnet sich zusehends auf allen Stufen des Management. Wie im Spitzenfussball zeichnet sich auch in der Wirtschaft salärmässig eine gewaltige Kluft ab: Am Marktwert hängt alles, um den Marktwert dreht sich alles.

Klar ist so viel: Die Saläre in Positionen des Middle Management sind bereits und kommen noch stärker unter Druck. Wer heute in einer Grossstadt in einer solchen Position zwischen 120 000 und 180 000 Schweizer Franken verdient, wird künftig bis zu 20 Prozent weniger erhalten als bisher. Am markantesten wird der obere Teil der Gehaltsskala zurückgehen. Für Positionen im Upper Middle Management sieht die Lage noch ungünstiger aus: Die Saläre, heute in Grossstadtverhältnissen zwischen 160 000 und 250 000 Schweizer Franken, werden in den nächsten Jahren einen Rückgang von 20 bis 30 Prozent erfahren, am stärksten werden auch hier die höchsten Saläre gedrückt werden.

Präzis in gegenläufiger Richtung geht die Post bei den absoluten Top-Salären ab, also in der Bandbreite von heute 250 000 bis 600 000, 700 000 Schweizer Franken. Zum einen werden sehr viele Manager, die die Gunst des Augenblicks trotz eher »durchschnittlicher« Begabung in diese Kategorie gestossen hat, daraus verschwinden. Dies ist die Konsequenz aus einem Vorgang, der in den 80er-Jahren viel zu viele in diese Gehaltskategorie hinaufgeschwemmt hat. Den echten Top-Managern aber, der Crème de la Crème, winken bei gleichzeitig stark wachsenden Erwartungen grenzenlose Verdienstmöglichkeiten.

Alles hat seinen Preis: Die Grösstverdiener bekommen es mit einem Trend zu tun, der den Erfolgsdruck extrem verschärft, nämlich kleineren , internationaleren und jüngeren Verwaltungsräten. Die alte Inzucht und »Vetterliwirtschaft« in diesen Gremien neigt sich dem Ende zu. Gefragt sind mehr und mehr unternehmerisch denkende Verwaltungsräte, die das Top-Management auf Trab halten.

Und schliesslich ein letzter Trend, Folge der sich rasch verändernden Bedingungen in den Chef-Etagen: Fun, Spass wird wichtiger als Einkommen. Führungskräfte, die in der Executive-Search-Branche anklopfen, betonen zunehmend dies: »Ich will lieber weniger verdienen und dafür dem Arbeitstag mit Freude entgegensehen können.« Solch neue Orientierung ist heute bereits bei 35jährigen auszumachen. Nicht der viel zitierte Arbeitsstress lässt sie vom traditionellen Karrieremuster abweichen, sondern das politisierte, negative Umfeld, zudem deutlich häufiger als früher auch der Faktor Mobbing zählt – Manager, die kurzerhand von der internen Kommunikation abgeschnitten werden.

Zukunftsbefähigung – Zukunftskompetenzen

von

Karl H. Delhees

Gliederung

Die hauptsächliche und entscheidende Wirklichkeit des Menschen besteht darin, sich mit dem auseinanderzusetzen, was noch nicht ist, mit der Zukunft. Jede/r, ob Vorgesetzte/r oder Mitarbeiter/in, sollte sich deshalb fragen: Was für eine Haltung habe ich gegenüber der Zukunft? Und im weiteren: Wie gut steht es um meine Zukunftsbefähigung? Zukunftsbefähigung ist das Organ des wahrnehmenden, erkennenden, intuitiven und lernbereiten Menschen. Sich seine Zukunftsbefähigung organisieren heisst, überall die Grenzen des eigenen Denkens und Handelns überschreiten. Das Unternehmerische im Menschen gehört zur Zukunftsbefähigung.

1 Kernelemente der Zukunftsbefähigung

Welche geistigen Fakultäten und Tätigkeiten sind im Management notwendig, um die Zukunft proaktiv (vorwärtsgerichtet) zu gestalten? Abb. 1 zeigt eine Aufteilung der Zukunftsbefähigung in die wichtigsten acht Kernelemente.

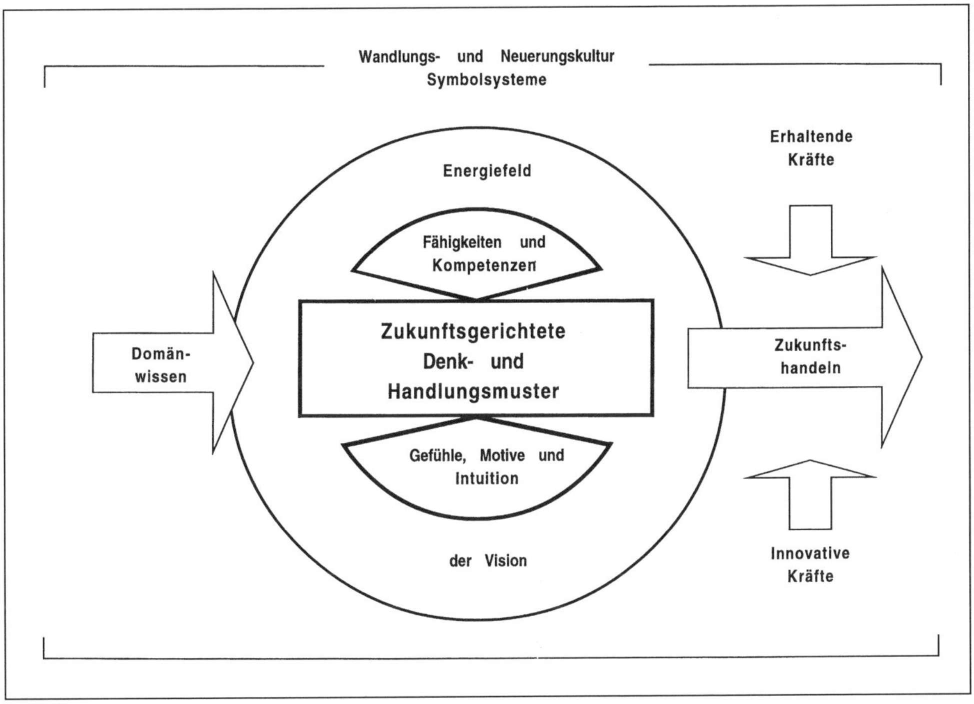

Abb. 1: Kernelemente der Zukunftsbefähigung

1.1 Denk- und Handlungsmuster

Darunter werden jene kognitiven und emotionalen Bestimmungsgrössen zusammengefasst, die einen Akteur in die Lage versetzen, durch eigene Aktivitäten ein angestrebtes Ziel in der Zukunft zu erreichen. Zukunftshandeln ist der Output der Denk- und Handlungsmuster.

1.2 Domänwissen

Ausgangspunkt jedes Wandlungsprozesses ist – mit Ausnahme einfachster Prozesse – immer die vorhandene Wissensgrundlage der Akteure im Feld des Zukunftsvorhabens, der Domäne. Domänwissen ist der »Nährstoff«, von dem das Zukunftsdenken und Zukunftshandeln »lebt«. Inhalt des Domänwissens sind relevante Informationen über ein anvisiertes Zukunftsvorhaben.

1.3 Energiefeld der Vision

Vision ist eigentlich nur als Energie- und Handlungsfeld denkbar. Das Visionsfeld ist ein »offener Spielraum«, in dem Phantasie entwickelt, neues Denken geübt, Ideen vermittelt, Zeichen gesetzt und Leistungsreserven mobilisiert werden. Dieses Energiefeld gehorcht einer eigenen Dynamik und macht die Vision zu einem Ort der Kraft.

1.4 Fähigkeiten und Kompetenzen

Fähigkeit ist das Vermögen, auf eine bestimmte Art von Denken und Handeln zurückzugreifen. Kompetenz ist das subjektive Zutrauen in die eigene Fähigkeit, Situationen zu bewältigen. Bei Zukunftsvorhaben ist das menschliche Verhalten eine Reaktion auf Herausforderungen, Risiken und Chancen, die durch Fähigkeiten und Kompetenzen verarbeitet werden.

1.5 Gefühle, Motive und Intuition

Ob etwas wichtig oder unwichtig ist, hängt von unseren Gefühlen, Motiven und Wertungen ab, also von unserem Motivations- und Wertsystem. Das ist auch bei Zukunftsvorhaben so. Was man gewöhnlich »Intuition« nennt, findet hier ebenfalls seinen Platz im Wirkungsbereich der Gefühle – so, wenn wir sagen »Für solche Dinge habe ich ein Gefühl« und damit die Intuition meinen.

1.6 Innovative und erhaltende Kräfte

Jedes Zukunftshandeln basiert einerseits auf innovativen und andrerseits auf erhaltenden Kräften. Sie geben dem psychologischen Antrieb eines Vorhabens Ausrichtung und Stärke. Immer müssen Kräfte dahinter stehen, damit sich im Zukunftshandeln eine Vision manifestiert.

1.7 Zukunftshandeln

Zukunftshandeln kommt in den Wechselwirkungen zwischen vielen verschiedenen Instanzen (innovativen und erhaltenden Kräfte, Denk-, Lern- und Gedächtnisprozessen, Kompetenzen und Fähigkeiten, Motivation, Gefühle und Intuition) zustande. Die kognitiven und effektiven Voraussetzungen bestimmen damit im weitesten Sinne die Kapazität eines Menschen, die vielfältigen Einflüsse so zu verarbeiten, dass das Zukunftshandeln zu den anvisierten Ergebnissen führt.

1.8 Wandlungs- und Neuerungskultur, Symbolsysteme

Eine wichtige Einflussgrösse ist die Wandlungs- und Neuerungskultur. Kultur vermittelt die Wert- und Handlungsmuster der Zukunft. Ausdrucksmittel einer solchen Kultur sind: Symbole, Vorstellungs- und Denkmuster, Normen, Gebräuche, Rituale, Zeremonien. Es ist Kultur, die es dem einzelnen Menschen erlaubt, ein Zukunftsvorhaben in ein Ganzes einzubinden und ihm einen Sinn zu geben.

Um bei sich selbst Zukunftsbefähigung zu entwickeln, ist es zunächst notwendig, dass man die eigene Haltung zu Wandel und Veränderung revidiert (DELHEES 1995). Man muss verstehen, wie die Zukunftsbefähigung innerhalb des menschlichen Geistes funktioniert, und insbesondere was ihren natürlichen Ausdruck behindert. Anleitung und Hinweise geben die folgenden Ausführungen.

2 Domänwissen als Investition in die Zukunft

Schon das flüchtige Nachdenken über die Zukunft zeigt, dass gewisse Voraussetzungen erfüllt sein müssen, damit man sich an Neues heranwagen mag. Blinder, weil kaum auf Wissen gestützter Eifer hilft hier nicht weiter. Vielmehr ist ein solides Basiswissen notwendig, um in neue Gebiete einzudringen. Die Domäne ist ein spezieller Weltausschnitt, in dem ein Zukunftsvorhaben geplant ist (z. B. ein Teilgebiet der finanziellen Führung, der Beruf einer Person, Datenverarbeitung oder dauerhafte Entwicklung). Unter Domänwissen verstehen wir all das, was tatsächlich in das Denken und Handeln im Vorhaben einfliesst, also relevantes Wissen. Domänwissen ist Faktenwissen.

Kann zuviel Faktenwissen schädlich sein für ein Zukunftsvorhaben? Allzuviel

Wissen in einer Domäne kann in der Tat den Prozess der Neuschöpfung behindern (Zobel 1991). Die Kenntnis vieler Fakten geht häufig mit der Kenntnis vieler Verknüpfungsverbote einher. Nichts kann unter Umständen so lähmend sein wie vermeintlich sachliche Feststellungen, was geht und was nicht geht, die auf Selbstverständlichkeiten, Vorurteilen und Ängsten basieren. Extrem vorsichtige und risikoscheue Menschen entscheiden nie, weil sie bekanntlich immer noch einen Punkt finden, der aus ihrer Sicht ungeklärt ist. Sie verdrängen auf diese Weise die tatsächlichen Probleme und konzentrieren sich auf Nebensächliches.

Problemlösungskenntnisse darüber, wie etwas gemacht wird, wie man beispielsweise bei der Suche nach einer Lösung für ein Problem vorgeht, wie man eine Zukunftsagenda erstellt oder eine Vision kommuniziert, zählt nicht zum Domänwissen. Sie gehören zum *operativen* Wissen und werden hier den Kompetenzen zugeordnet. Kompetenzen helfen, Handlungen zu generieren. Sie sind Ermächtigungen zum Zukunftshandeln. Damit ein Akteur in einem Zukunftsvorhaben intelligent und erfolgreich handeln kann, muss er mindestens über *drei Arten von Kompetenzen* verfügen: (A) Kompetenzen zur Problemlösung, (B) Kompetenzen der Persönlichen Dynamik und (C) kommunikative Kompetenzen. Zusammengefasst sind dies: Kompetenzen, die einer gut ausgebauten Befähigung zur Lösung von Zukunftsproblemen mit hohem Komplexitätsgrad entsprechen, ausserdem Kompetenzen, deren Wichtigkeit darin besteht, dass sie die Grundstimmung und Verfassung eines Menschen für erfolgreiches Problemlösen bereitstellen, und schliesslich Kompetenzen, die das Lösungsinstrumentarium um den Einsatz von Kommunikationsprozessen erweitern. Aus ihnen bildet sich das Kompetenzsystem »Zukunftsbefähigung«.

Das Kompetenzsystem »Zukunftsbefähigung« verfügt über folgendes Repertoire von Schlüsselgrössen:

Wie gut Akteure für Zukunftsprojekte ausgestattet sind, bestimmt sich nach der Art und Ausprägung ihrer Schlüsselkompetenzen. Kompetenzen bestimmen im weitesten Sinne die Kapazität eines Menschen, Stimuli so zu verarbeiten, dass das Verhalten zu den angestrebten Ergebnissen führt. Auch bei Zukunftsvorhaben ist das menschliche Verhalten eine Reaktion auf bestimmte Stimuli, etwa auf Herausforderung, Krisen oder Chancen.

Wenn wir die Schlüsselkompetenzen einzeln genauer betrachten, stellt sich die Frage: Wie greifen Kompetenzen als Schlüsselgrössen in erfolgreiches Zukunftshandeln ein? Die Antwort lautet: Zunächst müssen die Herausforderungen, Veränderungen und Trends, die sich uns in der Gegenwart darbieten, wahrgenommen und verstanden werden, um etwas Neues zu unternehmen und, getragen von Optimismus und Zukunftsglauben, Konkretes für die Zukunft zu schaffen. Wer vorwiegend an die Zukunft denkt, hat es leichter, die wichtigen Signale für Wandel und Erneuerung frühzeitig zu erkennen. Benötigt werden dazu die Kompetenzen *Beurteilungsfähigkeit und Problemanalyse* (A 1), denn sie geben Aufschluss darüber, welchen Anforderungen Zukunftshandeln genügen muss, ob zum Beispiel eine Problemsituation besteht und, wenn ja, welcher Art sie ist. Um sich ein klares Bild von der Vieldeutigkeit der Probleme und Problemlösungen im Möglichkeitsbereich der Zukunft zu machen, müssen erhaltendes und innovatives Lernen von

Schlüsselkompetenzen		→ Denk- und Handlungsmuster
A Kompetenzen zur Problemlösung		
A 1	Beurteilungsfähigkeit und Problemanalyse	Früherkennen von Herausforderungen, Veränderungen und Trends
A 2	Konzeption der Problemlösung	Handlungsprogramme zukunfts- und zielwärts ausrichten, intelligent zerlegen und aufteilen, Komplexität reduzieren
B Persönliche Dynamik		
B 1	Imagination	Die Welt neu sehen, progressive Visionen entwickeln, der Zeit voraus sein
B 2	Initiative	Zukunftsagenda erstellen, Ziele festlegen, sich die Vernetzungen bewusst machen
B 3	Ausdauer	Ungewissheit, Widersprüche und Diskontinuität als positiven Spannungszustand sehen, Chancen nutzen
B 4	Verantwortung	Bewusstes Werten und Suchen nach einer tragfähigen ethischen Grundlage des eigenen Tuns
C Kommunikative Kompetenzen		
C 1	Einfühlungsvermögen	Neue Beziehungen aufbauen und pflegen, im Miteinander inspirieren und begeistern
C 2	Durchsetzungsformat	Zielgerichtetes Handeln aktivieren und konsequent verfolgen, Widerstände und Konflikte produktiv nutzen
C 3	Beweglichkeit	Aktionen, Ziele und Strategien an veränderte Verhältnisse anpassen, Re-Design

aussen zufliessen. Zukunftsbefähigung wird von beiden getragen. Der Beurteilungsfähigkeit und Problemanalyse unterstehen vorsätzliches Denken und Tun. Sie bilden die Ausgangslage für den nächsten Schritt, die *Konzeption der Problemlösung* (A 2). Diese Kompetenz ermöglicht es, Brauchbares für die Lösung zu finden, immer unter Ausrichtung auf die Zielvorstellung des Vorhabens, sich neue Lösungen und eine andere Zukunft auszudenken. Bei der Konzeption der Problemlösung tut man nichts, sondern überlegt, was man tun könnte. Man muss dabei in Gedanken prüfen (gedankliches Probehandeln), ob sich die vorgestellte Lösung dem gewünschten Ziel annähert. Um Lösungen zu konzipieren, wird es notwendig, die Problemsituation in Teilprobleme zu zerlegen und komplexe Zusammenhänge zu vereinfachen (Dörner 1989).

Zukunftsbefähigung, verstanden als Kompetenzen der persönlichen Dynamik und der sozialen Kommunikation, wird auch auf persönlicher und sozialer Ebene verstärkt. Die Befähigung, an neue Grenzen zu gehen, erfordert zuerst einmal *Imagination* (B1), die bildhafte Vorstellungskraft für Zukünftiges. Diese Kompetenz erlaubt es, Künftiges bereits in Form fertiger Lösungen zu sehen und vorausschauend zu handeln. Imagination gibt den entscheidenden Impuls für die Gestaltung der Zukunft, und sie ist mehr denn je nötig, um der Zeit voraus zu sein und mit Visionen neue Welten zu erschliessen. Imagination setzt Kräfte frei für kreative und innovative Lösungen, weg vom Regulären, hin zum Irregulären. Zur Realisation aber braucht es *Initiative* (B 2). Akteure in Zukunftsvorhaben sind nicht nur Denker, sondern auch Macher, die mit Einfallsreichtum und Originalität ein Erfolgsdesign planen und in die Tat umsetzen. Das schlägt sich nieder in einer Zukunftsagenda und in der Zielfestlegung, um etwas Aussergewöhnliches zu gestalten und zu erreichen. Dabei muss man sich der Vernetzungen bewusst werden. Neuerungen kommen nicht als isolierte Phänomene daher; sie sind nur in ihrem Wirkungszusammenhang und in Interdependenzen denkbar. Doch was immer mit der Zukunftsagenda in die Wege geleitet wird, ist mit Ungewissheit, Widersprüchen und Diskontinuität verbunden. Zukunftsbefähigung heisst, die Chancen im Verborgenen, im Ungewissen aufspüren. Was es braucht, um mit Unsicherheiten, persönlichen Spannungen und allgemeinem Misstrauen gegenüber Veränderungen fertig zu werden, ist *Ausdauer* (B 3). Nur so lassen sich aus Problemen lösbare Aufgaben machen, können sie als Chance genutzt werden. Wer Zukunft will, muss das tun, was man tun muss, und nicht nur das, was man gerne tun möchte. Solches Beharrungsvermögen ist insofern gefragt, als Wandel auch Widerstand produziert. Wer Wandel vorantreibt, braucht eine gesunde Mischung aus Beharrungs- und Anpassungsvermögen. Zukunftsbefähigung besteht darin, sich selber zur Selbstbehauptung unter veränderten Umständen zu stimulieren und Anpassungen abzufordern. Damit ist bewusstes Werten verbunden, und das ruft nach *Verantwortung* (B 4). Zukunftsträchtige Entwicklungen bergen auch grosse Gefahren und Möglichkeiten des Missbrauchs in sich, und dessen sind sich die Akteure nicht immer bewusst. Die Notwendigkeit zur Verantwortung ist nicht bei allen Zukunftsvorhaben gleich ausgeprägt und zwingend. Damit liegt letztlich die Verantwortung beim einzelnen Akteur. Der Mensch muss sein Handeln vor sich selber rechtfertigen können.

Das Miteinander von Menschen ist Kommunikation (Delhees 1994). Kommunikative Kompetenzen sind Teil der Zukunftsbefähigung. Eine erste Schlüsselkompetenz ist das *Einfühlungsvermögen* (C 1). Um andere Menschen für seine Sache zu gewinnen, muss man sich in ihre Rolle versetzen können. Einfühlungsvermögen hilft abzuschätzen, wer der andere ist und wie er zur Mitarbeit inspiriert werden kann. Neben denjenigen, die Veränderungen in die Wege leiten wollen, existieren andere, die wollen, dass die Dinge so bleiben, wie sie sind. Es braucht im weiteren *Durchsetzungsformat* (C 2). Das ist die persönliche Stärke, ständig auf dem Weg zu sein, vom Bewährten zum Neuen, und das auszuführen, wovon man überzeugt ist, unbeirrt von den Widerständen. Wer Durchsetzungsformat besitzt, formuliert sich seine eigenen Aufträge und Ziele mit ihrer spezifischen Erfolgsformel. Wo diese an veränderte Verhältnisse angepasst werden muss, ist *Beweglichkeit* (C 3), eine andere kommunikative Kompetenz, gefragt. Beweglichkeit bezieht sich auf die formale Art und Weise des Vorgehens beim Zukunftshandeln, ebenso wie auf die Vorstellungen und Absichten, von denen man ausgeht. Gemeinsam ist beiden Teilen der Beweglichkeitsforderung, dass sie auf eine Veränderung des Handelns zielen; verändertes Denken soll zu einem angemesseneren Zukunftshandeln führen. Aus der Forderung nach Beweglichkeit entsteht zweifellos das *Ziel*, die Zukunft immer so zu positionieren, dass ihr weitere Vorteile zuwachsen. Wir müssen beweglich sein, denn die Auseinandersetzung mit der Zukunft ist ein Spiel, ein Strategiespiel. Spielmöglichkeiten liegen in der Unerschöpflichkeit unserer Ideen für die Zukunftsbewältigung.

3 Einschätzen der eigenen Kompetenzen

Wenn Menschen zukunftsgerichtet handeln oder handeln sollen, so werden sie dies in der Regel nur tun, wenn sie sich wenigstens in minimaler Weise kompetent dazu fühlen. Menschen brauchen die Erwartung, dass ihr Handeln letztlich erfolgreich sein werde, bevor sie sich an eine Aufgabe heranwagen. Erwartungen sind mächtige Leitgrössen. Vor allem wollen Erfolgschancen der Zukunft klar erkannt werden, abschätzbar und verstärkbar sein, wenn der Blick nach vorne ausgerichtet sein soll. Die Einschätzung der eigenen Kompetenzen ist ein reflexiver Prozess. Mit unserer linken Hirnhälfte können wir gewissermassen unsere eigenen Kompetenzen selbst beobachten und über unsere Stärken und Schwächen nachdenken. Reflexion ist das Sich-Zurückwenden auf sich selbst, und als reflexiv werden jene Personen definiert, welche die Fähigkeit zum Nachdenken über das eigene Denken und andere Phänomene ihrer mentalen Welt besitzen. Diese Fähigkeit zu einsichtig-vernünftiger Einschätzung spielt im Zukunftshandeln eine zentrale Rolle beim Überprüfen der Angemessenheit eigener Kompetenzen sowie der Suche nach Stellen, an denen Verbesserungen möglich wären. Selbstreflexion ist kennzeichnend für erfolgreiche Problemlöser. Die Reflexion des eigenen Verhaltens und ihrer Kompetenzen befähigt sie, über sich selbst im positiven wie auch im negativen Sinn ein Urteil zu fällen, zur Erweiterung und Verbesserung ihres Zukunftshandelns. Solche Personen sind prinzipiell in der Lage, auf einem qualitativ höheren Niveau (Metaebene) Argumente zu bilden. Gerade in Bezug auf Zukunftshandeln ist es wichtig, dass die Akteure ihre Kompetenzen kritisch überprüfen, um die Faktoren des Wandels zu erkennen und sie sich bewusst zu machen und zu einem neuen Selbstverständnis zu gelangen.

Was bestimmt die Selbsteinschätzung? Durch Rückmeldungen über Erfolg und Misserfolg des eigenen Handelns lernt der Mensch, was für ihn erreichbar ist und was nicht, und wie gut er selbst in der Lage ist, seine Kompetenzen wirksam einzusetzen. Aufgrund der zahlreichen individuellen Erfahrungen im Laufe des Lebens bildet sich ein Wissen über die eigenen Möglichkeiten und Kompetenzen und darüber, wie sie in einer gegebenen Situation einzusetzen sind, um ein bestimmtes Ziel zu erreichen. Das ergibt Erfahrungswerte für die Kompetenzeinschätzung. Jeder Mensch hat in seinem Selbstkonzept eine derartige Einschätzung von sich selbst. Es ist natürlich möglich, dass ein Individuum seine Kompetenzen im Hinblick auf die wahrgenommenen Anforderungen unter- oder überschätzt. Zu beantworten ist deshalb die Frage, wie fundiert die »äussere Wahrheit« der selbstreflexiv gewonnen Einschätzungen ist. Die Reflexionsfähigkeit ist stark auf Wahrnehmen bezogen, und jede Wahrnehmung verzerrt auf ihre Art die Wirklichkeit.

Insofern besitzen wir keinen direkten Zugang zu unseren inneren Prozessen, sondern müssen Schlussfolgerungen ziehen und uns häufig auf reine Annahmen verlassen. Alles, was von unseren Sinnen kommt und unsere Wahrnehmung ausmacht, ist bereits Interpretation. Was wir in der Wahrnehmung als wirklich anerkennen, sind Konstruktionen, sind sozial konstruierte Bedeutungszusammenhänge. Die Einschätzung eigener Kompetenzen ist davon nicht ausgenommen. Das zeigt: Zu uns selbst haben wir sowohl einen ganz besonderen wie auch einen eingeschränkten Zugang. Doch Selbstreflexion kann gelernt, gelehrt und durch Praxis verbessert werden.

4 Einbettung in das Gefühlssystem

Es gibt kein Denken und Handeln ohne Gefühle. Gefühle sind primär und grundlegend. Doch Gefühle kommen dem Zukunftshandeln nicht uneingeschränkt zugute. Wenn sie negativ sind, wenn sie übermächtig sind, wenn wir »von Gefühlen überwältigt« werden, pflegen sie der Leistung zu schaden. Hinter sach- und aufgabenorientierten Verhaltensweisen spielen sich zahlreiche gefühlsmässige und motivationale Prozesse ab, die den effizienten Verlauf eines Vorhabens unter Umständen stören. Es hat jedoch keinen Sinn, diese Tatsache einfach wegzuwünschen; vielmehr geht es darum, die Vorgänge und ihre Hintergründe zu verstehen, in den Griff zu bekommen und schliesslich in produktive Kanäle zu lenken.

Gefühle sind mit Denken und Handeln auf verschiedene Arten verwoben. Zuerst einmal sind Gefühle Voraussetzung dafür, dass Zukunftsdenken und Zukunftshandeln in Gang kommen und aufrechterhalten bleiben. Es zeigt sich ausserdem, dass Gefühle einen aktivierenden Einfluss auf Zukunftsprozesse ausüben. Des weiteren erweisen sich Gefühle als selektive Filter bei der Informationssuche und -verarbeitung. Und schliesslich entstehen Gefühle als Ergebnis der Nachbewertung der Denk- und Handlungsabläufe in Zukunftsvorhaben.

5 Intuition – mit dem Gefühl wissen

In unserer hochtechnologisierten Welt besteht die Tendenz, sich allzu sehr auf rationale Überlegungen zu verlassen. Der Mensch von heute ist so sehr an den Gebrauch des Verstandes gewöhnt, dass es ihm schwerfällt, sich von ihm zu lösen und in seiner Anschauung den alogischen und irrationalen psychischen Funktionen Raum zu geben. Unsere Zeitgenossen lieben es, mit quantitativen Daten zu arbeiten, etwa in der Art einer Liste von Beurteilungskriterien, die mit Plus- und Minuszeichen versehen werden, um am Ende zu sagen: »Diese Zahl ist grösser als die andere, machen wir es also so!« In vielen Situationen erweist sich logisches und rationales Denken aber als ungenügend, und die verfügbaren Daten sind ohnehin vergangenheitsbezogen. Oft ist die Zahl der Einflussfaktoren so gross und komplex, dass wir keine andere Wahl haben, als auf unsere intuitiven Fähigkeiten zurückzugreifen. Auch wenn Menschen anscheinend intelligent Probleme lösen, halten sie sich keineswegs durchgehend an logische Regeln (Dörner 1989). Wer auf neue Ideen kommen will, muss auch den intuitiven Teil der Erkenntnis einbringen. Viele erfolgreiche Menschen vertrauen auf ihre Intuition und ihre persönliche Überzeugung und kommen zu überraschenden Lösungen und zukunftsträchtigen Entscheidungen.

Intuition (lat. *intueri*, hineinschauen) ist unmittelbar ganzheitliche Sinneswahrnehmung. Es ist die Fähigkeit, etwas direkt, unmittelbar und ohne bewusste Verstandestätigkeit zu wissen. Im übertragenden Sinn kann eine solch unmittelbare Erkenntnis als ein geistiges Schauen gedeutet werden, ein Wissen, das von innen kommt, vergleichbar mit einem Bild, das auf einmal und in seiner Ganzheit vor uns steht, ohne dass wir es erst aus Teilbildern zusammensetzen mussten. Wer eine lange Kette von Schlussfolgerungen mit einem Blick überschauen kann, ohne sie im einzelnen durchlaufen und sich vergegenwärtigen zu müssen, was sie bedeuten, denkt intuitiv. Intuition macht Ab-bilder, die als Vor-bilder dienen.

Im Alltag sprechen wir von »Gespür«, von »Riecher«, von »eine gute Witterung haben« oder manchmal vom »sechsten« oder »siebten Sinn« und meinen damit die intuitive Fähigkeit, in entscheidenden oder kritischen Situationen das Richtige zu tun. Grundsätzlich sind wir alle intuitive Denker, denn unter lösungserschwerenden Bedingungen und Unzulänglichkeiten der Ausgangsdaten ist letztlich immer Intuition gefordert. Sagt uns nicht ein Gefühl, dass hier irgendetwas nicht stimmt? Oder eine »innere Stimme« flüstert uns ein, uns soundso zu verhalten? Oder wir haben das Gefühl, zu wissen, was passieren wird, noch bevor es tatsächlich geschehen ist. Häufig misstrauen wir solchen »Eingebungen«. Doch wer sie unterdrückt, beschneidet seine Fähigkeit, Probleme zu lösen und Entscheidungen zu fällen. Intuition hilft uns beim Einordnen all der vielen Optionen und Alternativen in Entscheidungssituationen. Sie ist eine zusätzliche Ebene von Ratschlägen und Informationen. Das Vorkommen von Irrtümern ist dadurch freilich nicht ausgeschlossen.

Zukunftsdenken ist auf Intuition angewiesen, nicht weg-, sondern richtungsweisend. Intuition nimmt die Zukunft vorweg. Die Auseinandersetzung mit der Zukunft kann nicht nur rational erfolgen und sich allein auf analytische Entscheidungsgrundlagen abstützen. Zukunftshandeln befasst sich mit Situationen, die bis zu einem gewissen Grad unvorhersehbar und unsicher sind. Das vorhandene Wissen reicht im Grunde nie aus, die grosse Vielfalt von Fragen, welche die Zukunft stellt, zu beantworten. Das rationale Bewusstsein muss dann das Suchfeld der Intuition freigeben, weil sie über die üblichen Sinne hinaus in tiefere Ebenen des Bewusstseins reicht und diese wie eine Telefonverbindung mit dem bewussten Denken verkabelt. Solche Verbindungen zuzulassen und entsprechende Barrieren zu beseitigen, führt zu sukzessiven Steigerungen des Flusses intuitiven Wissens und Handelns. Der einzelne Mensch muss lernen, dem intuitiven Wissen mehr und mehr zu vertrauen. Das Hören auf die Intuition ist eine Fähigkeit, die wir entwikkeln können (Rosanoff 1994). Wo es gelingt, das Entscheidungspotential der Intuition auszuschöpfen und den Mitteilungen aus dem tieferen Selbst mehr Vertrauen zu schenken, lassen sich die Denk- und Handlungsmuster mit Bezug auf das Zukunftsvorhaben erweitern und so der Zukunftsbefähigung schliesslich zu einer neuen Ausdrucksform verhelfen. Das Leitprinzip sollte immer sein: Der Intuition vertrauen, aber nicht blindlings.

6 Die Motivationslage

Menschen sind, entgegen manchen Vorstellungen, keine kühlen Denker oder Strategen, die sich von ihrer Motivations- und Gefühlslage völlig ablösen können. Denken und Handeln sind immer auch eingebettet ins Motivsystem eines Menschen. Motive sind ebenso wie Gefühle an allen Denk- und Handlungsprozessen beteiligt. Man denkt und handelt nicht »einfach so«, sondern man denkt und handelt, um bestimmte Ziele zu erreichen, die sich aus der aktuellen Motivationslage eines Menschen ergeben (Csikszentmihalyi 1995).

Für Zukunftsvorhaben sind vor allem Überlegungen und Ergebnisse zu zwei Motivationsarten von Interesse: die aussengelenkte (extrinsische) und die innengelenkte (intrinsische) Motivation. Die extrinsische Motivation bezieht ihre Anreize von aussen, z. B. von der Bestätigung, Belohnung, Anerkennung oder vom Auftraggeber einer *Aufgabe.* Was für den Zugang zur Zukunft zählt, ist aber vor allem die intrinsische Motivation. Denn das Ergebnis eines Zukunftsvorhabens ist meist unsicher, zumindest in seinen genauen Konturen. Deshalb muss der Ansporn für besondere Leistungen im Vorhaben selbst (intrinsisch) und nicht ausserhalb davon (extrinsisch) liegen.

Als überwiegend intrinsisch motiviert gelten Leistungen, die aufgrund des Interesses am unmittelbaren Ergebnis zustandekommen. Dazu müssen bestimmte Anforderungen erfüllt sein: Zum einen sollen im Zukunftsvorhaben die Akteure ihre Fähigkeiten und Kompetenzen voll entfalten können. Zum anderen sollte eine Vision vorliegen, mit der sich die Akteure identifizieren können. Blosses Pflichtbewusstsein ist keine ausreichende Qualifikation für Zukunftshandeln. In der Zukunftsarbeit selbst soll der Ansporn liegen. Das ist der allesentscheidende Ausdruck intrinsischer Motivation. Demgegenüber wird der Vorgang des Motivierens oft so gesehen, dass Anreize geschaffen werden (extrinsische Motivation), um zu grösseren Anstrengungen zu stimulieren (»Motipulation«). Dieser Betrachtungswinkel ist für Zukunftsvorhaben zu eng, und die praktischen Möglichkeiten für das Anbieten solcher Anreize sind aufgrund der Ungewissheit des Ergebnisses begrenzt. Das Engagement, das man gerade bei der Bearbeitung von Zukunftsproblemen braucht, muss deshalb vorwiegend von intrinsischer Motivation gespiesen werden. Trotz der vorrangigen Bedeutung der intrinsischen Motivation ist die extrinsische Motivation bei Zukunftsvorhaben keine zu vernachlässigende Grösse, denn es ist eine bedeutsame Einsicht, dass das Verhalten eines Menschen eine Funktion sowohl der Person wie der Umgebung ist.

7 Wertungen

Wenn wir in Zusammenhang mit unserem Thema Zukunftsbefähigung von Wertungen sprechen, bedeutet das: Einschätzung von zukunftsgerichteten Denk- und Handlungsmustern nach ihrem Wert oder Unwert, aus persönlicher oder kollektiver Sicht. In dieser Aussage kommt zum Ausdruck, dass bei Wertungen bestimmte Werte herangezogen werden, gegebenenfalls nach einer Entscheidung zwischen verschiedenen Werten. Die Wahl geschieht entweder aus eigener Überzeugung oder die Werte werden von anderen bewusst übernommen oder sie werden auch unbewusst beeinflusst hingenommen.

Werte wirken auf Zukunftshandlungen ein, indem sie die Wahl der Handlungsziele und die Durchführung der Handlungen beeinflussen (Joas 1992). Vor allem in konkreten Entscheidungssituationen werden sie aktiviert. Sie sind nämlich Leitgrössen dafür, wie wir unser Handeln in Zukunftsvorhaben gestalten wollen oder sollen. Allerdings genügen Werte allein nicht zur Konkretisierung von Zielen und Handlungen; dazu muss die Besonderheit der jeweiligen Situation und ihre Merkmale mit in Betracht gezogen werden. Wertungen sind immer mit der eigenen unverwechselbaren Situationseinschätzung und Beurteilung der jeweils verfügbaren oder vorgestellten Handlungsmöglichkeiten und -absichten verbunden. Nicht alle denkbaren Aufgaben oder Probleme, die sich Menschen stellen oder denen sie sich stellen, erfordern Werte als handlungssteuernde Instanzen. Viele Aufgaben des täglichen Lebens lassen sich durch automatisierende Handlungen bewältigen. Hierbei sind Wertentscheidungen weitgehend irrelevant. *Wertkriterien* sind je nach Art und Anwendung zu differenzieren. Für die Grundauffassung von Zukunftsvorhaben lassen sich einfache Kriterien unterstellen wie Gefolgschaft oder etwas Neues kennenlernen, erfahren oder erleben wollen. Übergeordnete Wertkriterien kommen ins Spiel, wenn Vorhaben mit Bedeutungen für die betreffenden Akteure und andere Personen begründet werden, z. B. Herausforderung, Karriere, Erfolg, Geltung, Selbstverwirklichung. Von solchen Wertkriterien sind nochmals jene andersgearteten abzuheben, in denen der Mensch sich selbst in seiner sozialen und physikalischen Umwelt eingebunden sieht. Dazu gehören Kriterien der Mitmenschlichkeit (z. B. Entwicklungshilfe, Beseitigung der Armut, Gleichstellung der Geschlechter), der Wahrung und Erweiterung der Möglichkeiten künftiger Generationen (z. B. nachhaltige Entwicklung, Oekologie, Wettbewerbsfähigkeit) oder auch der politischen, gesellschaftlichen, wirtschaftlichen und kulturellen Verpflichtung und Mitwirkung. In diesen Beispielen wird eins deutlich: Durch den Einbezug von Wertkriterien für Zukunftshandeln wird die Zukunftsbefähigung auf eine eigene Wertbasis gestellt, entweder eher unmittelbar und unreflektiert (gefühlsmässige Wertung) oder durch Überlegung (intellektuelle Wertung). Wertungen zeigen auf, ob sich ein Zukunftshandeln mit bestimmten Wertsystemen verträgt. Unterschiedliche Wertsysteme blockieren den Zukunftsprozess. Darin liegt auch der Grund, weshalb notwendige Zukunftsvorhaben manchmal nur zögernd in Gang kommen.

8 Zukunftshandeln

Was bedeutet es, wenn ein Mensch etwas vorhat? Das heisst nicht mehr und nicht weniger, als Unternehmer/in in eigener oder fremder Sache werden. Dem zukunftsbefähigten Menschen dient die Vision dabei als Leitbild und Orientierungshilfe. Die Vision ist – um mit einem Bild zu sprechen – die Strassenkarte bei der unternehmerischen Fahrt in die Zukunft. Wenn der Mensch also etwas vorhat, bedeutet es konkret, dass er mit der Realisierung seiner Vision begonnen hat und dass sein Handeln ein Teil davon ist. Die Bewusstheit der Vision ist wesentlich, damit von Zukunftshandeln im eigentlichen Sinn die Rede sein kann. Blosses Denken an die Zukunft ist weder handlungsveranlassend noch handlungssteuernd. Natürlich bestimmt die Zukunft nicht selbst das Handeln, sondern die Vorwegnahme, die Antizipation der Zukunft.

Mensch und Umwelt sind fest aufeinander bezogen: der Mensch verändert durch seine Aktivitäten die Umwelt und die Umwelt verändert ihrerseits durch ihre Aktivitäten das Individuum. Zukunftshandeln setzt daher immer eine bestimmte Umwelt voraus und gleichzeitig bestimmte Fähigkeiten, Kompetenzen, Wissensbestände, Gefühle, Motive auf Seiten des Menschen. So manche Personenmerkmale bleiben jedoch, wie wir wissen, ungenutzt, wenn die Einflüsse der Umwelt im Zukunftshandeln dominieren. Zukunftshandeln im Rahmen von Vision wird nahegelegt, erleichtert, eingeschränkt durch die momentane Person-Umwelt-Konstellation: nicht alles denkbare Handeln ist in allen möglichen Umwelten durchführbar oder sinnvoll. Deshalb fällt das Zukunftshandeln verschieden aus, je nach dem, wie die Zukunft befragt wird. Die Zukunft gestalten und nicht bloss strukturieren, zwingt uns, den unmittelbaren Kräften Rechnung zu tragen, die dem Handeln Bedeutung geben.

Literaturverzeichnis

Csikszentmihalyi, M.: Dem Sinn des Lebens eine Zukunft geben. Eine Psychologie für das 3. Jahrtausend. Stuttgart 1995

Delhees, K. H.: Soziale Kommunikation. Psychologische Grundlagen für das Miteinander in der modernen Gesellschaft. Opladen 1994

Delhees, K. H.: Zukunftsbefähigung – ein Richtziel (auch) für die berufliche Aus- und Weiterbildung, in: Wirtschaftliche Bildung. Träger, Inhalte, Prozesse, hrsg. v. Metzger, C./Seitz, H., Zürich 1995

Dörner, D.: Die Logik des Misslingens. Reinbek bei Hamburg 1989

Joas, H.: Die Kreativität des Handelns. Frankfurt a.M. 1992

Rosanoff, N.: Intuitionstraining. Erschliessung und Anwendung des inneren Wissens. München 1994

Zobel, D.: Erfinder-Praxis. Ideenvielfalt durch systematisches Erfinden. Berlin 1991